Christian Stary

Interaktive Systeme

Lehrbuch Informatik

Aufbau und Arbeitsweise von Rechenanlagen
von Wolfgang Coy

Mehr als nur Programmieren ...
Eine Einführung in die Informatik
von Rainer Gmehlich und Heinrich Rust

Interaktive Systeme
Software-Entwicklung und Software-Ergonomie
von Christian Stary

Modernes Software Engineering
Eine Einführung
von Reiner Dumke

Management von Softwareprojekten
Eine Einführung
von Fritz Peter Elzer

Parallele Programmierung
von Thomas Bräunl

„Elemente" der Informatik
Ausgewählte mathematische Grundlagen
für Informatiker und Wirtschaftsinformatiker
von Rainer Beedgen

Computersicherheit
von Rolf Oppliger

Formale Methoden und kleine Systeme
von Dirk Siefkes

Numerik sehen und verstehen
von Manfred Bretz

Vieweg

Christian Stary

Interaktive Systeme

Software-Entwicklung und Software-Ergonomie

Warenzeichen

Apple, HyperCArd, Lisa, MacApp, Macintosh, QuickTime sind geschützte Markenzeichen von Apple Computer, Inc.
DataGlove ist ein geschütztes Markenzeichen von VPL Research.
CyberGlove ist ein geschütztes Markenzeichen von Virtual Technologies, Inc.
Sun, NeWS, Open Windows sind geschützte Markenzeichen von Sun Microsystems.
UNIX und *OpenLook* sind geschützte Markenzeichen der AT & T Bell Laboratories.
X Window System ist ein geschütztes Markenzeichen des Massachusetts Institute of Technology (MIT).
dBase ist ein geschütztes Markenzeichen der Ashton-Tate Corporation.
IBM, OS/2 und *Presentation Mananger* sind geschützte Markenzeichen der International Business Corporation.
MS-Video, MS-Video Accelerator, Windows und *MS-DOS* sind geschützte Markenzeichen der Microsoft Corporation.
Freestyle ist ein geschütztes Markenzeichen der Wang Corporation.
8010 Information System("Star") ist ein geschütztes Markenzeichen der Xerox Corporation.

Das in diesem Buch enthaltene Programm-Material ist mit keiner Verpflichtung oder Garantie irgendeiner Art verbunden. Der Autor und der Verlag übernehmen infolgedessen keine Verantwortung und werden keine daraus folgende oder sonstige Haftung übernehmen, die auf irgendeine Art aus der Benutzung dieses Programm-Materials oder Teilen davon entsteht.

Softcover reprint of the hardcover1st edtion 1994
Der Verlag Vieweg ist ein Unternehmen der Verlagsgruppe Bertelsmann International.

Gedruckt auf säurefreiem Papier
ISBN-13: 978-3-528-05384-0 e-ISBN-13: 978-3-322-83696-0
DOI: 10.1007/978-3-322-83696-0

Vorwort

Die Akzeptanz und damit der Erfolg interaktiver Systeme (Software und Hardware zur gemeinsamen Bewältigung von Aufgaben durch Mensch und Computer) werden größtenteils von ihrer Benutzerschnittstelle bestimmt. Daher zählen Benutzerschnittstellen heute zu intensiv beforschten Systemkomponenten. Die Gestaltung interaktiver Systeme wird nicht nur von Software und Hardware an der Schnittstelle dominiert. Vielmehr erfordert sie von Entwicklern umfassendes Wissen über Mensch-Maschine Kommunikation, d.h. Wissen über die Benutzer und ihre Tätigkeiten sowie über Interaktionskonzepte, welche Hard- und Software integrieren.

Das vorliegende Buch soll theoretische, methodologische und praktische Grundlagen für die Entwicklung und Bewertung interaktiver Systeme vermitteln. Zum einen ist hierzu Bewußtseinsbildung bezüglich der wissenschaftlichen Breite des Gebietes notwendig, welche durch die vielen beteiligten Disziplinen bedingt wird. Zum anderen bedarf die Komplexität des Entwicklungsprozesses, welche durch das wechselweise Zusammenspiel mehrerer Systemkomponenten (Benutzer, Aufgaben, Hardware, Software) bedingt wird, vertieften Wissens zur Hard- und Softwaregestaltung sowie Wissens um menschliche Fähigkeiten. Da dieses Wissen unterschiedlich strukturiert vorliegt, muß eine methodische Integration im Rahmen ganzheitlicher Entwicklung vorgenommen werden.

Zunächst wird Mensch-Maschine Kommunikation als wissenschaftliches Gebiet vorgestellt. Nach einer Einführung grundlegender Begriffe in Kapitel 1 werden menschliche Fähigkeiten zur Mensch-Computer Interaktion in Kapitel 2 diskutiert. In Kapitel 3 bis 8 werden sowohl Interaktionsmedien und -methoden, welche zur Schnittstellengestaltung eingesetzt werden, als auch Verfahren vorgestellt, wie, ausgehend von einem Problem, benutzer- und aufgabengerechte Schnittstellenentwicklung ablaufen sollte. Der Stoff wird um eine Übersicht verfügbarer Werkzeuge zur Entwicklung von Benutzerschnittstellen ergänzt (Kapitel 9). Schließlich wird in Kapitel 10 auf die software-ergonomische Bewertung von interaktiven Systemen eingegangen. Den Abschluß des Buches bildet eine Schlußbemerkung (Kapitel 11), welche den erhobenen State of the Art Revue passieren läßt.

Jedes Konzept und jede Methode werden nach Möglichkeit anhand eines kurzen Beispiels erläutert, um Praktikern eine adäquate Einstiegshilfe zu bieten. Theoretiker erfahren anhand der allgemeinen Struktur jeder Theorie und der darauf aufbauenden Verfahren, wie bestimmte Theorien im Rahmen der Entwicklung interaktiver

Systeme Verwendung finden können. Der methodologische Überblick bleibt durch die Kategorisierung der eingeführten Methoden und Konzepte gewahrt.

Das Buch richtet sich an Software-Entwickler, Benutzer interaktiver Systeme, Produktmanager, Wissenschaftler und Studenten naturwissenschaftlicher Studienrichtungen. Da das Buch versucht, einen möglichst umfassenden Einblick durch die Berücksichtigung der unterschiedlichen Sicht- und Herangehensweisen an den Entwurf, die Implementierung und Bewertung interaktiver Systeme zu vermitteln, können nicht sämtliche Schwerpunkte detailliert diskutiert werden. Daher wird auf weiterführende Literatur, soweit verfügbar, verwiesen.

Mein Dank gebührt den an der Erstellung maßgeblich Beteiligten Edith Stary sowie Katrin Seyr. Zahlreiche Hinweise zur Verbesserung des Manuskriptes habe ich Peter Forbrig, Klaudius Messner, Eva Geyer, Brigitte Ruzicka sowie Markus Peschl, Wolfgang Steindl, Michael Bauer, Harald Nekvasil, Erwin Teufner, Ricardo Peratello und Norbert Mikula zu verdanken. Schließlich danke ich Jacky und Raimund Ege für ihre inspirierende Gastfreundschaft.

Miami, 1993 und Wien, 1994.

Inhaltsverzeichnis

1 Mensch - Maschine Kommunikation und Interaktive Systeme

Die Automatisierung menschlicher Tätigkeiten ging mit einer Mechanisierung und Maschinisierung unserer Gesellschaft einher. Innerhalb der letzten 50 Jahre ist die Durchdringung der Arbeits- und Privatwelt mit Computern sehr weit fortgeschritten. Daher sind interaktive Systeme nicht nur im Kontext der von Menschen benutzten Interaktionsmedien (wie etwa *Bildschirm* und *Tastatur*) zu betrachten, sondern auch die gesellschaftlichen Folgen der ständig fortschreitenden Übernahme geistiger Tätigkeiten (z.B. Produktionsplanung) durch Computersysteme.

Das Fachgebiet Mensch-Maschine Kommunikation hat starken Anteil an der Mechanisierung von geistigen Aktivitäten, da vor allem graphische Schnittstellen die Visualisierung und direkte Manipulation von Information bei komplexer Aufgabenbewältigung (z.B. in der Produktionsplanung) unterstützen. Um die Folgen derartiger Entwicklungen abschätzen zu können, ist eine Auseinandersetzung mit menschlichen Fähigkeiten und Werten notwendig. Dadurch wird jedoch nicht nur die Bewußtseinsbildung, inwieweit die Automatisierung menschlicher Tätigkeiten organisatorisch und sozial verträglich ist, gefördert, sondern auch die Entwicklung neuartiger Interaktionsmedien und -techniken (z.B. dreidimensionale Objektmanipulation) vorangetrieben.

Um die Konzepte und Verfahren zur Gestaltung interaktiver Systeme verstehen und in arbeits- sowie gesellschaftswissenschaftlichem Kontext bewerten zu können, sind mehrere Gesichtspunkte der Mensch-Maschine Kommunikation zu berücksichtigen:

1. *Geschichtliche Entwicklung und Stand der Entwicklung.*

   Mensch-Computer Interaktion findet in einem interaktiven System statt und bezeichnet die Lösung eines Problems mittels direktem und wechselseitigem Austausch von Daten zwischen Menschen und Computer. Daher gilt es, den hohen Stellenwert der Benutzerschnittstelle bei der Konstruktion interaktiver Systeme herauszuarbeiten. Darüberhinaus sind sowohl der Stellenwert als auch der Einfluß der beteiligten wissenschaftlichen Disziplinen bei der Entwicklung interaktiver Systeme zu bestimmen.

Geschichtliche und wissenschaftstheoretische Überlegungen helfen, den soeben erwähnten Einblick in die Entwicklung und den Entwicklungsstand der Mensch-Maschine Kommunikation zu gewinnen.

2. *Der Mensch und seine Fähigkeiten als Systemelemente.*

   Der Mensch ist jener Teil eines interaktiven Systems, welcher durch seine Fähigkeiten, etwa die Wahrnehmung, repräsentiert wird. Seine Fähigkeiten bestimmen, wie interaktive Systeme überhaupt aussehen können, damit menschliche Benutzer mit dem künstlich geschaffenen System Computer im Rahmen eines sozio-technischen Systems umgehen können.

   Ein interaktives System ist ein *sozio-technisches System*, da es nicht nur aus den technischen Komponenten Hard- und Software (beide ergeben das technische System *Computer*) besteht, sondern auch die soziale Komponente *Mensch* besitzt.

   Im Rahmen der Mensch-Computer Interaktion sind sowohl Wahrnehmungs- als auch Denkvorgänge, inklusive ihrer Beschränkungen, etwa die Merkfähigkeit betreffend, in den Mittelpunkt der Betrachtungen zu stellen. Nur die Kenntnis der Vielfalt menschlicher Fähigkeiten wie Sehen, Hören, geistige Wahrnehmung und Motorik ermöglicht ständige Neuentwicklungen von Interaktionsmitteln (z.B. virtuelle Welten), welche in Richtung Durchdringung dreidimensional aufbereiteter Information verlaufen. Aber auch die Abschätzung gesellschaftlicher und sozialer Folgen des Einsatzes interaktiver Systeme erfordert die Kenntnis menschlicher Fähigkeiten.

3. *Systemsichten zur Interaktion zwischen Mensch und Computer.*

   Die Festlegung der Informatik auf jenen Ausschnitt der Welt, den wir als interaktives System bezeichnen, resultiert aus einer bestimmten Sicht auf die beobacht- und gestaltbaren Teile der Umgebung, in welche Mensch und Computersystem eingebettet sind. Je genauer wir diese Umgebung beschreiben können, umso klarer lassen sich interaktive Systeme abgrenzen und definieren.

   Aus der Beschreibung der Umgebung lassen sich darüberhinaus die Ziele und Aufgaben der Konzepte, Verfahren und Hilfsmittel zur Konstruktion und Bewertung interaktiver Systeme ableiten. Schließlich erlaubt uns die Abgrenzung interaktiver Systeme die Identifizierung wesentlicher Annahmen, die den Modellen der Mensch-Maschine Kommunikation zugrundeliegen.

In der Folge widmen wir uns den soeben erwähnten Gesichtspunkten. Wir beginnen mit einer kurzen Darstellung der Geschichte sowie dem disziplinenübergreifenden Charakter der Mensch-Maschine Kommunikation, um den Entwicklungsstand zu erklären (Abschnitt 1.1). Danach führen wir grundlegende Begriffe und Zielsetzungen ein, um interaktive Systeme durch die Systemkomponenten Mensch und Computer beschreiben zu können (Abschnitt 1.2). Schließlich wird auf jene menschliche Fähigkeiten, welche im Umgang mit dem Computer Relevanz besitzen, in Abschnitt 2.1 eingegangen.

1.1 Entwicklung

Als die Menschen mit der Maschine Computer umzugehen lernten, waren sie als (End)Benutzer zugleich Programmierer. So wurde beispielsweise eine zu berechnende Formel in eine Folge einfacher Operationen wie Additionen zerlegt und meist manuell verschlüsselt. Darüberhinaus benötigten die in die Operationen involvierten Größen gültige Speicheradressen, ehe die gewünschte Berechnung ausgeführt werden konnte.

Erst **die Einführung von Programmiersprachen** brachte für die bis dahin auf Maschinenebene agierenden Benutzer die Möglichkeit, Operationen und deren Kombinationen an die Maschine zu delegieren, d.h. sie mußten keine Speicheradressen mehr angeben und die Operationen bis auf die Registerebene des Rechenwerks zerlegen. Darüberhinaus unterstützen Elemente von Programmiersprachen bestimmte Eingriffe in den Ablauf von Operationen: Bedingungen, Wiederholungen und Sprünge. Übersetzer übernehmen die Aufgabe, die so entstandenen Programme für die Benutzer auf die Ebene einfacher Operationen zu transformieren.

Die Erstellung von Programmen führte nicht nur zu einer drastischen Erleichterung für die Benutzer, sondern eröffnete auch die Möglichkeit, kompliziertere Berechnungen vorzunehmen und komplexere, nicht-numerische Problembereiche zu automatisieren. So etwa den Bereich der Büroarbeit, wo von jeher technische Innovationen - Telefon, Telex, Textverarbeitung etc. - verstärkt eingesetzt wurden. Somit wurden aus den programmiergewandten Benutzern jene *Benutzer*, wie wir sie heute als Benutzer interaktiver Systeme kennen:

> Sie *benutzen* bereits vorprogrammierte *Anwendungen* (Programme, Applikationen) mittels verschiedener Interaktionsmedien (Tastatur, Bildschirm, Maus etc.).

Die Benutzer werden jedoch wieder zu programmierenden Benutzern, sobald sie Adaptierungen an der Anwendung vornehmen. Dabei helfen den Benutzern allerdings Konzepte zur **Visualisierung** und direkten Manipulation.

Die Eingabe von Kontrollkommandos sowie Daten erfolgt bei interaktiven Anwendungen nicht mehr durch das Einlesen von Lochstreifen oder Lochkarten, sondern über eine Tastatur, mittels Berühr-, Zeigegesten oder akustischen Signalen. Ebenso ist nicht mehr das einzige Ausgabe- bzw. Rückmeldemedium der Nadeldrucker, vielmehr kann die Ausgabe eine Vielfalt menschlicher Wahrnehmungskanäle (optisch, akustisch, räumlich) betreffen.

Computernetze ermöglichen den Austausch von Daten innerhalb von Abteilungen, Betrieben und schließlich weltweit. Einhergehend mit einer sich ständig erweiternden Produktpalette von Anwendungsprogrammen - Tabellenkalkulation, Datenbankmanipulation etc. - sowie deren Integration (integrierte Softwarepakete) wurden technische Errungenschaften wie Zeigehilfsmittel (z.B. die Maus) eingeführt.

Zur Erleichterung der Interaktion wurden spezielle **Interaktionskonzepte**, wie etwa die direkte Manipulation [Shneiderman, 1983, Shneiderman, 1984] entwickelt. Damit sollten innovative Entwicklungen wie Star [Harslem et al., 1982, Smith et al., 1982, Johnson et al., 1989] oder Lisa [Williams, 1984, Apple, 1985] nicht nur technologische Eintagsfliegen oder Prototypen bleiben, sondern ihre Konzepte in Verfahren der Systementwicklung Eingang finden. Mit der Einführung expliziter Verfahren zur Entwicklung graphischer Benutzerschnittstellen (z.B. [Schmucker, 1986]) wurde schließlich die strukturierte Entwicklung interaktiver Systeme eingeleitet.

Lisa und Star wurden benutzt, indem die Benutzer Symbole (*Piktogramme*) mit Hilfe der *Maus*, welche durch ein bestimmtes Symbol auf dem Bildschirm, dem *Cursor*, abgebildet wurde, anklickten und nicht nur Text via die Tastatur einzugeben hatten. Damit konnte die Menge der Kommandos bzw. Kommandofolgen, welche bisher seitens der Benutzer zur Bedienung der Benutzerschnittstelle gemerkt werden mußten, reduziert werden.

> Je treffender Piktogramme bedeutungstragende Sinnbilder (*Metaphern*) für die Benutzer kennzeichnen, umso effektiver (direkter) können die Benutzer ihre Aufgaben lösen.

So kann beispielsweise das Symbol eines Druckers das Druckkommando ersetzen. Dabei sollte der aktuelle Zustand der Ausführung einer Operation (z.B. Warten) den Benutzern transparent sein. Erhalten die Benutzer darüberhinaus sämtliche Systemausgaben wahrheitsgetreu auf allen Ausgabemedien (z.B. Bildschirm und Drucker) präsentiert, so wird dies mit *WYSIWYG* (*W*hat *Y*ou *S*ee *I*s *W*hat *Y*ou *G*et) bezeichnet.

Das Scheitern an der betrieblichen Realität: Ausgehend von den ersten Interaktionsversuchen mit Piktogrammen bei Star und Lisa wurde versucht, Arbeitsvorgänge generell zu symbolisieren. Zur Unterstützung der Büroarbeit wurde die sogenannte *desk-top* Metapher eingeführt. Dabei wurden Objekte der Büroumgebung (z.B. Ordner) auf dem Bildschirm visualisiert und mit entsprechenden Funktionen (z.B. Öffnen) versehen. Dieser Vorgang setzte zwar die Tradition der Metapherbildung bei der Entwicklung interaktiver Systeme fort, scheiterte jedoch an jenen betrieblichen Realitäten, wo tätigkeitsbezogene Kommunikation zwischen Menschen und nicht nur Mensch-Maschine Kommunikation zur Problemlösung notwendig ist.

Es gelingt zwar, Vorgänge mit komplexen sozialen Zusammenhängen zu zergliedern, die abschließende Integration von Einzellösungen führt jedoch in den seltensten Fällen zu effizienterer Arbeitsbewältigung. Noch schwieriger gestalten sich Unterstützungsvorgänge komplexer geistiger Arbeit, etwa der Produktionsplanung, da anstelle eindeutig beschreibbarer Abläufe schwer strukturierbare *Heuristiken* (Daumenregeln), welche das Erfahrungswissen von Benutzern darstellen, in den Entwicklungsprozeß und damit in die Automatisierung einfließen.

Abbildung 1.1 zeigt die erwähnten Entwicklungsschübe in ihrem technologischen Kontext. Dabei bedeuten CAD/CAM (Computer Aided Design/Computer Aided Manufacturing) computerunterstützte und CIM (Computer-Integrated Manufacturing) computerintegrierte Fertigung, AI (Artificial Intelligence) Künstliche Intelligenz, CSCW (Computer-Supported Cooperative Work) Computerunterstützte Gruppenarbeit, GUI (Graphical User Interfaces) graphische Benutzerschnittstellen, CASE (Computer-Aided Software Engineering) computerunterstützte Softwareentwicklung und MM Multi-Media.

Die Entwicklung interaktiver Benutzerschnittstellen begann mit direkten Aufrufen von arithmetischen Operationen (um 1950). Sie verlief über interaktive Programmierumgebungen (etwa 1970) bis hin zur Einbindung von Video und Audio in aufgabenorientierte Anwendungen (etwa 1990).

Der gegenwärtige **Stand der Entwicklung** wird vor allem durch folgende Sachverhalte bestimmt:

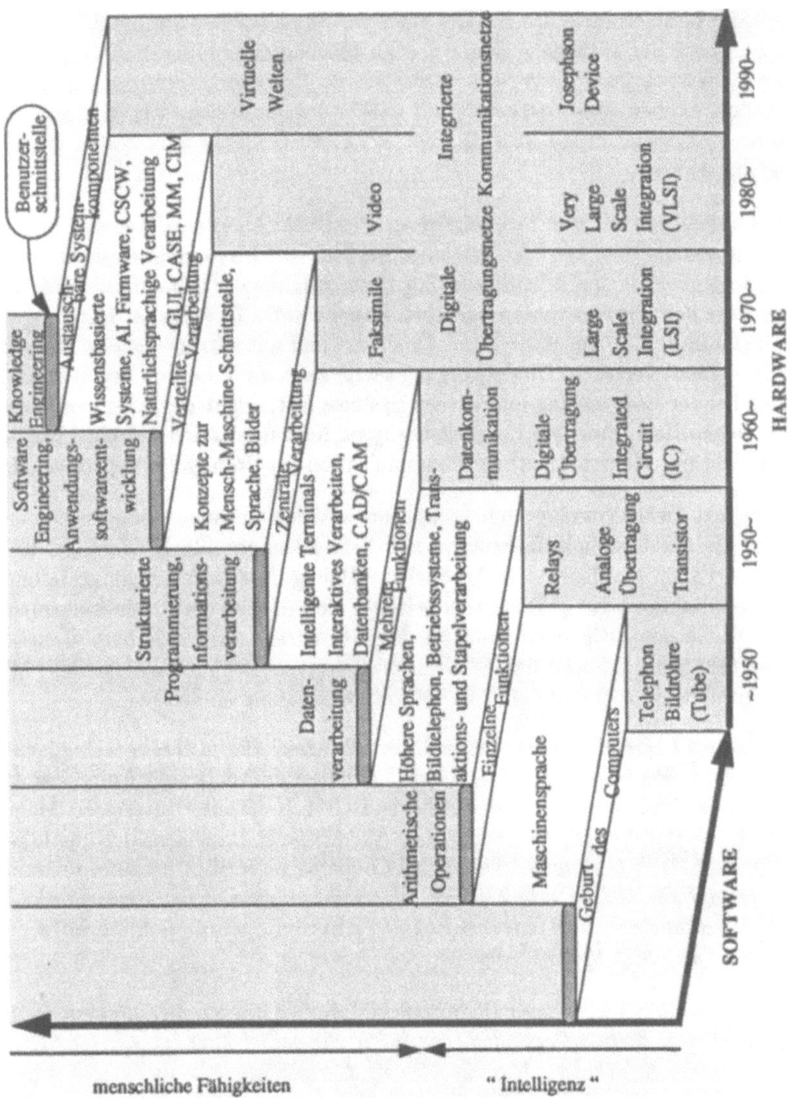

Bild 1.1 Entwicklungsschübe der Mensch-Maschine Kommunikation im technologischen Kontext

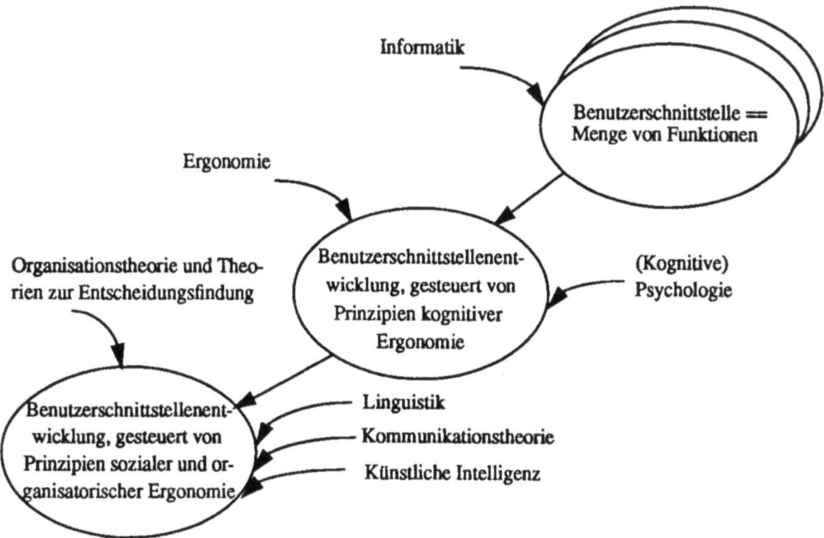

Bild 1.2 Entwicklung nach den Stufen der Wissenschaftsintegration

1. *die technologischen Voraussetzungen*: Bildschirme, hoch-integrierte Schaltkreise sowie integrierte Kommunikationsnetze stellen das Grundgerüst interaktiver Systeme dar. Darüberhinaus erlaubt die Verteilung von Hard-, Software sowie der Daten vor allem bei prozessorbelastenden Benutzerschnittstellen unverminderten Arbeitskomfort für die Benutzer trotz intensiver Auslastung von Ressourcen.

2. *(höhere) Programmier- sowie Spezifikationssprachen* unterstützen die Integration unterschiedlicher Konzepte beim Entwurf interaktiver Systeme. So erlauben beispielsweise Elemente der objekt-orientierten Modellierung die Integration von Aufgaben- und Präsentationsmodellen.

3. *die Anpassungsfähigkeit an Benutzercharakteristika* durch:

   - vermehrte Einbindung und Integration von sensorischen und motorischen menschlichen Fähigkeiten (z.B. in virtuellen Welten).
   - die mehrschichtige Interpretation von Daten durch die Maschine: Datenverarbeitung bezeichnet die unmittelbare, nicht interpretierte Verarbeitung von Daten. Werden Daten interpretiert (z.B. aufgabenbezogen strukturiert), sprechen wir von Informationsverarbeitung. Wird darüberhinaus

auch der Ablauf der Problemlösung durch entscheidungsunterstützende Systeme, wie z.B. Expertensysteme unterstützt, sprechen wir von Wissensverarbeitung.

Die gezeigte Entwicklung erforderte die schrittweise Einbindung mehrerer Disziplinen in die Gestaltung und Entwicklung interaktiver Systeme. Abbildung 1.2 zeigt die **sukzessive Verschmelzung wissenschaftlicher Disziplinen**: Aufbauend auf interaktiven Kommandosprachen (Informatik) flossen Erkenntnisse der Arbeitswissenschaften und der Kognitionswissenschaften in die Entwicklungsmethoden und Theorien der Mensch-Maschine Kommunikation ein.

In der Folge beschäftigen wir uns mit dem Einfluß dieser Disziplinen sowie dem Entstehen neuer Teildisziplinen, nämlich der Software- und Organisations-Ergonomie sowie der computerunterstützten Gruppenarbeit. Neue Disziplinen werden meist durch die Integration von Wissen aus unterschiedlichen Disziplinen bedingt.

1.1.1 Mensch-Maschine Kommunikation und Informatik

Mensch-Maschine Kommunikation stellt sich heute als eine Teildisziplin der Informatik dar. Sie setzt sich mit Theorien, Methoden und Anwendungen der Daten-, Informations- und Wissensverarbeitung zur Entwicklung und zur Bewertung interaktiver Systeme auseinander.

> Mensch-Maschine Kommunikation benutzt Theorien und Methoden der Informatik, um benutzer- und aufgabengerechte Anwendungen zu konstruieren.

Die Benutzer kommunizieren mit der Maschine über die Benutzerschnittstelle, welche die Manipulation problemrelevanter Daten zur Problemlösung mit Hilfe von Interaktionsmedien unterstützt. Die Manipulation problemrelevanter Daten sowie der Interaktionsmedien erfordert Programme. Diese ermöglichen Eingabetechniken, Anzeige-, Hilfe- und Feedbackmechanismen sowie Ausgabetechniken.

Bei **aufgaben- und benutzergerechter Gestaltung der Interaktion** stehen die Definition von Anforderungen an die Benutzerschnittstelle, die Auswahl von Interaktionsmedien sowie bei der Bewertung die benutzergerechte Erfüllung der Anforderungen im Mittelpunkt. Der Gestaltungsprozeß erfordert folglich das Verständnis von

- *Benutzeraufgaben*, z.B. Fehlerdiagnose in elektronischen Schaltkreisen.

- *Benutzern und Benutzergruppen*, z.B. VLSI-Designer, Experten im interaktiven Umgang mit Computern.
- *Anwendungsbereichen*, z.B. technische Diagnose.
- *institutionellen Rahmenbedingungen*: festgelegte Arbeitsorganisation (Aufgabenstruktur und -ablauf), Datenfluß, Kommunikationswege, soziale Strukturen, rechtliche Situation.
- *Hardware und Software* zur interaktiven Aufgabenerfüllung.

Die integrative Betrachtung dieser Aspekte stellt die Voraussetzung dar, Benutzer bei ihrer interaktiven Aufgabenbewältigung effektiv und effizient zu unterstützen.

Beim integrativen Entwurf von interaktiven Systemen steht daher nicht nur die Datenmodellierung im Mittelpunkt der Anwendungsentwicklung, sondern auch die Art und Weise, wie diese Daten den Benutzern zur Manipulation präsentiert werden können. Damit ist die Hauptaufgabe beim Entwurf die Abbildung von den Anforderungen in Datenstrukturen, Interaktionsmedien und integrierte Kontrollmechanismen.

Um diese Abbildung möglichst effektiv und effizient zu gestalten, kommen Techniken und Modelle des Software Engineering zum Einsatz. Verschiedene **Phasen der Entwicklung** können unterschieden werden: Anforderungsanalyse, Entwurf (Design), Implementierung, Wartung, Erweiterung und Wiederverwendung.

1. Im Rahmen der *Anforderungsanalyse* werden die Anforderungen in ihrem technologischen, sozialen und arbeitsorganisatorischen Kontext mittels Aufgaben- und Benutzeranalyse erhoben.
2. Im Fall unklarer Anforderungen sollten *Prototyping*-Techniken angewandt werden, um bestimmte Anforderungen zu definieren sowie Gestaltungsalternativen von Benutzerschnittstellen zu testen. Unter einem Prototyp ist eine Version einer Anwendung zu verstehen, welche zur Klarstellung bestimmter Anforderungen oder der Veranschaulichung von Konzepten dient. Sie wird meist in kurzer Zeit programmiert und ist nicht Bestandteil der endgültig ausprogrammierten Anwendung.
3. In der *Designphase* gilt es, unabhängig von der einzusetzenden Hard- und Software die Anforderungen unter Zuhilfenahme einer Entwurfsmethode zu spezifizieren.

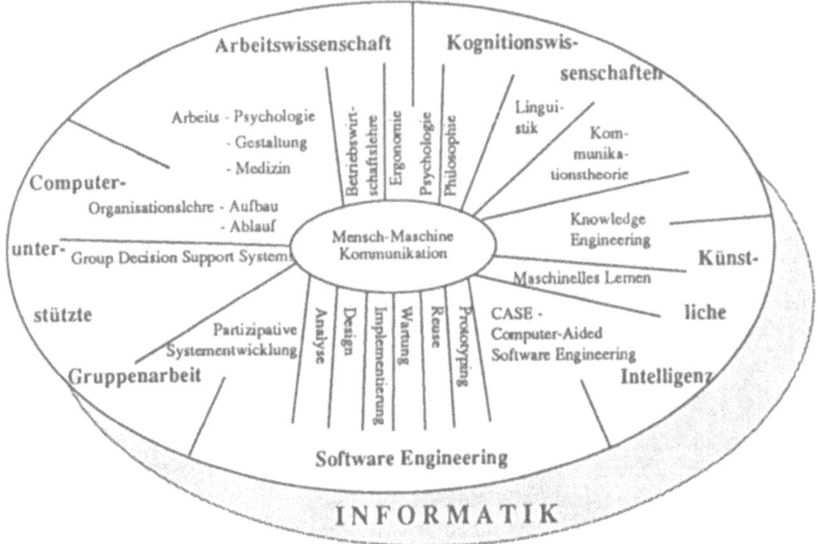

Bild 1.3 Beiträge einzelner Disziplinen zur Gestaltung interaktiver Systeme

4. Die *Programmierphase* dient der Umsetzung der Ergebnisse der Designphase in Code und konkrete Interaktionsmedien und -formen (Modalitäten).

5. Die an die Programmierphase anschließende *Testphase* schließt die Implementierungsphase ab.

6. Die *Wartung* bzw. *Weiterentwicklung* schließt an die Testphase an. Dabei werden Mängel behoben bzw. Erweiterungen vorgenommen.

7. Die *Wiederverwendbarkeit* von Teilen interaktiver Systeme wird nicht nur durch eine modulare und abstrahierende Vorgangsweise in den einzelnen Entwicklungsphasen, sondern auch durch die Ähnlichkeit der Problemstellung mehrerer Projekte bestimmt.

Zur Bewältigung der einzelnen Phasen werden sowohl theoretische Modelle als auch Methoden und Werkzeuge benutzt. Theoretische Modelle stammen vornehmlich aus der Modelltheorie, formalen Sprachen- und Automatentheorie sowie der mathematischen Logik. Methoden wie etwa Prototyping haben sich in der Praxis als zielführend erwiesen und müssen nicht unbedingt theoretisch fundiert sein. Werkzeuge sind meist in herstellerspezifische Plattformen oder Programmierumgebungen integriert und daher kaum allgemein einsetzbar.

Das Hauptaugenmerk bei der Entwicklung aufgabengerechter Benutzerschnittstellen ist auf die Anforderungsanalyse und das Design zu legen. Dies ist zum einen damit begründet, daß diese Aktiväten am Beginn jeder strukturiertern Entwicklung stehen und die Akquisition von Wissen hier möglichst vollständig und ausreichend für alle weiteren Entwicklungsschritte erfolgen sollte. Zum anderen reichen bestehende Verfahren und Theorien nicht aus, um diese Phasen vollständig zu unterstützen.

Das Ziel in der Entwurfsphase ist es, die Aufgaben so zu strukturieren, daß aus Sicht der Benutzer diese computerunterstützt effektiver bewältigt werden können. Daher stehen Verfahren der Aufgabenanalyse und -modellierung im Mittelpunkt der Anforderungs- und Designphase. In der Designphase wird versucht, die erhobenen Anforderungen in Hardware- und Softwarekonzepte abzubilden. Dabei sind Benutzer-, Aufgaben-, Hardware- und Softwareaspekte zu integrieren.

Abbildung 1.3 gibt einen Überblick über jene Disziplinen, welche zur benutzer- und aufgabengerechten Gestaltung interaktiver Systeme Beiträge leisten. Die Beiträge der Kognitions- und Arbeitswissenschaften sowie computerunterstützter Gruppenarbeit werden in der Folge erläutert.

1.1.2 Mensch-Maschine Kommunikation und Kognitionswissenschaften

Als Kognitionswissenschaften (*Cognitive Science*) bezeichnen wir alle Wissenschaften, die sich mit der Modellierung und Simulation von Denkprozessen auseinandersetzen. Dazu zählen die Psychologie, die Philosophie, die Kommunikations- und Sprachwissenschaften, die Künstliche Intelligenz (*Artificial Intelligence* – ein Teilgebiet der Informatik) sowie Überschneidungen dieser Disziplinen, etwa die Psycholinguistik.

Der Einfluß der Kognitionswissenschaften auf die Mensch-Maschine Kommunikation begann mit der Entstehungsgeschichte der Software-Ergonomie (siehe Abbildung 1.2). Dabei beschäftigt sich die **Psychologie** mit dem Verständnis, der Modellierung, Erklärung und Vorhersage von menschlichem Verhalten durch das Studium kognitiver Strukturen und Prozesse. Methoden, die in psychologischen Studien angewandt werden, umfassen: Beobachtungen, Befragungen, Laborexperimente und Fallstudien.

Im Rahmen der Software-Ergonomie gewann die Psychologie vor allem auf dem Gebiet der Modellierung von Benutzern an Bedeutung. Zum einen wurde versucht, individuelle Unterschiede im Verhalten von Benutzern zu modellieren. Zum anderen wurden unterschiedliche Kompetenzen von Benutzern erfaßt, etwa um Experten in bestimmten Arbeitsbereichen feststellen zu können. Modelle des Erwerbs, der Speicherung und Anwendung von Wissen helfen Entwicklern von interaktiven Systemen, problemgerichtet vorzugehen, anstelle Technologien ohne die Berücksichtigung des arbeitsorganisatorischen Kontexts einzusetzen. Durch die Anwendung prädiktiver Theorien, etwa GOMS (*G*oals, *O*perators, *M*ethods, and *S*tates) [Card et al., 1983] können Aussagen darüber getroffen werden, wie sich Benutzer in bestimmten Situationen verhalten.

Das Ziel der Anwendung von Verfahren aus der **Künstlichen Intelligenz** im Rahmen der Entwicklung von interaktiven Systemen ist die Bereicherung der Benutzerschnittstelle mit Optionen, welche die optimale Anpassung sowohl an die Aufgaben des Benutzers als auch an das Interaktionsverhalten der Benutzer (etwa den Umgang mit der Maus) ermöglichen. Theorien und Methoden der Künstlichen Intelligenz werden aus Erkenntnissen der Anthropologie, bildenden Künste, Soziologie, Linguistik, Psychologie und Mathematik abgeleitet. Sie werden zur Erklärung kognitiver Strukturen und Prozesse herangezogen. Simulationen sogenannten intelligenten Verhaltens werden zur Modellierung rationaler Agenten – dies können menschliche Benutzer, Maschinen oder Programme sein – benutzt.

Der Künstlichen Intelligenz wurde bereits 1982 eine Schlüsselrolle im Rahmen der Entwicklung sogenannter Computersysteme der fünften Generation (*Fifth Generation Computing*) [Mota-oka, 1982] zugedacht. Techniken der Künstlichen Intelligenz sollten unter anderem die ungehinderte verbale Kommunikation mit Computern sicherstellen. Dieses Vorhaben wurde im Rahmen dieses Projekts nicht realisiert. Vielmehr wurde es in das darauffolgende *Sixth Generation Computing*-Programm, das die Anwendung von Erkenntnissen der Kognitionswissenschaften unter dem Begriff *Knowledge Science* zusammenfaßt, wieder aufgenommen [Gaines, 1986].

Programme der Künstlichen Intelligenz werden auch wissensbasierte Systeme genannt. Im Unterschied zu herkömmlichen Programmen verarbeiten diese Art von Programmen vor allem vages, unvollständiges und nicht eindeutig in Datenstrukturen und Kontrollfluß abbildbares Wissen. Eindeutige Verarbeitungssequenzen (Algorithmen) werden durch Heuristiken ersetzt. Diese Technologie erlaubt nicht nur die Ableitung von Wissen aus Arbeitsanalysen sowie die Darstellung von Problembereichswissen (beispielsweise als eine Menge von Regeln), sondern auch die Abarbeitung von Schlußfolgerungen zur automatisierten Bewältigung eines Problems und Anpassung an Benutzereigenheiten.

Techniken der Künstlichen Intelligenz werden zur Zeit für folgende Aktivitäten herangezogen:

- *situationsbezogene Hilfe*: Hilfesysteme oder Hilfekomponenten interaktiver Systeme gewinnen vor allem bei komplexen Interaktionsmustern und Aufgaben, wie z.B. CAD (*Computer Aided Design*) zunehmend an Bedeutung. Aufgabe dabei ist es, einen Zustand an der Benutzerschnittstelle wiederherzustellen, welcher den Benutzern erlaubt, ihre Aufgabenbewältigung erfolgreich fortzusetzen.
- *Einführung in den Umgang mit interaktiven Systemen*: sogenannte *Tutoring*-Komponenten dienen der Einführung sowohl in die Bedienung von vorgesehenen Interaktionsmedien als auch in spezifische Abfolgen von Aufgaben. Dabei wird das Verhalten von Benutzern bewertet und danach Adaptierungsstrategien ausgewählt.
- *Training und Lehre*: wissensbasierte interaktive Ausbildung und ebensolches interaktives Training erlauben die individuelle Überprüfung des Wissens sowie die individuelle Anpassung von Schnittstellen an die Fertigkeiten von Benutzern.

Um ungehindert verbal mit Computern kommunizieren zu können, bedarf es der Integration von Erkenntnissen der **Sprach- und Kommunikationswissenschaft**. Neben der semantischen und pragmatischen (verhaltensorientierten) Analyse der natürlichen Sprache stehen vor allem Techniken zur Spracherkennung und -generierung im Mittelpunkt der Forschung. Ziele dabei sind, Frage-Antwort-Dialoge semantisch erfassen zu können sowie die automatische Sprachübersetzung.

Der **Philosophie** kommt im Rahmen der Kognitionswissenschaften die Rolle der traditionsreichsten Wissenschaft zu, welche sich mit Problemen der Erkenntnis (auf dem Gebiet der *Erkenntnistheorie*) beschäftigt hat. Sie steuert also direkt Erkenntnisse zur Modellierung und Simulation von Kognition bei.

Die Philosophie hat im Zusammenhang mit der Mensch-Maschine Kommunikation im besonderen und mit der Informatik im allgemeinen ein weites Anwendungsgebiet, nämlich die Wissenschaftsphilosophie und -theorie. Mit Hilfe ihrer Methoden kann der Erkenntnisfortschritt einzelner Disziplinen reflektiert und bewertet werden. Auch sogenannte *Paradigmen* (Denkschulen) können damit erkannt und definiert werden. Schließlich erlauben epistemologische (erkenntnistheoretische) Reflexionen die Offenlegung grundlegender Annahmen, wie z.B. Menschen als informationsverarbeitende Wesen analog zu Maschinen zu betrachten.

1.1.3 Mensch-Maschine Kommunikation und Arbeitswissenschaften

Die Arbeitswissenschaften (Ergonomie, Arbeitsmedizin, Techniksoziologie, Wirtschaftswissenschaften etc.) haben sämtliche Aspekte menschlicher Arbeit zum Untersuchungsgegenstand: Erscheinungsformen, Begleiterscheinungen, Entstehungsbedingungen sowie Wirkungen und Beeinflussungsmöglichkeiten menschlicher Leistungsbereitschaft. Dabei wird die Arbeitswelt als sozio-technisches Gebilde und nicht nur als eine Kombination technischer Produktionsfaktoren interpretiert. Das Ziel der Erkenntnisgewinnung stellt die Humanisierung von Arbeit dar.

Bei der Analyse und Gestaltung von Arbeitssystemen stehen der arbeitende Mensch und seine individuellen und sozialen Beziehungen zu den technischen Elementen des Arbeitssystems im Mittelpunkt. Dies bedeutet, daß vor allem das *Zusammenwirken* von Menschen, Betriebsmitteln und Arbeitsgegenständen, inklusive aller Voraussetzungen, Bedingungen und Auswirkungen untersucht werden. Aus den Untersuchungsergebnissen werden Maßnahmen abgeleitet, durch die Arbeitssysteme gemäß menschlicher Eigengesetze beeinflußt werden können.

Der Bezug der Arbeitswissenschaften zur Mensch-Maschine Kommunikation ist durch den Einsatz von interaktiven Benutzerschnittstellen auf dem Arbeitsplatz gegeben. *Bildschirmarbeitsplätze* kommen sowohl in Dienstleistungs- als auch in Produktionsbetrieben zum Einsatz. Die Humanisierung der Bildschirmarbeit umschließt die Ausrichtung interaktiver Systeme nach menschlichen Bedürfnissen und nicht nur nach technischen Produktionsfaktoren.

Die Folgen der Mißachtung menschlicher Eigengesetze bei der *Gestaltung* von Bildschirmarbeitsplätzen können zur Entfremdung von der Arbeit, von Mitmenschen und Sozialgefügen führen. Motivationsprobleme auf dem Arbeitsplatz lassen schließlich die Qualität des Endproduktes sowie die Produktivität sinken. Tatsächlich sind jedoch die Zusammenhänge zwischen Technik, Arbeitsorganisation und menschlicher Arbeit unzureichend erforscht. Zur Zeit erfolgt die *Bewertung* von Arbeit meist durch die Bewertung ihrer Produkte und kaum nach technisch-sozialen Maßstäben.

Bild 1.4 Interaktive Systeme aus Sicht der Arbeitswissenschaft

Als Folge werden Arbeitsorganisationsformen, Kommunikationsbedürfnisse und Motivationsfaktoren nur ungenügend bei der Entwicklung von Bildschirmarbeitsplätzen berücksichtigt und in interaktive Systeme abgebildet [Grudin, 1989]. Denoch liegt der *Beitrag* der Arbeitswissenschaften in der aufgaben- und benutzergerechten Gestaltung von Benutzerschnittstellen und zwar in der Analyse und Gestaltung der obengenannten Faktoren im Rahmen des Entwurfs interaktiver Bildschirmarbeitsplätze.

Das Zusammenwirken von Menschen, Maschinen und Material zur optimalen Aufgabenbewältigung unter Beibehaltung der physischen und psychischen *Gesundheit* erfordert die Beachtung einer Vielzahl von Faktoren. Gesundheit beinhaltet nach der Definition der Welt-Gesundheitsorganisation der UNO nicht nur das Freisein von Krankheiten, sondern auch die Arbeitszufriedenheit, welche als Selbstverwirklichung bei der Arbeit definiert wird. Die dafür relevanten Faktoren werden in folgenden arbeitswissenschaftlichen Bereichen untersucht:

- die *Arbeitsphysiologie* setzt sich mit grundlegenden menschlichen Fähigkeiten

- mit Hilfe der *Arbeitspsychologie* werden die Wechselbeziehungen zwischen der Arbeit und psychischen Faktoren untersucht. Davon betroffen sind alle Vorgänge, die seelisch-geistig das Arbeitshandeln des Menschen begleiten und bestimmen, und schließlich Arbeitszufriedenheit oder -unlust erzeugen.
- die *Arbeitsplatzgeometrie und -umgebung* erlaubt Untersuchungen der Anordnung und Ausstattung von Arbeitsplätzen mit Arbeitsmitteln inklusive Beleuchtung, Klima und Akustik.
- die *Arbeitsgestaltung* fokusiert auf Arbeitstechniken (z.B. Bildschirmarbeit), Schulungskonzepten und Arbeitszeitregelungen.
- in der *Arbeitsmedizin* sind der menschliche Körper (der Haltungsapparat, die Sinnesorgane, das Zentralnervensystem), die Schwangerschaft sowie Behinderungen von besonderem Interesse.

Abbildung 1.4 zeigt den Untersuchungsgegenstand *Arbeitssystem*: Der Bildschirmarbeitsplatz steht im Mittelpunkt jenes räumlichen Bereichs, wo Mitarbeiter ihre Aufgaben bewältigen. Elemente des Arbeitsplatzes sind nicht nur das Umfeld (z.B. die Raumausstattung) und die Arbeitsmittel (z.B. Computersysteme), sondern auch die Benutzer der Arbeitsmittel und die Organisation der Arbeit. Der Mensch wird als Teil des Arbeitssystems durch seine Arbeitspositionen und Arbeitsweisen sowie durch die Umgebungseinflüsse und seine psycho-soziale Belastungen charakterisiert.

Die **Ergonomie** befaßt sich mit der Erforschung der Eigenschaften und Fähigkeiten des Menschen zur Erfüllung von Arbeitsaufgaben sowie mit der Gestaltung menschengerechter Arbeitsplätze, -mittel, -umgebung, -aufgaben und -abläufe. Das Wort Ergonomie setzt sich aus zwei griechischen Wörtern zusammen, wobei *ergon* Arbeit, Kraft, Leistung und *nomos* Gesetz, Gebrauch bzw. Gewohnheiten, Regel, Lehre bedeutet. Ergonomie umfaßt demnach die Gesetzmäßigkeiten der menschlichen Arbeit.

Der rasche Fortschritt bei technischen Systemen führte zu einer Kluft zwischen menschlichem Anpassungsvermögen und technischen Möglichkeiten. Zwar schritt die Automatisierung geistiger Prozesse stetig voran, die Fähigkeiten der Menschen haben sich jedoch im Laufe dieses permanenten Fortschritts kaum verändert. Die körperliche und geistige *Anpassungsfähigkeit* der Menschen kann meist nicht mit der Entwicklungsgeschwindigkeit technischer und auch sozialer Systeme mithalten. Das Ziel ergonomischer Bemühungen ist daher die Umkehrung dieses Trends und zwar die Anpassung von Arbeit sowie der Arbeitsumgebung an die menschlichen Bedürfnisse und Fähigkeiten. Vorrang dabei besitzen:

1. der vorbeugende *Schutz* gegen Unfälle und andere Gesundheitsrisiken durch die Beschränkung der Beanspruchung des Menschen durch die Arbeit auf ein zulässiges Maß.

2. die *Vorbeugung* vor Ermüdung und die *Erhaltung* der Leistungsfähigkeit durch die Gestaltung der Umgebungseinflüsse und den Einsatz von Mitarbeitern gemäß ihrer Qualifikation.

3. die *Schaffung* gebrauchsgerechter Produkte und effektiver Betriebsmittel (z.B. Computersysteme).

Zur Erreichung dieser Ziele konstituierte sich in Europa die **Hardware-Ergonomie**. In den USA wird dieser Teil der Ergonomie mit *Human Factors* bezeichnet. Ansatzpunkte für hardware-ergonomische Untersuchungen stellen die Hardware-Komponenten von Bildschirmarbeitsplätzen zur Informationsein- und -ausgabe dar. Empfehlungen zur Zeichengestaltung auf dem Bildschirm (Farbe, Kontrast etc.) sowie zur Gestaltung von Tastaturen und Kontrollgeräten (z.B. Mäusen) stehen im Mittelpunkt der Hardware-Ergonomie, z.B. [Krueger, 1989]:

- Auf eine durchschnittliche Sehentfernung von 50 cm soll die Größe der Zeichen auf dem Bildschirm zwischen 2,6 und 3,6 mm betragen.

- Die Leuchtdichte auf dem Bildschirm (Zeichen und Untergrund) soll individuell anpaßbar sein.

- Reine Farbkontraste auf dem Bildschirm sind zugunsten von Hell-Dunkel-Kontrasten zu vermeiden.

- Gewohnte Bewegungsmuster sind bei der Tastenanordnung auf Tastaturen zu berücksichtigen.

- Die für den Kontrollfluß von Programmen entscheidenden Tasten (wie etwa die Kombination der Control(CTRL)-Taste mit dem Buchstaben C bei MS-Dos-Applikationen) sollen außerhalb des zentralen Tastenbereiches liegen.

Neben Untersuchungen zur Gestaltung von Hardware-Interaktionsmitteln (vor allem von Bildschirm und Tastatur) wurde begonnen, mit Hilfe von Techniken der Softwareentwicklung, interaktive Systeme strukturiert zu entwickeln und zu bewerten. Dies führte zu einer Trennung der Entwicklung der Anwendung und der dazugehörigen Benutzerschnittstelle. Zur Bewertung von Benutzerschnittstellen konstituierte sich das Gebiet der **Software-Ergonomie** [Balzert, 1983].

Die *Zielsetzung* der Software-Ergonomie ist, Computersysteme entsprechend der menschlichen Arbeitsbedürfnisse zu gestalten und danach zu bewerten. Dementsprechend steht in der Software-Ergonomie die Anpassung von Aufbau und Struktur von Anwendungsprogrammen an die mentalen, psychischen und emotionalen Leistungsmöglichkeiten und Belastungsgrenzen im Mittelpunkt von Untersuchungen.

Die Benutzerschnittstelle wird folglich nach den Gesichtspunkten der Anordnung sowie der Verschlüsselung von Information auf dem Bildschirm und der Art der Kommunikation mit den Benutzern gestaltet und analysiert. Die Kommunikation mit den Benutzern wird durch die Form und die Steuerbarkeit der Interaktion bestimmt. Der Ablauf der Interaktion wird darüberhinaus durch die Antwortzeiten, Fehlermeldungen und Hilfestellungen des Computersystems charakterisiert. Zur Zeit werden folgende Kriterien zur Bewertung interaktiver Systeme eingesetzt – sie werden in Kapitel 10 im Detail erläutert:

1. *Aufgabenangemessenheit:* Anwendungen sollten ihre Benutzer möglichst direkt (*effektiv*) bei der Erfüllung von Aufgaben unterstützen. Dies betrifft sowohl

   - die *Funktionen*, welche programmiert werden,
   - die *Steuerbarkeit* (Kontrollfluß) - dies ist der Ablauf der Aufgabenerfüllung,
   - die *Erlernbarkeit* (Verständlichkeit) der Anwendungsfunktionen (z.B. Löschen eines Dokuments) und
   - die *Bedienbarkeit* der Interaktionsmedien (z.B. mittels einer Maus).

2. *Robustheit:* Anwendungen sollten bei Fehlern in der Interaktion und Aufgabenerfüllung ihre Benutzer wieder zu einem Punkt im Ablauf der Aufgabenerfüllung zurückführen, wo sie fehlerfrei die Aufgabe weiter bearbeiten können. Leichte Fehler (etwa Tippfehler bei Kommandoeingaben) sollten seitens der Anwendung toleriert werden (*Fehlertoleranz*). Fehlersituationen sowie jede andere Situation der Interaktion sollte seitens der Applikation erklärt werden können (*Fehlertransparenz* und *Selbsterklärungsfähigkeit*). Erklärungen und das Verhalten von Anwendungen sollten *erwartungskonform*, d.h. den mentalen Modellen der Benutzer angepaßt sein und immer die gleiche oder ähnliche Wirkung(en) zeigen (*Konsistenz*).

3. *Adaptierbarkeit*: Veränderungen, welche sowohl die Aufgabenaufteilung, -erfüllung und -organisation als auch die Interaktion betreffen, sollten ohne großen Aufwand aufgrund ihrer Durchschaubarkeit (*Transparenz*) durchführbar sein.

Die vermehrte Modellierung von Organisationen und von Sozialverhalten im Rahmen der Entwicklung aufgabenorientierter Anwendungen bewirkt einen weiteren Integrationsschub von Erkenntnissen aus Einzeldisziplinen zur Gestaltung von Bildschirmarbeitsplätzen. Dabei werden bei der Entwicklung von Benutzerschnittstellen Erkenntnisse der Betriebswirtschaftslehre (Organisationslehre, Theorien zur Entscheidungsfindung) und Kognitionswissenschaften (Künstliche Intelligenz, Linguistik, Kommunikationstheorie) mitberücksichtigt (Abbildung 1.2). Benutzermodellierung und Adaptivität von Benutzerschnittstellen (wie beschrieben) würden ohne diese neue Integration nur Schlagworte bleiben. Der Endpunkt dieser Entwicklung wird mit dem Begriff **Organisations-Ergonomie** [Ulich, 1989] bzw. **Sozio-Ergonomie** [Brown et al., 1985] bezeichnet.

Das globale Ziel, welches es noch immer zu erreichen gilt, heißt *Arbeitszufriedenheit*, insbesondere bei computerunterstützter Arbeit innerhalb eines bestimmten Arbeitssystems. Als Arbeitszufriedenheit bzw. Arbeitsunzufriedenheit bezeichnen wir das positive bzw. negative emotionale Urteil von Mitarbeitern über ihre Arbeitssituation. Die Arbeitszufriedenheit hängt einerseits von den Gegebenheiten der Arbeitssituation und andererseits von den Eigenschaften der Mitarbeiter ab:

- *Transparenz der Arbeitssituation*: Inwieweit besitzen die Mitarbeiter Einblick in die Arbeitsorganisation?
- *Entscheidungs- und Handlungsspielraum*: Welche Handlungen dürfen eigenverantwortlich seitens der Mitarbeiter gesetzt werden?
- *soziale Beziehungen*: Bestehen zwischen den Mitarbeitern neben arbeitsorganisatorischen Beziehungen auch andere?
- *Qualifikationserhaltung und -chancen*: Welche Schulung und Weiterbildungsmaßnahmen sind für Mitarbeiter vorgesehen?
- weitere Merkmale wie leistungsgerechte Entlohnung, Karrierrewege etc.

Mit der *Transparenz einer Arbeitssituation* wird dabei jener Einblick angesprochen, den jeder einzelne Mitarbeiter in seine Arbeitssituation hat – der Begriff wird analog zur Software-Ergonomie verwendet, wo unter Transparenz der Einblick in die Abläufe von Anwendungen verstanden wird. Zum einen ist im Zusammenhang mit der Arbeitssituation die Kenntnis der Arbeitsabläufe und der Arbeitsaufgaben der Mitarbeiter in der unmittelbaren Arbeitsumgebung gemeint, zum anderen das Wissen über die Vorgänge, Entscheidungsverfahren und Organisation im gesamten Unternehmen.

Unter dem *Entscheidungs- und Handlungsspielraum* sind die Entscheidungs- und Handlungsfreiheit bei der Ausübung der eigenen Aufgaben zu verstehen. Sie beinhalten die individuellen Kontrollmöglichkeiten von Arbeitsergebnissen sowie den Abwechslungsreichtum des eigenen Arbeitsinhaltes [Dunlop et al., 1991]. Je größer die individuellen Freiheiten sind, umso selbständiger können Mitarbeiter ihre Aufgaben bewältigen, die Ergebnisse ihrer Tätigkeiten durchschauen und bewerten sowie soziale Freiräume nutzen. Sämtliche Freiräume sollten bereits in der Analyse- und Entwurfsphase von interaktiven Systemen transparent werden.

Eine Disziplin, welche sich mit organisatorischen und sozialen Freiräumen sowie deren Koordination im Rahmen von computerunterstützter Gruppenarbeit beschäftigt, wird in der Folge kurz beschrieben.

1.1.4 Computerunterstützte Gruppenarbeit

Computerunterstützte Gruppenarbeit (CSCW - *Computer Supported Cooperative Work*) – auch *collaborative work*, *shared minds*, *collaboration computing* und *seamless interaction* genannt – ist 1986 entstanden [CSCW'86, 1986]. Diese Bezeichnungen stehen für eine spezifische Kombination von arbeitsorganisatorischen, sozialen und technischen Verfahren sowie Systemen. Dabei werden verteilte Gruppen von Mitarbeitern unter Beachtung ihrer individuellen sowie gruppenspezifischen Sozial- und Arbeitsbeziehungen in den Mittelpunkt von Untersuchungen gestellt [Greif, 1988, Collaborative Computing, 1991, Kling, 1991].

Die Produktion interaktiver Gruppenarbeitssysteme ist **sozial** motiviert und auf menschliche Bedürfnisse ausgerichtet [Galegher et al., 1990, Norman, 1991]. Es wird davon ausgegangen, daß jede Einführung von technischen Systemen die Arbeitssituation beeinflußt [Howard, 1985, Howard, 1987]. Interaktive Systeme ersetzen keine manuellen oder geistigen Operationen, sie verändern vielmehr die gesamte Arbeits- und Sozialsituation [Kling, 1991, Greenbaum et al., 1991, Greenberg, 1991]: Inhalte, Wissen, Kontrolle und Kommunikation.

Die Verteilung von Benutzern im Rahmen computerunterstützter Gruppenarbeit wird unter den Gesichtspunkten **Interaktion und Koordination** untersucht. Dabei ist der Aspekt der Interaktion signifikant für die Effektivität von Aufgabenbewältigung. Die Interaktion wird sowohl durch die eingesetzten Interaktionsmedien (siehe Kapitel 4 und 5) sowie durch zeitliche Abhängigkeiten beeinflußt (z.B.

synchron auftretende Ereignisse an der Benutzerschnittstelle). Bei der Koordination steht die Effizienz der Aufgabenbewältigung im Mittelpunkt. Geeignete Mechanismen zur Abstimmung von Benutzern und Aufgaben können die Leistungsfähigkeit von Gruppen beeinflussen.

Im Rahmen der Entwicklung von CSCW-Anwendungen wird folglich besonderes Augenmerk auf die **Arbeitsorganisation** gelegt. Der gesamte Entwicklungsprozeß von Organisationen steht während des Einführungs- bzw. Planungsprozesses von CSCW-Anwendungen zur Diskussion [Bowers et al., 1991, Ellis et al., 1991]. Bisher erlauben jedoch nur wenige CSCW-Anwendungen eine dynamische Entwicklung von Organisationen, da sie über keine entsprechenden Organisationsmodelle verfügen. Dies mag auch den geringen kommerziellen Erfolg dieser Anwendungen seit der Verbreitung der CSCW-Anwendung Coordinator [Action Technology, 1987] [Flores et al., 1988] erklären.

Coordinator ist ein erweitertes elektronisches Postsystem, welches zur Erleichterung der Kommunikation zwischen Gruppenmitgliedern eingesetzt wird. Bei der Entwicklung von Coordinator wurden implizit auftretende sprachtheoretische Konzepte anstelle einer Kommandosprache zur Kommunikation definiert. Jede Konversation basiert auf Versprechungen, Bestätigungen, Angeboten, Gegenangeboten etc. Dieses Konzept entstammt der *Language/Action*-Perspektive, welche den Zusammenhang zwischen Sprache und Handlungen dahingehend definiert, daß jeder sprachlichen Äußerung eine Handlung entspricht [Winograd, 1987].

Eine weitere Erklärung der schwachen Verbreitung von CSCW-Anwendungen ist die einseitige Betrachtung von Kooperation als das wichtigste Phänomen zwischenmenschlicher Arbeitsbeziehungen. Andere, jedoch negativ besetzte, aber ebenfalls tatsächlich auftretende *Phänomene* in Organisationen, wie die Unwilligkeit zur Zusammenarbeit, Konkurrenzkampf, Kontrolle, soziale Verarmung durch elektronische Kommunikation, Machtgefüge und Konflikte, welche zumindest gleich häufig wie Kooperation auftreten, werden zur Zeit kaum bei der Entwicklung von CSCW-Anwendungen mitberücksichtigt.

1.2 Interaktive Systeme als kontingente Systeme

Sobald Computer als Problemlöser in der Arbeitswelt eingesetzt werden, ist es Aufgabe der Mensch-Maschine Kommunikation, die Interaktion mit dem Arbeitsmittel Computer in einer Weise zu gestalten, daß Benutzer ohne großen Lernaufwand für

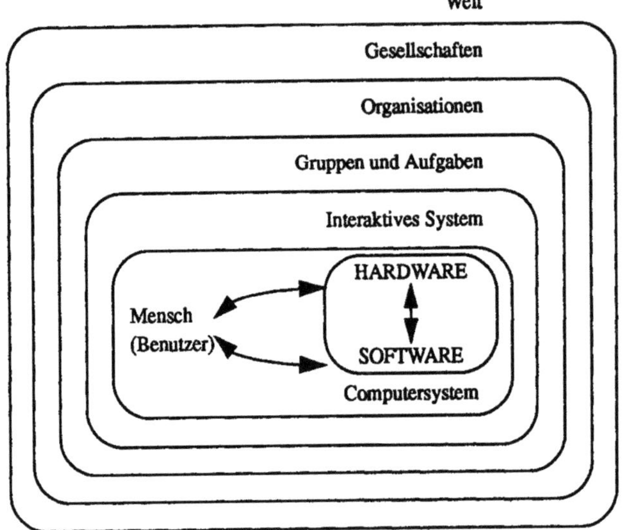

Bild 1.5 Interaktive Systeme als kontingenter Teil großer Interaktionssysteme

die Benutzung der Interaktionsmittel ihre Probleme effektiv und effizient lösen können.

> Unter **Mensch-Maschine Kommunikation** wird der wechselweise Austausch von Daten zwischen Mensch und Computersystemen verstanden.
>
> Kommunikation umfaßt die Mitteilung, Verbindung sowie die Bildung sozialer Einheiten, welche durch die Verwendung von Zeichen und Sprache zustandekommt.
>
> Ein System wird als eine Menge von Teilen definiert, welche miteinander in Beziehung stehen. Ein Computersystem ist ein System, dessen Teile, Hard- und Software, einander wechselseitig zur Datenverarbeitung bedingen.

Seitens des Computersystems besitzen Daten keine Bedeutung. Sie erhalten ihren Informationsgehalt durch die Entwickler von Software (Analytiker, Designer, Programmierer). Die Bedeutung von Daten wird also *festgelegt*. Seitens des Menschen erlangen die Daten ihre Bedeutung, indem sie *interpretiert* werden.

Das Computersystem bildet mit den Benutzern das **interaktive System**, welches in weitere Interaktionssysteme eingebettet ist (Abbildung 1.5).

In der Folge bezeichnen wir als (End)**Benutzer** jeden Menschen, der mit einer bestimmten Anwendung und Interaktionsmedien zur Problemlösung interagiert.

Als **Interaktion** wird dabei jener Vorgang im Rahmen der Mensch-Maschine Kommunikation verstanden, welcher die Betätigung von Interaktionsmedien sowie Anwendungsaktionen zum Inhalt hat.

Nach [Nake, 1984] stellt die Mensch-Maschine Kommunikation eigentlich eine Formveränderung der zwischenmenschlichen Kommunikation dar, welche durch ein neu kreiertes Kommunikationsmedium, nämlich den Computer, hervorgerufen wurde. Vielfach wird daher der Begriff "Mensch-Computer Dialog" geprägt und die Konstruktion von interaktiven Systemen mit *Dialog Engineering* analog zu Software Engineering bezeichnet. Doch im Zusammenhang mit interaktiven Systemen von einem Dialog zwischen Mensch und Maschine zu sprechen, ist nicht gerechtfertigt, da "der Dialog die Elementarform der Kommunikation ist, welche alle Merkmale aufweist, die zur Kommunikation notwendig sind. Insbesondere zeichnet sich ein Dialog durch Einheit von Ort, Zeit und Beteiligten aus" [Nake, 1984]. Der Computer hebt jedoch die Einheit der Beteiligten durch "Kommunikation" auf, da die Maschine die Fähigkeit besitzt, Information in Form von Daten zu verarbeiten. Das Mittel der Kommunikation (= Computer) ist nicht nur Datenträger, sondern verändert auch die Kommunikation als selbsttätiges Mittel, d.h. es wird selbst zum Partner der Kommunikation.

Unter **interaktiven Anwendungen** werden jene Computerprogramme verstanden, die für Benutzer Eingriffsmöglichkeiten in ihren Kontroll- und Datenfluß aufweisen.

Der Begriff "interaktiv" wird im Gegensatz zu *remote* und *batch* verwendet. *Remote* bzw. *batch* bezeichnet indirekten Zugriff auf Programme, also etwa über Lochkarten zur Eingabe und Nadeldrucker zur Ausgabe, während "interaktiv" den direkten Zugang zu Daten, etwa über die Tastatur zur Eingabe und den Bildschirm zur Ausgabe bezeichnet.

Die Summe interaktiver Eingriffsmöglichkeiten für Benutzer wird als **Benutzerschnittstelle** bezeichnet.

Die "Offenheit" einer Benutzerschnittstelle hängt von der definierten Kontrollierbarkeit des Daten- und Kontrollflusses ab. Die Offenheit wird beim Entwurf festgelegt.

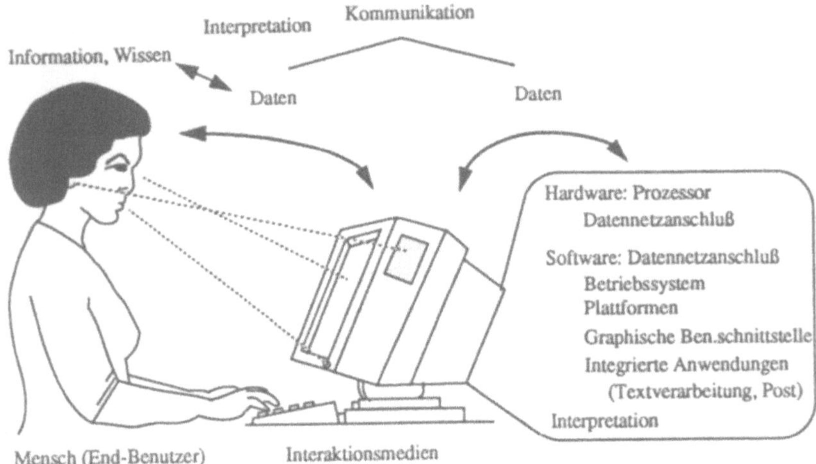

Bild 1.6 Detailskizze eines interaktiven Systems - Komponenten und Interaktionskanäle

Die Summe interaktiver Eingriffsmöglichkeiten für Benutzer wird als **Benutzerschnittstelle** bezeichnet.

Die "Offenheit" einer Benutzerschnittstelle hängt von der definierten Kontrollierbarkeit des Daten- und Kontrollflusses ab. Die Offenheit wird beim Entwurf festgelegt.

Abbildung 1.6 zeigt den *Aufbau eines interaktiven Systems* im Detail. Zum einen zeigt sie die Systemkomponente Mensch, welcher auf Grund seiner Vielfalt an Fähigkeiten mehrere Kommunikationskanäle zur Interaktion einsetzen kann. Die entlang dieser Kommunikationskanäle einsetzbaren Informationsarten sowie Interaktionsmedien werden in Abschnitt 2.1, 4 und Kapitel 5 vorgestellt. Zum anderen werden in Abbildung 1.6 jene Komponenten eines Computersystems aufgezählt, welche übrigen Teile eines interaktiven Systems darstellen.

Mensch-Maschine Kommunikation findet in einem sogenannten *Arbeitssystem* statt. Das Arbeitssystem integriert Interaktionssysteme, in dem Menschen bestimmte Aufgaben bewältigen und ein Organisationssystem das Zusammenspiel von Menschen zur Aufgabenbewältigung koordiniert (Abbildung 1.5). Das Arbeitssystem wird von einem Gesellschaftssystem umgeben, welches einen Teil unserer Welt darstellt.

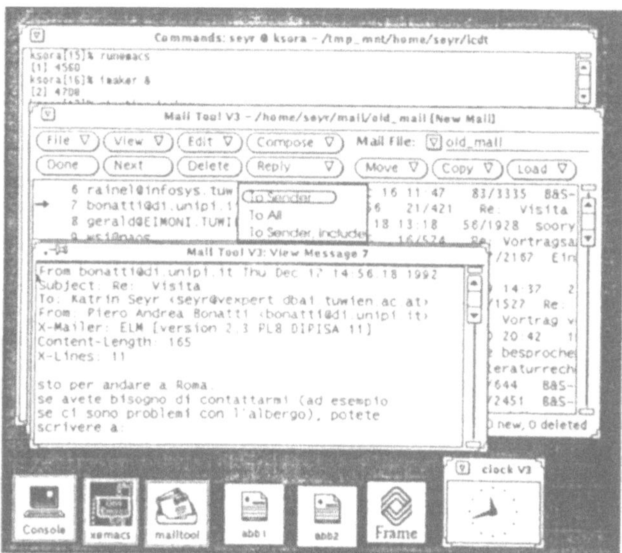

Bild 1.7 Bildschirmaufbau einer interaktiven Benutzerschnittstelle

hat zur Folge, daß neben technologischen Aspekten auch arbeitsorganisatorische und psychologische Faktoren in die Gestaltung und Bewertung von Bildschirmarbeitsplätzen miteinzubeziehen sind – siehe Kapitel 7 und 10.

Die *Akzeptanz* und Qualität des Arbeitssystems hängt nicht nur von den einzelnen Elementen, wie Beleuchtung, Software etc. ab, sondern auch von der erfolgten Integration der wichtigsten Aspekte der beteiligten Systemelemente. Diese Integration ist es, welche das Fachgebiet Mensch-Maschine Kommunikation interessant für die Forschung macht und die Entwickler von Bildschirmarbeitsplätzen zur Zeit noch vor große Probleme stellt.

Das Zusammenspiel der unterschiedlichen Faktoren kann an folgendem Beispiel dargestellt werden: Arbeiten Benutzer an flimmernden Bildschirmen, so kann eine noch so abwechslungsreiche Arbeitsaufgabe die Akzeptanz nicht erhöhen. Ebenso kann eine monotone Aufgabe mit Hilfe eines Farbschirmes nicht aufgewertet werden. Wechselseitige Kompensationen oder Kompensationsversuche funktionieren in diesem System nicht.

Ein Beispiel: Abbildung 1.7 zeigt ein typisches Beispiel einer interaktiven Benutzerschnittstelle. Die Interaktion wird dabei mittels graphischer Benutzerschnittstelle, einer Tastatur und einer Maus zur Positionierung des Cursors unterstützt.

Der in Abbildung 1.7 gezeigte Bildschirm enthält die Objekte der Büroumgebung in mehrfacher Darstellung: Ein Dokument wird beispielsweise als Piktogramm etwa daumennagelgroß angezeigt und zwar dann, wenn es nicht manipuliert wird. Seine zweite Darstellungsform ist sein Inhalt in einem bestimmten Bildschirmausschnitt (*Fenster*), wobei dieser Ausschnitt sowie die Struktur des Dokuments verändern werden können. Die Operationen zur Manipulation des Piktogramms, des Fensters als auch des Fensterinhalts werden ebenfalls in einem eigenen Ausschnitt präsentiert. Dieser Ausschnitt wird *Menu* genannt und ist entweder dem Piktogramm oder dem Fenster zugeordnet.

Je nach Zustand des Dokuments enthält ein Menu Operationen zum

- Verschieben des Piktogramms oder des Fensters
- Öffnen eines Fensters (gleichzeitig mit dem Verschwinden des Piktogramms) zur Darstellung des Inhalts
- Editieren (Manipulieren) des Inhalts
- Verkleinern des Fensters zu einem Piktogramm.

Meist ist es auch möglich, direkt durch Positionieren (Selektieren) und Ziehen der Maus (des Cursors) die Bildschirmausschnitte (Fenster, Piktogramme) zu verschieben bzw. die Größe von Fenstern zu verändern.

Abbildung 1.7 zeigt mehrere geöffnete Fenster und Piktogramme. Die Fenster haben grundsätzlich denselben Aufbau: An allen vier Ecken läßt sich bei Positionierung des Cursors die Größe des Fensters auf dem Bildschirm verändern. Der obere Rand enthält eine Leiste mit Namen zur Orientierung. Die rechte Seite des Fensters enthält eine Leiste, welche das vertikale Verschieben des Fensterinhaltes erlaubt. Links oben befindet sich ein Knopf, welcher nach Selektion das Fenster schließt und dieses entweder als Piktogramm präsentiert oder komplett verschwinden läßt. Letzter Fall betrifft beispielsweise das im Vordergrund befindliche Fenster, welches den Inhalt der Nachricht 7 aus der elektronischen Post anzeigt.

Die Kopfleiste jedes Fensters zeigt auch gleichzeitig den Typ des Fensters an. So wird zum Beispiel standardmäßig ein Fenster definiert, welches den Systemzustand der Maschine oder des Netzes, in welches die Maschine integriert ist, anzeigt. In Abbildung 1.7 befindet sich dieses Fenster links unten (*Console*). Arbeiten Benutzer direkt mit der Benutzerschnittstelle des Betriebssystems eines Computersystems, so wird ein Kommandofenster (*Commands*) auf dem Bildschirm geöffnet. Dieses Fenster befindet sich im Hintergrund des Bildschirms und wird von anderen überlappt. In unserem Fall zeigt die Kopfleiste dieses Fensters auch den Benutzer und den Namen des Computersystems sowie den eingeschlagenen Pfad durch die in Baumform angeordneten Dateien an.

Die im Kommandofenster aktivierten Anwendungen sind ein Textverarbeitungssystem (*xemacs*) sowie ein dtp(*desk-top-publishing*)-System (*imaker* &). Beide Anwendungen wurden zwar gestartet, werden aber vom Benutzer zur Zeit nicht verwendet. Sie werden als Piktogramme, die vom Benutzer an den unteren Rand des Bildschirms positioniert wurden, dargestellt: *xemacs* und *Frame*. Analoges gilt für die beiden Abbildungen ***abb1*** und ***abb2***, welche mit dem dtp-System editiert wurden. Das verbleibende Piktogramm (*mailtool*) zeigt die Piktogrammdarstellung eines elektronischen Postwerkzeuges, welche sich in Fensterdarstellung in der Bildschirmmitte (Kopfleiste *Mail Tool V3 - /home/seyr/mail/old-mail(New Mail)*) befindet. Zu Demonstrationszwecken wurde diese Anwendung zweimal aktiviert.

Die Abbildung zeigt schließlich, daß ausgehend von einer Anwendung mehrere Fenster geöffnet werden können - in unserem Fall führte die Aktivierung des Postwerkzeuges zu einer Übersicht der Nachrichten in einem Fenster sowie zur Darstellung der Nachricht 7 in einem weiteren Fenster. Die in der Bildschirmmitte befindliche Menuleiste ist eine Aufstellung der zu dem Menueintrag *Reply* gehörenden Operationsmenge. Diese ermöglicht die Aktivierung weiterer Fenster.

Nachdem in diesem Kapitel die Entwicklung sowie die grundlegende Konzeption interaktiver Systeme betrachtet wurden, können in der Folge die Systemelemente sowie der Entwicklungsprozeß und schließlich Bewertungsverfahren diskutiert werden.

1.3 Zusammenfassung

In den einführenden Abschnitten wurden grundlegende Begriffe und Konzepte erläutert sowie ein Überblick über die Entwicklung der Mensch-Maschine Kommunikation gegeben:

- Computersysteme werden durch entsprechende Programmierung von Operationen auf *Daten und Interaktionsmedien* interaktiv zugänglich.
- Interaktion bezieht sich auf die *Art und Weise des Datenaustausches*, welcher die *Kontrolle* und *Manipulation* von Daten eines formalisierten Problems beeinflussen kann. Jede formalisierbare geistige und manuelle Tätigkeit kann an der Benutzerschnittstelle beeinflußt werden.
- Das Ziel der Mensch-Maschine Kommunikation ist die möglichst unmittelbare *Problemlöseunterstützung* von Benutzern. Benutzerschnittstellen werden folglich immer in einem bestimmten Anwendungs-/Problembereich definiert und festgelegt. Dabei sind folgende Aspekte zur Erreichung der unmittelbaren Unterstützung von Bedeutung:
  1. die Fähigkeiten und das Wissen unterschiedlicher Kategorien von Benutzern.
  2. die Struktur und der Inhalt der zu bewältigenden Aufgaben (gut versus schlecht strukturierte Aufgaben, Routine- versus Spezialaufgaben).
  3. die angewandte Hard- und Software-Technologie.
- Dieses Ziel kann nur durch das Zusammenspiel folgender Diziplinen erreicht werden: *Informatik, Kognitionswissenschaften und Arbeitswissenschaften.*
- Den Benutzern von Computersystemen stehen üblicherweise eine Vielzahl von Operationen zur Verfügung, welche deren *Handlungsspielraum* zur Manipulation und Kontrolle darstellen. Dieser Handlungsspielraum muß für jedes interaktives System definiert (spezifiziert) und schließlich implementiert werden.
- Operationen sind beim Entwurf interaktiver Systeme nicht nur für *Problemdaten*, sondern auch für *Interaktionsmedien* zu definieren. Zur Zeit wird diesem Umstand jedoch kaum Augenmerk geschenkt.

2 Der Mensch als Systemkomponente

In diesem Kapitel beschäftigen wir uns mit menschlichen Kommunikationsfähigkeiten und menschlicher Wahrnehmung (Kapitel 2.1), menschlichem Lern-, Denk- und Erinnerungsvermögen (Kapitel 2.2) sowie der Kategorienbildung von Benutzern (Kapitel 2.3). Grundlegende software-ergonomische Hinweise werden, soweit bekannt, angeführt. Da sich Benutzerschnittstellen an den menschlichen kognitiven Fähigkeiten zu orientieren haben, bilden diese Hinweise die Grundlage für den menschengerechten Einsatz von Interaktionsmedien und die Bildung spezieller Interaktionsformen, z.B. direkter Manipulation.

2.1 Menschliche Wahrnehmung und Kommunikationsfähigkeiten

Die Ausführung jeder Tätigkeit setzt das Wahrnehmen und Verarbeiten verschiedenster Arten von Information durch das Nervensystem voraus. Information wird mit Hilfe menschlicher Sinne in Rückkoppelung mit der Umwelt ermittelt. Direkt in die Interaktion involvierte Sinne sind: der Gesichtsinn, der Gehörsinn, der Tastsinn und der "Bewegungssinn" - siehe auch Abbildung 1.6.

2.1.1 Der Gesichtssinn

Sehen ist Wahrnehmung von Information durch das menschliche visuelle System. Helligkeiten, Farben, Bewegungen, aber auch räumliche Gegebenheiten (Abstand, Gestalt etc.) werden wahrgenommen bzw. vom Nervensystem konstruiert. Der Mensch sieht innerhalb eines bestimmten Gesichtsfeldes, wobei darunter jener Sehbereich verstanden wird, in dem ohne Augen- oder Kopfbewegung mit beiden Augen visuelle Wahrnehmungen gemacht werden können. Sehen ist unter anderem abhängig von

- der Frequenz/Wellenlänge des reflektierten Lichtes
- der Schattenwirkung im Gesichtsfeld

- der Beleuchtungsstärke des Gesichtsfeldes
- der Größe der betrachteten Objekte
- der Sehschärfe des Auges
- dem Kontrast zwischen Objekt und Umfeld
- dem Farbkontrast
- der Darbietungszeit von Objekten und
- dem Lebensalter.

Das Auge ist das wichtigste Organ zur Aufnahme von Information neben dem Hör- und Tastsinn. Da die wahrgenommene Information auch verarbeitet werden muß, wird die menschliche Wahrnehmungsfähigkeit durch die Leistungsfähigkeit menschlicher Denkvorgänge zur Speicherung und Verarbeitung von Information begrenzt.

> Ein interaktives System sollte daher nur jene Information anbieten, die zur Ausführung von Arbeitsaufgaben unbedingt notwendig ist. Unnötige Information kann aufgrund der Leistungsgrenzen des menschlichen Nervensystems belastend wirken.

2.1.2 Der Gehörsinn

Hören dient der Wahrnehmung von akustischer Information. Akustische Information wird durch Schall übertragen. Als Schall werden die mechanischen Schwingungen und Wellen eines elastischen Mediums, z.B. von Luft bezeichnet. Das menschliche Ohr besitzt die Fähigkeit, 16 - 20.000 Schwingungen je Sekunde wahrzunehmen. Eine Schwingung pro Sekunde ist als ein Hertz (Hz) definiert. Je größer die Anzahl der Schwingungen pro Sekunde, desto höher wird der Ton empfunden. Wir unterscheiden zwischen Ton, Klang, Geräusch und Knall oder Impuls: Als *Ton* wird eine sinusförmige Schwingung, als *Klang* die Überlagerung mehrerer Töne bezeichnet. Unter *Geräusch* verstehen wir unregelmäßige Schwingungen und unter *Knall* (Impuls) einen kurzzeitigen, starken Schalldruck.

Die Wirkungen gleichen Schalldrucks und gleicher Schwingungen können von verschiedenen Personen unterschiedlich empfunden werden. Für die Wahrnehmung von Schall sind sein Druck, seine Einwirkungsdauer sowie die Art und Höhe der Töne von Bedeutung. So wird beispielsweise lautes Motorengeräusch als unterschiedlich angenehm empfunden.

Für geistige Arbeiten ist eine obere Schallgrenze von 50 db, für Routinetätigkeiten 70 db bis 85 db anzustreben.

2.1.3 Der Tastsinn

Der Tastsinn hilft, Eigenschaften von Objekten, etwa "hart", sowie die Lage eines Gegenstands zu erkennen. Viele Wahrnehmungen können auf den Tastsinn verlagert werden, insbesondere wenn zugleich optische und akustische Wahrnehmungen gemacht werden.

Bei zweidimensionaler Interaktion wird der Tastsinn bei der Bedienung von Tastaturen und Zeigehilfsmittel (z.B. Maus) beansprucht. Im Fall virtueller Welten kann der Tastsinn zur Manipulation von Arbeitsmitteln durch *Stellkräfte* (Ein-, Ausschalten, Verstellen, Regeln, Steuern) eingesetzt werden.

Bei der Festlegung zulässiger Stellkräfte sind die Häufigkeit der Verstellung, die Greif/Tastvorrichtung, die Bewegungsrichtung und Anbringung des Stellteils (z.B. Schalter) relativ zum Körper, das Verhältnis Bedienung (Verstellung) zur Wirkung und die vorgesehene Benutzergruppe (z.B. Linkshänder) zu beachten.

Die Griffflächen für Finger, Hand oder Fuß sollten ein Abgleiten durch die Form und/oder durch einen hohen Reibwiderstand verhindern.

Die Bedienoptionen (Stellteilverstellungen) sollten in einer erkennbar sinnvollen Beziehung zur ausgelösten Wirkung stehen (z.B. "Faust bilden" im Datenhandschuh = Erfassen eines dreidimensionalen(3D)-Objekts in einer virtuellen Welt).

Unbeabsichtigte Manipulationen sollten verhindert werden, z.B. durch ausreichenden Widerstand.

Diese Hinweise erhalten vor allem bei der Gestaltung kombinierter Interaktion Bedeutung, etwa in virtuellen Welten, wo Objektbewegungen und Bewegungswiderstände (*force feedback*) wahrgenommen werden - siehe Kapitel 5.

2.1.4 Der "Bewegungssinn"

Das Bewegungsgefühl ist bei jeder Art körperlicher Tätigkeit an der Benutzerschnittstelle involviert. Es ermöglicht uns, die Stellungen des Körpers im Raum sowie die Lage einzelner Gliedmaßen zu erkennen. Darüberhinaus ermöglicht das

Bewegungsgefühl den Menschen, sowohl Bewegung als auch Bewegungswiderstände zu erfassen. Das Ziehen mit der Maus oder das Bewegen eines Objekts in einer virtuellen Welt wird erst mit Hilfe des Bewegungsgefühls möglich.

Die interaktive Aufgabenbewältigung erfordert den Einsatz der Sinnesorgane sowie die willentliche Steuerung der Körpers bzw. der Gliedmaßen. Diese Steuerung und Koordination wird mit Hilfe sensomotorischer Fähigkeiten von Menschen erreicht. Dabei werden die Fähigkeiten integriert, Geschwindigkeit, Zeitbedarf, Weg, Raumbedarf, Beschleunigung, Schwerkraft und das Trägheitsgesetz einzuschätzen und bei Handlungen zu berücksichtigen.

2.2 Menschliches Denken

Menschen besitzen neben der Fähigkeit der Wahrnehmung vor allem die Fähigkeiten, Information zu

- interpretieren,
- speichern,
- verarbeiten
- externalisieren und
- anzuwenden.

Menschen interpretieren sämtliche wahrgenommenen Ereignisse und Objekte in einem bestimmtem Kontext und zwar entsprechend ihrem individuellen Wissen und ihren Erfahrungen. So wird eine bestimmte Benutzerschnittstelle von Software-Designern anders als von Benutzern wahrgenommen. Während Software-Designer z.B. an den umgesetzten Designrichtlinien in der Schnittstelle interessiert sind und die Entwurfsdiagramme zu verstehen versuchen, sind Benutzer an der Art der Unterstützung ihrer Aufgaben interessiert. Sie sind darüberhinaus im allgemeinen nicht in der Lage, die Designdiagramme richtig zu interpretieren.

In der Folge setzen wir uns mit dem Erwerb und der Speicherung von Wissen (Abschnitt 2.2.1) sowie der Verarbeitung und Wiedergabe von Wissen (Abschnitt 2.2.2) auseinander.

2.2.1 Erwerb und Speicherung von Wissen

Als Hilfsmittel zum Erwerb, zur strukturierten Speicherung (Repräsentation) und Verarbeitung sowie zur kontextspezifischen Reproduktion (Externalisierung und Wiedergabe) von Wissen dient den Menschen das Gedächtnis. Es verarbeitet und reorganisiert ständig Wissen. Weitgehendes Verständnis der Vorgänge im und um das Gedächtnis ist zur Gestaltung von Benutzerschnittstellen äußerst hilfreich, da Computersysteme unter anderem dazu eingesetzt werden, Schranken der menschlichen Gedächtnisleistung zu überwinden. Darüberhinaus können Erkenntnisse der Gedächtnisforschung dazu beitragen, interaktive Systeme an Benutzer individuell anzupassen und Effekte wie Informationsüberflutung zu vermeiden.

Das menschliche **Gedächtnis** (*memory*) wurde ursprünglich aus zwei Teilen zusammengesetzt angenommen [Hebb, 1949, Broadbent, 1958]: dem Kurzzeitgedächtnis (*short-term memory* – STM) und dem Langzeitgedächtnis (*long-term memory* – LTM). Dabei hatte das Kurzzeitgedächtnis die Aufgabe, Information kurzfristig und durchlässig (transient) zu behalten, während das Langzeitgedächtnis die Funktion der ständigen Speicherung von Information erhielt.

> Heute wird in der kognitiven Psychologie das *Gedächtnis* als ein System aufgefaßt, das zwei funktionale Zustände annehmen kann.

Dabei wird das Kurzzeitgedächtnis als Arbeitsspeicher oder Arbeitsgedächtnis (*working memory* – WM) redefiniert, in welchem sich Wissen zeitweilig zur unmittelbaren Anwendung und Verarbeitung befindet. Dies bedeutet, daß sich Wissen im Zustand "aktiviert" befindet, sobald das Gedächtnis als Arbeitsgedächtnis bezeichnet wird. Befindet sich Wissen im Zustand "inaktiv", wird das Gedächtnis als Langzeitgedächtnis, als permanenter Speicher inaktiven Wissens bezeichnet [Miller, 1956].

Aufgenommenes Wissen erhält seine Bedeutung durch die gleichzeitig mit der Wahrnehmung ablaufende Aktivierung von permanent gespeichertem Wissen. Daher war das STM/LTM-Gedächtnismodell, welches das Kurzzeitgedächtnis als separaten Puffer für das Langzeitgedächtnis definierte, nicht mehr zielführend. Vielmehr muß von einem einzigen System ausgegangen werden, dessen vernetzte Einträge sich entweder in aktivem oder inaktivem Zustand befinden. Bei der Bedeutungszuweisung zu wahrgenommener Information wird nun inaktives Wissen in dem semantischen Kontext der Situation aktiviert und gemeinsam mit der aufgenommenen Information verarbeitet.

Die menschliche Gedächtnisleistung wird unter anderem durch die Zeitspanne zwischen dem Wissenserwerb und dem Wiederauffinden sowie durch die aufzunehmende Menge von Information bestimmt [Ebbinghaus, 1885]. So verbleiben beispielsweise individuell wichtige Menueinträge relativ lange im Gedächtnis von Benutzern (bei Textverarbeitung z.B. "Abspeichern"), während individuell unwichtige Einträge (z.B. "Positionierung der Seitennummer") kurz behalten werden.

Das Arbeitsgedächtnis besitzt beschränkte Kapazität zur Wissensaufnahme, wobei der Bedeutungsgehalt des aktiv gehaltenen Wissens und nicht die absolute Menge an Wissen (z.B. Begriffe) die Grenzen der Aufnahmefähigkeit bestimmt. Der Grund dafür liegt in der Einsicht, daß Menschen nicht zeichen- oder begriffsweise Wissen speichern, sondern bedeutungstragende Einträge (*chunks*) [Miller, 1956]. So wird beispielsweise 4:38 in seiner Bedeutung als Zugankunftszeit als ein *chunk* repräsentiert. Die Bedeutung wird durch die inhärente Struktur des Wissens und dem Kontext der Wahrnehmung bestimmt.

Bei aktiviertem Wissen besteht die Gefahr von Überlagerungen mit neu wahrgenommener Information. Auch ist die Dauer des Aktiv-Haltens von Wisseneinträgen im Durchschnitt mit etwa 20 Sekunden beschränkt [Murdock, 1962]. Die Abfrage nach aktivierten Wissenseinträgen erfolgt nach Erkenntnissen der traditionellen kognitiven Psychologie durch serielle Suche, wobei sich der Suchaufwand direkt proportional zur Menge der vorhandenen Wissenseinträge verhält [Sternberg, 1969].

Die Reproduktion von Wissen erfordert die Aktivierung von Wissenseinträgen. Diese wird erleichtert, falls Wissen in bestimmten **Kategorien** organisiert ist.

> Unter einer *Kategorie von Wissen* wird eine Form von Bedeutungsbildung verstanden, die zu einer organisierten Struktur führt und zum Zwecke der Ordnung von Wissen angelegt wird.

So wird beispielsweise die Maus im Zusammenhang mit interaktiven Systemen der Kategorie "Zeigegeräte" zugeordnet. Sie wird jedoch im Kontext der Biologie der Kategorie "Tiere" zugeordnet. Es wird angenommen, daß Kategorienbildung mit der Festlegung sogenannter Aktivierungspfade verbunden ist [Johnson, 1992]. Diese werden zur Navigation durch vernetztes Wissen gebildet. Die Vernetzung von Wissen erfolgt zum Beispiel durch die Mehrfachzugehörigkeit eines Wissenseintrages zu mehr als einer Kategorie – siehe Mausbeispiel.

Basierend auf den Erkenntnissen der traditionellen kognitiven Psychologie sollten bei der Gestaltung von interaktiven Systemen folgende Erkenntnisse zur Wissensaufnahme und -speicherung berücksichtigt werden:

Innerhalb eines Monats ab dem Zeitpunkt der erstmaligen Wahrnehmung sinkt das menschliche Erinnerungsvermögen auf etwa 10 % von zu 100 % aufgenommenem Wissen ab, falls in diesem Zeitraum keine neuerliche Aktivierung stattfindet. Benutzer verhalten sich folglich bei seltenem Umgang mit Computersystemen immer wieder wie bei ihrem Erstkontakt.

Das Ergebnis der Reproduktion von Wissen ist im Durchschnitt eher mit Fehlern behaftet als das Ergebnis der Reproduktion unmittelbar wahrgenommener Information. Je einfacher und einprägsamer folglich Interaktionsmechanismen gestaltet werden, umso weniger fehleranfällig wird die Bedienung von Benutzerschnittstellen.

Problemlösung erfolgt effizienter - bedingt durch die verringerte Anzahl von Aktivierungen von Wissenseinträgen - falls sie sich innerhalb von individuell bekannten Kategorien bewegt und darüberhinaus mit möglichst seltenem Kategorienwechsel verbunden ist. Daraus folgt die wiederholte Forderung, bei der Gestaltung interaktiver Systeme die Charakteristika der Benutzer, inklusive der Interpretationen der von ihnen zu bewältigenden Aufgaben, zu berücksichtigen.

Aus diesen Hinweisen auf menschliche Gedächtnisleistungen können unterschiedliche **Gestaltungsrichtlinien** für interaktive Systeme abgeleitet werden, wie z.B.: Ein Menu sollte nicht mehr als acht Einträge ohne Zusammenhang enthalten, wobei die Einträge nach der Häufigkeit der angesprochenen Funktionen zu reihen sind.

Abbildung 2.1 zeigt ein Beispiel aus der Textverarbeitung, wie die an menschliche Fähigkeiten angepaßte Gestaltung von Menus aussehen kann. Zur Ausgestaltung eines Textdokuments sind folgende Informationseinheiten zu beachten: das Schriftbild (*style*), die Ausrichtung des Textes (*justification*) sowie der Zeilenabstand (*spacing*). Die Schriftbildoptionen (*plain, bold, italic, underline*) sind nach ihrer durchschnittlichen Häufigkeit geordnet, ebenso der Zeilenabstand (*single space, 1.5, double*). Die Ausrichtung ist nach der gebräuchlichen Schreibrichtung (von links nach rechts) gestaltet. Wo immer möglich, wird zusätzlich das Schriftbild angezeigt, in unserem Fall bei den Schriftbildoptionen.

Je mehr also die Benutzer mit den Objekten und Operationen (inklusive deren Darstellung und Kontext) vertraut sind, umso rascher werden sie damit umgehen können und die Aktivitäten zur Interaktion im Gedächtnis behalten (und vice versa). Bei neuartigen Konzepten und Interaktionsverfahren sollte eine Kategorienbildung versucht werden (z.B. bilden Mäuse und Lichtgriffel die Kategorie Zeigemedien). Diese Kategorienbildungen unterstützen die Entwicklung konsistenter

Style		
Plain text **Bold** *Italic* Underline	Left justify Center Right	Single Space 1.5 Double

Bild 2.1 Ergonomische Menugestaltung an einem Beispiel aus der Textverarbeitung

Benutzerschnittstellen, wo bestimmte Aktivitäten zu gleichen oder ähnlichen Resultaten führen. So sollte z.B. der Doppelklick der linken Maustaste immer zur Ausführung der selektierten Operation führen.

2.2.2 Verarbeitung und Wiedergabe von Wissen

Wie bereits erwähnt, orientiert sich die Strukturierung von Wissen an der Semantik der aufgenommenen Information. Wissen wird in Abhängigkeit von seiner Strukturierung verarbeitet. Die Wiedergabe von Wissen wird ebenso wie die Aufnahme durch den situativen Kontext und die Bedeutung von Wissenseinträgen bestimmt. Unter Wiedergabe von Wissen wird sowohl das unmittelbare Auffinden (*recall*) als auch das Wiedergewinnen (*recognition*) verstanden.

Einzelne Wissenseinträge werden mehrfach und oft in gleicher Bedeutung, aber in unterschiedlichem Kontext von Menschen wahrgenommen. Sie werden jedoch mit derselben Bedeutung im Gedächtnis behalten und verarbeitet. Je häufiger dies geschieht, umso leichter fällt die Wiedergewinnung dieses Wissens:

> Falls Wissenseinträge über unterschiedliche Aktivierungspfade zugänglich sind, wird die Wiedergewinnung dieses Wissens erleichtert. Es empfiehlt sich folglich, mehrfache Zugänge zu einem Wissenseintrag für Benutzer zu ermöglichen.

Eine Möglichkeit stellt die **Mehrfachdarstellung** von Information dar: Betrachten wir die Aufzählung von Dateien in Abbildung 2.2. Bestimmte Information wird in dieser Liste mehrfach dargestellt: Textdateien werden durch □ symbolisiert, nicht

□ **Brief.tex**	○ **MyCalc.c**	⊙ **EasyWrite.exe**
□ **Bericht.txt**	○ **Cal.c**	⊙ **Dtpub.exe**
	○ **test.c**	⊙ **BackUp.exe**

Bild 2.2 Darstellung von Mehrfachinformation

direkt ausführbare Programme mittels ○ und direkt ausführbare Programme mittels ⊙. Der Typ einer Datei ist aber auch durch den zweiten Teil des Listeneintrages erkennbar: ".tex" und ".txt" identifizieren Textdateien, ".c" C-Quellcode und ".exe" direkt ausführbare Dateien. Mittels Mehrfachdarstellung, vor allem unter Beteiligung symbolischer Darstellung, können Benutzer rascher und sicherer Information reaktivieren.

Sind Mehrfachdarstellungen mit bestehenden Kategorien assoziierbar, also stammen beispielsweise Piktogramme zur Speicherung elektronischer Post aus einer bestehenden Kategorie von Symbolen für Datenspeicherung, so wird die Wiedergewinnung von Information zur Bedienung der Benutzerschnittstelle noch weiter erleichtert.

Das Beispiel in Abbildung 2.2 veranschaulicht einen weiteren Effekt, der mit Hilfe von Mehrfachdarstellung von Information erzielt werden kann: **Lernen**. Wissen beispielsweise Benutzer nicht, daß Textdateien mit der Bezeichnung ".tex" oder ".txt" versehen werden können, so können sie dies anhand des konsistent verwendeten Symbols □ wahrnehmen und lernen. Lernen führt zur Generierung neuen Wissens und gegebenfalls zu neuen Kategorien. Diese Erweiterungen dienen auch als Grundlage zu neuen Schlußfolgerungen (*inferences*). Falls beispielsweise das Symbol ⊙ für ".com"-Dateien auftritt, können Benutzer daraus schließen, daß direkt ausführbare Dateien sowohl mit ".exe" als auch mit ".com" bezeichnet sein können. Benutzer werden bei konsistenter Verwendung der Symbole üblicherweise kaum schlußfolgern, daß das Symbol ⊙ irrtümlich verwendet wurde, da ⊙ in keiner anderen Bedeutung aufgetreten ist.

Eine weitere Möglichkeit, den Zugang zu Wissen zu erleichtern, besteht durch *cues* und *priming*. Dabei bedeutet *cue* ein Symbol oder Ereignis, das Information im Gedächtnis aktiviert, z.B. ein Druckpiktogramm. Als *priming* wird der Effekt, der von einem *cue* ausgelöst wird, z.B. Selektieren und Drucken, bezeichnet. Typische Hilfsmittel bei der Mensch-Computer Interaktion zur Unterstützung von *priming* sind intuitiv verständliche Piktogramme und Referenzpunkte bzw. Kürzel (*labels* - z.B. Nummern und Text als Menueinträge).

Schließlich stellt eine weitere Erleichterung zur Suche und Wiedergewinnung von Information die sinngemäße Gruppierung von Information (*coherence*) dar. Abbildung 2.1 und 2.2 zeigen positive Beispiele kohärenter Anordnungen von Menueinträgen.

Lernen erfolgt nicht nur beabsichtigt, sondern auch zufällig und zwar als Funktion des Verarbeitungsaufwandes zur Aufnahme dargebotener Information. Bei intensiver Zuwendung wird mehr zufällig gelernte Information erworben als bei geringer Zuwendung zu Information. Das menschliche Gedächtnis wird seitens der traditionellen kognitiven Psychologie dabei nicht als eine Menge zusammenhangloser Fakten interpretiert, sondern als ein assoziatives, propositionales Netz. Seine Elemente sind Agenten oder Objekte (*propositions*), welche miteinander in Beziehung stehen [Johnson, 1992].

Abbildung 2.3 zeigt ein propositionales Netz zur Darstellung beteiligter Agenten und Objekte zur Flugreservierung. Die Abbildung zeigt weiters, daß sprachliche Ausdrücke, wie "Kunde", in unterschiedlichem Kontext auftreten können. So kann ein Kunde im Rahmen einer Flugreservierung sowohl "Agent" als auch "Objekt" sein. Mehrere Einstiegspunkte und verschiedene Zugangspfade in dem Netz erleichtern den Abruf sowie die korrekte Wiedergewinnung von Information. Ein weit verbreitetes Modell von Kognition, ACT*[Andersen, 1983] basiert auf propositionalen Netzen und führte nach seiner experimentellen Anwendung zu den aufgeführten Ergebnissen bezüglich des Abrufs und der Wiedergewinnung von Wissen aus dem menschlichen Gedächtnis.

Nach dem propositionalen Ansatz führt jede Aktivierung von Wissen, bedingt durch die starke kontextuelle Vernetzung der Wissenseinträge, zu einer sich ausbreitenden Aktivierung (*spreading activation* von Beziehungen. Bei der Suche nach Wisseneinträgen ist zu berücksichtigen, daß das Gedächtnis Information redundant speichern kann. Dieser Tatsache trägt allerdings der propositionale Ansatz nicht Rechnung.

Was geschieht nun, falls Benutzer während des Nachdenkens gestört werden? **Störungen** während des Abrufs oder der Wiedergewinnung von Wissen können zu Fehlverhalten führen: Nehmen wir an, daß der Benutzer eines Textverarbeitungssystems im Rahmen einer interaktiven Sitzung versucht, sich an eine bestimmte Funktion zu erinnern. Währenddessen erscheint eine Meldung des Betriebssystems

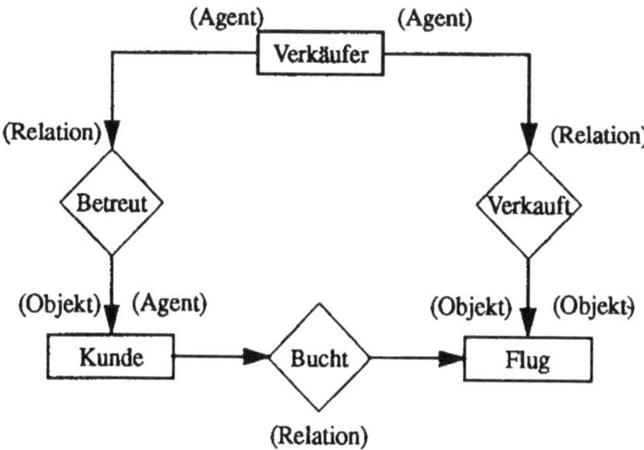

Bild 2.3 Beispiel eines propositionalen Netzes zur Darstellung von Wissen aus dem Bereich Flugreservierung

auf dem zuletzt aktivierten Bildschirmausschnitt, die ihm mitteilt, daß das Dateiensystem der Festplatte nicht ausreichend Platz aufweist, um seine soeben bearbeitete Textdatei speichern zu können.

Irritiert von diesem Vorfall, betätigt er die "ESC"-Taste, wodurch er sämtliche Änderungen seiner Datei seit dem letzten Speichervorgang verliert. Dies hätte vermieden werden können, falls die Information in einer, den Wiedergewinnungsvorgang des Benutzers nicht störenden Form, angezeigt worden wäre.

Graphische Benutzerschnittstellen berücksichtigen diese software-ergonomische Forderung und reservieren einen eigenen Bildschirmbereich (z.B. *Console* in Abbildung 1.7), um derartige Meldungen außerhalb des momentanen Arbeitsbereichs, aber dennoch im Gesichtsfeld des Benutzers anzeigen zu können. Damit können fatale Folgen plötzlichen Kontextwechsels vermieden werden.

2.3 Die Bildung von Benutzerkategorien

Wollen wir den Menschen als gleichwertige oder steuernde Systemkomponente zu Computersystemen betrachten, so bedarf es einer gründlichen Beschreibung und Beurteilung seines Verhaltens und seiner Fertigkeiten. Fertigkeiten beeinflussen sämtliche menschliche Leistungsfähigkeiten: kognitive, perzeptive (wahrnehmungsbezogene) und motorische. Alle diese Fertigkeiten können in die Mensch-Computer Interaktion involviert sein.

In der Folge beschäftigen wir uns mit dem Erwerb von Fertigkeiten und deren Beurteilung (Kapitel 2.3.1). Danach untersuchen wir die Kategorienbildung von Benutzern interaktiver Systeme entsprechend ihrer Fertigkeiten und ihres Fachwissens (Kapitel 2.3.2), um daraus für die Entwicklung interaktiver Systeme Richtlinien für die Bestimmung von Benutzergruppen ableiten zu können.

2.3.1 Fertigkeiten und Fachwissen

[Fitts et al., 1967] sowie [Andersen, 1983] haben experimentell nachgewiesen, daß Menschen Fachwissen und Fertigkeiten in drei Stufen bzw. Phasen erwerben: kognitive, assoziative und automatisierte Phase. Jede dieser Phasen ist durch ein bestimmtes Verhalten charakterisiert.

1. die **kognitive Phase**: Menschen erlernen grundlegendes Fachwissen in Form von Fakten, welche dem Problembereich entstammen, dem eine Fertigkeit zugeordnet werden kann. Wissen wird zunächst deklarativ (im Gegensatz zu ablaufbezogen) erlernt. Der Wissenserwerb in dieser Phase kann mit Hilfe von Regeln wie folgt modelliert werden:

   Wenn das Ziel ist, einen bestimmten Zustand zu erreichen und eine bestimmte Methode gegeben ist, diesen Zustand zu erreichen,

   dann ergibt sich als neues Ziel, diese Methode anzuwenden.

   Ablaufbezogenens (prozedurales) Wissen wird über den Kontext, in dem problemlösende Methoden und Aktivitäten angewandt werden können, erworben. Der Kontext wird dabei durch Zustände und Ziele beschrieben. Die Modellierung von Zielen ist vor allem in der Künstlichen Intelligenz sehr verbreitet, da diese den Aufbau von Suchbäumen, deren Knoten Ziele sind, erleichtert - siehe Kapitel 8.

   Dazu ein Beispiel aus der Belegungsplanung für Operationssäle in einem Krankenhaus:

   Wenn eine Operation an einem Patienten einzuplanen ist, und in Verbindung mit dem interaktiv zugänglichen Operationsplan eine Einfügeoption vorgesehen ist,

   dann ist das Ziel, die einzuplanende Operation mittels der vorgesehenen Einfügeoption in den Operationsplan einzufügen.

2. die **assoziative Phase**: in dieser Phase wird versucht, das bereits erlernte Wissen zur tatsächlichen Problemlösung anzuwenden. Dabei werden nicht nur Auffassungsfehler evident, sondern es werden entweder Wissensteile vernetzt oder Aktivierungspfade verstärkt.

   Für obiges Terminplanungsbeispiel bedeutet dies, daß die Benutzer jetzt lernen, interaktiv den Operationsplan zu bedienen und Einträge vorzunehmen. Das Ende dieser Phase ist erreicht, sobald das in Phase 1 gelernte Wissen im vorgesehenen Kontext mit dem gewünschten Ergebnis in die Praxis umgesetzt (prozeduralisiert) wurde. Nun wird die Fertigkeit als erlernt betrachtet.

3. die **automatisierte Phase**: je öfter die Fertigkeit adäquat angewandt wird, umso seltener denken die Ausführenden über sie nach. Vielmehr wird die Fertigkeit durch bestimmte Ereignisse automatisch ausgelöst. Diese Phase geht oft mit dem Phänomen einher, daß die Betroffenen die Fertigkeit nicht mehr verbal beschreiben können – eine Methode, die sie selbst in Phase 1 angewandt haben, um sich die erlernten Fakten im Langzeitgedächtnis einzuprägen.

   In dieser letzten Phase treten kaum Fehler in der Anwendung des Wissens auf. Aktivitäten werden zielgerichtet, rasch und erfolgreich ausgeführt. Notwendige Änderungen (*tuning*) bedürfen meist nur kurzer Assoziierungsphasen.

Am Beispiel des Erlernens der Programmierung können die drei Phasen ebenfalls illustriert werden. In Phase 1 sind Konzepte wie Iteration, Ein/Ausgabe, Rekursion und Fallunterscheidung am Beispiel einer bestimmten Programmiersprache zu erlernen. Der Einsatz dieser Konzepte wird in Phase 2 durch oftmalige Anwendung der in Phase 1 eingeführten Programmiersprache perfektioniert, ehe schließlich in Phase 3 die Fähigkeit erwächst, in jeder Programmiersprache die erlernten Konzepte erfolgreich anzuwenden.

Die Berücksichtigung des phasenweisen Erlernens von Fachwissen und Fertigkeiten bei der Gestaltung von Benutzerschnittstellen erleichtert Benutzern nicht nur die Bedienung von Interaktionsmedien, sondern auch den Umgang mit den Daten des Problembereichs. Auf beiden Gebieten sind bestimmte Fähigkeiten zu erwerben.

> Begünstigt eine erlernte Fertigkeit das Erlernen einer weiteren, so wird dies *positiver Transfer* genannt. Tritt der gegenteilige Fall ein, d.h. behindert eine erlernte Fähigkeit das Erlernen einer weiteren, so wird dies *negativer Transfer* genannt.

Ein Beispiel für positiven Transfer stellt der Einsatz von Zeigehilfsmittel bei dreidimensionaler Interaktion dar. Da Benutzer von Mäusen bereits den "Bewegungssinn" beim Ziehen der Maus zur Auswahl zweidimensionaler Objekte beanspruchen, werden sie bei der Benutzung eines Datenhandschuhs in der virtuellen Welt rasch die Fähigkeit zur dreidimensionalen Selektion erlernen.

Ein Beispiel für negativen Transfer stellt folgendes Szenario dar: Können Menueinträge in dreidimensionalen Benutzerschnittstellen nicht mehr analog zu zweidimensionalen Menus mittels Zeigegesten ausgewählt werden, so wird das Hinzeigen auf dreidimensionale Menus nicht zu der von Benutzern erwarteten Wirkung führen. Dies bedeutet, daß die Benutzer ihr bei zweidimensionaler Interaktion erworbenes Wissen bei dreidimensionalen Schnittstellen nicht anwenden können.

> Bei der Entwicklung von interaktiven Systemen sollte der positive Transfer unterstützt werden. Dies bedeutet, daß das bereits bestehende Benutzerwissen und die damit verbundenen Fertigkeiten bei der Konzipierung der zu unterstützenden Aufgaben sowie der Interaktionsmittel berücksichtigt werden sollten.

2.3.2 Design für Novizen oder Experten?

In der Folge wird gezeigt, wie die Erkenntnisse der kognitiven Psychologie genutzt werden können, um zur Gestaltung interaktiver Systeme die Systemkomponente Mensch ausreichend zu charakterisieren.

Grundlage zur Identifikation von Benutzerkategorien bilden die Position und Aufgaben von Benutzern in ihrer Arbeitsumgebung sowie ihre Fähigkeiten und Erfahrung im Umgang mit ihren Aufgaben und Computersystemen. Darüberhinaus kommt individuellen Faktoren, wie der Einstellung zu technischen Systemen, ebenfalls große Bedeutung zu. Daraus leitet sich die Notwendigkeit einer mehrdimensionalen Sichtweise bei der Kategorienbildung von Benutzern ab. Wir führen zunächst die Faktoren an, welche zu individuellen Unterschieden zwischen Benutzern interaktiver Systeme führen. Danach führen wir ein Modell ein, das die mehrdimensionale Kategorisierung von Benutzern erlaubt.

Faktoranalysen.
Die folgenden Erkenntnisse stammen aus Untersuchungen in den Bereichen *End User Computing* [Rockart et al., 1983, Panko, 1988, Nelson, 1989], Wahrnehmung und Gedächtnisleistung [Newell et al., 1972, Mayer, 1988], Entscheidungsfindung

[Simon, 1957] und Organisationsentwicklung [Freitas et al., 1993]. Wenige Untersuchungen wie z.B. [Egan, 1988] gehen auf Faktoren ein, die neben der Leistung von Benutzern (aufgrund individueller Fertigkeiten und Erfahrungen) zu individuellen Unterschieden bei der Bedienung von Benutzerschnittstellen beitragen können. Die Faktoren wurden anhand von Leistungsmessungen erhoben, wobei die Zeit zur Erfüllung bestimmter Aufgabentypen relevant war:

- *Routineaufgaben* wie etwa Textverarbeitung, deren Erfüllung kaum mentalen Aufwand erfordert.
- *Suche von Information*, etwa nach Dateien in einem Dateiverzeichnis oder nach Einträgen in einem Informationssystem. Die Suche erfordert Wissen von Benutzern bezüglich der Struktur von Daten und der Interaktionsformen.
- *komplexe Aufgaben*, wie z.B. Operationsplanung oder Programmierung, welche die kognitiven Fähigkeiten von Benutzern während der Interaktion fordern.

Generell wurde festgestellt, daß die Streuung der Leistungen steigt, je höher der kognitive Aufwand zur Bewältigung einer Aufgabe ist. Somit werden die individuellen Unterschiede größer, sobald die mentale Belastung bei der Aufgabenerfüllung steigt. Ungeübte Benutzer tendieren darüberhinaus dazu, öfter Fehler zu machen und mehr Zeit zu investieren, um Fehler zu beheben, als geübte Benutzer. Damit fließt in die Leistungsmessung nicht nur die Aufgabenerfüllung, sondern auch die Bewältigung von Fehlersituationen ein. Die Schnelligkeit der Aufgabenerfüllung ist dabei direkt proportional zur Schnelligkeit, Fehler zu beheben.

Die Faktoren, die zu individuellen Leistungsunterschieden beitragen, korrelieren stark miteinander:

1. *Erfahrungen und Fertigkeiten.*

   Der anhaltende erfolgreiche Einsatz individueller Fertigkeiten bildet den Erfahrungsschatz [Kolodner, 1983]. Dies betrifft sowohl den Umgang mit Benutzerschnittstellen als auch das Fachwissen in einem bestimmten Problembereich.

   Dabei gilt es zu beachten, daß Aufgaben sowie Lösungsmodelle individuell verschieden verstanden und im Gedächtnis daher verschieden gespeichert werden. Erfahrung ist folglich individuell.

Ungeachtet dessen wird Fachwissen und Erfahrung von Personen meist als standardisiert angenommen, indem die Rolle von Mitarbeitern (z.B. Manager), nicht aber das individuelle Wissen der die Rolle erfüllenden Personen erfaßt wird. Dies führt zur folgenreichen Auffassung, daß eine beschränkte Menge von Teilaufgaben ausreicht, um für alle Benutzer eines interaktiven Systems Lösungswege bereitzustellen. Dies funktioniert aber nicht immer, wie Untersuchungen von [Borgman, 1986] - siehe Ende dieses Abschnittes - beweisen.

Vielmehr sind die Unterschiede beträchtlich: Bei Routineaufgaben beträgt das Verhältnis geübte/ungeübte Benutzer etwa 5:1, bei der Suche nach Information etwa 9:1 und bei komplexen Aufgaben etwa 22:1 [Egan, 1988]. Dies bedeutet, daß der erfahrenste Benutzer etwa fünfmal so rasch seine Routineaufgabe bewältigen kann als der unerfahrenste Benutzer.

2. *Neigungen.*

Die individuelle Neigung zum *Verständnis technischer Systeme* prägt das Leistungsverhalten entscheidend: So wurde z.B. bei Textverarbeitungsaufgaben bei technisch nicht interessierten Benutzern ein Leistungsverlust bis zu 15 % gegenüber technisch interessierten Benutzern festgestellt. Die Bewältigung von Fehlersituationen dauerte bei technisch nicht interessierten Benutzern dreimal so lange wie bei technisch interessierten. Ähnliche Ergebnisse können bei der Suche nach Information und bei komplexen Aufgaben festgestellt werden.

Räumliches Verständnis kann bis zu einer zwanzigfachen Leistungssteigerung vor allem bei Suchaufgaben mit unterschiedlichen Abstraktionsebenen führen. Erstaunlicherweise beeinflußt räumliches Verständnis auch die Bewältigung von Routineaufgaben und komplexen Aufgaben. Es wird vermutet, daß gutes räumliches Verständnis das Auffinden bestimmter Objekte auf dem Bildschirm sowie den Vergleich von Mustern (Text, Graphik) erleichtert.

Die Wahrscheinlichkeit, Fehler zu begehen, steigt, sobald Benutzer geringe Fähigkeiten besitzen, Schlüsse zu ziehen. *Schlußfolgern* erleichert die Abstraktion und Konzeptbildung von Aufgaben und Systemvorgängen. Derzeit ist allerdings nicht bekannt, welche Art von Schlußfolgerungen (Induktion, Deduktion, Abduktion) bei der Benutzung von interaktiven Systemen gezogen werden.

Im Fall des räumlichen Verständnisses ist unklar, welche Fähigkeiten vorteilhaft sind: Visualisierung, Orientierung, Abstraktion, Bildvorstellung oder Mustererkennung. Es scheint allerdings eine enge Verflechtung zwischen ausgeprägtem räumlichen Verständnis und erfolgreichem Schlußfolgern zu geben.

3. *Lebensalter.*

   Das Lebensalter der Benutzer beeinflußt die Leistungsfähigkeit mehrfach:

   (a) Benutzer ab 35 Jahren erlernen langsamer die interaktive Bewältigung von Aufgaben, vor allem bei komplexer Syntax von Kommandosprachen.
   (b) Benutzer ab 35 Jahren entwickeln rasch hohe Produktivität, sobald sie die assoziative Phase beim Erlernen des Systemumgangs abgeschlossen haben.

   Die Gründe für diese Untersuchungsergebnisse sind allerdings noch unbekannt.

4. *Persönlichkeit und Affekt.*

   Die Persönlichkeit wird als kognitive, perzeptuelle, emotionale und motorische Einheit verstanden [Johnson, 1992]. Im Umgang mit Computersystemen spielen alle Faktoren eine Rolle. So ist entscheidend, wie Benutzer Situationen bewerten. Entsprechend Simons [Simon, 1957] *Prinzip der begrenzten Rationalität* tendieren Menschen dazu, Entscheidungen aufgrund einer Vereinfachung der Situation, in welcher sie sich befinden, zu fällen.

   Vor allem komplexe Benutzerschnittstellen sollten daher auf zulässige Vereinfachungen untersucht werden. Dazu kommt, daß Personen in Entscheidungssituationen Spannung aufbauen. Um diese abzubauen und dadurch die Entscheidungsfindung zu erleichtern, werden bestimmte Optionen innerlich (unbewußt) bevorzugt bzw. abgelehnt [Festinger, 1957]. Dieser Effekt wird *kognitive Dissonanz* genannt.

   Die mentale Vereinfachung bei der Einschätzung von Situationen prägt unter anderem den *kognitiven Stil* von Benutzern. Damit ist die Art und Weise gemeint, wie Information verstanden wird. Entsprechend individueller Neigungen kann Information an der Schnittstelle entweder textuell, graphisch, akustisch oder räumlich am effektivsten wahrgenommen werden. Diese Beobachtung gilt nicht nur für den Umgang mit Interaktionsmedien, sondern auch für den Umgang mit Fachwissen im Problembereich der Anwendung.

> Individuelle Neigungen und Vorzüge führen zur Bevorzugung bestimmter Darstellungsarten von Information und bestimmter Interaktionsmedien.

Da wissenschaftliche Untersuchungen bezüglich anderer Persönlichkeitsmerkmale, wie etwa zwischenmenschliche Beziehungsfähigkeit, widersprüchliche Ergebnisse liefern, kann nur auf weitere Literatur zu diesem Thema verwiesen werden, z.B. [Oborne, 1985].

NOVIZEN	EXPERTEN
beherrschen ihre Fachsprache sowie Interaktionsmedien syntaktisch nicht - setzen Interaktionsmedien und Funktionen nicht zielgerichtet ein	beherrschen ihre Fachsprache sowie Interaktionsmedien syntaktisch und semantisch - setzen Interaktionsmedien und Funktionen zielgerichtet und rasch ein
halten an bestimmten, meist wenigen Wegen zur Lösung fest	beherrschen eine Vielzahl an Lösungsmöglichkeiten
besitzen kein konzeptionelles Modell - Wissen ist unstrukturiert, unvollständig und nicht zusammenhängend.	besitzen konzeptionelles Modell - Wissen ist strukturiert, vollständig und in sich konsistent
entwickeln noch keine Strategien - gehen schrittweise vor	besitzen strategisches Wissen - entwickeln Plan
erleben interaktives System als intransparent	erleben interaktives System als transparent
bearbeiten Probleme isoliert	gruppieren Probleme und abstrahieren

Tabelle 2.1 Charakteristika unerfahrener und erfahrener Benutzer

Aus den empirischen Faktoranalysen kann nicht abgeleitet werden, daß es normatives Verhalten von Benutzern gibt. Faktoren, die zu individuellen Leistungsunterschieden von Benutzern führen, korrelieren allerdings sehr stark: So bedingt ein höheres Lebensalter eine höhere Produktivität, da das Lebensalter mit der Erfahrung positiv korreliert.

Dennoch kommt die Erfahrung in einem bestimmten Problembereich erst nach der erlernten Fähigkeit, mit dem entsprechenden interaktiven System umzugehen, zum Tragen. Diese Erkenntnis weist wieder auf die Dualität von Fertigkeiten hin, die beim heutigen Stand der Technik erforderlich ist.

Die Gestaltung interaktiver Systeme hat folglich immer aufgaben- und benutzerspezifisch zu erfolgen. Aufgrund der individuellen Unterschiede sind Eigenschaften des interaktiven Systems wie Adaptivität, Robustheit und Hilfefunktionen der Benutzerschnittstelle (siehe Kapitel 8) vonnöten.

Darstellung von Benutzergruppen. Wie können nun unterschiedliche Benutzer(gruppen) zur Gestaltung von interaktiven Systemen erfaßt, beschrieben und definiert werden? Zunächst anhand einer Skala, deren Enden mit den Begriffen "Novizen" und "Experten" markiert sind. Dabei werden Novizen (unerfahrene Benutzer, Anfänger) als Personen definiert, die bestimmte Eigenschaften, die Experten

	Anfänger	Gelegentliche Benutzer	Experten, geübte Benutzer
Kenntnisse semantich syntaktisch	 nicht vorhanden nicht vorhanden	 vorhanden kaum vorhanden	 ausgeprägt vorhanden ausgeprägt vorhanden
Benutzermodell	nicht vorhanden	vorhanden	ausgeprägt vorhanden
Arbeitsweise	kleine Arbeitsschritte	mittlere bis große Arbeitsschritte	große, zusammengefaßte Arbeitsschritte
Anforderungen an die Software	•kleine, überblickbare Schritte •syntaktische und semantische Hilfen •graphische Unterstützung zur Entwicklung eines Benutzermodells	•syntaktische Hilfen •Unterstützung zur Aktivierung semantischen Wissens	•Unterstützung zur Bildung von Befehlsketten (Makros)
Benutzerunabh. Anforderungen	Standardisierung der Syntax im Betrieb		

Tabelle 2.2 Charakterisierung verschiedener Benutzergruppen und daraus resultierende Anforderungen an Software

zugesprochen werden, nicht besitzen. Tatsächlich können wir bei der Betrachtung dieser Skala weder von einer anerkannten wissenschaftlichen Definition der Begriffe "Novize" und "Experte" noch von einer Positionierungsvorschrift entlang dieser Skala für Benutzer von Computersystemen ausgehen (siehe Tabelle 2.1). Dennoch sind die in Tabelle 2.2 dargestellten Kategorien von Benutzern im Zusammenhang mit interaktiven Systemen verbreitet.

Kategorisierende Messungen basieren auf der experimentellen Bewertung der Effektivität und Effizienz bei Aufgaben zur Wiedergabe von Wissen, zur Protokollierung von Problemlöseverfahren und Sortieraufgaben. Diese Experimente führten zur wiederholten Erkenntnis, daß Experten zur Wiedergewinnung von Wissen ihre individuellen Kategorien einsetzen. Diese Kategorienbildung wird durch *Abstrahierung* von Problem(lösung)en sowie *Erfahrung* ermöglicht.

In der Aufteilung der Fähigkeiten auf den Problembereich der Anwendung und auf den Umgang mit Interaktionsmedien werden meist folgende Benutzerkategorien genannt (z.B. [Freitas et al., 1993]):

1. *non-expert end-users* haben keine Erfahrung im Umgang mit Computersystemen.

2. *expert end-users* beherrschen die Funktionalität einer Anwendung mit bestimmten Kommandos und bestimmten Interaktionsmedien.

3. *data processing expert-users* beherrschen die Grundlagen und Anwendung der Datenverarbeitung. Sie sind Programmierer, Systemadministratoren oder Anwendungsentwickler.

Konsequenterweise sollten auch Benutzer berücksichtigt werden, die zwar bereits Erfahrung im Umgang mit interaktiven Systemen besitzen, aber im Problembereich noch unerfahren sind. Anstelle dieser Kategorie werden meist die Rollen von Benutzern eingeführt, die sie im Rahmen einer Arbeitsorganisation einnehmen, z.B. Datatypist, Schwester, Mitarbeiter der Patientenaufnahme im Fall der Spitalsorganisation.

Damit wird jedoch die Mehrdimensionalität von Benutzerkategorien verdeckt. Der Grund für dieses Vorgehen liegt in der Vernachlässigung der Erkenntnis, daß Benutzer sowohl im Umgang mit Computersystemen als auch bei der Bewältigung ihrer Aufgaben innerhalb einer bestimmten Organisation individuell unterschiedliches Verhalten haben. Darüberhinaus werden im Rahmen von Analysen meist Experten im Problembereich befragt. Diese Analysen bilden die Grundlage für das Design und die Implementierung des interaktiven Systems, wodurch es zur Vernachlässigung der restlichen Benutzergruppe kommt.

Wir betrachten in der Folge ein Konzept, das mehrere Dimensionen bei der Kategorisierung von Benutzern zuläßt: der *User Cube* [Cotterman et al., 1989]. Der wesentliche Beitrag dieses Konzepts ist die Verschmelzung der Rollen, die Benutzer in einer Organisation einnehmen, mit prinzipiellen Tätigkeiten, die Benutzer im Rahmen eines interaktiven Systems ausführen können. Diese prinzipiellen Tätigkeiten sind:

(a) *Produktion von Information*: die Benutzer produzieren Ausgaben.

(b) *Konsumation von Information*: die Benutzer "benutzen" die produzierten Ausgaben.

(c) *Produktion und Konsumation von Information*: die Benutzer produzieren und benutzen Ausgaben.

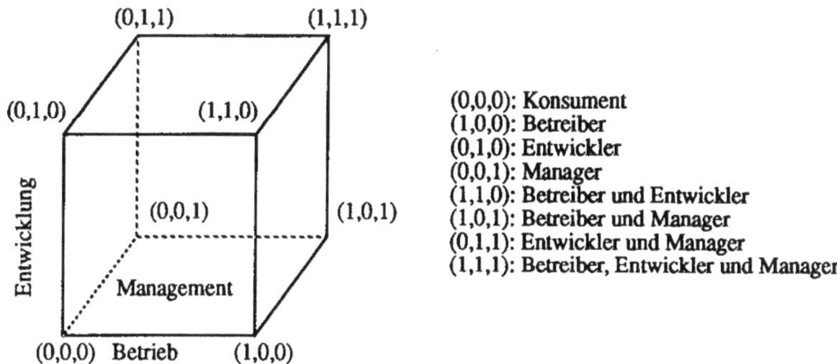

Bild 2.4 Der *User Cube*: dreidimensionale Charakterisierung von Benutzern interaktiver Systeme

Entsprechend dieser *Produktion/Konsumation-Dichotomie* wird als Benutzer jede Einheit einer Arbeitsorganisation (Rolle) oder jede Person bezeichnet, die mit dem Computersystem als Produzent oder Konsument von Information interagiert. Die Interaktionsformen umfassen Betriebs-, Entwicklungs- oder Managementaktivitäten:

- Unter dem *Betrieb* einer Anwendung wird die Initialisierung, Überwachung, Informationsgenerierung und Elimierung der Anwendung verstanden. Dies inkludiert den Betrieb von Hard- und Software sowie damit verbundene manuelle Tätigkeiten.
- *Entwicklungs*aktivitäten umfassen sämtliche Hard- und Software Engineeringaufgaben, die von der Analysephase bis zur Wiederverwendungsphase reichen.
- *Management*aufgaben sind Planungs- und Kontrollaufgaben, die Entscheidungen zur Entwicklung und zum Ausbau interaktiver Systeme mit bestimmten Komponenten und für bestimmte Benutzergruppen betreffen. Das Projektmanagement zählt ebenfalls zu dieser Gruppe von Tätigkeiten.

Abbildung 2.4 zeigt den dreidimensionalen Kategorisierungsrahmen. Dabei symbolisiert die x-Achse die Betreiber, die y-Achse die Entwickler und die z-Achse das Management. Die Ecken des Würfels stellen Extremfälle dar: So symbolisiert der Eintrag (1,0,0) Benutzer, die für den Betrieb, nicht aber für das Management oder die Weiterentwicklung des interaktiven Systems verantwortlich sind. Die Werte 0

Bild 2.5 Der *User Cube* am Beispiel von Benutzern eines Informationssystems im Spitalswesen

und 1 stellen keine binäre Klassifikation, sondern ausschließlich die Endpunkte des durch eine Kante definierten Kontinuums dar.

Abbildung 2.5 zeigt eine mögliche Konstellation von Benutzern am Beispiel eines Informationssystems im Spitalswesen: Konsumenten sind Schwestern (0,0,0), während die Spitalsverwaltung die Entwicklung und den Einsatz der Anwendung steuert (0,1,1) und damit Entwickler und Manager stellt. Betreiber sind die Mitarbeiter der Patientenaufnahme (1,0,0), da sie Daten generieren (produzieren).

Offensichtlich geht der *User Cube* nicht auf Unterschiede ein, die nicht mittels der drei Dimensionen erfaßt werden können. Dennoch kann seine Entwicklung als ein Schritt in Richtung ganzheitliche (holistische) Betrachtung der Systemkomponente Mensch betrachtet werden.

Was kann geschehen, wenn individuelle Unterschiede von Benutzern bei der Gestaltung interaktiver Systeme nicht berücksichtigt werden?

1. *Das System wird nicht benutzt.* Ein drastisches Beispiel für die weiteren Konsequenzen stellt der Fall des Informationssystems der Bibliothek der Universität Stanford dar, wo die mangelnde Akzeptanz der Benutzerschnittstelle eben jene Benutzer von der Benutzung abhielt, welche die Bücher der Bibliothek am ehesten gebraucht hätten [Borgman, 1986]. Dieser Fall wird allgemein mit *Kontraproduktivität* bezeichnet.

2. *Interaktionsmedien werden Selbstzweck.* Ihre Weiterentwicklung erfolgt nicht nach menschlichen Bedürfnissen, sondern nach technischen Möglichkeiten.

Daher hat der Entwurf interaktiver Systeme nicht nur die technischen Möglichkeiten zur Gestaltung der Schnittstelle Mensch/Computersystem zu berücksichtigen, sondern auch die verschiedenen Benutzer(gruppen) in den Mittelpunkt zu stellen und Adaptierungsmechanismen zur Anpassung an die Eigenheiten der Benutzer miteinzubeziehen.

2.4 Zusammenfassung

Im Rahmen der kognitionspsychologischen Analyse menschlicher Fähigkeiten und deren Rolle zur Charakterisierung der Menschen als Systemkomponenten wurden folgende Aspekte berücksichtigt:

1. die *menschliche Wahrnehmung*:

   - Mensch-Computer Interaktion involviert visuelle (Sehen), akustische (Hören) und räumliche/taktile Wahrnehmung (Tasten, Bewegen).
   - Interaktionsmedien können ein oder mehrere Sinnesorgane ansprechen, wie dies beispielsweise bei der Bedienung graphischer Benutzerschnittstellen der Fall ist (Augen und Hände).

2. das *menschliche Gedächtnis*:

   - Information wird zunächst kurzfristig und danach möglicherweise für längere Zeit in das Gedächtnis aufgenommen. Im ersten Fall wird von aktiv(iert)em Wissen oder Arbeitsgedächtnis gesprochen. Bei permanenter Speicherung kann Wissen in aktiviertem oder inaktivem Zustand sein. Im Fall des inaktiven Zustands wird das Gedächtnis als Langzeitgedächtnis bezeichnet.
   - Bedeutungstragende Kategorienbildung (z.B. Menschen und Tiere sind Elemente der Kategorie "Lebewesen") beeinflußt nicht nur die Aufnahmekapazität des Gedächtnisses positiv, sondern auch die Konstruktion konsistenter Benutzerschnittstellen.
   - Zur Erforschung von Denkprozessen wird Wissen vornehmlich als vernetzte Menge semantischer Informationsträger in sogenannten propositionalen Netzen modelliert, wobei Denkvorgänge zur Aktivierung von Relationen zwischen den vernetzten Wissenseinträgen führen.

- Mehrfachdarstellungen sowie symbolisierte Repräsentation von Wissen können den Erwerb sowie die Wiedergewinnung in unterschiedlichem Kontext erleichtern. Störungen und zusammenhanglose Wissenseinträge sind bei Denkvorgängen von nachteiliger Wirkung.

3. die *Kategorisierung von Benutzern*:

    - Spezifische Fertigkeiten im Umgang mit Computern sowie Fachwissen in einem bestimmten Bereich werden in drei Stufen erworben: kognitiv (mittels Denkprozessen - deklarativ), assoziativ (durch Anwendung in bestimmtem Kontext - prozedural) und automatisiert (durch Anwendung ohne Selbstreflexion).
    - Fertigkeiten und Fachwissen der Benutzer interaktiver Systeme können nach mehreren Aspekten beurteilt werden: operationales Verhalten, unterstützte Aufgaben und Kontrollfähigkeit. Entsprechend dieser Dimensionen kann die gesamte Bandbreite zwischen den verbreiteten Benutzerkategorien Novize und Experte beschrieben werden.
    - Weitere Faktoren, die zu individuell unterschiedlichem Verhalten von Benutzern führen (z.B. Spontaneität), haben in Modelle und Konzepte mehrdimensionaler Kategorienbildung von Benutzern noch keinen Eingang gefunden.

Die Gestaltung interaktiver Systeme sollte folglich ihren Ausgang bei den zu unterstützenden Aufgaben und Benutzern nehmen.

3 Informationsarten und Ein/Ausgabe

In der Folge werden wir darstellen, wie verschiedene Arten von Information in verschiedenen Formen an der Schnittstelle zwischen Mensch und Computersystem ausgetauscht werden können. Dabei interessieren uns folgende Fragen:

- Wie werden bestimmte Arten von Information zur Interaktion eingesetzt?
- Welche Arten von Eingaben können von Benutzern gemacht werden?
- Welche Arten von Reaktionen des Computersystems gibt es?
- Welche Arten von Medien gibt es, um Information auszutauschen?

Zunächst werden die Informationsarten (z.B. Text, Ton) definiert, die im Rahmen der Mensch-Maschine Kommunikation verwendet werden (Abschnitt 3.1). Danach werden die Arten der Eingabe untersucht, die Benutzer an der Schnittstelle machen können (Abschnitt 3.2). Das Gegenstück zu Kontroll- und Dateneingaben seitens der Benutzer stellen Rückmeldungen seitens des Computersystems dar. Diese werden in Abschnitt 3.3 betrachtet. Daran anschließend führen wir die elementaren Interaktionsmedien (z.B. Bildschirm) sowie die damit verbundenen Interaktionsformen (z.B. Menusteuerung) in interaktiven Systemen ein (Kapitel 4). Kombinationen elementarer Interaktionsformen (z.B. direkte Manipulation) bzw. neue Dimensionen der Mensch-Computer Interaktion (z.B. virtuelle Welten) werden in Kapitel 5 eingeführt.

Aufgrund der engen Verflechtung von Informationsarten und Interaktionsmedien zur Definition von Interaktionsformen ist eine analytische, aber dennoch mehrdimensionale Sichtweise vonnöten. Um diese Verflechtung nicht durch ständige Querverweise zu dokumentieren, lösen wir in manchen Fällen die Querverweise auf, sodaß es zu redundanter Information kommen kann.

Wichtige ergonomische Richtlinien und Gestaltungshinweise werden, soweit in der einschlägigen Literatur, z.B. [Cakir, 1980, Balzert, 1983], verfügbar, angeführt.

3.1 Informationsarten

Wir unterscheiden verschiedene Kategorien und Darstellungsarten von Information an der Benutzerschnittstelle: alphanumerische Information (Text, Zahlen, Zeichen), Sprache, Tabellen, Graphik, Bilder, Töne, Farben und animierte Information.

3.1.1 Alphanumerische Information

Unter *Text* verstehen wir im Kontext interaktiver Systeme eine bedeutungstragende Anordnung von Zeichen, die in visueller oder akustischer Form von Menschen oder Maschinen aufgenommen, gespeichert und reproduziert werden können. Das wohl wesentlichste Charakteristikum textueller Kommunikation (vor allem bei verbaler Kommunikation) ist der hohe Grad an *Redundanz* und daraus folgend eine Strategie, um den Inhalt der Information so zu zergliedern, daß Schlüsselwörter oder wenige grammatikalische Strukturen herausgefiltert werden können. Dies geschieht im Rahmen der Vereinfachung von Situationen – siehe Kapitel 2. Die Leser von Texten nützen ihre Wahrnehmungs-, Gedächtnis- und Sprachfähigkeiten, um textuelle Information zu verstehen. Der Einsatz von Zahlen zur Verschlüsselung textueller Information kann die Wiedergewinnung erleichtern.

Falls möglich, sollte alphanumerische Information in jenem Kontext verarbeitet werden, welcher den Benutzern aufgrund ihrer mentalen Modellbildungen zur Aufgabenbewältigung nahesteht. Damit soll sichergestellt werden, daß die Interpretation der Information durch die Benutzer eindeutig ist.

Bei der Darstellung von alphanumerischer Information an der Benutzerschnittstelle ist die durchgehende Lesbarkeit sowie die Verständlichkeit für die Akzeptanz entscheidend. Die *Lesbarkeit* wird beeinflußt durch

- den Abstand der Benutzer vom Darstellungsmedium, z.B. dem Bildschirm,
- die Helligkeit (Schärfe und Kontrast), die vornehmlich von dem Verhältnis zwischen Text und Hintergrund abhängt,
- die Gestalt, die Größe und den Umriß der Zeichen,
- die Zwischenräume zwischen den Zeichen,
- die Überschriften und Strukturierungsmechanismen (Gleichmäßigkeit)
- den Einsatz von Farbe.

Die maximale *Verständlichkeit* alphanumerischer Information wird durch einfache Strukturen (z.B. durch Absätze bei Text) und durch die Verschlüsselung einzelner Elemente (z.B. durch Schlüsselwörter) zur Betonung erreicht. Darüberhinaus können Zusammenfassungen das Verständnis erhöhen, indem sie das Wichtigste bezüglich einer bestimmten Aufgabe der Benutzer und der Lösung enthalten. Zusammenfassungen sollten hierarchisch organisiert sein.

Alphanumerische Information kann durchgehend gelesen werden, sobald sie auf Papier oder einem Bildschirm dargestellt wird. Der einzige Unterschied zwischen dem Lesen durchgehenden Textes auf Papier und auf dem Bildschirm betrifft die Lesegeschwindigkeit: das Lesen eines Bildschirmtextes geschieht um etwa 30 % langsamer als jenes von Text auf Papier. Durch flimmerfreie Bildschirme kann zwar die Geschwindigkeit des Lesens etwas erhöht werden, dennoch ermüdet das Auge rascher als bei papiergebundenem Text.

3.1.2 Sprache

Sprechen stellt zweifelsohne die natürlichste Form von Kommunikation mit Menschen dar. Sie grenzt sich von anderen Informationsarten stark ab. So sind z.B. die Unterschiede zwischen Sprache und textueller Information folgende:

1. Die Sprechgeschwindigkeit ist geringer als die Lesegeschwindigkeit.
2. Bei Sprache kann Bedeutung z.B. durch Intonation variiert werden, bei textueller Information nicht.
3. Sprache kann nur bei entsprechender Aufzeichnung wie Text vor- und zurück-"gespult" werden.

Daher kann Sprache an der Benutzerschnittstelle die Kommunikation der Benutzer mit dem System in einer Weise beeinflussen, daß sie von Vor- oder Nachteil für die Erledigung einer Aufgabe werden kann. So ist nicht nur der Einsatz von Sprache im Rahmen der Gestaltung interaktiver Systeme abzuwägen, sondern auch das Hinzufügen gesprochener Sprache zu bildlich dargebotenem Text, da mit dem Einsatz von Sprache nicht unbedingt Effizienzgewinn verbunden ist – siehe Abschnitt 4.6.

3.1.3 Tabellen

Eine *Tabelle* ist eine Matrix von Zeilen und Spalten, die Einträge in Text- oder numerischer Form aufnehmen können. Information in Tabellenform ist dann nützlich, wenn Daten detailliert interaktiv zu bearbeiten sind bzw. verfügbar sein müssen.

Es gibt viele Anwendungen, etwa Tabellenkalkulationsprogramme oder entscheidungsunterstützende Systeme, wo Tabellen sowohl zur Entwicklung von Anwendungen (zur Abdeckung binärer Fallunterscheidungen) als auch als Interaktionsmedium (z.B. integrierte Softwarepakete) eingesetzt werden.

> Daten in Tabellenform sollten auf dem Bildschirm in nicht mehr als drei Spalten gleichzeitig den Benutzern dargeboten werden.

3.1.4 Graphik

Als graphische Information wird jene Information verstanden, die in Form von Diagrammen, Graphen oder Zeichnungen dargestellt wird. Graphische Information steht nicht in direktem Zusammenhang mit graphischen Benutzerschnittstellen, die als kombinierte Interaktionsform in Kapitel 5 vorgestellt werden.

> Graphik sollte als Instrument zur Visualisierung statischer Strukturen (z.B. Objekte), Abläufe (z.B. Datenfluß) sowie zur Verdichtung von Information (z.B. numerischer Daten) eingesetzt werden.

Graphische Information hilft auch Beziehungen darzustellen: Punktdiagramme helfen, nicht hierarchisch organisierte Daten darzustellen; Karten illustrieren geographisch verteilte Information; Liniendiagramme veranschaulichen in geeigneter Form die Änderung von Werten über eine bestimmte Zeit, also Verläufe; Balken- und Tortendiagramme dienen dazu, relative Verhältnisse zu visualisieren; kontinuierliche Werte können mittels Skalen angezeigt werden – siehe Abbildung 3.1.

Das Fehlen von Standardformaten zu graphischer Information erlaubt es nicht, generelle Empfehlungen für den Einsatz von Graphik abzugeben. Darüberhinaus können viele Mißverständnisse durch eine falsche Interpretation graphisch dargestellter Information hervorgerufen werden.

3.1.5 Bilder

Fotografien, Bilder schematisierter Zeichnungen, Filme und virtuelle Welten dienen der Vermittlung des Aussehens von Objekten der menschlich erfaßbaren Welt oder der Vereinfachung komplexer Zusammenhänge. Dabei kann die Information in zwei- oder dreidimensionaler Form vorliegen. Bilder werden auch verwendet, um Metaphern darzustellen, die mit Hilfe von Piktogrammen angesprochen werden.

Art der Graphik	Beispiel	Verwendungsbeschreibung
Punktdiagramm		Zeigt die Korrelation zwischen zwei kontinuierlichen Variablen oder die Verteilung von Punkten im zweidimensionalen Raum. Linien oder Kurven können eingeblendet werden, um auf Trends hinzuweisen.
Uno-Graph oder Liniendiagramm		Zeigt die Relation zwischen zwei kontinuierlichen Variablen. Ist eine davon die Zeit, so wird sie üblicherweise auf der horizontalen Achse dargestellt. Eine dritte, diskrete Variable kann über Farbkodierung oder Linienart eingeführt werden. Es ist besser, nicht mehr als vier Kurven pro Diagramm zu verwenden.
Balkendiagramm oder Histogramm		Zeigt die Werte einer oder mehrerer kontinuierlicher Variablen in diskreten Intervallen an. Der Abstand zwischen den Balkengruppen sollte weniger als ein Balken sein. Anstelle vertikaler Balken können auch horizontale Balken verwendet werden.
Tortendiagramm	42% 25% 33%	Zeigt die relative Verteilung von Daten in Teile, die ein Ganzes ausmachen. Allerdings erlaubt ein Balkendiagramm meist genauere Interpretation. Es sollten nicht mehr als fünf Segmente verwendet werden. Die Segmente sollten markiert und mit numerischen Werten versehen werden.
Skala		Zeigt den Wert einer kontinuierlichen Variablen zu einem bestimmten Zeitpunkt an. Die gleichzeitige Anzeige mehrerer Werte kann problematisch werden, wenn die Interpretation der angezeigten Werte nicht eindeutig möglich ist, z.B. die Abweichung eines Ist-Wertes vom Soll-Wert nicht erkennbar ist.

Bild 3.1 Diagramme zur verdichteten Darstellung von numerischer Information

Alphanumerische Information und dunkler Hintergrund	
Positiv	Negativ
weiß + grün gold + cyan/grün grün + magenta/lavendel cyan+ rot	rot + blau/grün/gelb/violett/magenta weiß + cyan/gelb blau +grün/violett grün + cyan cyan + lavendel
weiß + gold + grün/blau/magenta weiß + rot + cyan rot + cyan + gold cyan + gelb + lavendel gold + magenta + blau/grün gold + lavendel + grün	rot + gelb + grün rot + blau + grün weiß + cyan + gelb rot + magenta + blau grün + cyan + blau

Tabelle 3.1 Richtlinien für Farbkonstellationen nach [Brown et al. 1989]

3.1.6 Töne und Geräusche

Die Generierung von Geräuschen und Tönen besitzt den Vorteil, daß Benutzer nicht unbedingt auf den Bildschirm hinsehen müssen, um interagieren zu können. Auch können die Benutzer mehr Information innerhalb einer bestimmten Zeitperiode aufnehmen als bei alphanumerischer Information. Die Effektivität dieser Informationsform hängt wie im Fall der Piktogramme von der Effektivität der Assoziationen ab, die mit Hilfe der Töne erzielt werden können. So wird beispielsweise eine Sirene die Benutzer eher in Alarmstimmung versetzen als lautstarkes Gelächter.

3.1.7 Animierte Information und Farben

Unter *Animation* wird eine Form der Betonung verstanden, die durch eine Verstärkung von Inhalten oder mehrfache Darstellung von Information erreicht wird.

> Die Mittel zur Animation sollten unter der Kontrolle der Benutzer sowie auf bestimmte Funktionen beschränkt sein.

Bewegte Bilder sind beispielsweise eine gelungene Visualisierung von methodischen Aktivitäten. Graphik eignet sich zur Betonung alphanumerischer Information.

Farbe wird zur Betonung, Gruppierung und Differenzierung von Information eingesetzt [Morland, 1983]. Mittels Farbe kann die Lesbarkeit erhöht sowie der Suchaufwand nach Information reduziert werden [Brown et al., 1989, Salomon, 1990].

Graphische Information - räumliche Effekte	
weit weg ◄———►	nahe
blau -	rot
blau - grün/gelb -	rot
blau - grün - gelb -	rot
blau - grün - gelb - orange -	rot
violett - blau - grün - gelb - orange -	rot

Tabelle 3.2 Richtlinien für Farbkonstellationen bei räumlichen Effekten nach [Brown et al. 1989]

Bei alphanumerischer Information eignet sich Farbe zur Betonung von Textstellen, z.B. um falsch geschriebenen Text anzuzeigen. Hintergrundfarben bereichern oft die Aussagekraft von Textstellen. Der Zeitaufwand zur Lokalisierung alphanumerischer Information wird durch den Einsatz von Farbe geringer. Allerdings sinkt auch die Präzision der Wahrnehmung [Christ, 1975].

Im Bereich graphik-orientierter Schnittstellen wurden positive Effekte bei der Wahrnehmung von farbiger Information aus Tabellen, Torten- und Stabdiagrammen festgestellt [Hoadley, 1990]. Einige Grundregeln für den kombinierten Einsatz von Farben sind in Tabelle 3.1 und Tabelle 3.2 angeführt.

Anhand dieser Tabellen wird deutlich, daß nicht mehr als 6 Farben zur gleichen Zeit verwendet werden sollten. Darüberhinaus erschwert der Einsatz ähnlicher Farbtöne die Unterscheidung verschiedenfarbiger Bereiche.

Das zur Darstellung von farbiger Information vornehmlich eingesetzte Medium ist der Rasterfarbschirm - siehe Abschnitt 4.1. Jede auf dem Bildschirm angezeigte Farbe entspricht einer Mischung von unterschiedlich intensivem Rot, Grün und Blau. Die Auswahl und Zusammenstellung der Farben wird durch den Zugriff auf Farbtabellen und die Intensitätssteuerung von Elektronenstrahlen realisiert.

3.2 Benutzereingaben

Benutzer interagieren mit Anwendungen auf zwei Ebenen: der Kontrollebene und der Datenebene. Dementsprechend gibt es zwei Arten von Benutzereingaben: Kontrolleingaben und Dateneingaben.

Kontrolleingaben sind jene Eingaben von Benutzern, welche die Aktionen in der Anwendung steuern. Die Benutzer selektieren, welche Anwendungsfunktion zu einer bestimmten Zeit ausgeführt werden soll. Innerhalb einer bestimmten Funktion erfolgt dann die Eingabe von Daten (Ziffern, Zahlen oder Text), mit welchen Programme operieren können.

Üblicherweise sind *Dateneingaben* einfacher zu realisieren als die Eingabe von Kontrollinformation. Die Eingabe von Werten erfolgt im Regelfall mittels Eintippen. Kontrolleingaben sind indessen mehr mit der Denkweise, wie Benutzer Probleme lösen, verbunden. Daher sollten sie so nahe wie möglich an das mentale Modell, das Benutzer zur Aufgabenerfüllung aufbauen, herangeführt werden. Es bedarf jedoch meist eines hohen Aufwands an experimentellem Design, um herauszufinden, wie Benutzer über ein bestimmtes Problem und seine Lösung denken. Dennoch ist die Modellierung der Aufgaben und ihrer Lösungen eine der Hauptaktivitäten bei der Entwicklung von Benutzerschnittstellen (siehe Kapitel 7).

3.2.1 Kontrolleingaben

Kontrolleingaben sollten die Aufgabenbewältigung an der Benutzerschnittstelle möglichst direkt unterstützen. Die Designer sollten daher:

1. sämtliche Benutzer(gruppen) der Anwendung kennen. Sie sollten wissen, wie Benutzer ihre Aufgaben bewältigen (siehe Kapitel 7 und 8).

2. eine Menge von Kommandos oder Aufruffunktionen definieren, welche die Anzahl der Interaktionsschritte minimiert.

Das Design der Dialogkontrolle ist am sinnvollsten mit den Benutzern gemeinsam durchzuführen und zwar im Zusammenhang mit Prototyping (siehe Kapitel 7), weil hier direktes Feedback von den Benutzern für die Designer erwartet werden kann.

Medien. Zur Kontrolleingabe werden meist entweder *Menus* (Abschnitt 4.9) oder *Kommandosprachen* (Abschnitt 4.7) verwendet. Jede der beiden Formen hat ihre Vorteile. Während Menus den Benutzern helfen, Abläufe visuell zu erkennen, erleichtern Kommandos die Erlernbarkeit der Funktionsaufrufe. Menus und Kommandos schließen einander nicht aus. Die meisten interaktiven Anwendungen bieten beides (z.B. das interaktive Datenbanksystem dBase). Dennoch:

> Kommandosprachen und Menusysteme sollten standardmäßig nicht vermengt zur Kontrolleingabe genutzt werden. Vielmehr sollten ausschließlich und explizit die Benutzer den Wechsel zwischen Kommandosprache und Menusystem herbeiführen können.

Direkte Manipulation stellt eine weitere Möglichkeit zur Kontrolle durch die Benutzer dar. Sie wird nur dann dafür eingesetzt, wenn sämtliche Kontrollinformation visualisiert werden kann. Bei *drag-and-drop*, dem Aufnehmen und Verschieben von Information in entsprechendem Kontext beispielsweise, liegt die Kontrolleingabe durch die beteiligen Interaktionsobjekte (z.B. Datei und Papierkorb) vor. Direkte Manipulation ist jedoch vielmehr eine Technik, um Selektionsoperationen durchzuführen, d.h. um Objekte, die Änderungen zu erwarten haben, auszuwählen. Ihr Vorteil ist die direkte Kontrolle der Benutzer, Objekte zu selektieren sowie das rasche Wiederfinden von Information. Die Idee direkter Manipulation basiert auf Beobachtungen, daß es für Menschen einfacher ist, etwas zu sehen und darauf zu zeigen, als sich an etwas zu erinnern und dann einzutippen.

Der Unterschied zwischen direkter Manipulation und Kommandosprachen oder Menusystemen besteht darin, daß bei Kommandos und Menus die Operation zuerst selektiert werden muß und das Objekt, welches durch die Operation angesprochen wird, erst in einem weiteren Schritt spezifiziert wird. Bei direkter Manipulation wird das Objekt zuerst selektiert und erst danach die Operation, welche auf bestimmte Eigenschaften des Objektes zutrifft. Daraus folgt, daß Kommandos und Menus an den Operationen orientiert sind, während sich direkte Manipulation an den Objekten orientiert. Üblicherweise empfinden die Benutzer die Orientierung an Objekten als einfacher und bei der Bedienung weniger mechanisch.

Design. Der Designer einer Benutzerschnittstelle muß zwischen Menus, Kommandos und direkter Manipulation zur Kontrolleingabe unterscheiden. Menusysteme sind bei aufgabengerechtem Design rasch zu erlernen (siehe Abschnitt 4.9). Der Grund dafür liegt in der Kontrollierbarkeit der Ausführungssequenz durch die Benutzer, sodaß sie nur zu erkennen brauchen, in welcher Kontrollebene sie sich befinden. Menus zeigen auch den Funktionsumfang einer Anwendung auf einen Blick, sie erfordern wenig Eingabe über die Tastatur und sind darüberhinaus robust gegenüber Fehlbedienungen. Bei komplexen Anwendungen kann jedoch die Struktur der Menus sehr komplex werden und der Weg bis zur eigentlichen Operation sehr langwierig. Damit verliert die Anwendung an Flexibilität und wird darüberhinaus langsam sowie für die Benutzer unübersichtlich. Zur Steigerung der Geschwindigkeit können Kommandooptionen für Menueinträge helfen, zur Erhöhung der Flexibilität können die sequentielle Anzeige oder hierarchische Strukturen von Menus helfen.

Kommandosprachen sind im allgemeinen komplexer als Menus. Sie erfordern höheren Lernaufwand und mehr Übung seitens der Benutzer, da meist eine Vielzahl von Kommandos zur Verfügung steht. Sie erfüllen jedoch die Forderung nach rascher

Interaktion. Allerdings erfordern Kommandos auch Übung im Tippen. Darüberhinaus sind sie fehleranfällig, womit sie den Einsatz interaktiver Hilfefunktionen erfordern.

Direkte Manipulation reduziert den Lernaufwand und verbindet Intuition und das Wiedererkennen von Information. Sie erhöht zwar die Geschwindigkeit und Flexibilität von Kommandos, ist jedoch auf sichtbare Objekte beschränkt und daher nicht immer direkt anwendbar. Im Fall nicht visuell darstellbarer Information ist es effektiver, den Namen eines Objekts einzutippen anstatt seine Anzeige zu selektieren. Sind Benutzer jedoch gewohnt, das Objekt auch physisch zu manipulieren, ist der Einsatz direkter Manipulation angebracht. Direkte Manipulation wird nur in geringem Ausmaß für Operationen auf Objekte eingesetzt. Zumeist erfolgt der Einsatz von Menus und/oder Kommandos, da beide Techniken visuell und selektionsorientiert sind. Publikations(Dtp-)systeme sind typische Beispiele, wo mehrere Interaktionsformen eingesetzt werden. Direkte Manipulation wird dabei zur direkten Selektion, Kommandos und Menus gleichwertig zur Auswahl von Operationen verwendet. Zur Kombination dieser elementaren Interaktionsformen siehe auch Kapitel 5.

Funktionen. Die Funktionen zur Kontrolleingabe lassen sich nicht nur entsprechend den eingesetzten Interaktionsmedien, sondern auch entsprechend elementarer Operationen gliedern [Carter, 1985]:

- *Exekutionsfunktionen*: Diese steuern das Umfeld der datenbezogenen Manipulationsfunktionen (siehe Abschnitt 3.2.2):
  - Eröffnen/Schließen von Sitzungen mit einer Anwendung
  - Reihung und Aufruf von Datenmanipulationsfunktionen
  - Eingriff in den Ablauf von Datenmanipulationsfunktionen, etwa Unterbrechen
  - Statusabfragen aller Art (z.B. Wer aller benutzt die Anwendung zu einem bestimmten Zeitpunkt?)
  - Prioritätenfestlegung aller Art (z.B. zum Ausdrucken von Ergebnissen für bestimmte Benutzer).
- *Informationsfunktionen*: zu diesen Funktionen zählen
  - situationsbezogene Hilfe (*user guidance, help*)
  - Erlernen der Anwendung (*tutoring*)

- Erklärung von Vorgängen (*explanation*).

Beide Funktionsarten betreffen Vorgänge und Bereiche, die in jedem interaktiven System vorhanden sein sollten.

3.2.2 Dateneingaben

Dateneingaben sind meist einfacher zu realisieren als Kontrolleingaben, da die Benutzer im allgemeinen ein vorgefertigtes Modell von Eingabedaten besitzen. Benutzer haben Text oder Zahlen einzutippen bzw. diese aus bestehenden Verzeichnissen auszuwählen und zu übertragen (kopieren). Es gibt zwei Arten der Dateneingabe: Der traditionelle Weg in unformatierter Form, wobei das Computersystem die Eingabe bestätigt, sowie den strukturierten Ansatz, bereits einen vorformatierten Bildschirm mit Feldern für Dateneinträge vorzusehen (Formulare, Masken). Der wichtigste Faktor dabei ist die Konsistenz der Dateneingabe mit der Kontrolleingabe sowie mit der Ausgabe von Kontrollinformation (siehe Abschnitt 3.3).

Benutzer treten Programmen stets als geschlossene Einheit gegenüber. Dies impliziert, daß Dateneingabe mit Kontrolleingabe gekopppelt sein muß, also z.B. formularbasierte Dateneingaben mit Menus oder Kommandos gekoppelt sein müssen. Komandoorientierte Systeme sollten formatfreie Eingaben von Daten zulassen. Systeme, welche direkte Manipulation zur Kontrolle benutzen, sollten diese Art der Eingabe auch für die Daten unterstützen.

Die formularbasierte Eingabe von Daten wird seitens des Computersystems angestoßen. Sie bedarf wenig Benutzerübung und erlaubt die Anzeige von Standardwerten. Darüberhinaus besitzen die Benutzer den gleichzeitigen Überblick über mehrere Daten, die editiert und weiterverarbeitet werden können. Verglichen mit formatfreien Angaben ist die formularbasierte Eingabe allerdings weniger flexibel und weist geringeren Funktionsumfang auf.

Funktionen. Nach [Carter, 1985] lassen sich die Funktionen zur Datenmanipulation wie folgt gliedern:

- *Datenfunktionen*: Hierzu zählen die Manipulation der Strukturierung von Daten sowie deren tatsächliche Belegung mit Werten:
  - Hinzufügen: Dies inkludiert die Definition und das Generieren von Datenobjekten sowie deren Erweiterung, Sicherung durch Zugriffsrechte und deren Vervielfältigung.

- Ändern: Dies umfaßt die strukturelle Umformung, die Änderung von Werten, die Ver/Entschlüsselung von Datenbeständen sowie den Datenschutz und die Sichtbarkeit.
- Löschen: Diese Funktion kann entweder die Datenstruktur, bestimmte Werte oder den Zugriffschutz betreffen.
- Suchen: Die Suche nach Daten kann über Selektionen, Auflistungen, Berechnungen, Auswertungen sowie einfache Ausgabe geschehen.

- *Informationsfunktionen*: Diese erlauben den Gewinn zusätzlicher daten- bzw. problembezogener Funktionen, z.B. zur Verifizierung erzielter Ergebnisse durch die Weitergabe an ein Kontrollsystem. Auch das Nachvollziehen bereits ausgeführter Datenmanipulationen zählt zu den Informationsfunktionen.

Während die Datenfunktionen die elementaren Operationen auf Problemdaten und ihren Strukturen beinhalten, umfassen die Informationsfunktionen ähnlich wie bei den Kontrollereingaben Unterstützungsfunktionen für die Bewältigung von Aufgaben.

3.3 Feedback und Systemausgaben

Für die Benutzer *transparente* (durchschaubare) Schnittstellen erfordern die Versorgung der Benutzer mit Feedback.

> Unter *Feedback* bei Benutzerschnittstellen verstehen wir die Versorgung der Benutzer mit Information über die Aktivitäten und den Zustand des interaktiven Systems.

Üblicherweise basiert die Interaktion auf einer Sequenz von Kontroll- und Dateneingaben, wobei das Computersystem die Daten sowie die Kontrollinformation verarbeitet. Die Benutzer sollten mit Information über den Status des interaktiven Systems versorgt werden. Damit wissen sie, ob die Kontroll- oder Dateneingaben tatsächlich verarbeitet werden können. Bei Dateneingaben ist direktes Feedback durch die unmittelbare Anzeige von Werten möglich. Feedback zu Kontrolleingaben erfordert höheren Designaufwand.

3.3.1 Reaktionen auf Kontrolleingaben

Feedback zu Kontrolleingaben sollte nach [Brown et al., 1989] in jedem Fall die Anzeige beinhalten,

- welche Optionen selektiert werden können,
- ob/wann eine Option selektiert wurde,
- welche anderen Optionen ebenfalls zu einem bestimmten Zeitpunkt selektiert wurden,
- wann das Ende einer Selektionsoperation erreicht wird.

Diese Feedbackregeln sind wichtig für graphische, fensterbasierte Schnittstellen (siehe Abschnitt 5.1), wo mittels *pop-up* oder *pull-down* Menus den Benutzern mehrere Möglichkeiten gleichzeitig zur Auswahl stehen. Nur wenige Konzepte und Modelle, wie z.B. [Nievergelt, 1985] in dem Ort-Modus-Weg-Modell, haben die Notwendigkeit adäquaten Feedbacks erkannt – siehe Kapitel 6.

Folgende Techniken können Benutzer vor der Auswahl ungeeigneter Selektionsoptionen bewahren: die Markierung von Einträgen sowie die Unterdrückung der visuellen Anzeige. Beide Möglichkeiten haben sich in der Praxis bewährt.

Im ersten Fall kann die markierte Option nicht selektiert werden. Sie wird auch nicht besonders gekennzeichnet, sobald sich der Cursor auf dem Bildschirmausschnitt befindet. Der zweite Ansatz läßt nicht zulässige Optionen von dem Bildschirm gänzlich verschwinden.

Wird das interaktive System mittels *Menus* gesteuert, so sollte jedes Menu eine Bezeichnung tragen. Bei Schachtelung von Menus sollte zusätzlich die Sequenz der aktivierten Menus angezeigt werden, die zum selektierten Menueintrag geführt hat. Standard-Einträge (*defaults*) bzw. ausgewählte Einträge sollten besonders gekennzeichnet sein (*highlighted*).

Basiert das Programm auf der Kontrolle durch *Kommandos*, so empfehlen sich *prompts*, wie z.B. "my-machine$" vor dem Kommando *open flight-database* und zwar für die Maschine, wo die Sitzung stattfindet sowie für jedes Kommando. Darüberhinaus sollte es ein Echo für jedes Kommando geben, welches anzeigt, wie das interaktive System das Kommando ausführt, also z.B. für *open flight-database* könnte in einem verteilten System das Echo *broadcast request – host-id received – open succeeded* aussehen.

Direkte Manipulation erlaubt rasches, da visuelles Feedback. Sobald ein Objekt zur Manipulation selektiert wird, wird es speziell dargestellt (markiert), indem es zum Beispiel seine Farbe verändert. Wird das Objekt manipuliert, so können Text oder Bilder auf dem Bildschirm ebenfalls markiert werden, um die Aktion zur vorangegangenen Auswahl darzustellen.

Dennoch gestatten manchmal Operationen seitens des Computersystems den Benutzern keine Interaktion (z.B. bei komplexen Datenbanktransaktionen).

> Wird die Zeitspanne der Benutzerpassivität größer als einige Sekunden, so sollte dies den Benutzern angezeigt werden, z.B. durch eigene Symbole.

Je mehr Information den Benutzern durch diese Anzeige geboten werden kann, beispielsweise wann das Ende von Programmaktivitäten zu erwarten ist, desto mehr wird den Benutzern geholfen sein. Die Gestaltung von Feedback-Mechanismen hängt sowohl von den Aufgaben, welche das System zu erfüllen hat, als auch von den Interpretationen der Aufgaben und des Systems durch die Benutzer ab.

3.3.2 Die Gestaltung von Feedback-Mechanismen

Nach [Dean, 1982] sollte die Gestaltung von Feedback-Mechanismen folgende Aktivitäten umfassen:

1. *Festlegen der Parameter* zur

   - *Relevanz* der Rückmeldungen: So ist z.B. zu entscheiden, ob Transaktionscodes bei Datenbankzugriffen in einem Flugreservierungssystem angezeigt werden müssen.
   - *Spezifität* der Rückmeldungen: Wie genau müssen Betriebssystem- und Anwendungsaktivitäten illustriert werden? Wie exakt müssen Strukturen und Abläufe den Benutzern transparent gemacht werden? Ist immer die Reaktion der Benutzer erforderlich?
   - *Zeit* der Rückmeldungen: Wann und wie lange und wie oft (regelmäßig oder spontan) soll Feedback gegeben werden? Bei elektronischer Post kann es beispielsweise wünschenswert sein, die Anzahl der erfolglosen Zustellversuche nach einer bestimmten Periode anzuzeigen.
   - *Hilfestellung*: Wie hilfreich soll Feedback sein? Soll die Bandbreite von einfacher Information der Benutzer, also durch die unmittelbare Anzeige von Fehlern, über Fehlertoleranz und -korrektur bis hin zu Anleitungen von Benutzern, selbst Fehlersituationen zu bewältigen, reichen?

2. *Definition systemspezifischer Ziele* der Feedback-Mechanismen. Beispiele dafür sind die Fehlertoleranz des Computersystems, die Fehlerbehebung sowie die Manipulation von Feedback (z.B. Ein/Ausschalten).

   - Feedback bei *Fehlertoleranz* kann verschiedene Formen haben. Zunächst kann die Benutzereingabe direkt verwertbar sein, wobei sich das Feedback nach den Ergebnissen der Verarbeitung der Eingabe richtet. Im Fall notwendiger Korrekturen durch die Benutzer richtet sich das Feedback ebenfalls nach den Ergebnissen der Verarbeitung der Eingabe. Sind Eingaben fehlerhaft und können diese nicht durch das Computersystem korrigiert werden, so sollte das Computersystem ähnliche, aber korrekte Eingaben vorschlagen und Erklärungen für die Fehler anbieten.
   - Im Fall von *Fehleingaben* sollten Benutzer ihre Fehler in gleicher Weise beheben können, in der sie die Fehler begangen haben (*ease of correction*), z.B. durch Vertippen entstandene Fehler sollten durch neuerliches Tippen behoben werden können.
   - Die *Steuerbarkeit* von Feedback läßt individuell gestaltbare Benutzerschnittstellen durch die Menge an Information sowie die Art und Weise ihrer Darstellung (Symbole, Ausführlichkeit etc.) zu. Die Steuerbarkeit, und damit die Indiviualisierung, sind aufgrund der individuellen Unterschiede von Benutzern (siehe Kapitel 2) unumgänglich. Benutzer bauen nämlich verschiedene Erwartungshaltungen an Computersysteme auf. Sie interpretieren auch die Aufgaben sowie die Effizienz und Effektivität der Aufgabenbewältigung unterschiedlich. Daher sollten die Benutzer ihr gewünschtes Feedback bestimmen können.

3. *Analyse von Szenarien* zur Anpassung an die Realität und Fertigkeiten der Benutzer: das Durchspielen von Benutzersituationen (meist mit Systemprototypen) soll zu bedeutungsvollem und den jeweiligen Interaktionssituationen angepaßtem Feedback führen.

   - Feedback sollte leicht interpretierbar sein sowie in seiner Form und Aussage (z.B. Sprache) den Erwartungen und Rollen (Systemadministrator, Konsument, Produzent von Information) der Benutzer entsprechen.
   - Die Erwartungen setzen sich aus dem sozialen und organisatorischen Umfeld, den mentalen Modellen der Benutzer sowie der Robustheit des interaktiven Systems zusammen.

So kann die Bedeutung der Meldung "You logged in 28 minutes ago." zwar für Benutzer, die nach 30 Minuten automatisch mit einer Unterbrechung ihrer Sitzung zu rechnen haben, sinnvoll sein, damit sie ihre Tätigkeit beenden können. Zur Erhöhung der Verständlichkeit wäre in diesem Kontext die Meldung "Your session will be closed in 2 minutes." angebrachter. Für Benutzer, die an keine Zeitschranken bezüglich ihrer Sitzungszeiten und Aufgabenbewältigung gebunden sind, stellt diese Meldung eher eine unwillkommene Unterbrechung als eine Unterstützung dar.

Die Szenarien lassen meist keine Kategorisierung von Feedback nach traditionell verallgemeinernden Typen wie Bestätigung, Unterbrechung, Information und Fehlermeldung zu. Vielmehr sollten sich zwei Arten von Feedback abzeichnen:

(a) *Berichte (reports)* betreffen die Reaktion des Computersystems auf Eingaben (z.B. Echo), die Annahmen des Computersystems bei der Verarbeitung (z.B. Angabe von Standardwerten) sowie Fehler bei der Ausführung einer Operation.

(b) *Aufforderungen (requests)* betreffen die Fortsetzung von Ausführungen, die Eingabe fehlender Information sowie die Klar- oder Richtigstellung einer Eingabe.

4. *Design und Implementierung der Mechanismen*: Beides sollte auf die Fachsprache sowie auf Besonderheiten des Problembereichs und der Benutzer ausgerichtet sein. Dabei sollte besonders auf die Flexibilität (Adaptierbarkeit), die Erweiterbarkeit und das individuelle Empfinden von Konsistenz bei Feedback geachtet werden. Das Erreichen dieser Anforderungen wird durch Hilfe- und Tutoring-Konzepte sowie durch die Trennung der Feedbackmechanismen von den Datenfunktionen erleichtert.

5. *Testen im Gesamtsystem*: Die Brauchbarkeit der entwickelten Mechanismen sollte zunächst anhand der Analyseszenarien mit einer kompletten Version des Computersystems getestet werden. Darüberhinaus ist die Überprüfung der eingangs festgelegten Parameter angebracht.

Die Verwendung persönlicher Redewendungen wie z.B. "Ich speichere jetzt Ihre Daten, ok?" (*social amenities*) im Rahmen von Feedbackmechanismen ist umstritten, da sich manche Designer dafür (z.B. [Dean, 1982]) und manche dagegen (z.B. [Morland, 1983]) aussprechen.

3.4 Zusammenfassung

Folgende *Arten von Information* werden zur Mensch-Maschine Kommunikation eingesetzt:

- alphanumerische Information
- Sprache
- Tabellen
- Graphik
- Bilder
- Töne und Geräusche
- animierte Information
- Farben.

Benutzer interagieren bei der *Eingabe* mit Computersystemen auf zwei Ebenen:

- in der *Kontrollebene* werden Aktionen von Computersystemen gesteuert, z.B. durch Parametereingaben oder einer bestimmten Menufolge.
- in der *Datenebene* werden Werte entsprechend den Datenstrukturen eingegeben.

Das Verhalten des Computersystems wird durch dessen *Ausgaben* bestimmt. Die Ausgaben können

- *Feedback* zu Daten/Kontrolleingaben oder
- *Ergebnisse* von Datenmanipulationen sein.

Interaktion wird somit durch die Art der ausgetauschten Information sowie die Art der Ein/Ausgabe bestimmt. Im Zusammenspiel mit Interaktionsmedien ergeben sich daher unterschiedliche Interaktionsformen – siehe Kapitel 4 und 5.

4 Elementare Interaktionsmedien und Interaktionsformen

Wir gehen in der Folge auf die elementaren Interaktionsmedien interaktiver Benutzerschnittstellen sowie auf die mit diesen verbundenen Interaktionsformen (*interaction styles*) ein. Zu den Medien zählen der Bildschirm und dessen Strukturierungskonzepte: Fenster, Menus, Masken und Piktogramme. Diese Medien unterstützen elementare Interaktionsformen wie Menusteuerung, Kommandosprachen und "natürliche" Sprachinteraktion. Darüberhinaus zählen Zeige-, Positionier- und Steuergeräte sowie Ein/Ausgabegeräte zu den elementaren Interaktionsmedien.

In der Folge wird auf wesentliche technische Merkmale sowie Designaspekte und -zusammenhänge eingegangen. Details zur Programmierung können aus Platzgründen nicht erläutert werden.

4.1 Der Bildschirm als Ein/Ausgabemedium

Das zur Zeit am häufigsten eingesetzte Interaktionsmedium ist der *Bildschirm*. Dieser erlaubt die Anzeige textueller, numerischer, tabellarischer, graphischer und bildlicher, also visueller Information zur Ein- und Ausgabe. In der Folge setzen wir uns mit bestehenden Technologien (Abschnitt 4.1.1) und der Strukturierung von Anzeigen (Abschnitt 4.1.2) auseinander.

4.1.1 Technologien

Zur Darstellung von Information werden verschiedene Technologien eingesetzt:

1. *Kathodenstrahlröhren* (CRTs = *Cathode Ray Tubes*) erzeugen Bilder durch unter Spannung beschleunigte und abgelenkte Elektronenstrahlen, die voneinander abgeschirmt sind (Abbildung 4.1). Sie stellen die Standardausstattung konventionell erhältlicher interaktiver Systemkomponenten dar.

2. *Flüssigkristallbildschirme* (LCDs = *Liquid Cristal Displays*) erzeugen Bilder durch Stromimpulse, die Flüssigkristalle in gegeneinander um 90° verschobenen polarisierenden, lichtausrichtenden Glasplatten steuern, sodaß einfallendes

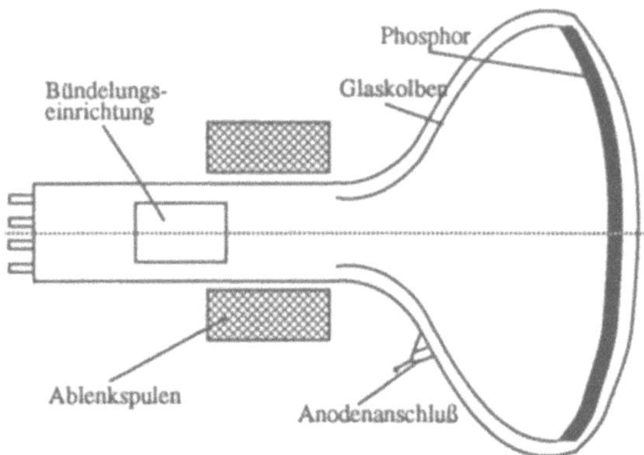

Bild 4.1 Aufbau einer Kathodenstrahlröhre

Licht hindurchtreten kann. Sie werden vor allem für tragbare Computersysteme (*laptops, palmtops, portables*) eingesetzt, da sie keine Röhre benötigen und demzufolge flacher als Standgeräte sind.

3. *Plasmabildschirme* erzeugen Bilder, indem in Glas eingeschlossenes Edelgas durch elektrischen Strom zum Leuchten angeregt, d.h. in den Plasmazustand versetzt wird. Dieser Vorgang liefert jedoch nur eine Farbe. Sie werden ebenfalls wegen ihrer geringen Höhe gegenüber Kathodenstrahlröhren für tragbare Computersysteme bevorzugt.

4. *Elektrolumineszenz-Bildschirme* (ELDs) erzeugen Bilder durch leuchtende Halbleiterfilmschichten aus Zinksulfiden, die mittels elektrischer Felder angesteuert werden. Durch die Einbringung von Fremdatomen können mehrere Farben erzeugt werden.

Benutzer sollten die Leuchtdichte (Helligkeit) der Zeichen sowie die Helligkeit des Bildschirmhintergrundes (Kontrast) individuell regeln können. Die Anzahl der Erneuerungen des Bildes pro Sekunde (Bildwiederholfrequenz) sollte über 65 Hz liegen.

Aufgrund des steigenden Bedarfs an Taschencomputern, Laptops sowie HDTV(*High Definition TeleVision*)-Geräten werden in *Zukunft* sogenannte *flat-panel colour displays* - sehr flache hochauflösende Farbbildschirme zum Einsatz kommen. So hat z.B. das MATRIX-LCD-[ESPRIT-Projekt] 2283 zur Entwicklung eines aktiven matrix-orientieren Flüssigkristall-Bildschirms (AMLCD) geführt, wobei in jeden Bildpunkt ein dünner Filmtransistor integriert wird. Mit Hilfe dieser Technik werden u.a. 5 inch (12,7 cm) große Farbbildschirme möglich.

Das FELICITA-[ESPRIT-Projekt] 2360 brachte als Resultat ferroelektrische Flüssigkristallbildschirme (FLDCs). Diese Technologie basiert auf der Bistabilität - der Schirm besitzt einen lokalen Speicher und behält seinen Inhalt, ohne Energie zu verbrauchen - und der schnellen Wendung von ferroelektrischen Flüssigkristallen. Diese erlauben gemeinsam mit den optischen Charakteristika der verwendeten Materialien flimmerfreie Videosignalwiedergaben, welche von allen Blickwinkeln gleich gut eingesehen werden können. Erste Erfolge sind ein 10.4 inch (26,4 cm) großer Diagonal-VGA-Farbschirm, der direkt von einem Laptop angesteuert werden kann.

Die *Eingabe* seitens der Benutzer erfolgt bei Verwendung eines Bildschirms mit Ausnahme berührungsempfindlicher Bildschirme immer in Kombination mit anderen Medien, z.B. einer Tastatur. Letztere Kombination wird als VDU (*Visual Display Unit*) bezeichnet - siehe Abschnitt 4.4.

Gesundheitliche Schäden durch Bildschirmarbeit sind zur Zeit nicht eindeutig nachweisbar, solange minimale ergonomische Richtlinien bei der Bedienung eingehalten werden. Natürlich kommt es bei Überbeanspruchung des Haltungsapparates sowie der Augen zu Ermüdungserscheinungen, die üblicherweise durch entsprechene Arbeitsorganisation vermieden werden sollten [WHO, 1987]. Abbildung 1.4 gibt die minimalen ergonomischen Richtwerte an, wie der Einsatz von Bildschirmen an einem Arbeitsplatz aussehen sollte.

4.1.2 Die Strukturierung von Bildschirmanzeigen

Ad-hoc Strukturierung von Bildschirminhalten und visuellen Präsentationsformen können das *Auffinden von Information* erschweren [Tullis, 1988]. Strukturiertes Design von Bildschirmanzeigen basiert auf Erfahrungswissen sowie Konzepten zur Brauchbarkeit von Benutzerschnittstellen (*guidelines, styleguides, principles* - siehe Kapitel 6). In der Folge führen wir empirisch gesichertes Wissen zur *Gestaltung von Bildschirmanzeigen* alphanumerischer und graphischer Benutzerschnittstellen nach [Morland, 1983, Bolt, 1984, Tullis, 1984, Brown et al., 1989] an. Empirisch bedeutet in diesem Zusammenhang experimentell nachgewiesen. Die folgenden Erkenntnisse zur Gestaltung alphanumerischer Bildschirmanzeigen sind wesentlich umfangreicher belegt sind als jene zur Gestaltung graphischer Benutzerschnittstellen, da letztere aufgrund ihrer vielfältigen Möglichkeiten wesentlich komplexer und daher experimentell schwieriger zu untersuchen sind:

- Die *Informationsmenge* soll den Bedürfnissen der Benutzer zum Zeitpunkt der Anzeige entsprechen. Zur Vermeidung der Überladung des Bildschirms (*information overload*) können Kürzel oder Schlüssel bei alphanumerischen Bildschirmen (z.B. Anfangsbuchstaben oder Codes) bzw. Verschlüsselungen bei graphischen Benutzerschnittstellen (z.B. Piktogramme) verwendet werden.

- Die *Gruppierung von Information* sollte im sensitiven Sehbereich erfolgen – dies ist im Bereich des 5-Grad-Augenwinkels (der fovealen Region der Retina). Die Größe des Bereichs mit gruppierter Information soll etwa 13 Zeichen x 7 Zeilen betragen. Diese Forderung erfüllen die meisten kommerziell erhältlichen graphischen Benutzerschnittstellen, die Piktogramme verwenden, da diese innerhalb eines Augenwinkels von 5° liegen.

  Die Gruppierung von Information sollte nach den Prinzipien des *chunking* (siehe Kapitel 2) erfolgen, d.h. assoziative Wissenselemente beinhalten.

  Die Trennung von mehrfach gruppierter Information kann durch Farbe, Graphik oder Hervorhebung (*highlighting*) erfolgen. Letzteres kann durch Invertierung (Umkehrung) der Farbe, durch Veränderung des Hintergrundes, durch Unterstreichung von Text, Blinken etc. erreicht werden. Der Einsatz von Hervorhebungen ist in jedem einzelnen Fall zu validieren, da es, bedingt durch die Art und Weise der Hervorhebung, leicht zur Überforderung von Benutzern kommen kann.

- Die *Plazierung und Abfolge von Information* sollte den Benutzern das Auffinden von Information erleichtern. Dies wird im allgemeinen durch die konsequente Aufteilung des Bildschirms in mehrere *Ausschnitte* (Fenster –siehe unten) erreicht. Zum Beispiel verwendet Apple bei der Macintosh-Benutzerschnittstelle *standardisierte Anzeigen von Funktionen* [Apple, 1987]: Der obere Bildschirmrand enthält über die gesamte Sitzung hinweg eine Menuleiste mit Bezeichnungen von *pull-down*-Menus (siehe Abschnitt 4.9): *File, Edit, View, Special.* Die rechte obere Ecke des Bildschirms enthält die Piktogramme (siehe Abschnitt 4.10) zur Veranschaulichung des Speicherplatzes (*disk space*) und die rechte untere Bildschirmecke enthält eine Löschfunktion (*trash can*).

Grundsätzlich empfiehlt sich die folgende Strukturierung von Bildschirmanzeigen (Abbildung 4.2): Der *Orientierungsbereich* (*orientation area*) sollte alle Daten aufnehmen, welche den Benutzern den Status ihrer Sitzung inklusive den Status der Anwendung zeigen. Der *Arbeitsbereich* (*work area*) sollte entweder Selektions-, Navigations- oder Anwendungsdaten beinhalten. Der *Aktivitätenbereich* (*feature area*) sollte eine Übersicht verfügbarer Anwendungs-

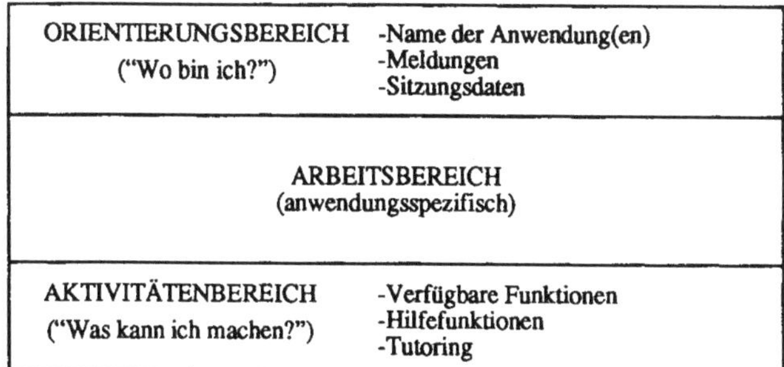

Bild 4.2 Konzeptionelle Teilung eines Bildschirm(ausschnitt)s

und sitzungsbezogener Funktionen geben. Ein Beispiel zur Strukturierung des Aktitivätenbereichs stellt die *toolbox* von Lisa [Smith et al., 1982] dar.

Faktoren, die zur Bestimmung der Sequenz von präsentierter Information herangezogen werden sollten, sind:

- der Ablauf der computerunterstützten Aufgaben,
- benutzer- und aufgabenspezifische Konventionen (z.B. Fachsprachen)
- die Wichtigkeit der Daten
- die Häufigkeit der Manipulation der Daten.

Dementsprechend sollten die zur Aufgabenerfüllung notwendigen sowie häufig verwendete Daten im Gesichtsfeld der Benutzer plaziert werden, wobei die räumliche Verteilung der Information die mentale Modellbildung der Aufgabenbewältigung unterstützen sollte.

- Die *räumlichen Beziehungen zwischen Informationsteilen* können entscheidend zur Effektivität der Benutzerschnittstellen beitragen. Gruppierte Information ist leichter lesbar, wenn

  - sie bei hohem Detaillierungsgrad (z.B. Daten zur Flugreservierung) eher horizontal als vertikal präsentiert wird;
  - sie im Fall von Übersichtsinformation, vor allem bei Vergleichsaufgaben, graphisch dargestellt wird;

– die betroffenen Objekte möglichst in dem der Aufgabe entsprechenden Abstraktionsgrad angezeigt werden.

Bei alphanumerischen Daten ist auf die Ausrichtung (*indentation, justification*), selbsterklärende Bezeichnung, symmetrische Anordnung sowie den Abstand der Zeichen zu achten. Bei graphisch dargestellter Information sollten irrelevante Teile weggelassen und die manipulierbaren Teile hervorgehoben werden. Nur dann kann der Suchaufwand relevanter Information gegenüber alphanumerischer Darstellung reduziert werden (siehe Abschnitt 3.1).

Die Verteilung von Information auf dem Bildschirm erzeugt eine *Erwartungshaltung* bei den Benutzern, die durch konstante Anwendung obiger Prinzipien erfüllt wird. Konsistentes Verhalten der Anwendung führt zu erwartungskonformen Benutzerschnittstellen.

Der *Vorgang der Strukturierung* sollte mit der Erfassung der Benutzervorstellungen sowie der Aufgabenbeschreibung inklusive der organisatorischen Besonderheiten beginnen. Es empfiehlt sich neben der Beachtung anwendungsunabhängiger Richtlinien die Erstellung anwendungsspezifischer Regeln, die bei der Spezifikation durchgängig beachtet werden sollten. Die Auswahl bestimmter Szenarios gemeinsam mit den Benutzern erleichtert das Testen von Strukturierungsvorschlägen, die in Form von Prototypen präsentiert und evaluiert werden sollten. Die Bewertungskriterien sollten bereits in der Analysephase formuliert werden und sich aus den Benutzervorstellungen sowie den Aufgaben ableiten lassen.

4.2 Fenster

Der Bildschirm kann in mehrere Ausschnitte geteilt sein, die wir als *Fenster* bezeichnen. Fenster sind rechteckig und graphisch durch Seitenmarkierungen begrenzt. Mit dieser Definition nach [Billingsley, 1988] sind andere Interaktionsmedien wie Piktogramme ebenfalls Fenster, werden aber aufgrund ihrer besonderen Eigenschaften getrennt behandelt. Unter *windowing* wird jene Eigenschaft von Systemen verstanden, welche die Anzeige von Fenstern ermöglicht.

Der unumstrittenene Vorteil von fensterbasierten interaktiven Systemen liegt in der gleichzeitigen, gruppierten Darstellung unterschiedlicher Information. Durch Überlappungen von Fensterteilen können die Benutzer nicht nur zwischen verschiedenen Aufgaben hin- und herwechseln, sie können diese auch zeitlich reihen und Information zwischen den Fenstern transferieren.

4.2.1 Fensterbasierte Interaktion

Obwohl die Entwicklung fensterbasierter Interaktion mit den Systemen Star und Lisa (siehe Kapitel 1) begonnen hatte, sind bis heute nur wenige Erkenntnisse zur Gestaltung dieser Interaktionsform empirisch abgesichert. Wir wissen nicht, ob Fenstersysteme die Aufgabenerfüllung gegenüber anderen Interaktionsformen (z.B. Kommandosprachen) effektiver und effizienter erlauben [Billingsley, 1988].

Als Grund für die rasche Verbreitung fensterbasierter Systeme wird die natürliche Nachbildung von Objekten und Prozessen, die den Benutzern vertraut sind, genannt [Brown et al., 1989]. Schwierigkeiten im Umgang mit fensterbasierten Benutzerschnittstellen gibt es vor allem bei zu langsamer Hardware, da die Aufbauzeit von Fenstern relativ lange dauert, sowie bei neuartigen Konzepten, die von den Benutzern erst erlernt werden müssen. Ein Beispiel stellt das Durchlesen (*scrolling*) von Fensterinhalten dar. Diese Art des Lesens von Information gibt es außerhalb von interaktiven Systemen nicht. Sie muß folglich von den Benutzern erlernt werden.

Fenster werden durch folgende Charakteristika beschrieben:

- *die Präsentationsform*: Fenster können einander überlappen (*overlapping*) oder nicht (*tiled*). So überlappt beispielsweise das Postfenster in Abbildung 1.7 das Kommandofenster.

  Fenstersysteme sollten es den Benutzern freistellen, ob sich ihre Fenster überlappen oder nicht.

- *die Interaktionsform*: Fenster kommen in Systemen mit direkter Manipulation und bei WIMP (*Window-Icon-Menu-Pointing device*)-Systemen (siehe Kapitel 5) vor.

- *Operationen*: Abhängig von der Präsentations- und der Interaktionsform sind Fenstern eine Menge von Operationen zugeordnet.

Fenster sind im Rahmen *direkter Manipulation* (Abschnitt 5.2) Objekte, die direkt von Benutzern manipuliert werden können. Als direkte Manipulation werden dabei alle Funktionen betrachtet, die zu direkten Veränderungen des Fensters führen (z.B. das Ziehen (*dragging*) über den Bildschirm). Die Benutzerschnittstelle von Macintosh-Systemen enthält beispielsweise folgende Standardeinträge zur Manipulation von Fenstern: Bezeichnung auf dem oberen Rand, Balken auf dem rechten und unteren Rand zum Verschieben des Inhalts (*scroll bars, canvas*),

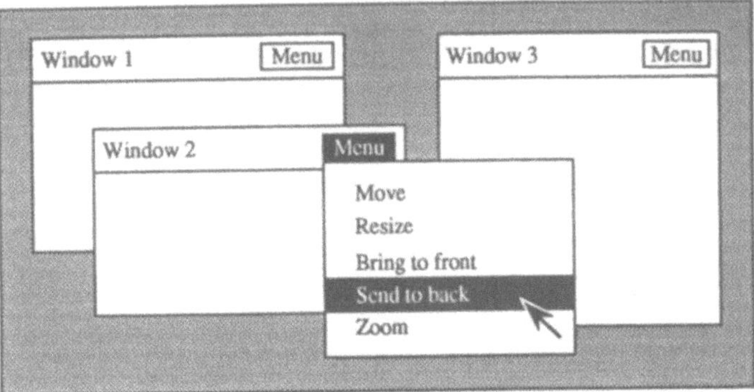

Bild 4.3 Indirekte Fenstermanipulation

ein Quadrat links oben zum Schließen (zur Darstellung des Fensters als Piktogramm) sowie ein Piktogramm rechts unten zur Veränderung der Größe des Fensters. Alle diese Funktionen sind zur direkten Manipulation zu zählen. Bei dem Fenstersystem X kommt zu diesen Funktionen noch ein *dragging*-Balken und Hintergrund/Vordergrundbalken hinzu.

Indirekte Manipulation erfolgt mittels Menus, Kommandos oder Formularen (siehe die weiteren Abschnitte in diesem Kapitel). Abbildung 4.3 zeigt ein Beispiel menugesteuerter Interaktion. Dabei müssen die Benutzer einen Eintrag in einem *pull-down*-Menu selektieren, bevor das Fenster tatsächlich manipuliert werden kann. Bei *pull-down* erscheint das Menu unterhalb eines Eintrages in einer Menuleiste. Bei *pop-up* erscheint das Menu dort auf dem Bildschirm, wo der Cursor zum Zeitpunkt der Selektion positioniert war.

Hybride Manipulation ist die Kombination direkter mit indirekter Manipulation. Bei maus- und menugesteuerter Interaktion bedeutet dies, daß die Maustaste solange festgehalten werden muß, bis die Funktion selektiert und ausgelöst ist.

Folgende *Operationen* sollten von Fenstersystemen zur Verfügung gestellt werden:

- *Create* legt ein neues Fenster auf dem Bildschirm an.
- *Delete* löscht ein bestehendes Fenster auf dem Bildschirm.

- *Open* öffnet ein Fenster in verkleinerter Darstellung, z.B. in Piktogramm- oder Balkendarstellung.
- *Close* verkleinert ein Fenster zu einem Piktogramm oder Balken.
- *Move* erlaubt das Bewegen (Ziehen) eines Fensters über den Bildschirm, ohne die Größe des Fensters zu verändern.
- *Resize* bewirkt eine Größenveränderung des Fensters.
- *Full Size* erlaubt unmittelbar die maximale Ausdehnung eines Fensters.
- *Small Size* reduziert ein Fenster unmittelbar auf seine minimale Größe.
- *Scroll* läßt den Fensterinhalt vertikal oder horizontal passieren.
- *(Re)Define* erlaubt die Definition eines Fensters, u.U. durch Veränderung von *default*-Werten.
- *Bring-To-Front* bringt das selektierte Fenster in den Bildvordergrund. Diese Operation kommt nur bei überlappenden Fenstern zum Einsatz.
- *Send-To-Back* rückt das selektierte Fenster in den Bildhintergrund. Diese Operation kommt nur bei überlappenden Fenstern zum Einsatz.

Der *Lernaufwand* seitens der Benutzer für den Umgang mit Fenstersystemen ist groß. Die Benutzer müssen nämlich nicht nur die bereits aufgezählten Befehle zur Fenstermanipulation erlernen, sondern auch motorische Fertigkeiten. So muß beispielsweise das Selektieren mittels Maus ohne Hinsehen weder auf die Maustasten noch auf die physische Position der Maus auf dem Bildschirmarbeitsplatz erfolgen. Darüberhinaus fehlt für das Medium Fenster die nötige Metapher, um den Lernvorgang zu erleichtern. Dieser Lernaufwand relativiert Argumente für fensterorientierte Systeme, die von intuitiv verständlicher Interaktion durch Fenster sprechen (z.B. [Shneiderman, 1983]). Vielmehr erklärt dieser Umstand das Fehlen empirischer Belege für das intuitve Verständnis und den "natürlichen" Umgang mit diesem Interaktionsmedium.

4.2.2 Fensterverwaltungssysteme

Fensterverwaltungssysteme (*windowing systems*) unterstützen mehr als nur das Management von Fenstern. Sie verwalten Ereignisse, Ein- und Ausgaben sowie Attribute von Objekten der Benutzerschnittstelle. Die zeitliche Zuordnung von Fenstern zu bestimmten Anwendungen entspricht jener eines Echtzeitbetriebssystems, wobei die Zuteilung von Ressourcen nach benutzergenerierten Ereignissen erfolgt.

Die Sicht der Benutzer beschränkt sich auf die in Abschnitt 4.2.1 erwähnten Funktionen. Intern werden die Fenster als Knoten eines Baumes repräsentiert, der zuerst in die Tiefe und dann in die Breite durchsucht wird, sobald eine Modifikation erfolgt. Zur Unterstützung der Entwickler fensterbasierter Benutzerschnittstellen gibt es graphikbasierte Fensterverwaltungssysteme, sogenannte *Plattformen*, auf denen die Entwicklung aufsetzen kann.

Eine dieser Plattformen stellt Windows dar. Anwendungen werden unter Windows integriert unterstützt, indem sie untereinander Daten austauschen können. Ein weiteres Beispiel stellt der Presentation Manager dar, ein Verwaltungssystem für graphische Benutzerschnittstellen unter OS/2. Die Plattform Toolbox umfaßt mehrere im ROM gespeicherte Werkzeuge zur Gestaltung von Fenstern, Text und Graphik. Im Gegensatz zu OS/2 wird Multitasking von dieser Plattform nicht unterstützt.

NeWS (*Network Extendable Window System*) ist ein netz- und serverorientiertes Fensterverwaltungssystem für Unix-basierte Arbeitsstationen. Es unterstützt mehrere Anwendungen gleichzeitig sowie unterschiedliche Eingabegeräte und Bildschirmauflösungen. Fensteroperationen sind programmierbar, da das System in objektorientiertem Postscript implementiert ist. Darüberhinaus stellt es mehrere Interaktionsobjekte wie z.B. Menus zur Verfügung, die dem jeweiligen Anwendungskontext anzupassen sind. Diesen Prozeß bezeichnen wir auch mit *customization.*

Das X-Fensterverwaltungssystem wurde von Wissenschaftlern des MIT (Massachusetts Institute of Technology) entwickelt und wird inzwischen von allen führenden Produzenten von Unix-Arbeitsplatzrechnern unterstützt. X-Server kommunizieren mit ihren *clients* mittels geräteunabhängiger Nachrichten. Die Präsentationsobjekte (*widgets*) werden mittels des Werkzeuges Xlib-Toolkit verarbeitet.

Im Rahmen vernetzter Systeme stellt ein wesentliches Konzept von Fenstersystemen die sogenannte *client/server*-Architektur dar, wie sie beispielsweise in X verwendet wird. Dabei ist der Fenster*server* ein Programm, das auf einem Netzknoten läuft, und das Nachrichten anderer Programme, der *clients* entgegennimmt, alle

Bildschirmaktionen verarbeitet und Ausgaben an die *clients* weiterleitet. Der Nachrichtenfluß im Netz ist zwar groß, dennoch kann eine Vielzahl von Endgeräten mit Hilfe dieser Architektur bedient werden. Die *clients* sehen den *server* als abstraktes Medium an, das alle Darstellungsfunktionen bietet. Daher ist der *server* gerätetypabhängig und muß für verschiedene Bildschirmansteuerungen unterschiedlich programmiert werden.

Ein weiteres Charakteristikum von Fensterverwaltungssystemen ist die sogenannte *widget*-Hierarchie. Ein *widget* bietet interaktiven Zugriff auf Interaktionsfunktionen. Beispiele sind *zoom boxes*, *scroll bars* und der Cursor. Sie sind meist über Werkzeuge zugänglich, die mit dem Fenstersystem interagieren. Im Fall objektorientierter Benutzerschnittstellen sind *widgets* Präsentationsobjekte, die direkt in die Anwendungsentwicklung eingebunden werden können (siehe Kapitel 7).

4.3 Zeige-, Positionier- und Steuergeräte

Zeige-, Positionier- und Steuergeräte werden im Rahmen der Eingabe benutzt. Deshalb werden sie oft zu den Eingabemedien gezählt. Tatsächlich erfolgt jedoch die Eingabe in Kombination mit anderen Eingabemedien, etwa der Tastatur, sobald die Maus bzw. ihr visuelles Gegenstück, der Cursor auf dem Bildschirm positioniert wurde. Während des Designprozesses tritt das Zeige-, Positionier- oder Steuergerät in den Hintergrund, hingegen rücken die Sequenzen der Benutzerführung in den Vordergrund. Um jedoch zu wissen, in welcher Form diese Art von Medien in die Interaktion eingebunden werden können, empfiehlt es sich dennoch, sie als eigenständige Kategorie elementarer Interaktionsmedien zu betrachten.

Die Funktion von Zeige-, Positionier- und Steuergeräten ist das Auffinden (Lokalisieren) durch Hinzeigen inklusive dem Auswählen (Selektieren) von visuell dargestellter Information oder visualisierter Objekte an der Benutzerschnittstelle sowie gegebenfalls ihre Positionierung. Eingabewerte dieser Geräte an das Computersystem stammen aus einem beliebigen, kontinuierlichen Wertebereich zur Strecken-, Winkel- bzw. Druckmessung. Die Werte können direkt vom Computersystem verarbeitet werden.

Bei *Zeige- und Positioniergeräten* (*locator devices*: Maus, Lichtgriffel, Rollkugel) werden Bewegungen mit dem Gerät in elektrische Signale umgesetzt, die als Koordinatenpaar weiterverarbeitet werden und zwar entsprechend der Lage eines Punktes auf dem Bildschirm. Lokalisierungsmedien werden benutzt, um einen bestimmten Punkt auf dem Bildschirm zu identifizieren. Sobald das Medium manipuliert

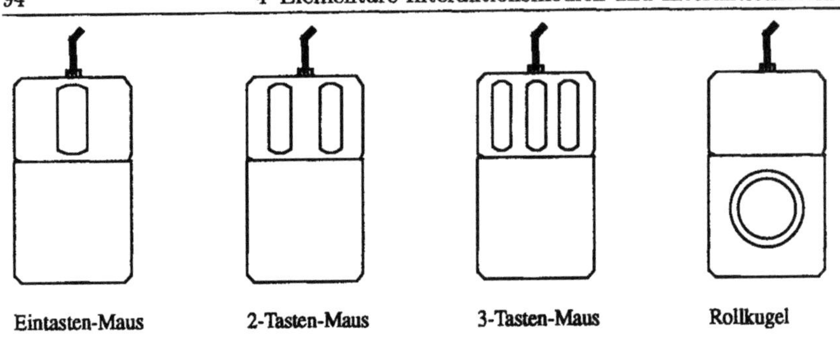

Bild 4.4 Erscheinungsformen der Maus

wird, verändert der Cursor seine Position auf dem Bildschirm. Sobald ein bestimmter Bildschirmpunkt von einem Programm als Eingabe angefordert wird, wird das Lokalisierungsmedium angesprochen und die Koordinaten der Position des Lokalisierungsinstrumentes werden geliefert. Lokalisierungsinstrumente sind nur solange zielführend, solange sie durch die Bildschirmauflösung korrekt wahrnehmbar sind, sonst können Punkte kaum zielgerichtet angesprochen werden.

Die *Maus* stellt ein Lokalisierungsmedium dar, das Bewegungen auf der Schreibtischoberfläche in Bewegungen auf dem Bildschirm umsetzt. Die Maus wird dazu verwendet, um Objekte und Funktionen zu selektieren oder Informationen zur Lokalisierung von Objekten und Funktionen zu liefern. Die Selektion mit Hilfe einer Maus ist sehr verbreitet: z.B. bei der Auswahl von Menueinträgen, zum Bewegen innerhalb einer Tabelle, zum Öffnen von Fenstern mittels Piktogrammen und zur Ausführung von Anwendungen - all dies kann mittels Druck auf eine Maustaste (Mausklick) geschehen.

Abbildung 4.4 zeigt Mäuse mit einer unterschiedlichen Anzahl von Tasten. Eintastenmäuse werden z.B. von Apple, Zweitastenmäuse z.B. von Logitech und Dreitastenmäuse z.B. von Sun verwendet. Die Belegung der Tasten hängt von den mit den Mäusen verbundenen Anwendungen ab.

Mäuse können auch eingesetzt werden, um in Zeichenprogrammen Punkte auf dem Bildschirm anzuvisieren.

Ein Interaktionsmedium zur Selektion analog zur Maus stellt die sogenannte Rollkugel (*track ball*) dar (Abbildung 4.4). Die Auswahl von Systemoptionen kann dabei nur durch bestimmte Cursorbewegungen vorgenommen werden, wobei im Durchschnitt die Bewegungszeit des Cursors direkt proportional zur Anzahl der

Tastenanschläge des Benutzers ist. Die Rollkugel kann ebenso wie die Maus eine oder mehrere Tasten besitzen.

Die Funktion von *Selektionsmedien* (*pick devices*) ist die Auswahl eines Objektes auf dem Bildschirm. Das ausgewählte Objekt kann Teil eines graphischen Menus oder (Teil eines) Datenobjekt(es) sein, das verändert werden soll. Die Selektion erfolgt meist dann, sobald sich das Selektionsmedium in jenem Bildschirmbereich befindet, wo das zu selektierende Objekt ist. Meist wird dies graphisch durch spezielle Anzeigen unterstützt (z.B. *highlighting*). Die Selektion wird durch eine bestimmte Ereignisoperation, wie etwa einen Knopf- oder Tastendruck, bestätigt. Zur Selektion werden üblicherweise die bei den Positioniergeräten angesprochenen Medien eingesetzt.

Bei *Steuergeräten*, wie z.B. bei dem Steuerknüppel (*joy stick*) setzt sich das Signal aus der Richtung der Bewegung und der Dauer des Fingerkontaktes zusammen. Die Richtung ergibt sich aus der Lage des Steuerknüppels.

Der Steuerknüppel ist wahrscheinlich das einzige Wertelieferantenmedium. Er wird allerdings selten dazu verwendet. Üblicherweise werden die Werte, die der Steuerknüppel liefert, in Bewegungen eines auf dem Bildschirm befindlichen Punktes übersetzt, sodaß sich seine Funktion auf die einer Maus beschränkt. Der Punkt liefert nur die Richtung, in die ein Benutzer seine Hand bewegt. Daher liefert der Steuerknüppel den Benutzern eher das Gefühl einer Cursorsteuerung als direkter Bewegung auf dem Bildschirm. Dieser Eigenschaft der Steuerung kommt nur bei interaktiver Spielsoftware Bedeutung zu, in Industrieanwendungen findet dieses Medium kaum Einsatz.

> Sowohl bei der Maus wie auch beim Steuerknüppel sollte die Verarbeitungsgeschwindigkeit der menschlichen Bewegungsgeschwindigkeit ebenbürtig sein - das durch das Medium angesprochene Objekt (z.B. Cursor) sollte den Bewegungen mit der Maus oder dem Steuerknüppel kontinuierlich folgen.

Wird die Stellung der Maus oder des Steuerknüppels zu selten erfaßt, kommt es zu ruckartiger Visualisierung auf dem Bildschirm. Die visuelle Rückmeldung sollte also für die Benutzer unmittelbar erfolgen, da diese sonst keine unmittelbare Kontrolle über das Interaktionsmedium und damit über die Anwendung haben.

Bei der Verwendung des Bildschirms als Steuermedium, d.h. im Fall berührungsempfindlicher Bildschirmteile (*Touch Screen*) ist das Eingangssignal des Computersystems der Druck auf einen bestimmten Bildschirmausschnitt.

Die Kommunikation mittels *Touch-Screen* wird erleichtert, wenn die berührungsempfindlichen Teile des Bildschirms konstant an denselben Stellen lokalisiert sind.

Lichtgriffel und berührungsempfindliche Bildschirme sind in direkter Verbindung mit den Benutzern sowie der Bildschirmoberfläche. Benutzer können Punkte anwählen oder berühren, ohne die Schreibtischoberfläche zu benützen. Der Lichtgriffel kann entweder als Selektions- oder Lokalisierungsinstrument benutzt werden. Ein berührungsempfindlicher Bildschirm kann zwar als Selektionsmedium verwendet werden, aber für die Auswahl von Punkten verfügt dieser nicht über ausreichende Genauigkeit.

Bei einem *Tablett* erfolgt die Eingabe von Bildpunkten mittels druckempfindlicher Matrizen. Es ermöglicht die Eingabe von mehreren Werten zu einem Zeitpunkt. Alle Bildpunkte können mittels Maus bzw. alle zulässigen Bildpunkte können mittels Steuerknüppel angesteuert werden. Die direkte Ansteuerung von Bildpunkten ermöglicht einen bildbezogenen, allerdings nur zweidimensionalen Dialog. Darüberhinaus ist zur Eingabe von textueller und numerischer Information die Tastatur oder spezielle Griffel wie *pen* oder *stylus* erforderlich. Letztere (siehe Abschnitt 5.4) ersetzen nicht nur die Hand als Steuermedium, die als solches beim *Touch Screen* verwendet wird, sondern unterstützen auch spezielle Eingabeformen, wie z.B. *touch-typing* durch *uni-strokes*, d.h. das Tippen mittels Griffel entsprechend vorgefertigter Tasten nach dem Fingergedächtnis.

Die Selektions- und Lokalisierungsmedien sind jene Werkzeuge, die bei direkter Manipulation verwendet werden. Selektion und Lokalisierung erlauben die Auswahl und Durchführung von Operationen auf dem Bildschirm. Selektionsoperationen sind durch Lokalisierung und Ereignisse, wie z.B. Tastenanschläge oder Tastendrucke auf der Maus erzielbar. Da Lokalisierungen auf Punkte hinweisen, sind sie zum Zeichnen ebenfalls geeignet. Daher sind Lokalisierungsmedien die am meisten benutzten Benutzerschnittstellenmedien. Dies wird auch durch die große Vielfalt an Mäusen, Tabletts und Rollkugeln dokumentiert.

Bei *dreidimensionaler Interaktion* (z.B. in virtuellen Welten (Abschnitt 5.6)) wird die Position des Steuergerätes (z.B. des Datenhandschuhs) in den aufgespannten Ebenen direkt verarbeitet. Es werden jedoch auch traditionelle Selektions- und Lokalisierungsmedien in Richtung dreidimensionale Interaktionsmedien weiterentwickelt. So stellten [Ware et al., 1989] die Weiterentwicklung der Maus zu einer Fledermaus (*bat*) vor, wobei das Wenden, Anheben sowie der Scheitelkreis (Azimuth) zur Manipulation von Gestalt und Farbe im Rahmen eines Zeichenprogramms eingesetzt werden. Sensoren sowie Mikroschalter erlauben diese Erweiterungen.

Eye-Tracking [Bolt, 1984, Starker et al., 1990, Jacob, 1991] stellt die unmittelbarste Form der Steuerung dar. Die Steuerinformation zur Selektion und Bewegung visuell dargestellter Objekte kann mittels einer speziellen Brille (*eyeglass-mounted tracking*) oder Videokamera (*remote tracking*) vom Computersystem aufgenommen werden. Im ersten Fall wird das Erkennungssystem (*corneal-reflection tracking system*) im Rahmen einer Brille untergebracht, wobei nicht nur die Position des Auges (eigentlich der Hornhaut) bezüglich des Rahmens, sondern auch die Position der Brille im Raum mittels Infrarotstrahlen gemessen wird. Damit können die Benutzer den Kopf nahezu ungehindert bewegen.

Im Fall von *remote tracking* wird nicht die Position der Hornhaut (*cornea*) relativ zum Kopf, sondern der vom Benutzer fokusierte Punkt gemessen. Dies geschieht durch die Messung der Entfernung der Hornhautreflexion und dem Mittelpunkt der Pupille (*pupil-center/corneal reflection distance method*). Systeme wie The Little Prince erlauben in fiktiven Welten die individuelle Steuerung der Abfrage von Information, z.B. Zoomen durch Fixieren von Objekten.

4.4 Eingabegeräte

In der Folge führen wir die Funktionen, den Einsatzbereich, die technische Ausstattung sowie die Vor- und Nachteile von Interaktionsmedien an, die direkt zur Eingabe von Information verwendet werden können.

4.4.1 Mechanische Eingabegeräte

Dazu zählen Tastaturen sowie graphikorientierte Eingabeeinheiten.

- **Tastatur:** Tastaturen sind Tastenanordnungen, die entweder dem internationalen Standard entsprechen oder Spezialkonstruktionen sind.

  Standardtastaturen besitzen die Tasten von Schreibmaschinen sowie spezielle Tasten, wie Funktionstasten zur direkten Ausführung von Befehlen und Tasten zur Positionierung des Cursors auf dem Bildschirm. Tastaturen ermöglichen die Eingabe von Zeichen zur Steuerung der Benutzer-Computer Interaktion sowie die Manipulation von Daten der Anwendung. Ihr Vorteil liegt in der universellen Benutzbarkeit: mit den vorgegebenen Tasten können z.B. Kommandos miteinander kombiniert und verschachtelt werden.

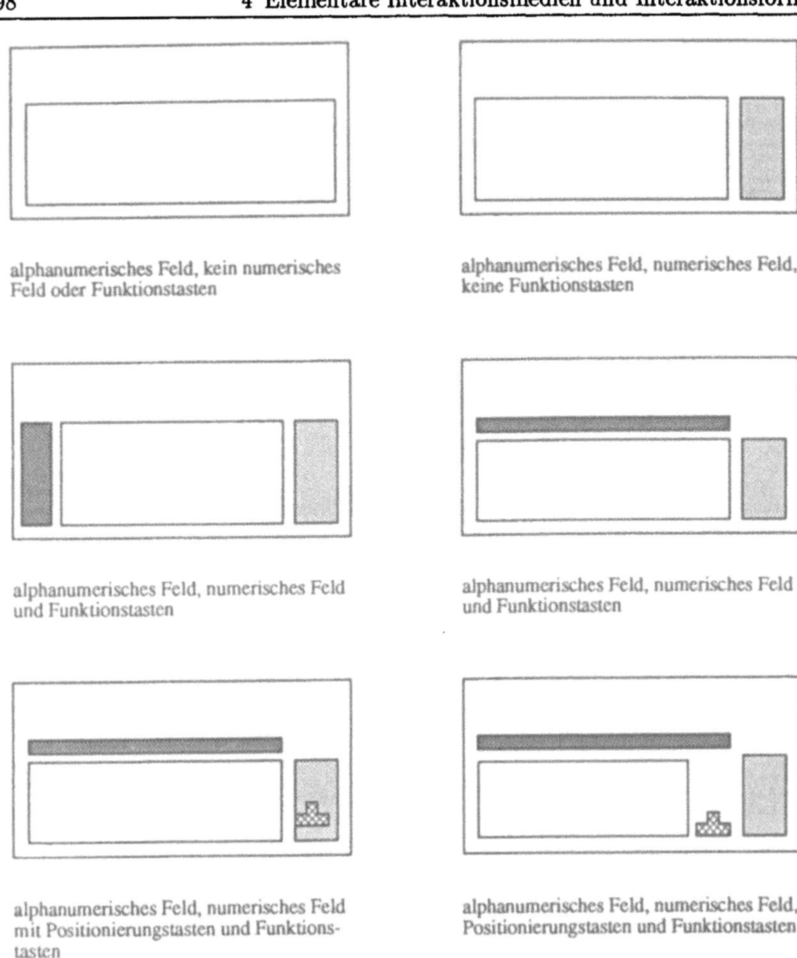

Bild 4.5 Einige Tastaturformen

Dennoch kann dieses traditionelle Eingabegerät bei interaktiven Anwendungen verschiedene Formen annehmen. Abbildung 4.5 zeigt einige Tastaturformen. Je nach Maßgabe und Wichtigkeit der Dateneingabe sind spezielle Anordnungen von Tasten möglich. Wir unterscheiden folgende Tastaturtypen: Numerische, alphanumerische und Funktions-Tastatur.

Während bei der numerischen Tastatur die Eingabe von numerischen Zeichen sowie von Sonderzeichen zur Zahlendarstellung erfolgt, dient die alphanumerische Tastatur auch zur Eingabe von alphabetischen Zeichen und Sonderzeichen. Darüberhinaus verfügen Tastaturen zumeist über einen seitlich ausgelagerten Nummernblock, um numerische Zeichen besonders rasch eingeben zu können. Funktionstastaturen bestehen vornehmlich aus Funktionstasten, um vordefinierte Funktionen, beispielsweise das Einfügen von Text, direkt auszulösen. Daher sind die Unterscheidungsmerkmale bei Tastaturen wie folgt:

- Beweglichkeit
- Höhenverstellbarkeit (Neigungswinkel)
- Zeichenvorrat (Austauschbarkeit desselben)
- Nummernblock zur Eingabe von Zahlen.

Spezielle Tastaturen werden konstruiert, um spezielle Aufgaben direkt zu lösen. Beispiele dafür sind Waagen, die spezielle Maße zur Auswahl anbieten, Tastaturen zur Menuzusammenstellung in der Gastronomie sowie Prozeßsteuerungstastaturen, wo Funktionsgruppen zur Geräte- und Funktionsauswahl entwickelt werden.

Ihr Nachteil ist sicherlich, daß die eingetippte Information visualisiert werden muß, um die Korrektheit von Eingaben sicherzustellen. Spezielle Tastenbelegungen, etwa im Fall von Funktionstasten, müssen seitens der Benutzer erlernt und gespeichert werden, wenn nicht spezielle Tastaturauflagen die Belegung visualisieren. Darüberhinaus sind gleichzeitige Eingaben nicht möglich.

- **Graphikorientierte Eingabeeinheiten**: diese bestehen aus dem Bildschirm und einem alphanumerischen Eingabegerät, um sowohl text- als auch graphikbasierte Kommunikation zu betreiben. Diese Kombination wird als VDU bezeichnet.

Im Fall einer *Kommandosprache* erfolgen alle Eingaben über eine Tastatur. Die Kommandos erscheinen auf dem Bildschirm in einer Zeile. Bei einem *Menusystem* erfolgt die Eingabe der Benutzer an das Computersystem über gereihte Optionen in eigenen Fenstern. Die Auswahl der Optionen erfolgt mittels Texteingabe über die Tastatur oder mittels Anklicken einer Maustaste nach erfolgter Cursorpositionierung an der Option.

Die *Maus* ermöglicht neben den Positioniertasten der Tastatur das rasche Ansteuern beliebiger Stellen auf dem Bildschirm und durch Anklicken ihrer Tasten eine verschlüsselte Kommandoeingabe. Der *Steuerknüppel* kann mit programmierten Sprungfunktionen in einer angegebenen Bewegungsrichtung zulässige Bildpunkte ansteuern. Bei zeitkritischen Anwendungen (z.B. Warnsystemen) und wenigen Bildpunkten ist der Steuerknüppel der Maus ebenbürtig.

Bei der Verwendung eines berührungsempfindlichen Bildschirms erlauben druckempfindliche Punkte (*poke points*) die Auswahl von (Menu-)Optionen ohne zusätzliches Zeigegerät. Ein Graphikprogramm nimmt die Cursorposition entgegen und identifiziert die auszuführende Funktion.

4.4.2 Akustisches Eingabegerät

Das *Mikrophon* dient der Spracheingabe. Der Vorteil der direkten Interaktion wird allerdings aufgrund von Problemen der Spracherkennung und Sprecherabhängigkeit noch nicht erreicht.

4.5 Ausgabegeräte

Wir unterscheiden optische von akustischen Ausgabegeräten.

4.5.1 Optische Ausgabegeräte

- *Drucker:* Sie bieten den Vorteil langfristiger Speicherung durch papiergebundene Information. Diese Art der Speicherung erfordert jedoch manuellen Verwaltungsaufwand für Aufzeichnungen.

- *Graphikbildschirme:* Durch die punktweise Ansteuerung wird sowohl Text als auch Graphik visualisierbar. Unterschiedliche technische Realisierungen wie Kathodenstrahlröhre, Rasterbildschirm und Plasmabildschirm sind in Abschnitt 4.1 erläutert.

Das Bild wird durch eine Matrix kleiner Punkte dargestellt. Diese Punkte werden Bildpunkte oder *Pixel* genannt. Jeder dieser Punkte wird entsprechend seines Eintrages in einem eigenen Speicherbereich (*display memory*) erzeugt. Bei monochromen Bildschirmen ist der Speicheraufwand für einen Bildpunkt 1 bit (es werden Schwarz und Weiß entsprechend codiert). Bei 16 Farben werden 4 bits benötigt.

Der Vorteil von Graphikbildschirmen ist ihr flexibler Einsatz zur Darstellung der unterschiedlichen Informationsarten. Darüberhinaus wird mittels des Bildschirms das menschliche Sinnesorgan mit der größten Kanalkapazität angesprochen. Trotzdem bleibt die Darstellung auf dem Bildschirm zweidimensional. Dreidimensionale Effekte können nur mittels weiterer Medien, etwa einer 3D-Brille und einem Farbschirm erzielt werden.

Neben den soeben erwähnten traditionellen optischen Ausgabegeräten kommen auch spezielle Geräte und Anfertigungen, wie farbige Lampen, zur Anzeige von Zuständen und integrierte Arbeitspulte mit Bildschirm(en), Lampen und Skalen zum Einsatz. Aufgrund spezifischer Anwendungen kann an dieser Stelle keine allgemeine Beschreibung dieser Ausgabegeräte gegeben werden. Beispiele spezieller Ausgabegeräte finden sich in den Abschnitten 5.6 und 5.7.

4.5.2 Akustische Ausgabegeräte

Die akustische Wahrnehmung des Menschen kann mittels Signale oder Sprache aktiviert werden:

- *Signale* dienen dem Erwecken von Aufmerksamkeit, da sie den Benutzer zu einer Aktion oder Reaktion auffordern. Ertönt beispielsweise ein Piepston bei fehlerhafter Texteingabe via Tastatur, so wird der angesprochene Benutzer die Visualisierung der Eingabe besonders aufmerksam verfolgen, um den Fehler zu entdecken und zu beheben. Bei Alarmen in Produktionsbetrieben sowie bei zeitkritischen Eingabeerfordernissen verkürzen akustische Signale die Zeit bis zur tatsächlichen Benutzereingabe bzw. -aktion.

  Akustische Signale werden üblicherweise via Lautsprecher, Hupe oder Sirene ausgegeben. Je mehr Signale der Erwartungshaltung der Benutzer angepaßt sind, d.h. je eindeutiger Metaphern ansprechbar sind (z.B. Sirene in Alarmsituationen, Piepston beim Vertippen), umso wirkungsvoller wird eine akustische Ausgabe eingesetzt werden können (siehe auch Abschnitt 3.1.6).

- *Sprache:* Die akustische Ausgabe von Text wird durch die Speicherung von analoger/digitalisierter Sprache oder künstlich generierter (synthetischer) Sprache möglich. Ähnlich wie bei Signalen erhöht diese Art von Systemausgaben die Bandbreite der Interaktion. Der Gehörsinn kann angesprochen werden, ohne unbedingt von anderen Tätigkeiten abzulenken. Wird Sprache jedoch nicht gezielt eingesetzt (z.B. "Dahinplätschern" oder "Plappern"), so werden Benutzer diese Art der Ausgabe bald ignorieren (siehe auch Abschnitte 4.6 und 5.5).

4.6 Natürliche und künstliche Sprache

Der Nutzen sprachbasierter interaktiver Systeme (sie werden auch als "natürlichsprachige Systeme" bezeichnet (*Natural Language Systems* - NLS)) ist noch immer umstritten [Waterworth, 1984, Ogden, 1988, Kamel, 1990]. Intuitiv gibt es einige *Vorteile* von natürlichsprachiger Interaktion:

1. Unerfahrene Benutzer müssen keine spezifischen Kommandos oder Interaktionsformen lernen.
2. Natürliche Sprache ist einfach anzuwenden, da Benutzer bereits vor dem Kontakt mit Computersystemen die Fähigkeit des Sprechens besitzen.
3. Die Benutzer können sich auf die Erfüllung ihrer Aufgaben konzentrieren. Sie müssen keine spezifischen Interaktionsmedien bedienen können, um ihre Aufgaben zu bewältigen.
4. Um Absichten der Benutzer zu erkennen, genügen sprachliche Äußerungen.
5. Spezifische Sprachen können direkt unterstützt werden, etwa Landessprachen oder Fachsprachen.
6. Benutzermodelle erhalten direkte Eingaben.

Jedoch fehlen zum ersten empirische Belege zur Umsetzung dieser Vorteile in interaktiven Systemen [Ogden, 1988]. Zum zweiten erfordern natürlichsprachige Schnittstellen hohen *Aufwand* für:

- Die Erfassung der Grammatik der natürlichen Sprache.
- Die Erfassung unterschiedlicher semantischer Konzepte und der damit verbundenen Komplexität – es gibt zwischen 30.000 und 40.000 semantische Bezeichnungen.

- Die Realisierung des Systems als Zuhörer: das System sollte ein Problem aufgrund einer natürlichsprachigen Beschreibung erkennen können.
- Die Vermittlung der Grenzen des Systems für die Benutzer, wenn nicht das gesamte Ausmaß der natürlichen Sprache implementiert werden konnte.

Die ersten kommerziellen sprachverarbeitenden Systeme, wie z.B. Language Craft [Carnegie Group, 1985] und Natural Language Menu [Texas Instruments, 1985] und [Rich, 1984], waren für englischsprachige Benutzer und für die Syntax (Grammatik) spezifischer Fachsprachen entwickelt worden. Die Kommunikation war etwas umständlich, da zwar Teilaspekte der Sprache dem Computersystem bekannt waren, die Benutzer aber trotzdem zusätzliche Interaktionsmedien wie Menus benutzen mußten.

Natürliche Sprachen werden heute auf semantisch eindeutige Teile der Sprache reduziert, um die Leistung eines Computersystems in seiner Antwortzeit nicht zu sehr sinken zu lassen. Der Nachteil des sehr zeitraubenden Eintippens von Information ist noch immer ungelöst, da die Zuverlässikeit spracherkennender Systeme für einen großen Benutzerkreis noch gering ist [Schmandt et al., 1990]. Die Zeit, die selbst geübte Benutzer brauchen, um eine Aufgabe unter Zuhilfenahme einer nicht-akustischen natürlichsprachigen Schnittstelle zu bewältigen, wird durch die Anzahl der Tastenanschläge zur Eingabe bestimmt.

Natürlichsprachige Schnittstellen sollten aus mehreren *Modellen* aufgebaut werden [Allen, 1988, Ogden, 1988] (siehe auch Kapitel 7):

- benutzerspezifischen Sprachmodellen,
- einem linguistischen Modell zur Darstellung von Sprachwissen und zur Generierung von Sprache,
- einem Aufgabenmodell aus dem Problembereich der Anwendung.

Natürlichsprachige Schnittstellen sollten die Fähigkeit der Sprachaufnahme und -wiedergabe, der Spracheingabe und Sprachsynthese besitzen.

4.6.1 Sprachaufnahme und -wiedergabe

Diese einfachste Form der Sprachverarbeitung besteht in der Aufzeichnung von natürlicher Sprache und deren unveränderter Wiedergabe. Dies geschieht im Fall elektronischer Postsysteme mit Sprachein/ausgabeeinrichtungen (*voice mail*) sowie im Rahmen von Multi-Media Systemen - siehe Abschnitt 5.5.

4.6.2 Spracheingabe und -erkennung

Spracherkennung inkludiert nicht nur die Analyse natürlich gesprochener Worte, sondern auch deren Zuordnung zur sprechenden Person. Zur Zeit sind spracherkennende Systeme vor allem in Produktionssystemen zur Entlastung der Hände und in medizinischen Anwendungen zur Entlastung von Schreibkräften im Einsatz [Peacock et al., 1990]. Die Erkennung der sprechenden Person wird vornehmlich aus Sicherheitsgründen zur Sicherstellung von Zutrittsrechten zu Information vorgenommen.

Die Faktoren, welche die Spracherkennung beeinflussen, sind:

- *Isolierung der Worte*: Je klarer Worte trennbar sind, desto besser können sie erkannt werden.
- *Anzahl der Sprecher*: Je weniger Personen gleichzeitig sprechen, desto einfacher ist die Spracherkennnung.
- *Zugelassenes Vokabular*: Die Genauigkeit der Erkennung wird durch die Anzahl der in der Interaktion erlaubten, voneinander unterscheidbaren Wörter beeinflußt. Je weniger Mehrfachbezeichnungen zugelassen sind, desto einfacher fällt die korrekte Erkennung.
- *Grammatik* (Syntax): Sie bestimmt, welche Wortfolgen in einer bestimmten Sprache gebildet werden dürfen. Je mehr Regeln den Gebrauch der Wörter einschränken, desto leichter werden die Wörter korrekt erkannt.
- *Nebengeräusche*: Je weniger Geräusche zusätzlich zur gesprochenen Sprache auftreten, desto leichter kann die Sprache erkannt werden.

Die Erkennung gesprochener natürlicher Sprache ist ein mehrstufiger Prozeß, der mehrere Systemkomponenten erfordert [Peacock et al., 1990]:

1. *Eingabe:* Die gesprochene Sprache wird über ein Mikrophon sowie einen Analog-Digital-Konverter erfaßt, um sie in digitaler Form verarbeiten zu können.
2. *Aufbereitung:* Die Wörter werden in einem ***digital signal processing module*** getrennt (***word boundary detection***), in eine Frequenzdarstellung gebracht, skaliert, gefiltert und verdichtet, um eine genaue Bestimmung vornehmen zu können.
3. *Speichern:* Das Ergebnis aus Schritt 2 wird gespeichert.

4. *Laden der Referenzsprache:* Spracherkennung ist eigentlich ein Mustervergleich mit einer in einer Referenzsprache vordefinierten Semantik.

5. *Mustervergleich:* Dieser wird mit Hilfe eines Algorithmus zur Mustererkennung durchgeführt, der meist auf einem bestimmten Modell (z.B. Markovketten) aufbaut, um möglichst richtige Entscheidungen zu treffen.

Zur Zeit gibt es kein kommerzielles System, das sprecherunabhängig flüssig gesprochene Sprache mit großem Vokabular erkennen kann [Peacock et al., 1990]. Soll zusätzlich die Sprache bestimmten Personen zugeordnet werden, so muß von allen mit dem Computersystem interagierenden Personen ein Referenzsprachmodell angelegt werden, welches für den Mustervergleich herangezogen wird.

4.6.3 Sprachgenerierung

Sprachgenerierung kann durch Konvertieren von Text erreicht werden(*text-to-speech systems*). Eine mögliche Vorgehensweise zur Generierung von künstlicher (synthetischer) Sprache zeigt die Phasen der Konvertierung im T-T-S System von [O'Malley, 1990]:

1. *Texteingabe:* Ausgangspunkt der Konvertierung ist die textuelle Ausgabe von Anwendungen, z.B. bei Postsystemen "Mr.?".

2. *Textnormalisierung:* Nun wird Volltext bzw. eine Menge generischer Begriffe für die Eingabe erzeugt (auch für Zahlen), z.B. "mister".

3. *Zuordnung der Aussprache:* Zur Generierung der Aussprache wird die Lautsprache der Eingabe aus einem speziellen Verzeichnis zugeordnet. In einem weiteren Schritt wird die Schreibweise (Grammatik) überprüft.

4. *Buchstaben-Phonem-Zuordnung:* Eigene Regeln erlauben die Konvertierung der Aussprache zu Phonemtranskriptionen, welche exakt die zu generierenden Laute liefern.

5. *Intonationsgenerierung:* Prosodieregeln werden eingesetzt, um die Intonierung bzw. den Rhythmus von Textteilen (z.B. Sätzen) zu generieren.

6. *Phonetische Abstimmung:* Phonetische Regeln gestatten die wechselseitige Abstimmung der "gesprochenen" Textteile. So ist beispielsweise das Phonem "t" in "mister" anders intoniert als in "tom".

7. *Stimmzuordnung:* Phoneme werden dabei in mehr als 5.000 kleinere Sprecheinheiten zerlegt, die zu Sprachparametern konvertiert werden.

8. *Ausgabe:* Mittels entsprechender Hardware (z.B. Texas Instruments' TMS320) wird "Mister?" als Frage akustisch erkennbar.

Zur Darstellung der einzelnen Sprachaspekte können gängige Spezifikationskonzepte der Informatik herangezogen werden. So modelliert z.B. [White, 1990] Syntax, Phonetik, Semantik und Prosodik als Netz endlicher Zustandsübergangsdiagramme (siehe Kapitel 6).

Probleme bereiten falsch zusammengesetzte Sätze, die nicht korrigiert, oder unvollständige Sätze mit Ellipsen oder verkürzten Fürwörtern, Paraphrasen etc., die nicht erfolgreich abgehandelt werden können.

> Natürlichsprachige Schnittstellen sollten auf einen klar abgegrenzten Problembereich zugeschnitten sein. Sie können, müssen aber nicht den gesamten Sprachschatz dieses Problembereichs abdecken.
>
> Analog zu anderen Interaktionsformen gilt auch hier der Grundsatz, mit minimalem Aufwand (= minimaler Sprachschatz und -austausch) aufgabengerechte Benutzerunterstützung zu erreichen.

Der *Entwicklungsprozeß* sollte entlang eines Mittelwegs zwischen künstlich geschaffenen Interaktionsmechanismen und natürlich verfügbaren Ressourcen verlaufen [Ogden, 1988]:

- Klare Definition des Anwendungsbereichs und seiner Benutzerpopulation als Ausgangsaktivität (siehe Kapitel 7).
- Einplanen inkrementeller Adaptierungsperioden nach Einführung der Benutzerschnittstelle, um individuelle Interaktionsmuster zu ermöglichen.
- Präzise und möglichst breite Definition der Sprachsyntax, um die Interpretationsvielfalt abzudecken.
- Design von Feedbackmechanismen zur Paraphrasierung und Klärung von Interpretationen.

Zusammenfassend läßt sich feststellen, daß der Aufwand zur Entwicklung natürlichsprachiger Benutzerschnittstellen noch nicht zu den vorgegebenen Zielen führt.

4.7 Kommandosprachen

Kommandosprachen, wie z.B. jene des Betriebssystems MS-Dos erleichtern die Interaktion zwischen dem Computersystem und den Benutzern vor allem für erfahrene Benutzer. Unerfahrene Benutzer verwenden Kommandos kaum, wenn Alternativen, wie etwa menubasierte Schnittstellen, zur Verfügung stehen (z.B. in Windows). Letztere bringen mehr Strukturierung beim Umgang mit Anwendungen. Erfahrene Benutzer tendieren hingegen zur Benutzung von Kommandosprachen. Darüberhinaus programmieren sich etwa 20 % aller Benutzer von kommandobasierten Systemen neue Kommandos und entwickeln ihre eigene Kommandosprache.

Benutzerkommandos bestehen üblicherweise aus drei Teilen:

1. einer *Beschreibung des Formats* mit Beispielen, z.B.: PRINT "my-file"; PRINT "my-file" "my-printer".
2. einer *natürlichsprachigen Beschreibung*, z.B.: PRINT erlaubt das Ausdrucken einer Datei auf einem bestimmten Drucker.
3. einer vollständigen Beschreibung aller möglichen Optionen oder Ausprägungsformen, z.B.: PRINT "my-file" erlaubt das Ausdrucken der Datei "my-file" auf einem Drucker; PRINT "my-file" "my-printer" erlaubt das Ausdrucken der Datei "my-file" auf dem Drucker "my-printer".

Im allgemeinen gilt:

> Jedes Kommando sollte abkürzbar und mit Standardoptionen aufrufbar sein.
>
> *Makros* (direkt aufrufbare Sequenzen von Kommandos) sollten von Benutzern selbst erstellt werden können.
>
> Erklärungen (Hilfefunktionen) sollten für alle Kommandos verfügbar sein.

4.7.1 Kommandobasierte Interaktion

Neben der *Standardtastatur* inklusive der Visualisierung von Kommandos auf dem Bildschirm können auch andere Interaktionsmedien zur Eingabe von Kommandos eingesetzt werden: *Funktionstasten* entsprechen verschlüsselten Kommandos und führen zur direkten Exekution von Anwendungsprozeduren; bei *verbaler Eingabe* ermöglicht die phonologische Unterscheidbarkeit von Namen zur Identifikation von Kommandos den Benutzern mehr oder minder zielgerichtet die Ausführung von Anwendungsfunktionen.

Empirische Untersuchungen haben gezeigt, daß eine eindeutige Zuordnung von Benutzergruppen auf bestimmte Kommandonamen kaum möglich ist [Rosenberg, 1982, Brown et al., 1989]. Zu viele individuelle Interpretationen und Unterschiede existieren im Umgang mit Kommandonamen. Die Designer operieren daher meist mit Tabellen von Synonymen, wobei je nach Adaptierungsfähigkeit des Computersystems bestimmte Kommandos bestimmten Benutzern angeboten werden und schließlich eine Teilmenge von allgemein akzeptierten Kommandos als Ergebnis von Testreihen verbleibt. Die Lösung bei starker Streuung heißt *adaptives Systemverhalten* oder *Synonymverhalten*. Standardmäßig wird der am meisten verwendete Namen eines Kommandos vorgesehen.

Kommandonamen werden seitens der Benutzer nicht nur dazu verwendet, Objekte oder Operationen voneinander zu unterscheiden. Sie werden auch dazu eingesetzt, Information individuell zu strukturieren. Empirische Befunde bei der Benennung von Dateien haben gezeigt, daß die Namensgebung einem einfachen Regelalgorithmus entspricht. Es gibt etwa 15 verschiedene Strategien, die zur Namensgebung angewandt werden. Bedingt durch Inkonsistenzen in der Anwendung dieser Strategien können die Benutzer nicht immer aufgrund des Namens ihrer Datei auf deren Inhalt schließen.

Aber auch die Arbeit der Designer von Kommandosprachen folgt nicht durchgehend einer bestimmten Strategie. Eine vergleichende Studie hat gezeigt, daß verschiedene Designer für ein und dieselbe Aufgabe nur zwischen 7 und 18 Prozent gleiche Resultate produzieren. Abkürzungen und Kommandobildungen differieren erheblich. Trotzdem identifizieren fast alle Designer unterschiedliche Gruppen von Kommandos. Die Strukturierung erfolgt entweder nach den durchzuführenden Aktionen (z.B. *display*) oder den zu erzielenden Endergebnissen (z.B. *data set*). Die Designer weichen ebenso wie die Benutzer bei der Namensgebung von ihren ursprünglichen Strategien ab. Weder gehen die Designer auf die erforderlichen Lernstrategien seitens der Benutzer ein, um eine bestimmte Kommandosprache zu erlernen, noch auf die Aufgaben der Benutzer und ihre individuellen Benutzungsgewohnheiten von interaktiver Software. Experimente lassen jedoch darauf schließen, daß dieses Wissen durchaus eine entscheidende Rolle im Rahmen des Designs von Kommandosprachen spielt.

Obwohl empirische Versuche oft einander widersprechende Ergebnisse, vor allem die künstliche und natürliche Namensbildung betreffend, erbringen, lassen sich dennoch Faktoren angeben, welche die *Akzeptanz* einer Kommandosprache bestimmen:

- Die *Größe der Kommandogruppen*: Experimente haben gezeigt, daß unerfahrene Benutzer zunächst mit kleinen Mengen von Kommandos, zwischen 3 und

8, operieren und später größere Mengen von Kommandos beherrschen und anwenden.

- Der *Bedeutungsgehalt von Kommandonamen*: Der semantische Gehalt beeinflußt die Erlernbarkeit der Kommandos.
- *Namen und Abkürzungen* und deren Bezug zum semantischen Gehalt der zu erwartenden Aktion.
- Die Verwendung von *Namen im strukturellen Kontext*, d.h. wie die Bedeutung eines Kommandos mit der Syntax der Kommandosprache korreliert.
- *Individuelle Charakteristika von Benutzern* wie
  - vorangegangene Erfahrungen im Umgang mit EDV unabhängig vom Arbeitskontext
  - das Lebensalter
  - kognitive Fähigkeiten.
- Das *Aufgabengebiet (der Anwendungsbereich)* und zwar
  - der Aufgabenfluß und Kommandosequenzen: Vorgegebene Routineabläufe und ihre Abbildbarkeit auf Kommandosequenzen.
  - die Verfügbarkeit aufgabenbezogener Hilfe- und Rücksetzungsmechanismen (*help, undo*) beeinflußt das Lernen neuer Kommandos.
  - Benutzerunterschiede bezüglich der
    * Zeit zur Ausführung einer Aufgabe
    * Fehler bei der Aufgabenbewältigung
    * Effizienz zur Erreichung eines Arbeitsziels
    * Benutzung (Erlernen, Merken, Reproduzieren) von aufgabenbezogenen Kommandos.

Daraus leiten sich die in der Folge angeführten Prinzipien zur Gestaltung von Kommandosprachen ab.

4.7.2 Prinzipien zur Gestaltung von Kommandosprachen

Global läßt sich feststellen, daß die Vorgangsweise zur Einführung dieser Interaktionsform gleich wie für alle anderen Interaktionsmedien ist: Ausgangspunkt sollte die Durchführung einer Aufgabenanalyse sowie das Erkennen individueller Unterschiede von Benutzern sein. Vor der endgültigen Einführung sollten empirische Testreihen durchgeführt werden.

Die Entwicklung einer Kommandosprache empfiehlt sich nach [Ben Basat et al., 1984] sowie [Barnard et al., 1988, Brown et al., 1989] wie folgt:

1. Kommandonamen und Kommandoaufbau sollten den *Aufgaben* und dem *Erfahrungsschatz* der Benutzer entsprechen. So erfordert beispielsweise eine Zerlegung in Teilaufgaben die Einführung verschiedener *Abstraktionsstufen* innerhalb einer Kommandosprache. Jeder Schritt der Zerlegung soll auch der Zerlegung in Teilaufgaben entsprechen. Somit ist jedes Kommando einer Aktion eines Benutzers zugeordnet.

2. Bedeutungstragende Namen, die aus *Fachsprachen* stammen sind eher einzusetzen als auf hard- oder software-orientierte bzw. künstlich geschaffene. Die Benutzer haben mehr Vertrauen, sich diese spezifischen Begriffe selbsttätig in Erinnerung zu rufen. Dabei sollte die *Frequenz* der Kommandonamen der Frequenz der Wörter entsprechen, wie sie in der Fachsprache bedeutungstragend verwendet werden.

3. Kommandos sollten *konsistent* über Transaktionen, Aufgaben und Abstraktionsebenen eingesetzt werden können (z.B. quit für den Ausstieg aus einer Anwendung). Diese Eigenschaft ist vor allem beim Einsatz von verallgemeinernden Namen sinnvoll. Verallgemeinernde Namen besitzen den Vorteil, daß die Benutzer ähnliche Operationen in verschiedenen Kontexten durchführen können. Derartige Namen reduzieren darüberhinaus die Anzahl der gesamten Menge von Kommandos und erleichtern den Benutzern das Erlernen von Interaktionsmustern. Sollte Konsistenz individuell nicht gewünscht werden, so sollte die Sprache genügend *Flexibilität* aufweisen, um Veränderungen an der Benennung von Funktionen zu ermöglichen.

4. Kommandos sollten semantisch und aussprachemäßig genau trennbar sein (*Granularität*). Sie benötigen auch eindeutige *Abkürzungen*, um erfahrenen Benutzern Tippaufwand im Umgang mit der Sprache zu ersparen. Die Benutzer sollten die freie Wahl haben, eine möglichst kurze Abkürzung oder die längste Ausführung eines Namens formatfrei eingeben sowie *eigene Namen* für alle Kommandos vergeben zu können.

5. *Sprachumfang*: Je weniger Kommandos und Optionen eingesetzt werden, umso effektiver ist der Umgang mit Kommandosprachen.

6. *Benutzerfreiheiten*: Die Freiheit der Benutzer sollte das Erstellen von eigenen Namen, Abkürzungen und Kommandosequenzen, zusammengefaßt unter neuen Kommandonamen (Makrobildung) umfassen.

7. *Benutzbarkeit*: Der Kontext der Benutzung von Kommandos umfaßt das Layout, Feedback (*prompts*) und Hilfe. Das Layout sollte für alle Kommandos gleich sein (z.B. bei durchgängiger Verwendung eines Schriftsatzes). Feedback (z.B. my-machine$) sollten konsistent eingesetzt werden. Trennzeichen sollten standardmäßig gesetzt werden. Hilfe sollte für jedes Kommando interaktiv verfügbar sein.

8. Die *Fehlertoleranz* des Systems sollte den Benutzern erlauben, fehlerhafte Kommandos einzugeben, ohne die Ausführung einer bestimmten Operation zu beeinträchtigen.

Zusammenfassend läßt sich feststellen, daß ohne Aufgabenanalyse und Benutzeranalyse diese Richtlinien nicht erfolgreich umgesetzt werden können. Schließlich stellen die empirische Evaluierung mit Benutzern sowie iteratives Design unabdingbare Voraussetzungen zu erfolgreichem Kommandosprachendesign dar. Automatische Designunterstützung kann zur Zeit nicht angeboten werden.

4.7.3 Die Verarbeitung von Kommandos

Eine kommandobasierte Schnittstelle wird durch das Lesen eines Kommandos und seiner Parameter betrieben. Ausgehend von der Eingabe eines Kommandos wird eine bestimmte Prozedur mit den verfügbaren Parametern ausgeführt. Danach wartet die Schnittstelle auf die Eingabe des nächsten Kommandos.

Manchmal ist es erlaubt, seitens des Benutzers mehr als ein Kommando in einer Zeile anzugeben. Auch kann ein Kommando mehr als eine Zeile umspannen. Zur Verarbeitung ist daher eine eindeutige Definition von Kommandos notwendig:

> Ein *Kommando* wird als eine Sequenz von Zeichen definiert, die durch ein bestimmtes Zeichen abgeschlossen wird und mehr als eine Zeile auf dem Bildschirm umfassen darf.

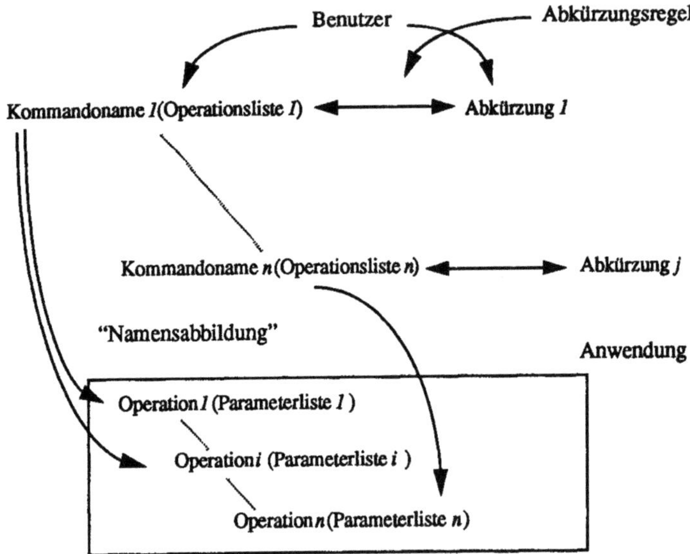

Bild 4.6 Aufbau von Kommandos und ihre Umsetzung in Anwendungen

Vielfach wird das Ende eines Kommandos durch einen Strichpunkt bestimmt und erkannt. Die Fortsetzung in einer anderen Zeile wird meistens durch ein Ampersant ("&") angezeigt.

Ein Kommando besteht aus einer Sequenz von Kommandowörtern und Parametern (Abbildung 4.6). Das Computersystem verweilt zu Beginn der Abarbeitung von Kommandos in einem Wartezustand. Die Eingabe von Kommandos bringt sie jeweils in einen neuen Zustand. Sobald das System in einen Aktionszustand gerät, werden die Parameter zusammengestellt und die Aktion wird entsprechend dem Kommando ausgeführt. Die Beschreibungsform für diesen Vorgang läßt sich am besten mittels Zustand-Übergangsdiagrammen (siehe Kapitel 6) visualisieren. Diese Diagramme entsprechen Graphen mit

- einem speziellen Wartezustand
- Übergangszuständen, die durch Kanten mit entsprechenden Kommandos verbunden sind
- Parametersammelzuständen, welche mit den Kommandozuständen durch Kanten mit Parameterwerten verbunden sind.

Mittels der Diagrammdarstellung kann die konsistente Verarbeitung von Kommandos sichergestellt werden, da die Diagramme eine umfassende Darstellung der Interaktion erlauben. Die *Verarbeitung* von Kommandoeingaben zerfällt nach [Brown et al., 1989] in drei Teile:

1. Das Kommando wird von der Tastatur in die Anwendung übernommen. Die Sequenz der Kommandoteile wird in ihre Einzelteile zerlegt.

2. Jeder Kommandoteil wird mit gespeicherten Namen und Parametern verglichen. Können seitens der Anwendung keine Entsprechungen gefunden werden, so wird dem Benutzer eine Fehlermeldung präsentiert.

3. War der Vergleich erfolgreich, so wird die Eingabe zur Ausführung zusammengestellt. Eine Funktion der Anwendung wird dem Kommandonamen und die Kommandooptionen den Prozedurparametern zugeordnet. Dann wird die Prozedur ausgeführt.

4.8 Masken

Vor allem bei Anwendungen, welche die Verarbeitung unterschiedlicher Daten und/ oder die Verarbeitung großer Mengen von Daten erfordern (z.B. Datenbankanwendungen), können viele Fehler durch die direkte Erfassung von Rohdaten vermieden werden. Die Erfassung von Rohdaten erfolgt zumeist mittels Bildschirmmasken oder -formularen.

> Eine *Maske* (*form*) ist ein segmentierter Bildschirmausschnitt, der die strukturierte Eingabe von Daten unterstützt.

Masken bieten also den Vorteil, Daten, deren Struktur bekannt ist, direkt und ohne Zwischenschritt eingeben zu können. Der Aufbau von Masken spiegelt sehr oft Datenstrukturen wider und erlaubt zusätzlich zur Benennung der Datenfelder die Eingabe von Werten entsprechend den Datenfeldern.

> Je seltener Daten bis zu ihrer Speicherung und Wiederverarbeitung manipuliert werden, desto zuverlässiger sind diese.

Masken erlauben eine Überprüfung der Plausibilität von Eingaben. Diese Überprüfungen geschehen mittels Integritätsbedingungen, z.B. darf das Eintrittsjahr von Mitarbeitern in einen Betrieb ihrem Geburtsjahr nicht vorangegangen sein. Formularbasierte Interaktion erlaubt darüberhinaus, dynamisch Mengen von Datenelementen durch Markieren zusammenzustellen, um beispielsweise Suchvorgänge einzuleiten oder Ausgaben zu generieren.

Trotzdem Masken die direkteste Form von Dateneingaben ermöglichen, gilt es, einige *Grundregeln* zur Vermeidung falscher Eingaben zu beachten [Morland, 1983, Brown et al., 1989]:

1. *Verwendung spezieller Datentypen*: Kann direkt ein Datentyp für einen Eintrag verwendet werden (z.B. *date* für Datumseingaben), so sind Plausibilitätsüberprüfungen unmittelbar möglich. Werden sie durchgeführt, so kann die Eingabe erst dann akzeptiert werden, wenn sie korrekt eingegeben wurde.

2. *Visual Clustering*: Besteht eine Dateneingabe aus mehr als 8 Zeichen, so sollte sie "logisch" segmentiert werden, z.B. bei Sozialversicherungsnummern die Zweiteilung in eine Zahl und das Geburtsdatum, z.B. 4711 231293. Durch Mustervergleich können die Benutzer leichter erkennen, ob die Eingabe korrekt ist oder nicht. Darüberhinaus können Teile der Eingabe unter Umständen auf ihre Plausibilität überprüft werden.

3. *Decoding*: Bei der Verschlüsselung von Daten während der Eingabe (wenn beispielsweise die Sozialversicherungsnummer von den Benutzern zusammengestellt werden muß, wobei ein Teil zu berechnen ist) empfiehlt sich bei langen Zeichenketten eine mnemotechnische Strukturierung, um den Benutzer eine Orientierungshilfe zu bieten. Dies kann entweder durch die Trennung der Eingabefelder auf dem Bildschirm oder durch die Aufschlüsselung bedeutungstragender Teile der verschlüsselten Daten geschehen.

4. *Berücksichtigung von Konventionen*: Datumseinträge, Telefonnummern, Postleitzahlen und Trennzeichen bei hohen Zahlen werden meist nach kulturellen Gewohnheiten vorgenommen. Maskenverwaltungssysteme sollten daher unterschiedliche Konventionen unterstützen.

5. *"Formatfreie" Eingaben*: Trotz aller Vorstrukturierung sollte es den Benutzern möglich sein, die Einträge an beliebigen Stellen innerhalb des vorgesehenen Feldes zu beginnen. Das Maskenverwaltungssystem sollte die Positionierung automatisch vornehmen.

Diese Richtlinien wurden zumindest teilweise bei der Entwicklung von kommerziellen Maskensystemen (z.B. dBase) berücksichtigt.

4.9 Menus

Menus sind heute weitverbreitet, sowohl für unerfahrene als auch erfahrene Benutzer. Dennoch ist ihr Einsatz umstritten, da z.B. bei überlappender Anordnung von

Menus die Gefahr gegeben ist, daß sich Benutzer nicht mehr zurechtfinden und die Orientierung verlieren.

Die Entscheidung des Designers, überhaupt Menus zu verwenden, basiert auf dem Abwägen von Vor- und Nachteilen menubasierter Interaktion gegenüber kommandobasierter Interaktion und direkter Manipulation. Eine präzise und anerkannte Definition von Menus findet sich in der Literatur nicht. Darüberhinaus sind Menueinträge von Kommandos funktional kaum trennbar.

> Ein *Menu* ist als eine Menge von Optionen (Einträgen zur Auswahl) definiert, die auf dem Bildschirm oder in einem Bildschirmausschnitt (z.B. Fenster) direkt angezeigt werden, wobei die Selektion und Ausführung einer oder mehrerer Optionen zu einer Veränderung an der Benutzerschnittstelle führt.

Der wesentliche Unterschied zu kommandobasierten Schnittstellen ist die strukturierte Anzeige von Optionen. Sie erfolgt innerhalb eines Fensters. Die Einträge in ein Menu können Texte oder Piktogramme sein. Jeder Eintrag sollte Information über die Ausführung der mit ihm verbundenen Operation(en) enthalten. Manchmal sind Menus zusätzlich mit Text, Ton oder Bildern versehen.

4.9.1 Interaktion mit Menus

Sobald eine Option selektiert und eine Systemfunktion ausgeführt wird, verändert sich meist die Präsentation des Menus auf dem Bildschirm - z.B. verschwindet es und das Ergebnis der ausgewählten Operation wird präsentiert.

Die gesamte Menge von Systemoptionen ist meist über verschiedene Menufenster verteilt. Dies erlaubt der Anwendung, die Benutzer mit jenen Optionen zu versorgen, die bei bestimmten Schritten der Aufgabenbewältigung erforderlich sind. So kann unnötige Information oder nicht erlaubte Information vermieden werden. Je stärker Menus ineinander verschachtelt sind, umso mehr sind die Benutzer aufgefordert, sich durch verschiedene Menus zu navigieren, um die gewünschte Option zu finden.

Empirische Studien belegen, z.B. [Whiteside et al., 1985], daß unerfahrene Benutzer außerordentliche Schwierigkeiten haben, Menusysteme zu bedienen. Ebenso sind piktogrammbasierte Schnittstellen, die textuelle Menueinträge ersetzen, nicht in dem intuitiv erwarteten Ausmaß erfolgreich. Unerfahrene Benutzer finden Kommandos hilfreicher als Menuoptionen. Dies, obwohl die Wahrnehmung durch einzutippenden Text und Menueinträge unterschiedlich beansprucht wird.

Benutzer haben in der Anfangsphase Schwierigkeiten, konzeptionell die Verschachtelung und Organisation von Menus zu erfassen.

Diese Schwierigkeiten können alle zu erwartenden Vorteile der einfachen Bedienbarkeit überschatten. Dies läßt den Schluß zu, daß die Anforderungen an die Speicherbarkeit und Erinnerbarkeit von Schnittstellenmedien direkt mit der Art, Form und den weiteren Eigenheiten von Interaktionsmedien zusammenhängen.

4.9.2 Das Design von Menus

Für den Designprozeß eines Menus sind zwei Aspekte wesentlich:

- die Beschreibung der Menueinträge und
- die Anordnung bzw. Gruppierung der Menuoptionen innerhalb eines Bildschirmausschnitts.

Daraus folgt:

Die inhaltliche und organisatorische Ausrichtung von Menueinträgen sollte dem Arbeitsablauf der Benutzer entsprechen.

Benutzer wenden bei der *Suche nach Menueinträgen* verschiedene Strategien an [Paap et al., 1988]: Identität, Klassenzugehörigkeit und Äquivalenz von Einträgen.

1. Bei der Suche nach *Identität* suchen die Benutzer nach jenen Begriffen, welche sie für bestimmte Operationen vorrätig haben. Dabei vergleichen sie Begriffe, wie beispielsweise *delete*, mit den angezeigten Menueinträgen.

2. Bei der Suche nach *Klassenzugehörigkeit* suchen die Benutzer nach einem Begriff in den angezeigten Menueinträgen, welcher ihrer Einschätzung nach zu einer bestimmten Klasse von Operationen gehört. *Delete* kann beispielsweise zur Klasse der Editierfunktionen gezählt werden.

3. Die Suche nach *Äquivalenz* entspricht der Suche nach jenen Begriffen, die einer bekannten Phrase am ehesten entspricht. Z.B. sucht ein Benutzer nach einem Kommando, welches das Löschen eines Wortes ermöglicht. Schlüssige Ergebnisse der Suche können *erase word* oder *drop character* sein.

Während die Äquivalenzsuche meist Blätter (Endknoten) von baumartig strukturierten Menus betrifft, sind von der Suche nach Klassenzugehörigkeit meist Zwischenknoten von Menubäumen betroffen.

Der Aufwand zur Suche kann durch die Organisation der Optionen begrenzt werden. Der Designer sollte wissen, welche Art der Suche die Benutzer vornehmen werden. Bei Identitätssuche empfiehlt sich eine alphabetische Reihenfolge. Besteht Unsicherheit über die Art der Suche, so sollte die Äquivalenzsuche unterstützt werden. In diesem Fall wird die kategorische Organisation, also Klassenzugehörigkeit, meist besser als die alphabetische Reihenfolge sein.

Bei allgemein gebräuchlichen Operationen, wie z.B. Löschen, wird die Identitätssuche bei der Suche nach Menueinträgen bevorzugt.

Arbeiten Benutzer in verschiedenen Arbeitsbereichen, empfiehlt es sich, die Klassensuche zu unterstützen. Die Suchzeit wächst dabei mit der Größe und Anzahl der Menueinträge. Darüberhinaus sollten die Menueinträge innerhalb eines Bildschirmausschnitts strukturiert sein, z.B. alphabetisch. Da sich Benutzer, sobald sie mit bestimmten Menueinträgen vertraut sind, rascher zurechtfinden als zu Beginn, kommt der Organisation von Menueinträgen vor allem in der Lernphase Bedeutung zu.

4.9.3 Organisation von Menueinträgen

Bei der Anordnung von Menueinträgen kommt der Anzahl der Einträge mehrfach Bedeutung zu - siehe Tabelle 4.1.

Ist die Anzahl der Optionen kleiner als acht, so hängt ihreGruppierung von der Einordenbarkeit der Optionen in konventionelle Skalierungssysteme (z.B. groß, klein, mittel) oder in Sprachsysteme ab.

Ist die Anzahl der Optionen größer als acht, so wird die Reihenfolge durch die Aufgabenähnlichkeit sowie die Existenz einer aufgabenspezifischen Fachsprache bestimmt.

Darüberhinaus bestimmt die Präzision der Aufgabenbeschreibung die Abbildbarkeit von Aufgaben auf Menueinträge.

Anzahl der Menupunkte	Anordenbarkeit	Aufgaben/Optionsbeschreibung	Reihenfolge
<8	konventionell	klar beschreibbar	konventionell
	nicht konventionell	klar beschreibbar	alphabetisch
	konventionell	nicht klar beschreibbar	konventionell
	nicht konventionell	nicht klar beschreibbar	alphabetisch
>8	$\exists$ Kategorien	in einer Fachsprache anerkannt	nach Kategorien
		in einer Fachsprache nicht anerkannt	alphabetisch
		große Ähnlichkeit der Aufgaben	nach Häufigkeit der Durchführung
	$\neg\exists$ Kategorien	klar unterscheidbar	Kategorien bilden
		nicht klar unterscheidbar	nach Häufigkeit der Durchführung

Tabelle 4.1 Anordnung von Menueinträgen

Falls die Benutzer Beschreibungen ihrer Aufgaben eindeutig verbalisieren können, fällt die Generierung von Menueinträgen leicht. In diesem Fall sollte eine *alphabetische* Reihung der Menueinträge vorgenommen werden. Existiert ein *konventionelles Beschreibungs- oder Skalierungssystem* (z.B. eine Farbskala), so sollte dieses zur Gruppierung der Menuoptionen herangezogen werden. Stehen keine klar beschreibbaren Aufgaben als Kandidaten für Menueinträge zur Verfügung, so sollte bei der Verfügbarkeit konventioneller Maßsysteme die Kriterienbildung entsprechend der Maßsysteme vorgenommen werden. Sind Aufgaben nicht eindeutig beschreibbar sowie konventionelle Maßsysteme nicht verfügbar, so sollte die Reihung der Menueinträge meist alphabetisch erfolgen.

Wird die Liste der Einträge in die Menus sehr lang (größer als 8) und gibt es zwar Kategorien (z.B. Einfügen und Löschen), aber keine anerkannte Fachsprache, dann sollten die Optionen ebenfalls alphabetisch gereiht werden. Existiert eine Fachsprache oder Ähnlichkeiten zwischen Aufgaben, so sollte eine Reihung der Optionen nach Kategorien und der *Häufigkeit* der Durchführung bestimmter Aufgaben erfolgen. Falls es keine Kategorien im Fall zahlreicher Einträge gibt, so hängt es von der Unterscheidbarkeit der Aufgaben bzw. der Menueinträge ab, ob der Designer selbst bestimmte Kategorien finden kann oder ob nach der Häufigkeit der Durchführung gereiht wird.

Bei einer großen Anzahl von Menueinträgen sowie bei Fehlen "natürlicher" (meist hierarchischer) Gliederung der Selektionen empfehlen sich Menufenster, die mit Balken versehen sind. Diese Balken an der Seite des Fensters sollten das sequentielle Durchgehen der Einträge in beide Richtungen erlauben.

Abkürzungen werden meist dann verwendet, wenn häufig und regelmäßig auf bestimmte Einträge zugegriffen wird. Es gibt unterschiedliche Möglichkeiten, mittels Abkürzungen Menueinträge anzusprechen: Buchstaben oder Zahlen. Dabei sind im allgemeinen Buchstaben gegenüber Zahlen vorteilhafter, da sie länger und besser im Gedächtnis der Benutzer haften bleiben. Menus werden bei graphischen Schnittstellen jedoch meist entweder mit Cursortasten oder Zeigegeräten bedient, wobei das Ziehen der Maus in diesem Zusammenhang als der effektivere Mechanismus im Vergleich zu der Betätigung von Cursortasten betrachtet werden kann.

Bei *graphischen Menus* wird die Anzahl der Einträge dadurch bestimmt, wie schnell die Benutzer Menueinträge wiedererkennen und selektieren können sollen. Meist sind die graphischen Einträge Piktogramme. Piktogramme stellen visuelle bedeutungstragende Einheiten über bestimmte Metaphern her (siehe Abschnitt 4.10). Gelingt die Metapherbildung nicht, so können die Benutzer nicht ohne zusätzlichen Lernaufwand ihrerseits adäquat unterstützt werden. Alle Graphikeinträge sollten daher jene Bedeutung übermitteln, welche sowohl die Designer als auch die Benutzer verstehen. Die Zeit, die Benutzer für einen Positioniervorgang benötigen, kann durch das Gesetz von Fitts [Fitts, 1954] bestimmt werden:

> Fitts Gesetz besagt, daß die Zeit zur Lokalisierung eines Menueintrages durch $c + k$ ld $(d/s + 0.5)$ bestimmt wird. Dabei stellt d die Distanz zur Position des Eintrages, s die Größe des Objektes und c, k Konstanten dar.

Lange Bewegungen und/oder kleinere Ziele verlängern die Lokalisierungszeit. Kleine Einträge verzögern den Selektionsprozeß, vor allem, wenn Zeigegeräte zur Positionierung des Cursors bei kleinen Bildschirmausschnitten eingesetzt werden. Daher sollten graphische Menueinträge leicht selektierbar sein (vor allem die Größe betreffend) und zwar mit einem entsprechenden Interaktionsmedium (etwa einer Maus).

Die *Eindeutigkeit* von Einträgen bei graphischen Menus sollte immer gewahrt bleiben. Im Gegensatz zu textuellen Menus beinhalten sie graphische Information, Gestalt und meist Farbe. Die graphischen Einträge in Menus sollten unmittelbar voneinander unterschieden werden können, vor allem bei zeitkritischen Anwendungen. Die Gruppenbildung bei graphischen Einträgen sollte *vor* der unterschiedlichen Farbgebung geschehen.

Die *Auswahl von Einträgen* sollte bei graphischen Menus ebenso wie bei Texteinträgen durch visualisierte Zeigegesten (z.B. durch die Kopplung des Cursors mit der Mausbewegung) unterstützt werden. Der Auswahlvorgang sollte von entsprechendem Feedback für die Benutzer begleitet sein (siehe Abschnitt 3.3).

4.9.4 Organisation mehrerer Menus

Sind aufgrund der Aufgabenvielfalt Optionen auf mehrere Menus zu verteilen, so ist es Aufgabe des Designers, sowohl die Organisation dieser Menus zu entwickeln als auch den Benutzern Navigationshilfen für das Auffinden bestimmter Menueinträge anzubieten.

> Unter *Navigation* verstehen wir dabei jene Sequenz von Selektionen, die durchlaufen werden muß, um von einem Menu zum nächsten zu gelangen.

Die Richtlinie, Menus kurz und prägnant zu halten, sollte auch im Fall mehrerer Menus angewandt werden. Ein Menufenster sollte zwischen sechs und acht Einträge beinhalten. Die *Verschachtelung* von Menus sollte *so gering wie möglich* gehalten werden und *so einfach wie möglich* gestaltet sein. Ausnahmen zu diesem Prinzip stellen jene Menuhierachien dar, die den Vorgang der Abarbeitung für die Benutzer stets präsent halten. Werden beispielsweise in einem Ausschnitt des Bildschirms alle bisher durchlaufenen Menuschritte angezeigt, so wissen die Benutzer jederzeit, wie sie zu dem zuletzt aktivierten Menueintrag gekommen sind.

Treten mehr als zwei Ebenen auf, sollten geeignete *Navigationshilfsmittel* zur Verfügung stehen. Beispiele für Navigationshilfen sind *pop-up* Menus, die nur dann erscheinen, wenn eine entsprechende Schachtelungstiefe erreicht wird.

Die konzeptionelle Anordnung in der Designphase erfolgt bei ineinander verschachtelten Menus meist anhand von Graphen (Netzen). Ein Graph ist als eine Menge von Knoten und Kanten definiert, wobei die Knoten durch die Kanten verbunden werden. Knoten des Graphens entsprechen Menus, wobei Zyklen (Iterationen) eingebaut sein können. Zyklen sind geschlossene Knoten/Kanten-Kreise. Sie erlauben den Benutzern, mehrmals idente Sequenzen von Optionen durchzuführen. Sprünge können die Interaktion beschleunigen, falls z.B. von verschiedenen Ebenen der Menuhierarchie in das Ausgangsmenu, das den Einstiegsknoten des Graphen darstellt, gewechselt werden kann. Je stärker allerdings einzelne Hierarchiestufen miteinander vernetzt sind, umso mehr Erfahrung benötigen Benutzer, um sich zurechtzufinden.

Bei stark verschachtelten Menus gelangt der Designer an einen Punkt, wo er sich zu entscheiden hat, ob die Menuhierarchie eher tief oder eher breit ausfallen soll.

> Die *Breite* einer Ebene einer Menuhierarchie ist definiert als die Anzahl von Optionen des übergeordneten Menus.
>
> Die *Tiefe* einer Menuhierarchie ist definiert als die Anzahl der Ebenen der Hierarchie.
>
> Das *Navigationsproblem* besteht darin, daß Benutzer bei verschachtelten Menus innerhalb der Menuhierarchie die Orientierung verlieren oder einen ineffektiven Weg zum Ziel einschlagen.

Eine hierarchische Struktur mit mehreren Ebenen erfordert vom Benutzer Erinnerungsvermögen oder *try and error*-Verhalten, um von einem Ausgangspunkt zu einem Zielpunkt zu gelangen. Der *Suchaufwand für eine Option* steht in linearem Zusammenhang mit der Anzahl der Menueinträge. Die Anzahl der Optionen hängt im Normalfall von deren Organisation ab sowie von dem Ausmaß, in dem der Aufwand für die Suche reduziert werden kann. Bei sehr tiefen oder sehr breiten Hierarchien droht die Gefahr der Orientierungslosigkeit. So sind mehr als drei Ebenen zu vermeiden, wenn nicht der mehrstufige Weg der Interaktion (*tracing*) stets auf dem Bildschirm in einem Orientierungsausschnitt angezeigt wird.

Besonders große Breite kann vermieden werden, wenn Benutzer nur Teile eines komplexen Systems erlernen müssen. Dann werden nämlich nur jene Optionen angezeigt, die für bestimmte Benutzergruppen von Relevanz sind (dieses Phänomen wird auch *insulation* genannt). Das Gegenstück dazu heißt *funneling* (Trichterbildung) und stellt eine Strategie dar, ein System mit mehr Tiefe und weniger Breite darzustellen. Diese Strategie kann besonders dann erfolgreich sein, wenn die Antwort- und/oder Verarbeitungszeit für Optionen verkürzt werden sollen. Die Verarbeitungszeit inkludiert den Zeitaufwand der Benutzer, um eine Option zu interpretieren, sie mit einer Zielvorstellung zu vergleichen und zu entscheiden, ob hier die Suche nach Optionen beendet werden kann oder ob weitere Optionen aufgesucht werden müssen. Die Verarbeitungszeit ist umso länger, je unverständlicher und semantisch schwerer faßbar Optionen sind.

Tiefenbildung kann neben anderen Techniken dazu verwendet werden, um die Interaktion effizienter zu gestalten. Die Benutzer können zur jener an ihre Bedürfnisse angepaßte Menustruktur hingeführt werden, falls alle Fehler in der Interaktion

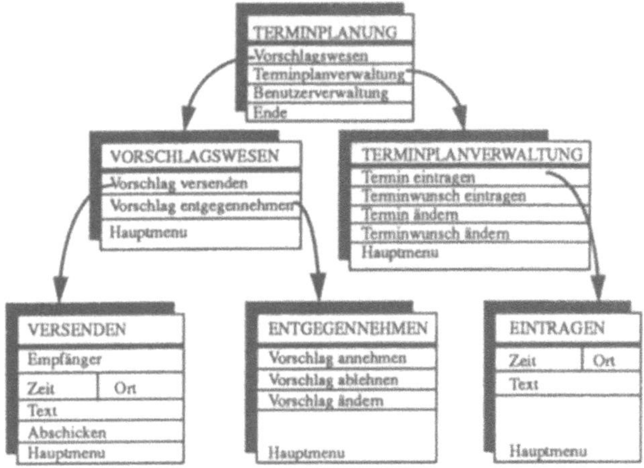

Bild 4.7 Beispiel der Menustruktur eines Terminplanungssystems

mit bestehenden Hierarchien aufgezeichnet werden und von einer wissensbasierten Komponente der Benutzerschnittstelle interpretiert werden. Das in dieser Komponente gespeicherte heuristische Wissen setzt sich aus kognitiven Modellen von Problembeschreibungen und Benutzerwissen zusammen (siehe auch Kapitel 8).

Abbildung 4.7 zeigt eine hierarchische Menustruktur für ein Terminplanungssystem. Die Aktivitäten zur Terminfixierung konzentrieren sich auf den Austausch und die Diskussion von Terminvorschlägen sowie auf Einträge im Terminkalender der Benutzer. Der Aufbau der Menus ist streng hierarchisch. Der Wechsel von einem Menuteilbaum zu einem anderen ist nur mittels eines Sprunges in das Ausgangsmenu (= Wurzel des Menubaumes) möglich.

Diese Strategie entspricht jedoch nicht dem benutzerorientierten Aufgabenablauf einer Terminplanung. Sobald sich nämlich eine Einigung über den Termin ergeben hat, werden die involvierten Benutzer diesen Termin in ihren Terminkalender eintragen wollen oder, im Fall der automatisierten Eintragung von Vorschlägen in den Terminkalender, den eingetragenen Termin bestätigen bzw. ablehnen wollen. Die Anpassung an den tatsächlichen Ablauf erfordert die Umstrukturierung der Verbindungen von Knoten innerhalb des entsprechenden Menubaums. Abbildung 4.8 illustriert dies anhand der aufgabengerechten Vernetzung von Menus. Sie zeigt die prozeßorientierte Verknüpfung von Menus innerhalb einer Ebene des Menubaums.

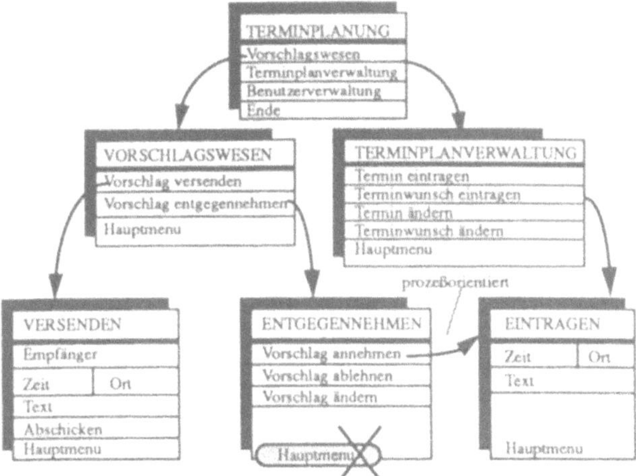

Bild 4.8 Aufgabengerechte Menustruktur eines Terminplanungssystems

Als Ergebnis muß im Fall der Annahme eines Vorschlags das Hauptmenu nicht aktiviert werden.

Nachdem Untersuchungen gezeigt haben, daß weder besonders tiefe noch breite Menuhierarchien erfolgreich sind, bleibt festzustellen, daß bei tiefen Hierarchiebäumen Navigationshilfen gegeben werden sollten. Sie sollten Hilfe in folgenden Situationen bieten:

- Die Bezeichnungen der Menus sind zu allgemein oder zu abstrakt.
- Das oberste Menu enthält keine eindeutigen Bezeichnungen im Gegensatz zu den untergeordneten Ebenen.
- Es gibt wenige Möglichkeiten zur aufgaben- oder benutzerspezifischen Fokusierung, also wenige Möglichkeiten, unwichtige Dinge zu deaktivieren.
- Wenn die meisten Benutzer nicht mit einer Schnittstelle vertraut sind, da es sich beispielsweise um ein großes Abfragesystem handelt, wird durch den großen Funktionsumfang die Navigation erschwert.
- Die Antwortzeiten des Computersystems sind lang, die Aufgabe erfordert jedoch kurze Antwortzeiten.

Art der Navigation	Umstände
Iteratives Testen, ob Menufolge paßt	•Menubezeichner und Optionen sind mehrdeutig
Netze und Zyklen	•Optionen haben keine natürliche hierarchische Organisation
Kognitive Modelle	•Benutzer kennen Optionen •Optionen können vom System adäquat unterstützt werden
Protokolle vorangegangener Sitzungen	•es gibt Hierarchien •Benutzer bewegen sich immer entlang neuer Suchräume
Graphiken der Menustruktur	•Mehrdeutigkeit von Optionen in den oberen Ebenen der Hierarchie

Tabelle 4.2 Navigation zwischen Menus

- Benutzer müssen sich schrittweise aus fehlerhaften Situationen befreien.
- Die Aufgabe erfordert das Zusammenführen von Information aus mehr als einer Ebene der Menuhierarchie.

Zusammenfassend läßt sich feststellen, daß sich Erschwernisse in der Navigation entweder durch System- oder Aufgabencharakteristika ergeben.

Tabelle 4.2 zeigt empirisch abgesichterte Hilfsmittel zur Navigation. So empfehlen sich bei Mehrdeutigkeiten iteratives Testen und Visualisieren, während unklare Strukturen von Aufgaben bzw. Handlungsweisen von Benutzern in Netzen bzw. Protokollen zur weiteren Anpassung festgehalten werden sollten. Kognitive Modelle bieten nur bei ausreichend klarem Benutzerverhalten und Aufgabenbereich Unterstützung beim Entwurf von Navigierungshilfen.

4.9.5 Besondere Formen von Menus

Im sogenannten "klassischen" Menu befinden sich textuelle Optionen zur Auswahl in der Mitte eines Bildschirmausschnittes (z.B. eines Fensters). Es gibt jedoch mehrere Möglichkeiten, Text zu plazieren. Eine Möglichkeit ist, einen bestimmten Ausschnitt des Bildschirms generell für Menueinträge zu reservieren, beispielsweise durch eine Kopf- oder Fußzeile, wobei die Menueinträge innerhalb dieser Zeile Platz finden. Macintosh-Systeme haben die Kopfzeile des Bildschirms für ein bestimmtes Menu reserviert. In dBase und Lotus werden ähnliche Techniken benutzt.

Die Auswahl einzelner Optionen kann dabei durch Eintippen einer Zahl bzw. eines Anfangsbuchstabens oder graphisch durch die Auswahl mit der Maus erfolgen. Der Vorteil dieser Art von Menus ist, daß die Benutzer ständig bestimmte Menueinträge vor sich haben und gegebenenfalls auch gleichzeitig mit mehreren Optionen operieren können. Dennoch sollte jeder Teil der Benutzerschnittstelle sein eigenes Menu haben, da dadurch das Erinnerungsvermögen der Benutzer weniger beansprucht wird.

Die gleichzeitige Auswahl mehrerer Menueinträge empfiehlt sich nur, falls dadurch keine Konfusion im Umgang mit Objekten und Operationen entsteht. Sinnvoller ist es meistens, Operationen wie *Bring-To-Front* dem Fenstersystem anstatt dem Menusystem zuzuordnen (siehe Abschnitt 4.2.1). Bei direkter Manipulation (Abschnitt 5.2) empfiehlt sich die gleichzeitige Auswahl von Optionen nur, wenn die Benutzer wissen, welchem Objekt eine Operation zugeordnet ist.

4.9.6 Die Verarbeitung von Menus

Bei der Verarbeitung von Menuoptionen wird zwischen folgenden Menuarten unterschieden: Ein *Textmenu* ist eine Liste mit Texteinträgen, von der Selektionen entweder mittels Texteingabe oder Positionierungsmechanismen gemacht werden können. Ein *Graphikmenu* ist eine angezeigte Optionsliste, mit Hilfe derer bestimmte Einträge mittels Graphikmedium (Maus oder Tablett) gemacht werden können.

Die meisten graphischen Benutzerschnittstellen (siehe Abschnitt 5.1) unterstützen die Erstellung beider Arten von Menus. In der Folge wird ein *pull-down*-Menu, das mit Hilfe von Windows zur Steuerung einer interaktiven Schnittstelle programmiert wird, gezeigt. Elemente des Menus mit Namen "my menu" sind ein Terminplanungssystem, ein Taschenrechner, ein Buchhaltungssystem, ein Berichtgenerator und eine Systemadministrationskomponente:

```
name MENU
    begin
        PULLDOWN "my menu"
            begin
                MENUITEM "calendar", 1
                MENUITEM "accounting", 2
                MENUITEM "calculator", 3
                MENUITEM "reporting", 4
                MENUITEM "system", 5
            end
    end
```

4.10 Piktogramme

Der Mensch nimmt visuelle Information vor allem dann verstärkt wahr, wenn es sich um das Verstehen komplexer Prozesse handelt. Bei Erklärungen, Verständnisproblemen wird der Sehsinn verstärkt eingesetzt. Graphikbildschirme erlauben die Darstellung graphischer Information und damit von Piktogrammen.

> Ein *Piktogramm* (*icon*) ist ein symbolisch verschlüsseltes graphisches Element.
>
> Sein Inhalt sollte einem Sinnbild (einer *Metapher*) entsprechen, das möglichst vielen Benutzern verständlich ist.

Piktogramme werden verwendet, um Benutzern bekannte Objekte zu verschlüsseln. Piktogrammbasierte Kommandosprachen basieren auf Symbolen, welche statische und dynamische Elemente zur Aufgabenerfüllung verschlüsseln. Sie können editiert und zusammengesetzt werden. Im Fall von Programmiersprachen entsprechen Piktogramme Programmelementen (z.B. der Zuweisung [McIntyre et al., 1992]). Sie können auch alphanumerische Daten, Bilder und Sprache repräsentieren. Entsprechend dem Datentyp werden Eigenschaften betroffener Objekte (z.B. das Drucken bei einem Druckersymbol) mit angezeigt. Abbildung 1.7 zeigt mehrere Piktogramme auf dem unteren Bildschirmrand. Von links nach rechts:

- Ein *Console*-Piktogramm zur Darstellung eines Fensters, wo Betriebssystem-, Netzwerkmeldungen und Erklärungen angezeigt werden.
- Das *emacs*-Piktogramm zur Anzeige des bereits aktivierten Texteditors.

- Das *mailtool*-Piktogramm inklusive des Zustands des elektronischen Postkorbs: die Briefumschläge im Postkorb symbolisieren eingegangene Post.

- Zwei Piktogramme geöffneter Dateien mit dem Bezug zu der dtp-Anwendung *Frame*: der Bezug wird durch das "Piktogramm-im-Piktogramm" für *abb1* und *abb2* hergestellt.

Charakteristika piktogrammbasierter Systeme sind nach [Frasson et al., 1986] und [McIntyre et al., 1992]:

1. *Editierfunktionen*: Sie erlauben die Generierung und Manipulation (Ändern, Löschen, Skalieren, Rotieren) von Piktogrammen.

2. *Verarbeitungsfunktionen*: Diese stellen die Verbindung von Anwendungsdaten und -funktionen zu den Piktogrammen her. Inkludiert sind die Funktionen zur Anzeige, Hervorhebung, Vorder- und Hintergrundverschiebung sowie interaktiven Veränderung durch die Benutzer.

3. *Speicherung*: Die Datenstrukturen zur Beschreibung von Piktogrammen werden meist in einer eigenen Datenbank gespeichert. Verweise zu anderen gespeicherten Daten, wie Prozeduraufrufen, Übersetzungsroutinen, Bildern oder Graphiken, die in direktem Zusammenhang mit der Bedienung der Piktogramme stehen, werden ebenfalls als Eigenschaften bzw. Beziehungen der Piktogramme abgespeichert.

Die *Vorteile* der Verwendung von Piktogrammen an der Benutzerschnittstelle sind nach [Gittings, 1986]:

- Piktogramme können bei aufgabenorientierter und benutzergerechten Gestaltung rasch erkannt werden. Ihre Bedeutung kann so rasch erfaßt werden wie bei verbaler Sprache.

- Sie verdichten Information sehr stark und nehmen wenig Platz auf dem Bildschirm ein, weit weniger als verbale Äußerungen.

- Darüberhinaus nehmen sie unerfahrenen Benutzern die Scheu, mit komplexen Schnittstellen umgehen zu lernen.

- Bei geeigneter Metaphernbildung können Piktogramme als Alternative zu multilingualen Benutzerschnittstellen verwendet werden.

Nach [Switchenko, 1985] halten nicht alle diese Vorteile einer *empirischen Überprüfung* stand:

1. Die Reaktion auf Information erfolgt *rascher* bei textueller Information, wenn die Interaktion nicht ausschließlich auf Piktogrammen basiert. Dieses Ergebnis wird unter anderem damit begründet, daß ein Reiz und sein Feedback dem gleichen Typ von Information angehören sollten. Dies bedeutet, daß bei textueller Systemeingabe textuelle Systemausgaben rascher erkannt und verarbeitet werden können als andere Informationsarten.

2. Falls Piktogramme nicht den adäquaten Abstraktionsgrad sowie ausreichende Detaillierung aufweisen, kann ihr Einsatz *kontraproduktiv* werden. Benutzer werden konfus bzw. müssen zusätzlichen mentalen Aufwand zur Erkennung und Interpretation graphischer Information aufbringen.

3. Signifikante *Leistungsunterschiede* bei der Aufgabenbewältigung aufgrund text-, graphik- oder sprachbasierter Interaktionsformen konnten nicht festgestellt werden.

Bevor spezielle *Richtlinien* für den Einsatz von Piktogrammen entwickelt werden können, ist noch eine Reihe empirischer Untersuchungen durchzuführen. Die obersten Gebote der Gestaltung von Piktogrammen sind die Einfachheit des Aussehens und ihre Übereinstimmung mit Metaphern [Byrne, 1993].

Eine ähnliche Situation finden wir bei der akustischen Belegung von Piktogrammen, den *Audiogrammen* (*earcon, auditory icon*). Audiogramme werden zur Übertragung akustischer Information mit bestimmter visueller Information eingesetzt. Aus ersten Untersuchungen (z.B. [Brewster et al., 1993]) läßt sich ableiten, daß das Design von Audiogrammen zur Gänze von deren Einsatzbereich abhängt.

4.11 Zusammenfassung

Der in Kapitel 3 begonnene Weg, die Beiträge der Informatik zur Mensch-Maschine Kommunikation einzuführen, wurde in diesem Kapitel fortgesetzt. Bisher wurden die Kategorien von Information sowie elementare Interaktionsformen vorgestellt. Diese Interaktionsformen werden in komplexeren Interaktionsformen eingesetzt – siehe das folgende Kapitel.

Zu jeder der elementaren Interaktionsformen wurden empirisch fundierte ergonomische Richtlinien angeführt. Tabelle 4.3 illustriert zusammenfassend die Beziehungen zwischen Aktionen, welche seitens der Benutzer an der Schnittstelle gesetzt werden können, den Interaktionsmedien und den Ausgabevarianten seitens des Computersystems.

Benutzereingabe			Systemausgabe		
Art der Eingabe	Art der Information	Verwendbare Medien	Art der Benutzeraktivität	Art der Information	Verwendbare Medien
Tippen (Kommandos)	Alphanumerische Information, Tabellen	Tastatur	Sehen (Feedback)	Alphanumerische Information, Farbe, Bilder, Graphik	Bildschirm, Masken, Fenster, Drucker
"Keying"	Schlüssel für alle Informationsarten	(Funktions-) Tasten, Piktogramme	Sehen	Alphanumerische Information, Farbe, Bilder, Graphik	Bildschirm, Masken, Fenster, Drucker
Selektieren	Graphik (Cursor, Symbole), direkte Aktion	Finger, Zeigemedien (Maus, Lichtgriffel,..)	Sehen (Feedback)	Alphanumerische Information, Farbe, Graphik, Bilder	Bildschirm, Masken, Fenster, Drucker Piktogramme, (Cursor)
Positionieren (Lokalisieren)	Graphik	Maske, Tabelle, Piktogramme, Fenster, Menu, in Kombination mit Selektionsmedien (Finger, Zeigemedien)	Sehen (Feedback)	Alphanumerische Information, Farbe, Graphik, Bilder	Bildschirm, Masken, Fenster, Drucker, Piktogramme
Berühren	Druck	Bildschirm, Tablett	Sehen (Feedback)	Farbe, Bilder, Graphik	Piktogramme, Fenster, Bildschirm, Drucker
Sprechen	Sprache (akustisch)	Mikrophon	Hören (Feedback)	Sprache	Lautsprecher, (Tonband, CD)
Sehen	Hornhautreflexion, Pupillenzentrierung	Brille (Eyetracker), Sensoren	Sehen	Bilder, 3-D-Graphik	Bildschirm, 3-D-Brille

Tabelle 4.3 Benutzereingaben und entsprechende Systemausgaben

5 Kombinierte Interaktionsformen

Nachdem wir in Kapitel 3 und 4 die Informationskategorien interaktiver Systeme sowie die damit verbundenen grundlegenden Interaktionsformen eingeführt haben, können wir uns nun der Kombination elementarer Interaktionsformen bzw. dreidimensionaler Interaktion zuwenden.

> Eine *Modalität* bezeichnet die Verwendung einer bestimmten Interaktionsform (z.B. Sprache) innerhalb eines interaktiven Systems. Eine Modalität umfaßt nicht nur die Art des Ausdrucks oder der Wahrnehmung, sondern auch den Ablauf von Handlungen [Nigay, 1993].
>
> Eine *multimodale Benutzerschnittstelle* ist eine Benutzerschnittstelle, welche eine oder mehrere Kombinationen elementarer Interaktionsformen (z.B. Sprache und Menus) direkt unterstützt.
>
> Ein *Modus* bezeichnet einen Zustand, der die Art der Interpretation von Daten und damit deren Bedeutung bestimmt [Thimbleby, 1990, Nigay, 1993].
>
> In jeden Interaktionsvorgang ist sowohl eine Modalität als auch ein Modus involviert. Die Modalität bestimmt die ausgetauschten Datenarten, während der Modus den Kontext bestimmt, in dem die Daten interpretiert werden.

Zeilenorientierte Editoren haben beispielsweise folgende Modi: *command mode* und *edit mode*. Innerhalb des Editier-Modus finden wir weitere Modi: Einfügen, Ändern und Löschen. Diese Modi haben bezüglich des Editors eine bestimmte Bedeutung, die seitens der Benutzer jedoch nicht im Zusammenhang mit anderen Teilen des Computersystems, z.B. einem Tabellenkalkulationsprogramm, erwartet werden kann, und daher nicht projeziert werden sollte.

Zwar sind vor allem Designer und Programmierer an verschiedene Modi gewöhnt und entwickeln viele Benutzerschnittstellen entsprechend diesen Konventionen, dennoch können Benutzer rasch die Orientierung verlieren, sobald Aktionen nicht zu den erwarteten Reaktionen führen. Es gibt einige Möglichkeiten, diese Konfusion zu vermeiden. So kann auf dem Bildschirm der Modus angezeigt werden, z.B. durch eine bestimmte Form des Cursors.

Durchgehende Konsistenz kann jedoch nur erreicht werden, wenn alle Teile eines interaktiven Systems in genau einem Modus konstruiert sind. In diesem Fall wird fälschlicherweise von *modeless interaction* gesprochen [Thimbleby, 1990]. Damit besitzt jede Aktion innerhalb des gesamten interaktiven Systems eine einzigartige Wirkung. Dieser Umstand ist seitens der Designer kaum zu erreichen. Ein treffendes Beispiel für die mit *modeless interaction* verbundenen Schwierigkeiten ist der *emacs*-Editor: er ist zwar modus-unabhängig, benötigt jedoch komplexe Sequenzen zur Kontrolleingabe. Diese Art der Kontrolleingabe wird von vielen Benutzern kaum akzeptiert. Sie können sich die Kontrollsequenzen weder merken noch richtig anwenden.

Wenn nun Modusunabhängigkeit kaum zu erreichen ist, was bleibt an Alternativen? Interaktive Systeme dienen primär der Lösung bestimmter Probleme. Jedes Problem hat herausragende Operationen zur Lösung, beispielsweise die Formulierung und Eingabe des Textes bei der Erstellung eines Briefes. Diese herausragenden Operationen stellen einen oder mehrere Standardmodi dar. Werden seitens der Benutzer weitere Modi gewünscht, so werden diese in Form sogenannter *spring loaded modes* [Brown et al., 1989] eingeführt. Dies bedeutet, daß aufgehende Menufenster, Nachrichtenfenster oder einfache Operationen zusätzlich zulässige Modi bilden.

Nach dieser Klärung grundlegender Begriffsunterschiede im Zusammenhang mit der Integration elementarer Interaktionsmedien und -formen bringen wir in der Folge mehrere Beispiele kombinierter Interaktionsformen: graphische Benutzerschnittstellen (Abschnitt 5.1), direkte Manipulation (Abschnitt 5.2), abstrahierende Benutzerschnittstellen (Abschnitt 5.3), spezielle Erweiterungen zweidimensionaler Interaktionsformen (Abschnitt 5.4), Multi-Media Schnittstellen (Abschnitt 5.5) sowie zwei Formen dreidimensionaler Interaktion – Virtuelle Welten (Abschnitt 5.6) und umgebungsangepaßte Schnittstellentechnologien (Abschnitt 5.7).

5.1 Graphische Benutzerschnittstellen

Graphische Benutzerschnittstellen (*Graphical User Interfaces* (GUIs)) bezeichnen eine Generation von Benutzerschnittstellen, die sich aus der Idee der Visualisierung von Daten- und Kontrollmanipulationen entwickelt hat.

> *Graphische Benutzerschnittstellen* oder WIMP-(*W*indow, *I*con, *M*enu, *P*ointing Device)-Schnittstellen [Marcus et al., 1991] bestehen aus einer visuellen Anzeigeeinheit sowie fenster-, piktogramm-, menu-basierten Interaktionsformen und einem Zeigehilfsmittel.

Unter einer *visuellen Anzeigeeinheit* (*Visual Display Unit* VDU oder *Visual Display Terminal* VDT) verstehen wir einen Bildschirm zur Anzeige von Information plus einer Tastatur zur Eingabe von Kontroll- und Manipulationsfunktionen sowie Daten.

Durch die Definition dieser Art von Schnittstellen ist noch keineswegs klargestellt, in welcher Form die angesprochenen Interaktionsmedien kombiniert werden, z.B., ob nur Menueinträge oder Piktogramme oder beide mittels Zeigegesten manipuliert werden können. Wir bezeichnen nur das Zusammenspiel graphischer Bildschirme mit den aufgezählten Medien als graphische Benutzerschnittstellen. Dabei sind unter den folgenden Voraussetzungen mehrere *Vorteile* zu erwarten [GUI, 1993]:

- Hochauflösende *Bildschirme* erlauben die Präsentation und Manipulation visualisierter bzw. graphischer Information.
- *Fenster(verwaltungs)systeme* erlauben die Kontrolle mehrerer, einander überlappender Bildschirmausschnitte, wobei diese Ausschnitte direkt Arbeitsbereichen der Benutzer zugeordnet werden können.
- *Piktogramme* erlauben die komprimierte, metaphernbestimmte Darstellung von Daten, Manipulations- und Kontrolleingaben.
- *Menus* unterstützen die strukturierte Auswahl von Eingaben.
- *Zeigehilfsmittel* wie die Maus unterstützen das Auffinden, Selektieren und die (direkte) Manipulation von Information.

Beispiele für graphische Benutzerschnittstellen sind die *desk-top* Schnittstellen von Macintosh, Windows und des Presentation Managers. Diesen allen ist die umfassende Kopplung von Fenstern, Menus, Piktogrammen und der Maus gemeinsam. Der rasche Wechsel zwischen Bildschirmausschnitten wird mittels des Ziehens der Maus, das durch einen Cursor auf dem Bildschirm dargestellt wird, sowie Menus, welche die für einen bestimmmten Bildschirmausschnitt zulässigen Daten- und Kontrolleingaben eindeutig zuordnen, unterstützt. Somit können sich die Benutzer in unterschiedlichem Kontext mit geringem Interaktionsaufwand bewegen. Abbildung 1.7 in Kapitel 1 zeigt ein mögliches Zusammenspiel der beteiligten Interaktionsmedien, wobei die Maus durch den Cursor auf dem Bildschirm dargestellt wird.

Die *Gestaltung* graphischer Benutzerschnittstellen erfolgt nach den Prinzipien, die in Kapitel 4 bei den beteiligten Medien angeführt wurden.

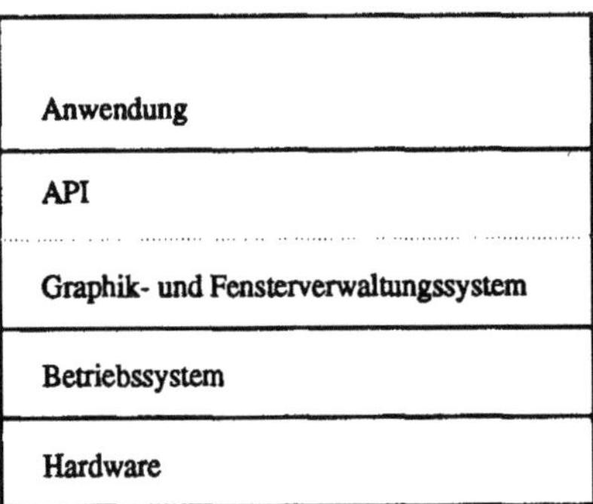

Bild 5.1 *stand-alone* GUI-Architektur eines interaktiven Systems

Bei der *Realisierung* wird auf mehrschichtige Softwarearchitekturen (siehe auch Kapitel 9) zurückgegriffen: Auf unterster Ebene decken das Betriebssystem und das E/A-System die Ein- und Ausgabe von Daten und Kontrollinformation ab. Dabei wird vor allem darauf geachtet, daß gerätespezifische Funktionen und Hardware-Eigenschaften auf eine geräteunabhängige Ebene transformiert werden. Auf diese Schichten aufbauend verwaltet ein Fensterverwaltungssystem die zulässigen Bildschirmausschnitte (Fenster) sowie deren Veränderung. Dann folgt die Präsentationsschicht, welche die Kontrolle über die Fenster und weiteren Präsentationsmedien innehat und graphische sowie alphanumerische Interaktion ermöglicht. Zuoberst kontrolliert die Dialogkomponente der Anwendung die Verarbeitung von Benutzereingaben und die Generierung von Systemausgaben.

Plattformen dienen, wie in Kapitel 3 erläutert, der Vereinfachung des Konstruktionsaufwandes durch eine Schnittstelle auf der Ebene der Fensterverwaltungssysteme. Da die Schnittstelle meist nicht einheitliche Funktionen aufweist, sind sehr viele Entwicklungen an bestimmte Plattformen gebunden. Um Anwendungen inklusive ihrer Benutzerschnittstellen portabel zu gestalten wird vielfach versucht, die Schnittstelle auf der Ebene von Plattformen zu vereinheitlichen. Diese standardisierte Programmierschnittstelle wird auch API (*Application Programming Interface*) genannt. Sie erlaubt die Anbindung aller Anwendungen, die bestimmte Standardfunktionen zur Präsentation und Interaktionssteuerung verwenden. Aufgrund der fortgeschrittenen Standardisierung kann damit der Entwicklungs- und Wartungsaufwand erheblich reduziert werden.

Je nach Einsatzart unterscheiden wir zwei *Architekturvarianten* graphischer Benutzerschnittstellen: *stand-alone* und netzorientierte GUIs. Im ersten Fall (Abbil-

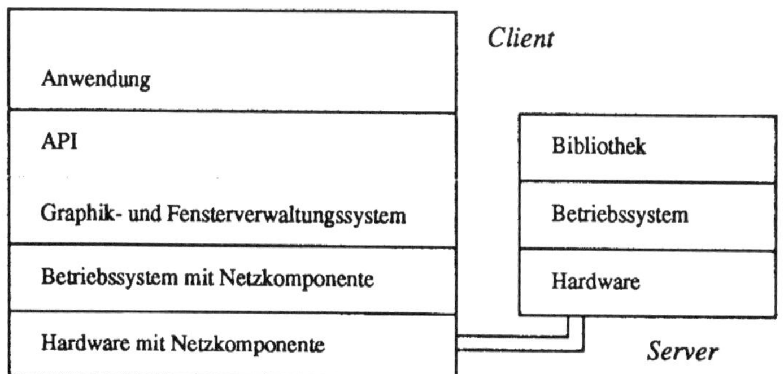

Bild 5.2 Netz-orientierte GUI-Architektur eines interaktiven Systems

dung 5.1) wie z.B. in Windows setzt das Fensterverwaltungssystem auf dem lokal verfügbaren Betriebssystem auf, während bei netzorientierten graphischen Benutzerschnittstellen (Abbildung 5.2) Komponenten des interaktiven Systems sowohl lokalen als auch netzweiten Zugriff (als *client*) auf Anwendungs-, Präsentationsdaten und -funktionen besitzen.

5.2 Direkte Manipulation

Benutzerschnittstellen, welche die direkte Manipulation visualisierter Information erlauben, werden oft mit graphischen Benutzerschnittstellen verwechselt. Dabei ist das Konzept der direkten Manipulation umfassender als jenes graphischer Schnittstellen [Shneiderman, 1983]:

1. Bestimmte Objekte (z.B. ein Terminplan bei Terminplanungssystemen) werden ständig auf dem Bildschirm verfügbar gehalten.

2. Physikalische Gesten (Zeigen, Ziehen, Positionieren) sowie die Auswahl und direkte Ausführung von Funktionen ersetzen das Eintippen von Kommandos sowie das Sich-Erinnern der Grammatik von Kommandosprachen.

3. Die Ausführung von Operationen auf den sichtbaren Objekten ist unmittelbar sichtbar und reversibel.

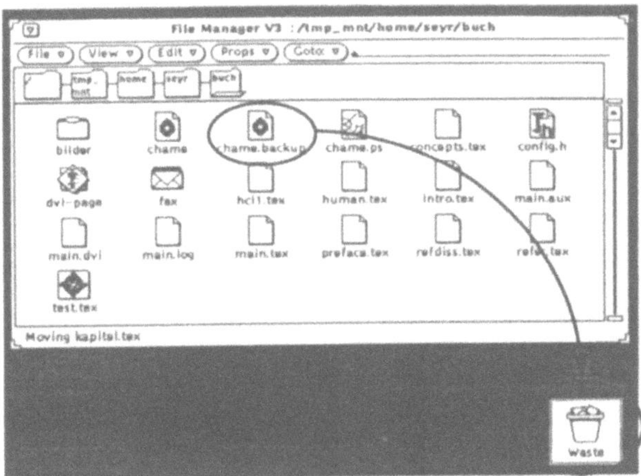

Bild 5.3 Beispiel direkter Manipulation mittels GUIs

Abbildung 5.3 zeigt ein *Beispiel* direkter Manipulation mittels graphischer Benutzerschnittstellen. Dabei wird ein Arbeitsobjekt mittels Anklicken eines Piktogramms zu einem eigenen Bildschirmausschnitt, in dem Beispiel "File Manager V3". Danach kann Information aus dem Bildschirmausschnitt ("chame.backup") selektiert und über den Bildschirm zu einem anderen Piktogramm ("waste") gezogen werden, wo das Loslassen der Maustaste zur Ausführung einer Löschoperation führt, sobald der Cursor unmittelbar auf dem anderen Piktogramm positioniert ist. Dieser Vorgang wird auch mit *drag-and-drop* bezeichnet.

Bei geeigneter Definition der Objekte (d.h. ihrer Eigenschaften) und bei geeigneter Zuordnung von Operationen lassen sich eine Reihe von *Vorteilen* mittels direkter Manipulation erreichen (Tabelle 5.1). Charakterisch für Schnittstellen mit direkter Manipulation sind die

- "semantische" Nähe zum Aufgabenbereich der Benutzer bei geeigneter Auswahl der visualisierten Objekte.
- direkte Ausführbarkeit von Operationen bei geeigneter Auswahl der den visualisierten Objekten zugeordneten Operationen. Diese Direktheit wird durch die "semantische" Nähe erreicht.
- unmittelbare Verschiebbarkeit von Datenobjekten und Kontrolleingaben auf dem Bildschirm.

Vorteile	Nachteile
Anfänger lernen die Grundfunktionen schnell anläßlich einer Demonstration.	Der Aufbau der Graphik benötigt Zeit.
Der gelegentliche Benutzer kann leicht operationale Konzepte erkennen und aktivieren.	Graphiken können doppeldeutig sein und mit bekanntem Wissen interferieren.
Fehlermeldungen werden nur selten benötigt.	Die Benutzer müssen die Bedeutung der graphischen Komponenten (Symbole) erlernen.
Der Benutzer erhält sofort eine Bestätigung über den Erfolg seiner Aktivität.	Der Wechsel der Handposition zwischen Maus und Tastatur behindert den Arbeitsvorgang.
Der Benutzer hat keine Berührungsängste, weil das Computersystem für ihn transparent wird.	Der Vorteil der Anschaulichkeit ist bei unpassenden Metaphern und der damit verbundenen unpassenden Darstellung von Objekten nicht gegeben. Die Bedienung der Benutzerschnittstelle wird kontraproduktiv, da das Verhalten des Computersystems nicht den Erwartungen der Benutzer entspricht.
Fehlerhafte Schritte können leicht wieder rückgängig gemacht werden.	
Die Reaktionen des Systems sind vorhersehbar.	

Tabelle 5.1 Vor- und Nachteile direkter Manipulation

Interaktionsformen wie GUIs unterstützen die Realisierung des Konzeptes durch die statische und dynamische Verknüpfung der Medien Bildschirm, Fenster, Menus, Piktogramme und Zeigehilfsmittel [Cardelli, 1988]. Die Kapselung der statischen und dynamischen Eigenschaften der Medien bewirkt die zitierte "semantische" Nähe.

Die vornehmlich benutzten Selektions- und Positionierungsmedien im Rahmen direkter Manipulation sind die Maus und der Lichtgriffel. Operationen werden durch Funktionstasten, Menus, Kommandos oder indirekt (etwa durch Loslassen einer Maustaste) aktiviert. Dabei ist zu bemerken, daß die Grundmenge von Kontrolloperationen jener der GUIs entspricht.

Schnittstellen mit direkter Manipulation sind empirisch bisher kaum untersucht worden. Von den *empirischen Erkenntnissen* sind wenige verallgemeinerbar [Hutchins et al., 1985, Whiteside et al., 1985, Frese et al., 1987]:

- Die *Brauchbarkeit* von Benutzerschnittstellen, die direkte Manipulation von visualisierter Information (graphischen Objekten) unterstützen, wird von folgenden Faktoren bestimmt: der Objektbildung sowie deren Zuordnung zu Operationen.

- Je stärker die *graphischen Objekte* Strukturen und Konzepten der Erfahrungswelt der Benutzer entsprechen, desto wahrscheinlicher werden sie erkannt und zweckgerecht verwendet werden. Daher führt meist *metapherngesteuerte Visualierung* von Information zu benutzer- und aufgabengerechten Benutzerschnittstellen.

- Die *Zuordnung von Operationen* sollte ebenfalls jenen Funktionen und Handlungsmöglichkeiten entsprechend erfolgen, welche die Benutzer in der beobachtbaren Realität besitzen.

Die enge Verbundenheit mit der beobachtbaren Realität der Benutzer erfordert dieser Realität entsprechende Feedbackmechanismen. So sollte ein "Druck(er)"objekt im Rahmen von Texteingaben Meldungen bezüglich seines Zustandes von sich aus oder auf Anfrage senden. Diese Art von Feedback rückt die Darstellung der Benutzerkontrolle in Form des Cursors in den Mittelpunkt des Designprozesses. Da Feedback nicht immer unmittelbar dargestellt werden kann, empfiehlt es sich, jede Art von Verzögerung unmittelbar mittels des Cursors verschlüsselt den Benutzern mitzuteilen, etwa mit einer Sanduhr. Im Gegensatz zu Datenmanipulationen sollten Kontrolleingaben, wie das Verschieben eines Objektes auf dem Bildschirm, nie zu Verzögerungen bei der Anzeige des erzielten Effektes führen. Im allgemeinen gilt daher:

> Jede vom Benutzer ausgehende Operation erfordert *unmittelbares* Feedback.
>
> Das Design von operationalem Feedback sollte *semantisch nahe* an aufgabenbezogenen Systemvorgängen und Benutzereigenschaften sein.

Bei der *Benutzung* direkter Manipulationsschnittstellen können sich folgende *Schwierigkeiten* ergeben:

- *Inkonsistenz von Operationen*: die Benutzer müssen gemäß dem selektierten Objekt ihre Erwartungshaltung bezüglich der Systemausgabe ständig anpassen. Ein "Druck(er)"objekt wird im Zusammenhang mit der Operation "Einfügen" zu einer anderen Erwartungshaltung führen als ein Textdokument.

- *Implizites Auslösen von Operationen*: schon das Vermindern des Drucks auf eine Taste der Maus kann bei bestimmten Positionen oder Selektionen Operationen, z.B. das Verschieben eines Objekts, auslösen.

- *Die Positionierung des Zeige/Kontrollhilfsmittels* entscheidet über die zur Verfügung stehenden Operationen. Fehlbedienungen können unabsichtlich ausgelöst werden.

- *Hilfe* muß sich an den Datenobjekten und Kontrollobjekten orientieren, die durch die Cursorposition angesprochen werden. Der Aufwand zur Umsetzung dieser Erfordernis wird meist als zu hoch eingestuft. Daher finden sich kaum aufgabengerechte Hilfefunktionen.

In Tabelle 5.1 werden die Nachteile neben den erwähnten Vorteilen angeführt. Intuitiv erkennbare Vorteile sind nicht immer empirisch beweisbar und bringen zuweilen auch Nachteile mit sich. So kann im Fall der direkten Manipulation keine verallgemeinernde Aussage für deren Einsatz getroffen werden.

Vielmehr liegt es in der Hand des Designers, visuelle Objektdarstellungen zu finden sowie Operationen Objekten derart zuzuordnen, damit die Vorteile direkter Manipulation für den von einer Anwendung adressierten Benutzerkreis zum Tragen kommen. Abbildung 1.7 in Kapitel 1 stellt ein Beispiel erfolgreich angewandter direkter Manipulation für die Arbeit wissenschaftlich Tätiger dar. Sie benötigen ein dtp-System zur Veröffentlichung und Lehre wissenschaftlicher Erkenntnisse sowie elektronische Postsysteme für den raschen Austausch von Information. Die in Abbildung 1.7 gezeigte Schnittstelle ist jedoch für andere Berufsgruppen völlig unzureichend. So werden Arbeitsplätze für Finanzbuchhalter nicht nur andere Anwendungen wie z.B. Tabellenkalkulationsprogramme, sondern auch eine stärkere Integration einzelner Arbeitsschritte im Vergleich zu wissenschaftlichen Arbeitsplätzen benötigen.

Im Vergleich zu menu- oder kommandosprachengesteuerten Systemen sind Operationen bei direkter Manipulation nur dann verfügbar, wenn das mittels der Operationen manipulierbare Objekt visuell verfügbar ist. Dieser Umstand ist nicht nur beim Entwurf von Schnittstellen mit direkter Manipulation zu beachten, sondern auch bei der *Programmierung* derselben [Brown et al., 1989]: Operationen werden als Ereignisse (*events*) betrachtet. Eigene Komponenten der Schnittstelle - *event handler* - bedienen den Benutzer, dessen Eingaben als Menge von Ereignissen interpretiert werden. Dabei können Ereignisse das Drücken einer Maustaste oder Dateneingaben sein. Die Dialogkontrolle besteht aus einer Endlossschleife, die Ereignisse entgegennimmt und an den entsprechenden *event handler* weiterreicht.

Ereignisse können Zustandsveränderungen der Hardware oder/und des Speichers nach sich ziehen. Ereignisse selbst sollten auch gespeichert werden können, z.B. in Warteschlangen, damit alle Benutzereingaben und Systemausgaben registriert werden können.

Jede Anwendung, die mittels direkter Manipulation bedient werden kann, wird nach der anfänglichen Initialisierung mit System- und Benutzerparametern in den Zustand der Endlosschleife versetzt, um jederzeit Benutzereingaben empfangen, d.h. Ereignisse entgegennehmen zu können. Diese *main-event loop* fragt die Ereignisse ab und versendet die entsprechenden Meldungen an weitere Systemkomponenten. Für das Fensterverwaltungssystems X sieht diese Schleife im Rahmen direkter Manipulation wie folgt aus:

```
done = false
while (!done)
      { NextEvent (my_screen, &my_events);
        switch (my_events.type)            {
               case FunctionKeyPress: ..........
               case MouseButtonClick: ..........
               case MouseMove: ..........
               case CombinedKeyPress: ..........} }
```

Eine Menge von Fallunterscheidungen (siehe *case*-Anweisung) erlaubt es, eine Vielfalt von Optionen zur Interaktion zu unterscheiden.

Die Verfolgung des Cursors auf dem Bildschirm erfordert eine spezielle Ereignisbehandlung. Wann immer kein anderes Ereignis zur Behandlung seitens des *event handler* anliegt, überprüft diese Komponente die Position des Cursors und liefert seine aktuelle Position. Direkte Manipulation jedoch erfordert mehr als die zeitgleiche Verfolgung von Zeigegesten (*tracking*):

> *Systemreaktionen* bei direkter Manipulation sollten nicht länger als eine Zehntelsekunde dauern.

Zusammenfassend läßt sich feststellen, daß das Konzept zum einen viele Vorteile bei entsprechender Visualisierung von statischer und dynamischer Information mit sich bringen kann und zum anderen von den zur Zeit vorherrschenden Standards graphischer Benutzerschnittstellen direkt unterstützt wird.

5.3 Abstrahierende Benutzerschnittstellen

Unter dem Titel *Demonstrational Interfaces: A Step beyond Direct Manipulation* führte Myers das Konzept abstrahierender Benutzerschnittstellen ein [Myers, 1987]

[Myers, 1988, Myers, 1989b, Myers et al., 1993]. Seine Idee beruht auf der Benutzung direkter Manipulation zur Verarbeitung von Werten abstrahierter Information, ähnlich wie es das Konzept von Makros bei kommandosprachenbasierter Interaktion (siehe Abschnitt 4.7) ermöglicht. Gemeinsam mit der Idee, auch Abstraktionen über Objekte (Mengen, Klassen, Typen von Objekten) spezifizieren zu können, sollen komplexe Aufgaben, die sich auf abstrahierte visuelle Objekte und Operationen beziehen, besser unterstützt werden können. Die Benutzer wenden eigene Sprachkonstrukte an, um selbst diese Abstrahierungen durchzuführen.

Abstrahierende Schnittstellen erlauben Benutzern die Durchführung von Operationen auf visuellen Objekten, die zu Abstrahierungen führen können. Der englische Ausdruck *demonstrational* (darstellend) soll auf den Unterschied zu Programmiersprachen verweisen, wo Benutzer bestimmte Konstrukte verwenden *müssen*, um Erweiterungen ihrer Schnittstellen zu erreichen. Bei der Benutzung abstrahierender Schnittstellen wird dieser Effekt durch die beispielhafte Durchführung einer Abstrahierung erzielt. Will z.B. ein Benutzer alle ".txt"-Dateien eines Verzeichnisses löschen, so schließt das Computersystem aufgrund vorangegangener Löschvorgänge von ".txt"-Dateien durch Auswertung der aufgezeichneten Benutzeraktionen auf die Intention des Benutzers. Es richtet z.B. die Frage an den Benutzer, ob alle ".txt"-Dateien aus dem Verzeichnis gelöscht werden sollen. Das Computersystem operiert auf der Annahme, der Benutzer hätte dem System bereits *demonstriert*, wie abstrahiert werden soll. Der gleiche Vorgang kann bei der Zusammenfassung unterschiedlicher Operationen stattfinden, um wiederkehrende komplexere Interaktionssequenzen zu automatisieren.

Zusätzlich zu den in Abschnitt 5.2 aufgezählten Charakteristika direkter Manipulation weisen darstellende Benutzerschnittstellen folgende *Merkmale* auf:

- *Abstrahierungsprozesse* laufen mittels beispielhafter Durchführung an konkreten visuellen Objekten ab.
- Benutzerschnittstellen werden "*programmierbar*", ohne die Benutzer eine Programmiersprache erlernen lassen zu müssen.
- Komplexe Aufgaben können *effizienter* bewältigt werden.

Ermöglicht wird diese Art der Interaktion durch Hinzuziehen von Techniken der Künstlichen Intelligenz, die wir im Zusammenhang mit wissensbasierten, "intelligenten" und adaptiven interaktiven Systemen in Kapitel 8 noch ausführlicher diskutieren werden. Die Idee ist, das interaktive System mit einer Schlußfolgerungskomponente (*inference engine*) auszustatten, die kontinuierlich Wissen über die selektierten Objekte und Operationen seitens der Benutzer akquiriert. Dazu steht eine Menge von Grundregeln zur Verfügung, die im Laufe des Lernens verändert werden kann, abhängig vom Erfolg ihres Einsatzes. Dementsprechend war bisher der Einsatz abstrahierender Benutzerschnittstellen in kleinen, definierbaren Problembereichen am erfolgreichsten. Mit Hilfe der Werkzeuge Peridot und Marquise [Myers, 1988] [Myers et al., 1993] können Menus, Fensterbalken und Knöpfe (*buttons*) entworfen und gestaltet werden. Beispielhafte Einträge für Menus sowie Cursorpositionen dienen dem Schlußfolgerungsregelwerk als Eingabe. Aus diesen Eingaben generieren die Werkzeuge Erweiterungen zu bestehenden Interaktionsmöglichkeiten mit direkter Manipulation.

In Metamouse [Maulsby et al., 1989, Maulsby et al., 1992] und Eager, einer Hypercard-Erweiterung [Cypher, 1991] wird versucht, nach zwei Iterationen graphischer Interaktionen Vorschläge zur Weiterführung der Aufgabe durch automatische Schlußfolgerungen zu unterbreiten. Dabei werden geometrische Bedingungen herangezogen, um Schleifen und Iterationen zu entdecken. Die Vorschläge zur Weiterführung der Interaktion werden graphisch, etwa durch Veränderung des Hintergrundes der betroffenen Information angezeigt.

Aufgrund der vielen Annahmen, die für automatische Schlußfolgerungen zu treffen sind, kommt dem Feedback des Computersystems entscheidende Bedeutung zu. Erklärungen, warum gewisse Schlüsse gezogen wurden sind ebenso wichtig wie das Frage/Antwort-Wechselspiel zur Identifikation korrekter Schlüsse. Auch sollten die Benutzer Einblick in den generierten Code bekommen können.

Abstrahierende Benutzerschnittstellen wurden bisher nur in gut beschreibbaren Problembereichen wie z.B. der Programmierung und Textverarbeitung, eingesetzt, sodaß aufgrund der fehlenden empirischen Untersuchungen in komplexeren Aufgabenumgebungen *keine generelle Empfehlung* für den Einsatz von systemunterstützter Abstrahierung im Zusammenhang mit direkter Manipulation gegeben werden kann.

5.4 Erweiterungen zweidimensionaler Interaktionsformen

Stellvertretend für die vielen Vorschläge von Kombinationsformen (z.B. [Ludwig et al., 1990]) geben wir in der Folge Beispiele für die folgenden Kombinationen: Sprachinteraktion plus eine andere Interaktionsform sowie zweidimensionale Mikrowelten, welche die Vorstufe zu den dreidimensionalen virtuellen Welten darstellen.

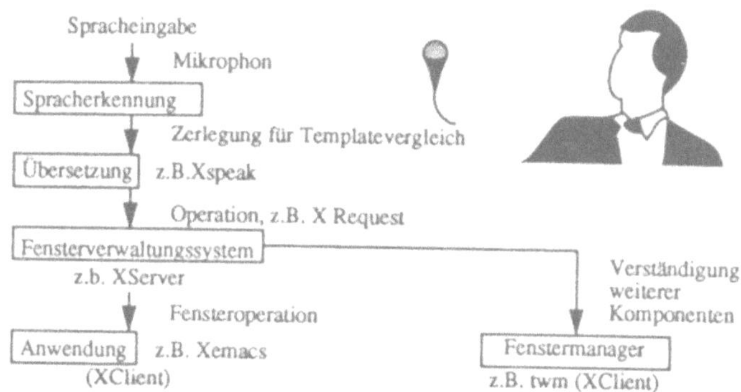

Bild 5.4 Architektur eines kombinierten GUI-Spracherkennungssystems am Beispiel Xspeak

Spracherweiterungen. Aufgrund der wenigen überzeugenden sprachverarbeitenden Systeme wurde versucht, Spracheingabe mit anderen Interaktionsformen zu kombinieren. So wurde beispielsweise versucht, Spracheingabe mit graphischen Benutzerschnittstellen, also Bildschirm, Tastatur, Menus, Piktogrammen und Fenstern in Beziehung zu setzen. Xspeak [Schmandt et al., 1990] ist als Ergebnis am MIT in mehrjähriger Arbeit entstanden und erlaubt den Benutzern, die Interaktion nicht via Maus oder anderer Zeigehilfsmittel zu steuern, sondern mittels Spracheingaben.

In Xspeak sind Wörter mit Fenstern assoziiert. Das Aussprechen des Namens eines Fensters führt zur Operation *Bring-To-Front*, die das angesprochene Fenster in den Vordergrund rückt und einen Cursor darauf positioniert. Auch können bestimmte Tasten mit Sprachbedeutung belegt werden. Diese Art des Spracheinsatzes verkürzt zwar nicht die Zeit, die Benutzer zur Kontrolle einer Anwendung aufwenden müssen [Martin, 1989], sie bringt jedoch mehr Handlungsfreiheit mit sich, falls andere Tätigkeiten mit den Händen oder dem Sehsinn gleichzeitig auszuführen sind (z.B. bei zeitkritischen Produktionsprozessen).

Abbildung 5.4 zeigt die *Architektur* eines derartigen Systems. Die Spracheingabe erfolgt mittels eines Mikrophons. Eine Spracherkennungskomponente sowie ein Interpretationsmechanismus sind dem Fenstersystem vorgeschaltet. Sie bestimmen die Korrektheit der Eingabe bzw. übersetzen die Spracheingabe in eine Funktion, die seitens des Fensterverwaltungssystems durchgeführt werden kann, z.B. *Bring-To-Front*. Der Funktion entsprechend wird eine Mitteilung an die Interaktionskontrolle, z.B. das Fensterverwaltungssystem, geleitet sowie das Fenster bzw. sein Inhalt (z.B. Daten) verändert.

Die *Spracherkennung* erfolgt mittels den Fenstern zugeordneten *voice templates*. Diese *templates* bestehen aus einer Menge von Wörtern, die als Sprachschatz gespeichert (und nötigenfalls durch Wiederholung der Aussprache "trainiert") wurden. Sobald die Benutzer das Element *Bring-To-Front* des Fenster-*templates* aussprechen, wird das Fenster auf dem Bildschirm sichtbar und der Cursor in der Mitte des vollständig sichtbaren Fensters positioniert. Das Fensterverwaltungssystem unterscheidet dabei nicht die Art und Weise, wie es zur Ausführung dieser Operation gekommen ist. Ab diesem Zeitpunkt werden alle Tastenanschläge auf dieses Fenster bezogen und darin dargestellt.

Empirische Untersuchungen von interaktiven Systemem mit Spracherweiterungen haben nach [Brown et al., 1989, Martin, 1989, Schmandt et al., 1990] folgende Erkenntnisse erbracht:

> Sprachverarbeitende Interaktionskomponenten sollten *eine Option* einer Vielfalt von Interaktionsformen eines interaktiven Systems darstellen.
>
> *Andere Interaktionsformen*, wie etwa Mausbewegungen, sollten zu *gleichen Wirkungen* führen wie die Spracheingabe.
>
> *Spracheingabe* sollte aufgrund der bestehenden Schwierigkeiten bei der Spracherkennung auf ein kleines, nach Möglichkeit in sich abgrenzbares Vokabular *beschränkt* bleiben.

Mikrowelten. Eine andere Möglichkeit, zweidimensionale Interaktionsformen zu erweitern, besteht in der Konstruktion sogenannter Mikrowelten. So erlaubt beispielsweise ARK, das *A*lternate *R*eality *K*it, die Veranschaulichung physikalischer Gesetzmäßigkeiten, etwa der Schwerkraft [Smith, 1986, Smith, 1987]. In Mikrowelten, z.B. der *Collision World*, können physikalische Gesetze an konkreten Objekten veranschaulicht und ihre Gültigkeit durch Manipulation einzelner Parameter dokumentiert und erfahren werden. Ähnlich wie bei direkter Manipulation physische Objekte zur Manipulation herangezogen werden, werden in ARK physikalische Gesetze selektiert und konkretisiert. Dabei gelangen speziell entwickelte *Interaktionselemente* zum Einsatz:

- Die *Hand* als Zeigehilfsmittel stellt das vornehmlich benutzte Interaktionsmedium dar. Mit ihrer Hilfe können Knöpfe aktiviert, Objekte verschoben und Geschwindigkeiten "geworfenen" Objekten zugeordnet werden.

- *Interaktoren* erlauben die Festlegung naturbedingter Gegebenheiten bezüglich Bewegung und Erdanziehung, welche von den Benutzern auch verändert werden können.

- *Regler* erlauben die Zuweisung von skalierten Werten.

- Das *Warenhaus* versorgt die Benutzer mit manipulierbaren Objekten (Kugel, Rad etc.).

- *Knöpfe* ermöglichen die Kommunikation der Benutzer mit den Simulationsobjekten. Sie können zu Objekten hinbewegt und auf deren Oberfläche fallengelassen werden. Dort werden die Nachrichten, die sie beinhalten, verarbeitet, wenn das selektierte Objekt dazu in der Lage ist.

ARK ist in Smalltalk realisiert und wird erfolgreich zur Wissensvermittlung durch Erfahrung in simulierten Mikrowelten eingesetzt. In SharedARK [Gaver et al., 1991], der Version von ARK zur Unterstützung von Gruppenarbeit, wurde dem Design von Audiogrammen (siehe Abschnitt 4.10) besondere Aufmerksamkeit geschenkt. Im Rahmen empirischer Tests wurde herausgefunden, daß aufgabenangepaßtes Design von Audiogrammen zu Leistungssteigerungen bei Benutzern führen kann.

Eine andere Art von Mikrowelt stellt das Freestyle-System [Levine et al., 1992] dar. Es erlaubt den Austausch von Nachrichten zwischen vernetzten Computersystemen mit Hilfe eines Bildschirms, einer Tastatur, einem Zeigehilfsmittel, einem Griffel (*stylus*), Spracheingabe und einem Tablett. Information kann also auf vielfältige Weise kommuniziert werden: durch Eintippen, Hinzeigen, Sprache, Schreiben auf dem Tablett sowie jede Kombination dieser Interaktionsformen.

Der Griffel zählt zu einer Kategorie von Kontroll- und Eingabegeräten, die eine Alternative zur Tastatur bei visuellen Anzeigeeinheiten darstellen. Begonnen wurde diese Entwicklung mit *pen-based* Benutzerschnittstellen (z.B. [Carr, 1991, Carr et al., 1991]), entsprechend der Bleistift-Metapher. Positionieren, Zeigen, Selektieren, Eingeben und Löschen sind die Hauptfunktionen dieser Art von Medien. Sie integrieren folglich Eigenschaften der Tastatur und Kontrollmedien zur Manipulation von Daten und Kontrolleingaben.

Was bei Freestyle zunächst wie technologisches Spielzeug aussieht, gewinnt im betrieblichen Umfeld an Bedeutung. So kann beispielsweise ein Dokument mittels Freestyle versandt und von verschiedenen Benutzern unterzeichnet werden: der elektronische Aktenumlauf wird damit möglich. Die Nachvollziehbarkeit aller

Operationen auf Daten (*tracing*) ist ebenfalls gegeben: *Think-aloud*-Protokolle reichen dabei aus, d.h. es müssen keine schriftlichen Aufzeichnungen existieren. Somit werden Kommentare von Benutzern dokumentiert sowie die Transparenz von Entscheidungsprozessen erhöht. Abgesehen von den ethischen Bedenken, die mit dem Gebrauch des Systems verbunden sind, wird hier ein Weg in Richtung papierloses, digitales Büro beschritten.

Im Gegensatz zu den vielen verschachtelten Fenstern einer typischen graphischen Benutzerschnittstelle (siehe Abschnitt 5.1) wird in Freestyle ein einziger Bildschirm mit großen Piktogrammen, die den elektronischen Schreibtisch (*desk-top*) symbolisieren, angezeigt. Die elementare Verarbeitungseinheit ist eine Papierseite, die bei Bearbeitung den gesamten Bildschirm füllt und darauf auch Platz findet. Mittels der Griffel/Tablett-Kombination wird es möglich, handgeschriebene Eingaben zu tätigen. Steuer- und Kontrolleingaben (Selektieren, Verschieben (*dragging, scrolling*)) werden mittels des Griffels und *pop-up*-Menus durchgeführt.

Mikrowelten kombinieren unterschiedlichste elementare Interaktionsformen und dienen bestimmten Zwecken. Wie wir in Abschnitt 5.5 und 5.7 sehen, können diese Mikrowelten auch in allgemeinerem Kontext, wie etwa Freestyle zur Skripterstellung (*authoring*) von Multi-Media Systemen eingesetzt werden.

5.5 Multi-Media Interaktion

Multi-Media Interaktion bestimmt eher als Schlagwort die Diskussion um die Kombination elementarer Interaktionsformen denn als technisches, organisatorisches oder software-ergonomisches Konzept [Reisman, 1991]. Zur Zeit stehen zwar Technikaspekte im Vordergrund, doch ohne die Adaptierung an bestimmte Benutzergruppen, etwa Studierende, werden sich Multi-Media-Systeme nicht durchsetzen. Da die Vorstellungen bezüglich einer Definition von Multi-Media Systemen sehr unterschiedlich sind, existiert bis heute keine präzise und einheitliche Definition derartiger interaktiver Systeme.

Der kleinste gemeinsame Nenner von Definitionsversuchen erlaubt die Ableitung folgender *minimaler Eigenschaften* von Multi-Media Systemen:

1. *Unterschiedliche Interaktionsmedien werden integriert.*

2. *Eines oder mehrere Interaktionsmedien sind dynamisch*, d.h. zeitabhängig (z.B. Audio, Bewegtbilder), wobei die menschliche Wahrnehmung an eine feste zeitliche Abfolge gebunden ist. Text, Graphik und Standbilder stellen im Gegensatz dazu zeitunabhängige Medien dar.

3. Als *Medien* kommen *Text, Graphik, Bilder, Audio (Geräusche, Musik), Video und Sprache (digital bzw. analog)* zum Einsatz, wobei die Beschränkungen der Informationsübermittlung von Text und Graphik durch Audio-, Video-, Simulations- und Animationskomponenten überwunden werden sollen.

4. *Bedingt durch die Integration wird die Flexibilität der Anzeige und Übermittlung von Information erhöht.* Dabei stehen Möglichkeiten der individuellen Anpaßbarkeit sowie die Erhöhung der Bandbreite an Informationsarten im Mittelpunkt der Gestaltung derartiger Systeme.

5. *Die Wahl der Informationsdarstellung liegt bei den Benutzern.*

Die Effizienz der Interaktion soll durch die mehrfache und anschauliche Darstellung von komplexen Inhalten gesteigert werden. Mehrere Automobilproduzenten setzen beispielsweise Multi-Media Systeme in der Ausbildung von Fachkräften ein, um Arbeiten nicht nur konzeptionell mittels Graphiken, sondern auch praktisch mittels Videosequenzen zu lehren.

Die Handlungsmöglichkeiten für Benutzer sind neben der individuellen Steuerbarkeit der Interaktion

- das *Festlegen* des Zeitpunkts der Informationsdarstellung und -übermittlung sowie

- die *Auswahl* und *Kombination* von Informationselementen.

Multimedia ist also die computerbasierte Kombination mehrerer zeitabhängiger und zeitunabhängiger Medien, die individuell und selektiv bearbeitet werden können.

Spezielle Interaktionsmöglichkeiten für Benutzer von Multi-Media Systemen haben zu dem Begriff **Hyper-Media** geführt. Dieser Begriff entstand aus der Verschmelzung von Hyper-Text- und Multi-Media-Konzepten [Conklin, 1987, Nielsen, 1990]:

> *Hyper-Text* Systeme bestehen aus Text, sogenannten Informationsknoten, die mittels Verweisen zueinander in Beziehung gesetzt werden können. Diese Verbindungen sind bidirektional und dienen den Benutzern zur Navigation durch die Vernetzung der Informationsknoten.

> *Hyper-Media* Systeme stellen die Kombination von Hyper-Text und Multi-Media Systemen dar. Dies bedeutet, daß die Informationsknoten nicht nur Text, sondern auch Grafik, Stand- oder Bewegtbilder sowie Geräusche enthalten können. Dementsprechend verbinden die Verweise unterschiedliche Informationsarten.

Die Benutzer können also entsprechend ihren Vorstellungen unterschiedlich darstellbare und miteinander assoziierte Informationselemente ansprechen. Die Systeme, welche diesen Umgang mit Information unterstützen, werden explorative Systeme bezeichnet. Dabei können die Benutzer die Information beliebig durchforsten, ohne daß das System Grenzen aufgrund der internen Strukturierung der Information setzt. Diese Eigenschaft des Navigierens (*browsing*) macht Multi-Media zu einer *aktiven* Interaktionsform, im Gegensatz zu Audio und Video, die als *passive* Interaktionsformen aufgrund des deterministischen Zugriffs auf Information anzusehen sind.

Die Interaktion sollte den Kriterien der Software-Ergonomie, wie sie in Kapitel 1 und 10 angeführt sind, genügen. Zusätzlich zur individuellen Steuerbarkeit der Medien(integration) durch die Benutzer sowie der Anpaßbarkeit des Systems ist besonders der Aspekt der *Echtzeitverarbeitung* zu beachten:

> Multi-Media Systeme sollten so rasch agieren und reagieren, sodaß weder die Darstellung der Information noch die Verarbeitung – dieser Aspekt ist vor allem bei Videosequenzen von Bedeutung – von Vorgängen der beobachtbaren Realität verzerrt werden.

Der Begriff Multi-Media gibt noch keine Auskunft darüber, wie Information in derartigen Systemen organisiert ist und welche Interaktionsmöglichkeiten den Benutzern zur Verfügung stehen. Das Konzept von Multi-Media Systemen ist die starke Vernetzung unterschiedlich darstellbarer Information sowie der "freie" Zugang zu dieser Information durch die Benutzer.

Zur aufgaben- und benutzergerechten Gestaltung von Multi-Media Systemen sind nach [Francik et al., 1991, Marmolin, 1992] folgende spezielle Richtlinien beim Einsatz der beteiligten Medien zu beachten:

- *Text* ist für erfahrene Benutzer interaktiver Systeme sowie Experten in einem Problembereich nutzbringend; für alle anderen Benutzerkategorien (siehe Kapitel 2) sollte Information nach Möglichkeit visualisiert werden.
- *Video* dient vornehmlich der Visualisierung von Vorgängen und Abläufen der beobachtbaren Welt.

zeitunabhängiges Medium	Elemente	typische Größe
Text	druckbare Zeichen	10 KB (5 S.)
Graphik	Vektoren, Flächen	10 KB
Rasterbild	Bildpunkte (Pixel)	1 MB (1024x1024)

zeitabhängiges Medium	Elemente	typische Größe
Tonaufnahme	Lautstärkepegel	600 MB (Audio-CD)
Bewegtbild (Video-Clip)	Rasterbild oder Graphik	2 GB (30 min.)

Tabelle 5.2 Informationsarten bei multi-medialer Interaktion

- Handelt es sich um Vorgänge, die in der von Benutzern beobachtbaren Welt nicht unmittelbar visualisierbar sind (der menschliche Blutkreislauf, elektrische Signalwege etc.), so sollte *Animation* (siehe Abschnitt 3.1.7) eingesetzt werden.
- *Sprache* kann sowohl zur Eingabe (Spracherkennung) als auch zur Ausgabe von Information verwendet werden, wobei die durch Sprache ausgegebene Texte gleichzeitig auf dem Bildschirm dargestellt werden sollten. Die dabei auftretende *Redundanz der Information* dient der besseren Verständlichkeit sowie der Vorbeugung vor Mißverständnissen.
- *Geräusche* oder *Musik* können entweder zur Betonung bereits dargestellter Information (z.B. bei Videosequenzen) oder als eigenständige Informationsquelle (z.B. Alarmanzeige) eingesetzt werden.

Die gleichzeitige *Mehrfachdarstellung* (Redundanz) von Information in Multi-Media Systemen wird nur dann als nutzbringend empfunden, wenn einerseits die Darstellungsarten aufeinander abgestimmt und andererseits die integrierten Medien miteinander synchronisiert sind. Um diese Integration zu erreichen, bedarf es der Integration von Technologien der Informatik (Speichermedien wie CD-ROM), elektronischer Kommunikation (Vernetzung) und der Unterhaltungselektronik (Audio, Video).

Tabelle 5.2 gibt einen Überblick über die bei Multi-Media Interaktion einsetzbaren Informationsarten und ihren Speicherbedarf.

Bei der *Integration* von Medien und der mit ihnen verbundenen Interaktionsformen können wir zwei Ebenen unterscheiden: die Verarbeitungs- und die Darstellungsebene. Letztere wird durch die gleichzeitige Präsentation zeitabhängiger und zeitunabhängiger Information charakterisiert. Diese Verknüpfung ist mittels spezieller Video-Einschubplatinen einfach realisierbar, da sie kaum Konfigurationsaufwand erfordert. Bei der Integration auf Verarbeitungsebene allerdings wird vorausgesetzt, daß sämtliche Information, ungeachtet ihrer Darstellung in digitaler Form verarbeitet werden kann. Dies zieht aufwendigere Hard- und Software sowie spezifische Anwendungserstellung nach sich.

Die *Realisierung* von Multi-Media Systemen auf Verarbeitungsebene stößt zur Zeit auf folgende grundlegende *Probleme*:

1. Schwierigkeiten bei der notwendigen technischen Integration bisher in sich geschlossener (und daher inkompatibler) Systeme aus Film-, Computer- und Nachrichtentechnik.

2. Das Fehlen von Konzepten und Verfahren zur Gestaltung und Entwicklung von Multi-Media Systemen. Konzepte sind sowohl zur individuellen als auch zur teamorientierten Integration der Medien (*coauthoring*) notwendig. Letztere erfordert das gemeinsame Betrachten und Bearbeiten und ist mit Telezeiger, Versions- und Zugriffskontrollen zu realisieren.

Anhand der Entwicklungsschübe zur Speicherung von Daten läßt sich jedoch abschätzen, daß einige technische Hindernisse in naher Zukunft überwunden werden können:

1970: Die Laser-Videodisc (die Bildplatte) kann 54.000 **analoge** Videosequenzen (ca. 30 Minuten Bewegtbildaufnahmen) auf 12 inch großen Speicherplatten unterbringen.

1982: Die Compact Disc-digital audio (die CD) kann bis zu 72 Minuten akustische Information **optisch-digital** speichern.

1984: Die CD-ROM (Compact Disc-Read Only Memory) kann bis zu 650 Megabytes (MB) digitaler Daten jeglicher Art aufnehmen.

1984: Die WORM (Write Once Read Many) ist eine beschreibbare **magnetisch-optische** Platte, die mehr als 1 Gigabyte Daten zu speichern vermag.

1986: CD-I (Compact Disc Interactive) erlaubt die interaktive Benutzung multimedialer Daten auf CD – *consumer-oriented.*

1987: DVI (Digital Video Interactive) erlaubt bis zu 72 Minuten Bewegtvideo und Audio durch spezielle Datenkompression – *producer-oriented.*

1988: Die EOP (Erasable Optical Disk), die wiederbespielbare optische Speicherplatte, erlaubt, hunderte Megabytes multi-medialer Daten ökonomisch zu verwalten.

In diesem Zusammenhang ist schließlich der ISO CD-ROM-Standard (1988) zu nennen, der durch die einheitliche Festlegung des Umfangs und der Speicherstrukturen von CD-ROMs die weltweite Verbreitung dieses Speichermediums ermöglichte. Bedingt durch den hohen Speicherplatzbedarf – eine Sekunde Video (25 Bilder) erfordert 18 - 22 Megabyte Speicher – sind für den Betrieb interaktiver Multi-Media Systeme hohe Speicherkapazitäten, zusammen mit entsprechenden Datentransferraten (rasche Bus-Ein/Ausgabe und ebensolche Graphikkarten) erforderlich. Zur Zeit ist mit der Kapazität von 648 Megabyte einer CD-ROM 29.6 Sekunden Video möglich. Die CD-ROM-Datentransferrate beträgt 360 Kilobyte/Sekunde und die Übertragungsdauer für ein Bild ca. 3 Sekunden. Datenreduktion durch Kompression ist daher notwendig. Wir unterscheiden die folgenden Arten der *Kompression*:

- *Hardwaremäßige* Kompressionsverfahren für Audio und Video. Technologien wie DVI und CDI verwenden unter anderem Standards wie JPEG (Joint Photography Expert Group), MPEG (Motion Pictures Expert Group) zur Kompression. Sie komprimieren die Information bis 50:1 bzw. 132:1.
- *Softwaremäßige* Kompressionsverfahren wie bei MS-Video oder QuickTime.
- *Kombinierte* Hard/Software-Kompression wie bei MS-Video Accelerator.

Die derzeit durch Kompression maximal erreichbare Spielzeit für Video inklusive Audio beträgt 180 Minuten. Kompressionsverfahren erlauben nicht nur die Reduktion des Datenvolumens, sondern ermöglichen auch geringere Datenübertragungsraten. Langfristig benötigen Multi-Media Systeme breitbandige *Datennetze.* Diese Netze sollten

1. bei der Übertragung von Multi-Media Daten weder die Bildqualität noch die Darstellungsgröße beeinträchtigen.
2. vollduplex Audio/Videokanäle gleichzeitig verfügbar haben.

Lokale Netze auf der Basis der Fiberglas-Technologie (FDDI – Fiber Distributed Data Interface) weisen noch nicht die benötigte Bandbreite auf. So werden für einen Multi-Media-Arbeitsplatz etwa 100 MB/sec vollduplex Verkehr geschätzt, unter der Annahme, daß eine Videosequenz 6-30 MB/sec erfordert.

Neue Übertragungsstandards wie B-ISDN (Broadband Integrated Services Digital Network) und ATM (Asynchronous Tranfer Mode) erlauben nicht nur den unbeschränkten Zugang zum Netz, sondern auch die Skalierung der auszunutzenden Bandbreite zur Kommunikation (10^x MB/sec Bandbreite). ATM unterstützt den Bereich von 45 MB/sec bis 2.4 GB/sec [Lyles, 1993]. Durch Paketvermittlung basierend auf *cells* wird auch der überlappende Betrieb unterschiedlicher Benutzer-zu-Benutzer Bandbreiten möglich.

Bei betriebs- und arbeitsplatzübergreifenden Systemen ist zur Zeit die erforderliche (tele-)kommunikationstechnische Unterstützung nicht flächendeckend verfügbar: Zum einen reicht sowohl bei den bestehenden öffentlichen und privaten Netzen (Datex-P, Telefon) die erforderliche Übertragungsgeschwindigkeit nicht, zum anderen existieren die notwendigen Übertragungsverfahren nicht, um z.B. Sprach-, Bild- und Textkommunikation parallel zu ermöglichen.

Experimente wurden mit einer Reihe von Anwendungen durchgeführt, um unterschiedliche Aspekte von Multi-Media Systemen und ihrer Entwicklung zu analysieren [Mackay et al., 1989]:

- *Interaktives Video Editieren* wurde im Rahmen der Erstellung sogenannter *interactive documentaries* erprobt. Dabei konnten Videoteile, die als Piktogramme dargestellt wurden, zusammengeschnitten und neu kombiniert werden. Eine Datenbank verwaltete nicht nur die Videosegmente, sondern auch die Schnittliste.

- *Interaktive Lern- und Trainingsprogramme* wurden mit Hilfe des Athen Muse-Werkzeugs für den Fremdsprachenerwerb erstellt. Dabei standen die Synchronisation unterschiedlicher Medien sowie die Benutzersteuerung im Mittelpunkt der Untersuchungen.

- Die *Benutzerschnittstellen-Forschung* interessierte sich im Rahmen des EVA (Experimental Video Annotator)-Projekts für das Kommentieren von Videosequenzen und die regelbasierte Analyse derselben.

- *Interaktive Kommunikationssysteme* wurden im Pygmalion-Multi-Media Nachrichtensystem anhand der Bedienung einer neuroanatomischen Forschungsdatenbank erprobt. Die Benutzer konnten gemeinsam multimediale Daten benutzen und innerhalb eines Netzes editieren.

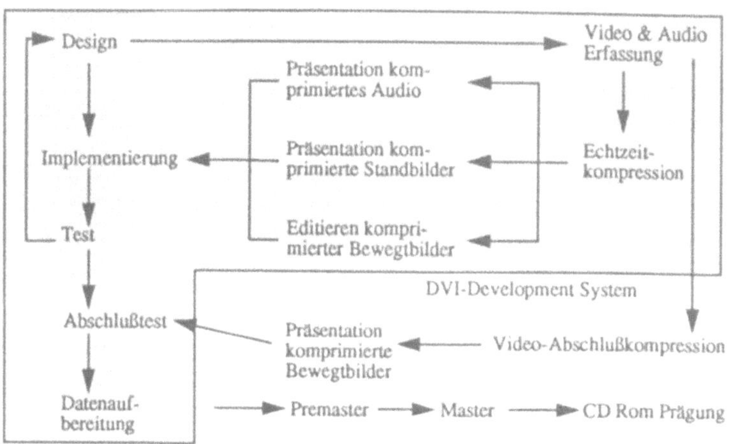

Bild 5.5 Beispiel eines DVI Authoring Prozesses

Die Ergebnisse waren zum Teil ermutigend, der Entwicklungsstand von Konzepten läßt jedoch zu wünschen übrig, vor allem durch die enge Bindung von Verfahren an bestimmte Technologien. So kann z.B. der Vorgang interaktiven Video-Editierens nicht wie in Abbildung 5.5 nach [Ripley, 1989] gezeigt beliebig zwischen verschiedenen Systemen portiert werden.

Entwicklungsschübe sind nicht nur bei der Integration und Vernetzung einzelner Medien notwendig, sondern auch bei der Verwaltung der Daten, also etwa Datenbanksystemen. Neben Mehrfach-Zugriffskontroll- und neuartigen Transaktionsmechanismen rückt der Bereich der *semantischen Datenmodellierung und Abfrage* mittels Sprachen der vierten Datenbankgeneration in den Mittelpunkt bei der Entwicklung von Multi-Media Systemen. In der Folge wird ein abstrakter Datentyp zur Modellierung von Standbildern nach [Meyer-Wegener, 1991] gezeigt:

```
IMAGE
    identifier    : CHAR;
    height        : INTEGER;
    width         : INTEGER;
    depth         : INTEGER;
    compression   : CODE;
    pixelmatrix   : LIST-OF BIT (1,*)
```

```
create_image (height, width, depth, compression,
              pixelmatrix): image;
modify_image (*): image;
delete_image (identifier);
```

Derart definierte Medienobjekte setzen sich aus unstrukturierten Daten (z.B. Bits, Buchstaben, Linien) und strukturierten Daten zusammen. Sie werden schließlich in ein Relationenmodell als Wertebereiche oder in ein objektorientiertes Modell als Klassen oder Typen eingebettet.

Zusätzlich zu den Objekttypen TEXT, GRAPHIK, STANDBILD, AUDIO etc. werden Beziehungen zwischen den Objekttypen gespeichert. Oberstes Ziel bei der Speicherung und Wiedergewinnung ist die Format- und Geräteunabhängigkeit von Medienobjekten und deren Kombinationen.

Zusammengefaßt stellen Multi-Media Systeme zwar die am weitesten fortgeschrittene Verknüpfung dynamischer und statischer zweidimensionaler Interaktionsmedien und -formen dar. Die Systeme können allerdings zur Zeit weder technisch noch konzeptionell einem großen Benutzerkreis zugänglich gemacht werden.

5.6 Virtuelle Welten

Die Fortschritte bei der Hardware sowie auf dem Gebiet der graphischen Datenverarbeitung ermöglichen die Generierung von dreidimensionalen "Räumen" mittels Computersystemen. Die damit geschaffene künstliche dreidimensionale Welt wird Virtuelle Realität oder Virtuelle Welt (Virtual Reality, Virtual Environment, Cyberspace, Artificial Reality) genannt:

> *Virtuelle Realität* umfaßt Interaktions- und Darstellungsverfahren, die künstliche dreidimensionale Welten begreifbar und manipulierbar (d.h. mit menschlichen Sinnen erlebbar) machen.

Bisherige interaktive Systeme erlaubten eine zweidimensionale Sicht auf die von Benutzern betrachteten Objekte. Selbst die Wahrnehmung von dreidimensionalen Bildern war bisher zweidimensional. Akustische Eindrücke waren in Kombination mit dreidimensionalen Bildern eher selten. Auch befanden sich die Benutzer außerhalb der Benutzerschnittstelle. Das wesentlichste Merkmal virtueller Welten ist daher das "Sich-In-Der-Welt-Befinden" (*immersion*) der Benutzer

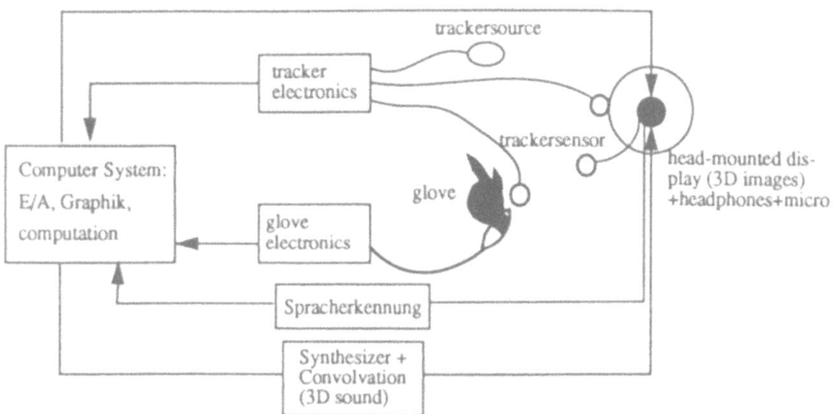

Bild 5.6 Typische Elemente einer virtuellen Welt

[Krueger, 1983, Krueger, 1991, Virtual Worlds, 1993, Virtual Reality, 1994], sodaß die Kommunikation mit der Maschine in einem abgeschlossenen Wahrnehmungsraum, welcher die Benutzerschnittstelle darstellt, abläuft. Mit Hilfe von Graphik- und Objektgenerierungsprogrammen können Gegenstände der wirklichen Welt (Gebäude, Ordner etc.) modelliert sowie künstliche Gegenstände generiert werden. Damit werden vor allem für die Simulation von Ideen und Produkten neue Möglichkeiten eröffnet.

Virtuelle Welten versetzen die Benutzer in einen künstlich generierten Informations- und Kommunikationsbereich. Sie sind innerhalb der Welt selbst präsent. Um sich in dieser Welt zu bewegen und zu verhalten, benötigen die Benutzer (hier auch als Cybernauten im Cyberspace bezeichnet) zur Kommunikation zumindest eine bestimmte Brille sowie einen speziellen Handschuh. Diese beiden Komponenten bilden die benutzerseitige Grundlage, um in die künstlich generierte Welt einzutauchen. Abbildung 5.6 zeigt alle *Komponenten*:

1. Ein am Kopf getragenes 3D-Anzeigegmedium (*head-mounted display*): diese spezielle **Brille** (*eye phone*) muß nicht nur die Stereodarstellung computergenerierter Szenen ermöglichen, sondern auch die Bewegungen der Benutzer. Die Messung der Bewegungen wird durch das teilweise ebenfalls auf dem Kopf getragene *tracking*-System möglich.

Die Brille, die sich die Benutzer aufsetzen, besteht aus kleinen Farb-Flüssigkristall-Bildschirmen mit zwei Linsen (Weitwinkeloptik), welche seitlich versetzte Bilder direkt vor die Augen projezieren. Durch diese Anordnung wird stereoskopes, perspektivisches Sehen möglich. In das Computersystem werden die versetzten Bilder synchron eingespielt. Das räumliche Sehen wird verstärkt, indem das dargestellte Bild von der Blickrichtung der Benutzer abhängig ist. Damit erhalten diese die Vorstellung, sich im Raum zu bewegen.

2. Die Steuerung der Bilder vor den Augen des Cybernauts erfolgt über einen **Handschuh** (*glove*), z.B. DataGlove oder CyberGlove. Es reicht ein Fingerzeig, um Objekte zu manipulieren. Der Handschuh, den die Benutzer über ihre Hand streifen, ist mit einer Glasfaser-Meßoptik versehen, um Gelenkstellungen der Finger zu messen. Dies ist notwendig, um sich durch die künstliche Welt zu navigieren und mit deren Objekten zu interagieren.

   Die Funktionalität des Handschuhs wird durch die Lichtdurchlässigkeit der Glasfaserkabel ermöglicht. Glasfaserkabel sind auf allen Fingern neben sogenannten Positionssensoren (Polhemus-Sensoren) angebracht. Jede Veränderung der Finger beeinflußt die Lichtdurchlässigkeit der für den Finger zuständigen Glasfaser. Anhand der Helligkeitsunterschiede interpretiert ein Programm die jeweilige Fingergeste. Der ausgestreckte Zeigefinger gibt beispielsweise die Richtung der Bewegung an, die Stellung des Daumens kann "Halt" (Daumen nach oben) oder "Bewegung" bedeuten. Deutet der Daumen nach oben, kann das Licht vollkommen die Glasfaser durchdringen. Drückt der Benutzer den Daumen auf den Zeigefinger - der Lichtstrahl wird unterbrochen – bewegt sich der Benutzer "tiefer" in die Welt hinein.

   Werden mehrere Freiheitsgrade (damit sind die möglichen Gesten gemeint) zur Interaktion erforderlich, so kann ein spezieller **Anzug** die notwendige Vielfalt durch die Stellung bestimmter Gliedmaßen ermöglichen.

3. Ein weiterer **Sensor für die Position** auf dem Hinterkopf des Brillengestells führt das Bild gleichzeitig nach, sobald der Mensch den Kopf zur Seite dreht. Die Position und Ausrichtung der Brille und des Handschuhs werden stets gemessen (*tracking*), um so die Simulation von 360-Grad-Bildern zu ermöglichen. Die 360-Grad-Simulation füllt das gesamte Blickfeld des Cybernauts aus und suggeriert ihm, daß er sich inmitten einer virtuellen Szene befindet. Der Sensor auf dem Hinterkopf ist jener Teil eines elektromagnetischen Meßsystems, mit Hilfe dessen das Computersystem die absolute Position sowie die Orientierung des Kopfes im realen Raum als Grundlage seiner Berechnungen erhält.

4. Die **Sprach- und Geräuschkommunikationskomponente** erlaubt die Eingabe von Sprache und akustischen Signalen via Mikrophon sowie die Ausgabe von Sprache über eine Synthetisierkomponente, die mittels Kopfhörer mit dem Cybernaut verbunden ist.

5. Mit der Summe der Daten aus der Lichtabschwächung in den Glasfaserbündeln des Handschuhs sowie der Brille erstellt das **Computersystem** ein graphisches Abbild der Hand, das auf den LCD-Bildschirmen des Cybernauts stets angezeigt wird. Diese Hand vollzieht jede Bewegung nach, die der Cybernaut mit der Hand vorgibt. Zusammen mit der 360-Grad-Simulation entsteht hier eine Gestensprache, wodurch Bewegung im simulierten Raum möglich wird.

   Das Computersystem hat die Aufgaben, die Daten- und Kontrolleingaben sowie die Ausgabe, graphische Darstellungen sowie sämtliche Berechnungen bezüglich des Zustandes und der Veränderungen der virtuellen Welt (inklusive des Cybernauts) durchzuführen.

   Computersysteme virtueller Welten bedürfen daher einer Hardware mit folgenden Eigenschaften [Lewis et al., 1991]:

   (a) *Echtzeitkontrolle*, da auf Aktivitäten des Cybernauts unmittelbar zu reagieren ist.

   (b) *Frei skalierbare Arithmetik*, um verschiedene Anwendungen leistungsgerecht zu unterstützen.

   (c) *Modulare Architektur* für flexiblen Einsatz.

Die *Entwicklung* virtueller Welten begann mit Experimenten dreidimensionaler Interaktionsformen. Abbildung 5.7 zeigt eines dieser Experimente und zwar die Erweiterung sprachbasierter GUIs mit dreidimensionalen Zeigegesten via Handschuh, eine Form multimodaler Interaktion nach [Bolt, 1984].

Neuere Entwicklungen vermitteln dem Cybernaut das Gefühl von Kraftübertragung. So erlaubt der im Rahmen des GLAD-IN-ART-Projekts [ESPRIT-Projekt] 5363 entwickelte Handschuh die Telemanipulation von giftigen Materialen. Der Handschuh ermöglicht neben 3-D Visualisierung *force-feedback*, wobei der Cybernaut nicht nur dreidimensionale Information empfängt, sondern auch durch die Berührungs- und Kraftsensoren fühlen kann, welche Kräfte in welcher Stärke bei der Berührung von Objekten wirken.

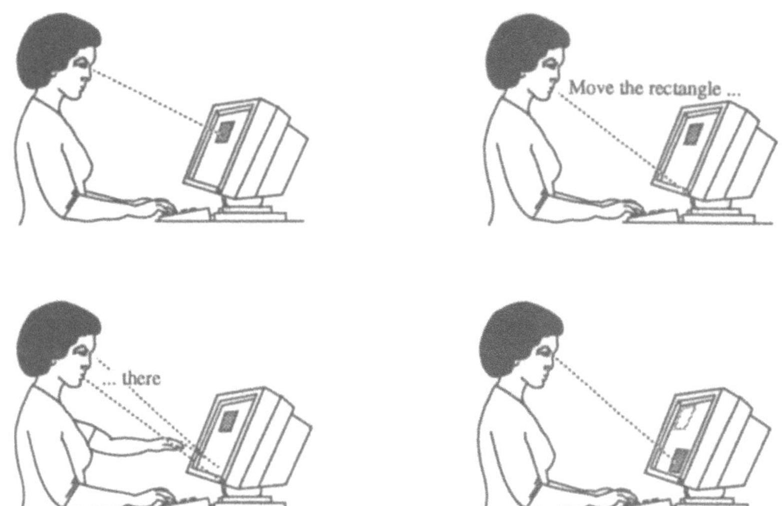

Bild 5.7 Beispiel einer dreidimensionalen Erweiterung eines interaktiven Systems

Industrielle und kommerzielle Anwendungen von Virtuellen Realitäten konzentrierten sich in den 80er Jahren auf den Produktions- und Spielebereich. Virtuelle Welten sollen demnächst als Werkzeuge für kostenreduzierende Produkt- und Verfahrensgestaltungen eingesetzt werden. Da die Technologie noch sehr teuer ist, wird zur Zeit auf folgenden Gebieten simuliert:

- Beschleunigung von Produktdesign und Bürogestaltung (Virtual Prototyping)
- Gestaltung architektonischer Objekte
- Arbeits(platz)gestaltung, z.B. im Bereich CAD (Computer-Aided Design)
- Planungsverfahren.

Die Schwerpunkte der Interaktionsforschung dabei sind:

1. *Dreidimensionale Benutzerschnittstellen*: Hier sollen vor allem für CAD-Programme geeignete Benutzerschnittstellen entwickelt werden, die einmalig erstellte Daten in Virtuelle Realität-Software portieren.

2. *Entwicklung und Bewertung (Evaluierung) von Interaktionsformen*: Während bei herkömmlichen graphischen Benutzerschnittstellen die Interaktion meist ereignisgesteuert und mittels Feedback funktioniert, können Cybernauten in virtuellen Welten mit Objekten direkt interagieren. Es ist also die Maus nicht mehr als Eingabemedium notwendig, um Aktionen auszulösen. Vielmehr wird es notwendig sein, eine wiederverwendbare Bibliothek von Interaktionsformen zu erstellen, die eine mehrdimensionale Benutzerführung und die Eingabe von Objekten im dreidimensionalen Raum ermöglicht. Dies inkludiert verschiedene Echotechniken, Feedbackmechanismen und taktiles Feedback, das auch das Abtasten eines virtuellen Gegenstands ermöglicht. Gemeinsam mit einer Gestensprache kann dann die Spezifikation von Virtuellen Realitäten und deren Schnittstellen erfolgen.

3. *Simulationsverfahren*: Dreidimensionale Simulationen erfordern die Portierung von bisher zweidimensionalen Simulationsalgorithmen sowie die Anpassung an die Komplexität von Objekten und deren Manipulation im dreidimensionalen Raum.

4. *Entwicklung von Plattformen*: Um ähnlich wie für graphische Benutzerschnittstellen die Portierung von Produkten zu ermöglichen, ist es sinnvoll, eine Bibliothek von relevanten Funktionen für Virtuelle Realitäten zu erstellen, um problemgerichtet Applikationen zu entwickeln. Diese Funktionen sollten die Bewegungen von Benutzern und prinzipielle Interaktionstechniken, wie z.B. das Manipulieren dreidimensionaler Gegenstände umfassen. Diese Bibliothek ist hardwareunabhängig und sollte alle Ein/Ausgabetechniken von der Tastatur bis zu Handschuhen nutzen können.

5. *Entwicklung von Modellierungs- und Designwerkzeugen*: Die Erstellung und Erweiterung virtueller Welten soll mittels bestehender Konstruktionsmodelle für dreidimensionale Objekte sowie durch die Integration neuer Medien, wie Photographie, Video etc. unterstützt und ausgebaut werden.

6. *Beurteilungs- und Evaluierungstechniken*: Entwürfe mittels Werkzeugen sollen überprüfbar werden. Diese Bewertung kann durch Checklisten oder andere Verfahren erreicht werden. Diese können wissensbasierte Techniken (siehe Kapitel 8) enthalten.

7. *Transformationsalgorithmen*: Es sollte möglich sein, zwischen Text, akustischen Daten und Bildern hin- und herzuschalten und Information in verschiedene Darstellungsarten zu portieren. Dazu sind einerseits Visualisierungstechniken und andererseits akustische Transformatoren und Algorithmen zur Umformung in geometrische Daten und lichttechnische Parameter notwendig.

Zusammenfassend können wir feststellen, daß die Nutzung dieser Technologie erst am Beginn ihrer Möglichkeiten steht sowie deren Entwicklungspotential noch nicht ausgeschöpft ist.

5.7 Umgebungsangepaßte Interaktionsformen

Computer-Augmented Environments sind mit Computersystemen speziell erweiterte Umgebungen. In diesen Umgebungen stellen Computersysteme bekannten Objekten, wie dem Schreibtisch, neue Funktionalität, wie das Öffnen von Laden auf Fingerzeig, zur Verfügung. Diese Art von Interaktivität erfordert eine Konzeption von Interaktionsformen, die sich ausschließlich an die vorhandene Umgebung sowie den Menschen in dieser Umgebung anzupassen haben [Wellner et al., 1993b].

Obwohl diese Technologie zum Teil die Interaktionsmedien virtueller Welten (siehe Abschnitt 5.6) verwendet, entsteht das Ergebnis der Einbindung dieser Medien aufgrund von Problemen mit bereits bestehenden Umgebungen. Daher wird in diesem Zusammenhang auch von *augmented reality* und *ubiquitos computing* gesprochen.

Beispiele erfolgreicher Anreicherung von Umgebungen stellen Bibliotheken, Büros und Unterrichtsräume dar. So kann beispielsweise ein Vortragender mittels des Charade-Systems [Baudel et al., 1993] Gesten einer Hand benutzen, um dreidimensionale Aufgaben an einer Bildschirmprojektion zu bewältigen. Die Hand wird damit zur anwendungsspezifischen Kommandozentrale. Der Vorteil von Gesten liegt in ihrer leichten Erlernbarkeit sowie in der Unmittelbarkeit der Interaktion. Abbildung 5.8 zeigt die Systemelemente Bildschirmprojektion (*active zone*) und Handschuh im Kontext. Der Handschuh erlaubt die Messung der Krümmung jedes Fingers sowie die Position und Orientierung der Hand im dreidimensionalen Raum in Bezug zur projezierten Fläche. Sobald die Zeigerichtung der Hand die Fläche der aktiven Zone schneidet, erscheint ein Symbol als Cursor auf der Projektion.

Der Benutzer erteilt Kommandos durch Gesten. Gesten unterstützen am besten Navigationsaufgaben, z.B. bei Hypertextsystemen. Zur Zeit sind 16 Kommandos

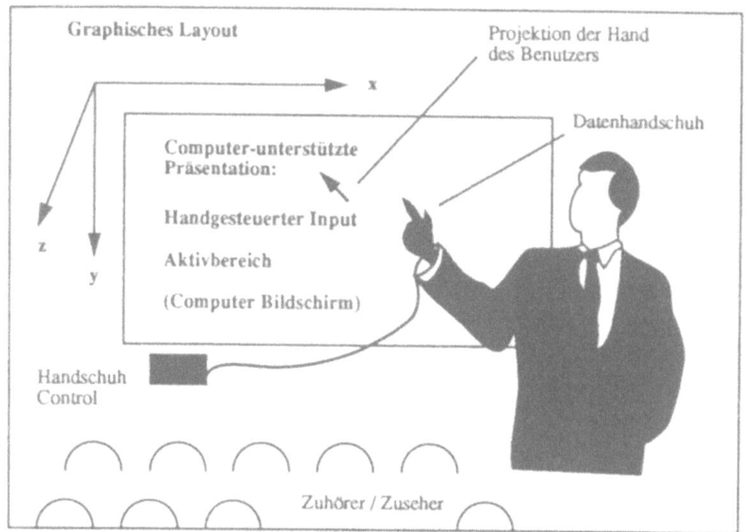

Bild 5.8 Charade: Gestenbasierte Manipulation von Bildschirmobjekten

in Charade implementiert. Beispielsweise bedeutet die Handbewegung von rechts nach links den Vorschub um eine Bildschirmseite. Da die Kommandos nur wirksam werden, sobald der Cursor auf der Projektion sichtbar ist, kann der Benutzer auch andere Aktivitäten mit der Handschuh-Hand setzen. Somit kann das *immersion syndrome* virtueller Welten umgangen werden. Dieses Syndrom wird durch die ständige Interpretation von Gesten in der virtuellen Welt, welche zu unbeabsichtigten Manipulationen führen kann, verursacht.

Ebenfalls einen Schritt zurück in die menschliche Welt stellt die Verwendung von tragbaren Computersystemen dar, welche von der Hand umschlossen werden können (*palmtops*). Sie können beispielsweise benutzt werden, um zweidmensional nach Information in dreidimensionalem Raum zu suchen [Fitzmaurice, 1993]. Dabei bedient ein LCD-Bildschirm die Prozessorleistung einer Silicon Graphics 4D/310 Iris Arbeitsstation. Chameleon [Fitzmaurice, 1993] ist ein Prototyp, welcher erfolgreich bei der Suche nach Information eingesetzt wurde. Abbildung 5.9 zeigt eine computerunterstützte Bibliothek, wo die Datenbank an den Buchregalen angebracht ist. Die Bücher sowie die Regale erlauben das Versenden von Navigationsinformation sowie von Inhalten. Berührungsempfindliche LCD-Streifen sind entlang der Regalkanten angebracht, um die endgültige Auswahl von Büchern zu

Bild 5.9 Chameleon: Navigation mittels Palmtops

ermöglichen. Sobald sich der Benutzer entlang der Regale bewegt, werden die mittels des tragbaren Computersystems ausgewählten Bücher markiert. Damit werden die Ergebnisse der Literaturdatenbankabfrage sichtbar. Die Inhalte von Büchern werden auf dem Bildschirm des *palmtop* sichtbar.

Eine andere Mischform von Interaktionsformen stellt der digitale Schreibtisch (*DigitalDesk*) dar [Wellner et al., 1993a]. Er besteht aus einem physischen Schreibtisch, welcher auch wie üblich zur Ablage und zum Schreiben benutzt werden kann. Er enthält darüberhinaus noch einen von oben auf die Schreibfläche projezierten Bildschirm sowie eine oder mehrere Videokameras, welche mittels Bildverarbeitung die Aktivitäten des Benutzers interpretieren (Abbildung 5.10). Damit können

- elektronische Dokumente auf dem Schreibtisch angezeigt,
- Papierdokumente elektronisch markiert,
- elektronische und Papierdokumente mittels herkömmlicher Schreibutensilien oder mittels Finger manipuliert,
- Papierdokumente eingelesen werden.

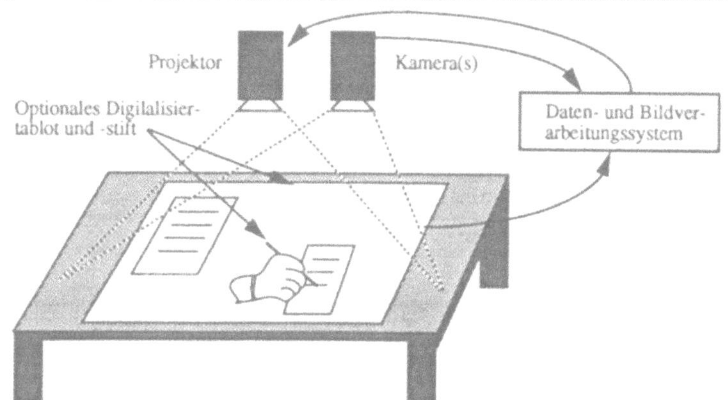

Bild 5.10 DigitalDesk: Der digitalisierte Schreibtisch

Damit kann direkte Manipulation noch direkter werden, da kein künstliches Zeigehilfsmittel zur Interaktion herangezogen werden muß. Die technischen Probleme, welche mit der Kalibirierung, dem Folgen des Fingers und der Auflösung zusammenhängen, werden zur Zeit bearbeitet. Das Konzept läßt die Verknüpfung elektronischer und papiergebundener Information je nach Anwendung und Benutzer(gruppe) zu.

Die Entwicklung von Kommandos erfordert ständiges Prototyping. Spezifikationssprachen für diese Art von Systemen gibt es zur Zeit noch keine.

Die umfassende Anpassung von Computersystemen an die tatsächliche Umgebung der Menschen wird zwar durch die gestiegene Anpassungsfähigkeit technischer Systeme möglich, erfordert jedoch intensive Analysen der Aufgaben und Benutzercharakteristika.

5.8 Zusammenfassung

In diesem Kapitel wurden unterschiedliche Kombinationen und Erweiterungen elementarer Interaktionsformen vorgestellt. Abbildung 5.11 zeigt überblicksmäßig die Ein/Ausgabemedien in Zusammenhang mit den Informationsarten, welche in einem interaktiven System an zweidimensionalen Benutzerschnittstellen ausgetauscht werden können. Dreidimensionale Interaktionsformen integrieren den Benutzer mit Hilfe von Bewegungen und Gesten direkt in die Benutzerschnittstelle.

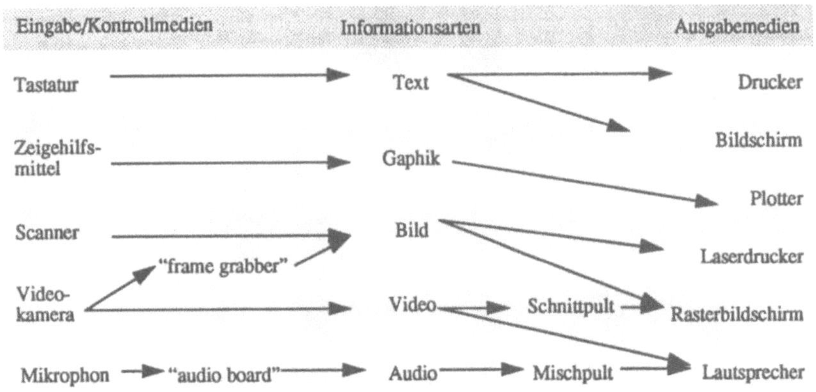

Bild 5.11 Informationsarten im Kontext von Ein/Ausgabemedien

Tabelle 5.3 gibt einen Überblick über die in diesem Abschnitt erläuterten Kombinationen zwei- und dreidimensionaler Interaktionsformen.

Im einzelnen wurden vorgestellt:

- **Graphische Benutzerschnittstellen**, welche Bildschirm, Fenster, Piktogramme, Menus und Zeigehilfsmittel integrieren, stellen de facto die Standardausrüstung heutiger Computersysteme dar. Sie operieren meist funktionsorientiert, indem Anwendungsfunktionen vor den Datenobjekten selektiert werden.

  Plattformen ermöglichen die strukturierte Entwicklung von Anwendungen durch ihre klare Schnittstelle zu den Darstellungsmedien.

- **Direkte Manipulation** ist ein umfassendes Konzept, welches von graphischen Benutzerschnittstellen unterstützt werden kann. Das herausragendste Merkmal direkter Manipulation ist die Selektion eines Objekts *vor* der Ausführung einer Funktion auf diesem Objekt. Direkte Manipulation orientiert sich in erster Linie an Datenobjekten und in zweiter an Funktionen.

- **Abstrahierende Benutzerschnittstellen** unterstützen die Automatisierung von Interaktionsschritten durch systemgenerierte Abstraktionsvorschläge statischer und dynamischer Elemente des interaktiven Systems.

Interaktionsform	Integrierte Medien	Einsatzgebiete
Graphische Benutzerschnittstellen (GUI), WIMP-Schnittstellen	Bildschirm, Tastatur, Fenster, Menus, Piktogramme, Zeigehilfsmittel	Personal Computing, fokusierbare Problembereiche, visualisierbare Information
Direkte Manipulation	Bildschirm, Tastatur, Fenster, Menus, Piktogramme, Zeigehilfsmittel	Objektspezifische Interaktion plus direkte Ausführbarkeit von Operationen auf visuellen Objekten.
Darstellende Schnittstellen *(Demonstrational Interfaces)*	Bildschirm, Tastatur, Fenster, Menus, Piktogramme, Zeigehilfsmittel	Abstrahierungen über Objekte und Operationen (adaptive Systeme)
Spracherweiterungen	Bildschirm, Tastatur, Fenster, Menus, Piktogramme, Zeigehilfsmittel, Sprache	Entlastung des Gesichts- und Tastsinns
Mikrowelten	Bildschirm, Tastatur, Fenster, Menus, Piktogramme, Knöpfe, Regler, Tablett	Veranschaulichung und Simulation
Multi-Media-Systeme	Bildschirm, Tastatur, Fenster, Menus, Piktogramme, (sprachliche) Geräusche, Animation, Töne, Video	Koppelung zeitunabhängiger und zeitabhängiger Information
Virtuelle Welten	Handschuh bzw. Anzug, Sprache, 3D-Graphik (Brille), Tracker, force-feedback Komponente	"Immersion" (Benutzer ist dreidimensional in interaktives System eingebunden)
Computerangereicherte Umgebungen	speziell adaptierte bzw. entwickelte Geräte, z.B. DigitalDesk	Arbeitsumgebungen, Freizeiteinrichtungen

Tabelle 5.3 Kombinationen elementarer Interaktionsformen

- **Spracherweiterungen** interaktiver Benutzerschnittstellen zeichnen sich durch Erweiterungen des gesamten Handlungsspielraums der Benutzer aus. So können Aktivitäten mit mehr als einer Interaktionsform (z.B. Reden oder Zeigen) durchgeführt werden.

- **Mikrowelten** erlauben die Definition eigener Regeln und Verhaltensweisen bei zweidimensionaler Darstellung.

- **Multi-Media Systeme** zeichnen sich durch die Kombination *zeitabhängiger* (z.B. Video) und *zeitunabhängiger* (z.B. Text) Interaktionsmedien und Informationsformen aus. Die Aufgabe der Designer derartiger Systeme besteht in der aufgaben- und benutzergerechten Koordination des Einsatzes dieser Medien (Integration durch *authoring*). Probleme mit diesen Systemen ergeben sich auf der konzeptionellen und implementierungstechnischen Ebene bei der Speicherung und Übertragung der unterschiedlichen Datenarten.

- **Virtuelle Welten** lassen Benutzer einen aktiven Teil einer dreidimensionalen künstlichen Welt werden (*immersion*), indem neue Interaktionsgeräte und Kombinationsformen derselben entwickelt wurden. Neben der dreidimensionalen Wahrnehmung kommen Verfahren zur Feststellung der Position der Benutzer sowie zur Vermittlung von physikalischen Wirkungskräften zum Einsatz. Aufgabe der Designer derartiger Systeme ist die Entwicklung eines dreidimensionalen Operationsvorrates, welcher zur Bearbeitung der dreidimensional wahrgenommenen Objekte der virtuellen Welt geeignet und mittels der verwendeten 3D-Eingabemedien realisierbar ist.

- **Umgebungsangepaßte Schnittstellen** als neueste 3D-Interaktionsform hat den *vorort adaptierten Einsatz* von Interaktionsformen zum Inhalt. Dies kann entweder zum Einsatz traditioneller Interaktionsformen in neuartigen Umgebungen, z.B. Menusystemen auf tragbaren Computersystemen für Datenbankabfragen, oder zur Entwicklung neuartiger Interaktionsmedien, z.B. eines digitalisierten Schreibtisches, führen.

Langfristig tendieren kombinierte Interaktionsformen in Richtung multi-mediale sowie dreidimensionale Interaktion.

6 Konzepte, Methoden und Architekturen

Zur Gestaltung und Entwicklung benutzer- und aufgabenorientierter interaktiver Systeme genügt es nicht, die technischen Möglichkeiten der beteiligten Interaktionsmedien (Kapitel 4 und 5) zu kennen. Vielmehr benötigen Designer Anleitungen und Methoden, um die Interaktionsmedien aufgaben- und benutzergerecht einsetzen zu können. Diese Unterstützung kann auf mehrere Arten erreicht werden: durch Richtlinien, Spezifikationssprachen und Modelle. Dementsprechend werden in diesem Kapitel Standardisierungsvorschläge zur Entwicklung von Benutzerschnittstellen, Modelle und Software-Architekturen sowie damit verbundene Notationen vorgestellt.

Zunächst werden Richtlinien, die allgemein gehalten werden oder firmenspezifisch entwickelt werden können, sowie damit verbundene Normierungsansätze diskutiert (Abschnitt 6.1). Danach geben wir einen Überblick über Architekturen und Modelle, die zur strukturierten Entwicklung von Benutzerschnittstellen eingeführt wurden (Abschnitt 6.2). Schließlich setzen wir uns mit Verfahren und Notationen auseinander, die mit den Modellen in Verbindung gesetzt bzw. aus diesen abgeleitet werden können (Abschnitt 6.3).

6.1 Prinzipienbildung

Die Idee, allgemein zur Entwicklung von interaktiven Systemen verwendbare Hinweise zu erfassen, hat zur Zusammenfassung von Richtlinien in sogenannte *styleguides* geführt.

> Ein *styleguide* ist eine Menge von Richtlinien zur Gestaltung von Benutzerschnittstellen, wobei die Beschreibung, Gestaltbarkeit und Benutzung von Interaktionshilfsmitteln vermittelt werden.

Bei der Prinzipienbildung sind einige Unterschiede zwischen Hard- und Software zu beachten [Smith, 1988] – siehe Tabelle 6.1. Die Unterschiede beruhen vor allem auf den Merkmalen der direkten Beobachtbar- und Faßlichkeit der betroffenen Gestaltungsgegenstände.

Ziele und Kriterien	Bewertungsebenen	einsetzbare Techniken	Design/Produktion Orientierung	Ergebnis
Aufgabenangemessenheit	Arbeitsgestaltung Interaktionsformen Darstellung & E/A	Erheben Beobachten Experiment	Design	Indikator
			Produktion	Messung
Selbstbeschreibungsfähigkeit	Interaktionsformen Darstellung & E/A	Erheben	Design	Indikator
			Produktion	Messung
Bedienbarkeit	Interaktionsformen [illegible]	Erheben [illegible]	Produktion	Messung

Tabelle 6.1 Unterschiede bei Prinzipienbildung zwischen Hard- und Software

In letzter Zeit erfreuen sich Gestaltungsprinzipien vor allem auf dem Gebiet der graphischen Benutzerschnittstellen steigender Beliebtheit:

1. Seitens der Systemproduzenten werden mehrere *Industriestandards* verwendet: OpenLook[Sun, 1990a, Sun, 1990b], OSF/Motif[OSF, 1990, OSF, 1992], Human Interface Guideline [Apple, 1987], Common User Access (CUA) und seine Folgeversionen [CUA (SAA), 1987–1991], (Alpha-)Styleguide [Siemens Nixdorf, 1990], The Windows Interface [Microsoft, 1991], Leitfaden für eine benutzergerechte Dialoggestaltung [SAP, 1990].

2. Seitens Normungsinstituten und Normierungsgremien werden ebenfalls eine Reihe von Richtlinien vorgeschlagen: VDI-Richtlinie 5005 [VDI, 1989] zur software-ergonomischen Gestaltung von Anwendungen in der Bürokommunikation, DIN 66234 Teil 8 [DIN 66 234, Teil 8, 1988] als Sammlung von Grundsätzen ergonomischer Dialoggestaltung, ISO 9241 Teil 10 und 11 [ISO 9241, Part 10, 1990] und [ISO 9241, Part 11, 1990] zur Erfassung ergonomischer Anforderungen bei Büroarbeitsplätzen sowie die generelle EG-Richtlinie zur Gestaltung der Mensch-Maschine Kommunikation [EG-Richtlinie, 1990].

Diese Richtlinien sind meist in Form von Checklisten zugänglich. Bei manchen Industriestandards gibt es für die Entwickler auch softwaremäßige Unterstützung, wie z.B. im Fall OpenLook und OSF/Motif, wo ein auf X basierendes Werkzeug die Spezifikation von Interaktionsmedien (*look and feel*) unterstützt sowie die entsprechenden Gestaltungshinweise enthält.

Mit *look* wird die visuelle Darstellung von Daten sowie die Präsentation von Interaktionsmedien angesprochen.

Mit *feel* wird der benutzerbezogene Umgang mit Interaktionsmedien bezeichnet.

Aufgrund ihres Anspruchs, für Kategorien interaktiver Systeme anwendbar zu sein, sind standardisierte Richtlinien breit interpretierbar und bedürfen gründlicher Auslegung, bevor sie praktisch eingesetzt werden können [Smith, 1988, Tetzlaff et al., 1991, Thovtrup et al., 1991, Tillert, 1993, Große, 1993]. Produzenten interaktiver Systeme gehen vermehrt dazu über, firmeninterne Standards zu entwickeln, um den Interpretationsprozeß der allgemein gehaltenen ***styleguides*** nur einmalig durchlaufen zu müssen. Darüberhinaus erlauben Firmenstandards firmenspezifische Interaktionsprinzipien, die schließlich zur Abhebung der Produkte voneinander führt. Diesen Möglichkeiten tragen zum Teil bereits Industriestandards wie z.B. OSF/Motif [OSF, 1992] Rechnung, wo aufbauend auf standardisierten Interaktionsmedien individuelle Ausprägungen und Kombinationen gebildet werden können.

Eine andere Möglichkeit, schrittweise Verfeinerung und Konkretisierung zu erreichen, stellt die Unterscheidung von Standards, Richtlinien, Regeln und Methoden nach [Smith, 1988] dar:

1. ein **Standard** stellt eine Menge von allgemeinen Aussagen von Gestaltungsanforderungen an Benutzerschnittstellen dar und ist von dem Bemühen um Vereinheitlichung und Strukturierung getragen.

   Beispiel: Aufteilung von Bildschirminhalten:

   Strukturierte Bildschirminhalte unterstützen den raschen und effizienten Zugriff auf visualisierte Information, z.B.

   - Orientierungsbereich (wie kommt der Benutzer hierher)
   - Arbeitsbereich (manipulierbare Daten)
   - Aktivitätenbereich (welche Aktionen kann der Benutzer setzen).

2. eine **Richtlinie** erweitert standardisierte Aussagen um Handlungsanleitungen und Erklärungen.

   Beispiel: Aufteilung von Bildschirminhalten:

   Strukturierte Bildschirminhalte unterstützen den raschen und effizienten Zugriff auf visualisierte Information.

Schnelligkeit wird dabei durch Zeigemedien wie z.B. der Maus unterstützt, Effizienz durch geeignete Metaphernbildung der vorangegangenen Interaktionssequenz sowie der zu setzenden Aktionen.

Hinweis: Fenstersysteme erlauben die flexible Bildschirmaufteilung in Kombination mit Menus, Piktogrammen und Zeigehilfsmittel. Bei verteilten vernetzten Anwendungen ist ein entsprechendes Fenstersystem auszuwählen.

Vorsicht vor Informationsüberladung durch unübersichtliche Fenstergestaltung und vor inkonsistenter Manipulation der Fenster.

3. **Regeln** geben konkret einzuhaltende Richtlinien an, die ohne weitere Interpretationen befolgt werden können.

   Beispiel: Aufteilung von Bildschirminhalten:

   Jeder Benutzeraufgabe ist ein eigener Bildschirmbereich entsprechend der zeitlichen Reihenfolge der Aufgaben zuzuordnen.

4. **Methoden** schreiben ein Verfahren fest, welches seitens der Entwickler befolgt werden kann, um Gestaltungsrichtlinien umzusetzen.

   Beispiel: Entwicklungsschritte:

   1. Aufgabenanalyse: Erhebung von Bildschirmarbeiten.
   2. Benutzeranalyse: Erhebung von Benutzerkategorien.
   3. Organisationsanalyse: Erhebung der Aufbau- und Ablauforganisation.
   4. Integration der Analyseergebnisse.
   5. Design nach Firmen-*styleguide*.

Zusammenfassend kann festgestellt werden: Je mehr Freiheiten und Anpassungsmöglichkeiten die Ausführenden bei der Verwendung von Standards, Richtlinien, Regeln und Methoden einbüßen, desto aufwendiger wird die Benutzung derartiger Hilfsmittel. Der positive Effekt von Prinzipienbildung ist jedoch die Spezifikation eines Referenzpunkts, welcher als Ausgangspunkt zur Gestaltung und Entwicklung von interaktiven Systemen genommen werden kann. Das Zusammenspiel mit den Phasen der Entwicklung wird in Kapitel 7 verdeutlicht.

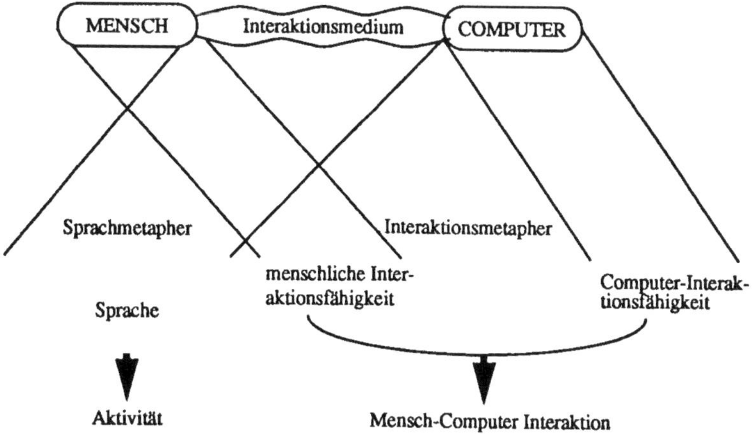

Bild 6.1 Unterschiedliche Metaphern zur Modellierung

6.2 Modelle

Modelle zur Mensch-Computer Interaktion wurden zur Strukturierung der Benutzerschnittstelle entwickelt. Grundsätzlich können dabei verschiedene Ausgangspunkte und Zielsetzungen unterschieden werden: Klärung der Rolle der Sprache und Sprachebenen bei interaktiven Systemen (Abschnitt 6.2.1), modulare Entwicklung von Benutzerschnittstellen (Abschnitt 6.2.2) und Designkonzepte zur holistischen (ganzheitlichen) Situationsbeschreibung der Mensch-Maschine Kommunikation bzw. zur holistischen Modellierung von Anwendungsarchitekturen (Abschnitt 6.2.3).

6.2.1 Sprachorientierte Modelle

Wird die Sprache als Ausgangspunkt der Modellierung von interaktiven Systemen gewählt, so unterscheiden sich die resultierenden Modelle von jenen, die als Ausgangspunkt eine Vielfalt von Interaktionsmöglichkeiten zulassen, ohne die Sprache als Metapher zu benützen – implementierungs- und designorientierte Modelle (siehe Abschnitte 6.2.2 und 6.2.3). Abbildung 6.1 zeigt die beiden Varianten sprachorientierter Modellierung.

Wird die Sprache als Ausgangspunkt für die Modellierung gewählt, so ist der Einfluß der Linguistik unverkennbar. Dies kann die folgenden Gründe haben:

1. *Sprachmethapher:* Dabei dient die Sprache als allgemeines Beschreibungsmittel für Aktivitäten. Alle sprachlich beschreibbaren Vorgänge werden z.B. durch formale Grammatiken, die sich als Darstellungsform von Sprache anbieten, dargestellt.

2. *Interaktionsmetapher:* Die Modellierung der Interaktion wird auf die sprachliche Kommunikation (z.B. Kommandosprachen) eingeschränkt. Es kommt zu einer Gleichsetzung der menschlichen und maschinellen Interaktionsfähigkeiten durch beiderseits verständliche Sprachäußerungen.

In (1.) wird angenommen, daß die menschliche Sprache den gesamten Umgang mit computerbasierten Systemen bestimmt, d.h. jeder Aktivität von Menschen eine sprachliche Äußerung vorangeht und jede Aktivität sprachlich beschreibbar ist. Dieser Ansatz wird im allgemeinen jenem gegenübergestellt, welcher den Menschen als informationsverarbeitendes Wesen [Kantowitz, 1983], welches Entscheidungen zur Auswahl von Handlungen unabhängig von deren Bezug zur Sprache trifft, betrachtet. Diese Gegenüberstellung drückt jedoch nur scheinbar einen Widerspruch aus, da die Entscheidung zur Auswahl von Handlungen auch in (1.) nicht sprachbasiert erfolgen muß. Die Sprache für die Beschreibung oder Ausführung von Aktivitäten heranzuziehen, sagt nichts über das Zustandekommen des Entschlusses aus, Aktivitäten auszuführen.

Während sich rein sprachliche Mensch-Maschine Kommunikation (2.) mit Methoden der Linguistik modellieren läßt, sprengt die "Language/Action"-Perspektive (1.) [Winograd et al., 1986, Winograd, 1987] den linguistischen Rahmen, indem sie sich nicht ausschließlich auf natürlichsprachige Äußerungen, sondern auch auf Formen der Interaktion und deren Bedeutung bezieht. Dies bedeutet, daß der konzeptionelle Rahmen der Modellierung neben den gängigen Konzepten der Syntax und Semantik um die Pragmatik zu erweitern ist.

Während die Semantik eine systematische Beziehung zwischen den Strukturen einer Sprache und dem Raum ihrer möglichen Bedeutungen bzw. Interpretationen herstellt, betrachtet die Pragmatik den Gebrauch der Sprache. Dies bedeutet, daß der Gebrauch von Sprache immer zur Ausführung einer Handlung führt. Einen zweiten Aspekt, der innerhalb der Pragmatik zu untersuchen ist, stellt die Interpretation einer Handlung durch die Sprache dar.

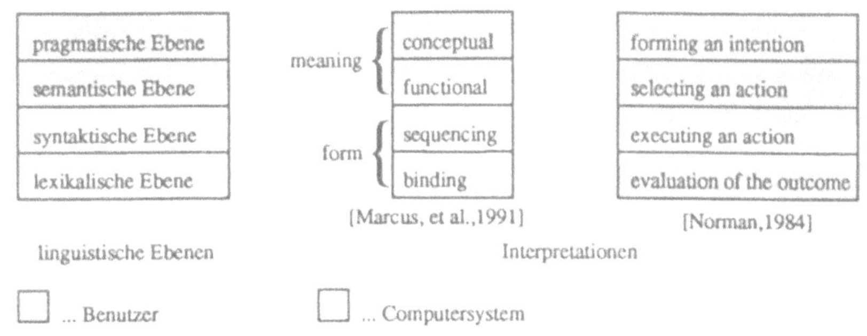

Bild 6.2 Ebenen der sprach/konversationsorientierten Modellierung

Die Einschränkung der Mensch-Computer Interaktion auf verbale Kommunikation sagt nichts über ihren Einsatz und ihre Interpretation aus. Diesen Nachteil will die handlungsbezogene Sprachinterpretation beheben, wobei Flores vorschlägt, den Begriff der Kommunikation durch *conversation for actions* zu ersetzen, um Fehlinterpretationen zu vermeiden [Flores, 1981].

Sowohl im handlungsbezogenen als auch im reinen Sprachansatz wird die implizite Annahme getroffen, daß die Sprache als Interaktionsmedium zwischen Mensch und Computer für eine adäquate Verständigung ausreicht. Die Struktur der solcherart in Interaktionsprozesse eingebundenen Kommunikationspartner Mensch und Computer bleibt weitgehend unberücksichtigt. Dies bedeutet: Sobald das Interaktionsmedium (hier die Sprache) von beiden Partnern ausreichend verstanden wird, funktioniert die Interaktion. Spezifische Fähigkeiten der beteiligten Partner bleiben unberücksichtigt. Daher ist es möglich, in den Sprachansatz die Annahme hineinzuprojezieren, daß der Computer grundsätzlich in gleicher Weise wie der Mensch mächtig sei, Sprache zu beherrschen.

Die Interaktionsmetaphern in Abbildung 6.1 stellen zwar die beteiligten Komponenten als gleichberechtigte Partner dar, betrachten aber die Interaktionsprozesse auf einer Ebene, in der die Struktur der Interaktion nicht durch die Struktur der Partner sondern durch die Struktur des Interaktionsmediums (z.B. durch Beschränkungen des Sprachschatzes) sichtbar wird.

Eine Möglichkeit der Darstellung sprachlicher Strukturen stellen *Schichtenmodelle* dar. Sprach- bzw. konversationsorientierte Schichtenmodelle basieren nach [Morris, 1938] und [Foley et al., 1982] auf den folgenden Ebenen: lexikalische

(Zeichen-), syntaktische (Grammatik-), semantische (Bedeutungs-) und pragmatische (verhaltensorientierte) Ebene. Es existieren jedoch unterschiedliche Interpretationen dieser Schichten (Abbildung 6.2).

Für [Foley et al., 1982] und [Marcus et al., 1991] erlauben diese Schichten die Bearbeitung von lexikalischer, syntaktischer und teilweise semantischer Information (etwa in Form von Prozedurköpfen, die von den Benutzern in adäquatem Kontext aufzurufen sind) durch das Computersystem. Bei [Marcus et al., 1991] erhält eine Benutzerschnittstelle ihre Bedeutung (Inhalt) durch eine konzeptionelle (*conceptual*) und eine funktionale (*functional*) Komponente. Dabei beschreibt die konzeptionelle Komponente das kognitive Modell und die Metaphern von Benutzern (siehe Kapitel 8). Sie inkludiert Datenobjekte des Anwendungsbereichs sowie darauf auszuführende Operationen. Jede Operation wird auf der funktionalen Ebene durch ihre Ergebnisse und jener mit ihr verbundenen Fehlersituationen beschrieben.

Die syntaktische und lexikalische Ebene vermitteln die Form der Interaktions"sprache". Dabei werden die zulässigen Ein- und Ausgabesequenzen (*sequencing*) bei der Interaktion in der syntaktischen, und die Anbindung an die Hardware in der lexikalischen Ebene spezifiziert (*binding*). Die unterste Ebene enthält beispielsweise Information, wie Farben auf dem Bildschirm generiert werden (Ausgabe) und wie ein Doppelklick einer Maustaste als Signal verarbeitet wird (Eingabe). Die Formbeschreibung der Interaktions"sprache" vermittelt die visuelle und physische Erscheinung der Benutzerschnittstelle (*look*) sowie die Handhabung der Interaktionsmechanismen (*feel*).

Das Zusammenspiel der Ebenen kann am besten anhand eines Beispiels erläutert werden. Bei der Benutzung eines dtp-Systems operieren die Benutzer auf der konzeptionellen Ebene mit beliebigen zweidimensionalen Graphik- und Textdaten und entsprechenden Operationen (Einfügen einer Graphik im Text etc.). Die funktionale Ebene reduziert Mehrfachdarstellungen von interaktiven Operationen und Daten auf einfache Datenstrukturen und damit verbundene Prozeduren. Die funktionale Ebene spezifiert die Interaktionsweise, wie z.B. "bevor eine Graphik in den Text integriert werden kann, sind die betroffenen Textstellen zu selektieren" (objektzentrierte Vorgangsweise bei direkter Manipulation). Die *binding*-Ebene bildet die bis dahin abstrakte Operationen auf konkrete, elementare Operationen ab, z.B. "Markieren des Texts" und "Ziehen der Graphik mittels ständigem Drucks auf die linke Maustaste".

In [Norman, 1984] finden wir eine andere Interpretation, welche ihren Ursprung in der kognitiven Psychologie hat (Abbildung 6.2). Dabei wird die pragmatische

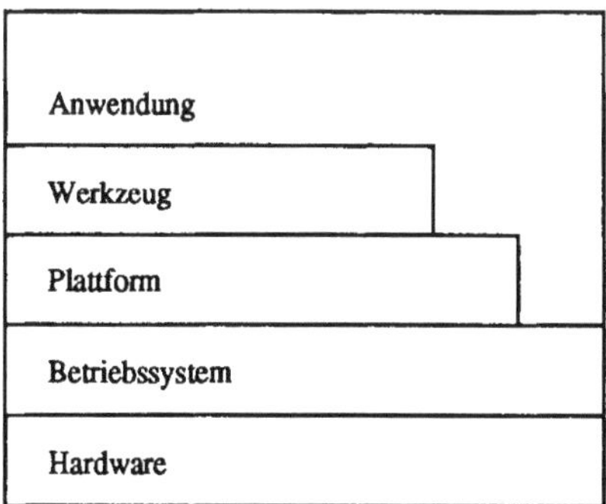

Bild 6.3 Ebenen bei implementierungsorientierter Modellierung

Ebene ähnlich wie von [Marcus et al., 1991] als Repräsentationsebene für kognitive Vorgänge benutzt, wo Absichten der Benutzer reifen. Entsprechend einer Absicht (*intention*) können seitens der Benutzer Aktionen ausgewählt werden (*selection*), die in der syntaktischen Ebene umgesetzt werden (*execution*). Die Systemausgabe wird noch in der lexikalischen Ebene bewertet (*evaluation*). Die Einbindung des Benutzers in diese Ebene ist der herausragendste Unterschied zur Interpretation von [Marcus et al., 1991].

6.2.2 Implementierungsorientierte Modelle

Implementierungsorientierte Modelleindeximplementierungsorientierte Modelle gehen von der in Abbildung 6.3 verallgemeinert dargestellten Architektur eines interaktiven Computersystems aus. Die dabei berücksichtigten Schichten sind: die Hardware, das Betriebssystem, Plattform(en), Werkzeug(e) und Anwendung(en). Das Betriebssystem (z.B. Unix) versorgt eine Plattform, die im Fall graphischer Benutzerschnittstellen aus einem Fensterverwaltungssystem (z.B. X) sowie einem (integrierten) Graphikpaket besteht. Das Fensterverwaltungssystem bedient den Bildschirm sowie sämtliche Eingabemedien. Da es Ressourcen verwaltet, wird es meist als Erweiterung des Betriebssystems angesehen.

Die Werkzeugebene besteht zumindest aus einem Toolkit (z.B. OpenLook), welches die Spezifikation der Präsentation von Elementen der Benutzerschnittstelle unterstützt. Meist wird ein standardisierter Satz elementarer Interaktionsmedien und deren Manipulationsformen in einer Bibliothek angeboten. Die dabei angebotenen Kontrollelemente zur Interaktion werden als *widgets* bezeichnet. Sie inkludieren Fenster(arten), Formulare, Menus und deren Komponenten. So enthält z.B.

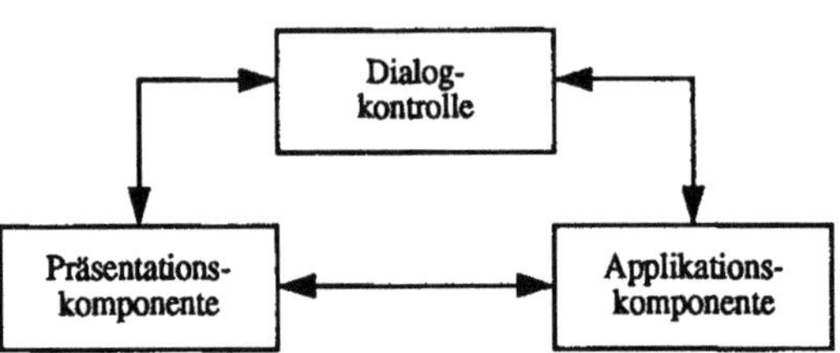

Bild 6.4 Das Seeheim Modell

das Fenster-*widget* Balken zum Verschieben von Fensterinhalten, Menubalken und spezielle Kommandos (*Bring-To-Front, Send-To-Back* etc.) zur Organisation des Bildschirminhalts.

Auf Toolkits können sogenannte *Interface Builder*, Benutzerschnittstellen-Management Systeme (UIMS), wie TeleUse [Tele Logic, 1989] oder NewWave [Hewlett-Packard, 1988], und Designumgebungen (siehe Kapitel 9) aufsetzen, welche die automatische Generierung von Benutzerschnittstellen aufgrund statischer und dynamischer Aufgabenbeschreibungen ermöglichen. In der Anwendungsschicht schließlich läuft seitens des Computersystems die Interaktion mit den Benutzern ab.

6.2.3 Designmodelle

Designmodelle (*frameworks*) helfen Entwicklern, gewisse Aspekte im Rahmen des Entwurfes explizit zu berücksichtigen. Das Seeheim Modell ([Olson et al., 1984] sowie [Pfaff, 1985, Green, 1986]) in Abbildung 6.4 lieferte die Grundlage für viele einander ähnliche Software-Architekturen, wie aus Abbildung 6.5 für Smalltalk-Anwendungen und 6.6 für InterViews ersichtlich wird.

Die Idee des Seeheim Modells ist die Trennung des Datenbereichs (*application component*) und des Darstellungsbereichs (*presentation component*) einer Anwendung unter der Steuerung der Dialogkontrolle (*dialogue control*). Dabei umfaßt der Datenbereich die Datenstrukturen sowie die Funktionen zur Manipulation der Daten. Der Darstellungsbereich umfaßt die die Ein/Ausgabemedien, ihre Präsentations- und Kombinationsformen entsprechend den Interaktionsbedürfnissen der Benutzer. Die Dialogkontrollkomponente dient der Modellierung des Zugangs zur erforderlichen Funktionalität unter Berücksichtigung der beteiligten Interaktionsmedien und

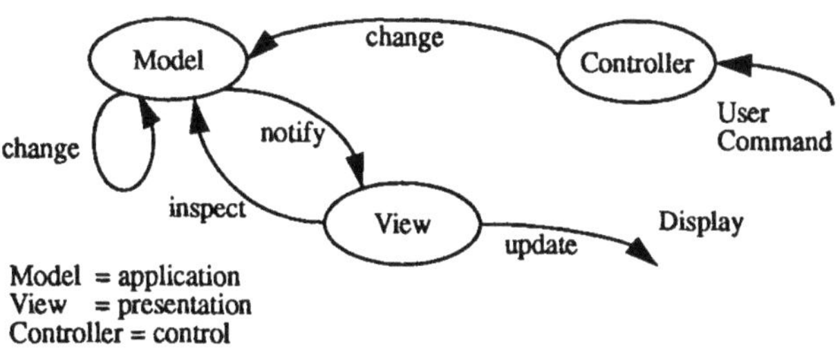

Bild 6.5 Das MVC (Model-View-Controller) Paradigma

Problembereichsdaten.

Ausprägungen dieses Modells finden wir in Smalltalk [Goldberg, 1984] in Form des MVC-Paradigmas [Krasner et al., 1988], wo Benutzereingaben an eine Kontrollkomponente (*controller*) zu Veränderungen in einer Datenkomponente des Problembereichs (*model*) führen, ehe Ausgaben des Computersystems in einer Präsentationskomponente (*view*) generiert und über die Kontrollkomponente ausgegeben werden. In InterViews [Scheifler et al., 1986, Linton et al., 1989] sieht die Ausprägung ähnlich aus: die *subject*-Komponente repräsentiert den Problembereich des interaktiven Systems; die *interactor*-Komponente definiert die Sicht der Benutzer auf Problembereichsobjekte unter Benutzung der *sensor*-Komponente zur Spezifikation der Eingabedaten/medien und der *painter*-Komponente zur Spezifikation der Ausgabedaten/medien.

In PAC [Coutaz, 1987] werden drei Komponenten (Objektbereiche im Sinne objektorientierter Modellierung) einer Benutzerschnittstelle unterschieden: Präsentation, Abstraktion und Kontrolle. Der Präsentationsteil zeigt Information an und erhält Eingaben der Benutzer. Der Abstraktionsteil enthält die Funktionalität der Anwendung; und der Kontrollteil sichert die Konsistenz zwischen der Präsentation und der Abstraktion. Die Präsentationskomponente selbst besteht aus einer Menge sogenannter Interaktionsobjekte, wie z.B. Knöpfe, Menus und Balken, welche aus weiteren PAC-Komponenten zusammengesetzt sein können. Das gesamte interaktive System kann daher rekursiv als eine Menge von PAC-Objekten aufgebaut werden. PAC erlaubt es den Benutzern, zwischen Interaktionen hin und her zu schalten: Der Kontrollteil jedes PAC-Objekts merkt sich den Zustand der Interaktion. Dadurch kann Kommunkation verstreut über mehrere Interaktionsmedien geführt werden. Gleichzeitige Ereignisse sind in PAC aber nicht möglich, die

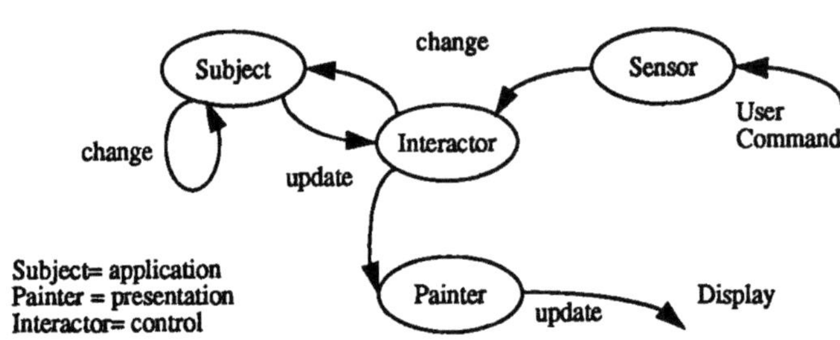

Bild 6.6 Abläufe in InterViews

Interaktionskontrolle durch Benutzer und Computersystem erfolgt wechselweise.

Eine andere Art von Designmodell stellt das Ort/Modus/Weg-Modell (*site/mode/trail-model*) von [Nievergelt, 1985] dar. Seine Benutzung im Rahmen der Modellbildung interaktiver Systeme erlaubt aus der Sicht der Benutzer *in jeder Interaktionssituation* die Beantwortung folgender Fragen:

- *Wo bin ich?* **ORT** (*site*)
- *Was kann ich hier tun?* **MODUS** (*mode*)
- *Wie kam ich hierher und wohin komme ich wie?* **WEG** (*trail*)

Diese durch Beobachtung des Verhaltens gelegentlicher Systembenutzer aufgeworfenen Aspekte erfordern die Berücksichtigung zweier unterschiedlicher Aspekte bei der Entwicklung von interaktiven Systemen:

1. Entwicklung der Benutzerschnittstelle.
2. Entwicklung eines Systemmodells für die Benutzer.

Ersteres erfordert das Design aller für Benutzer sichtbarer Systemeigenschaften, während zweiteres jenes Modell darstellt, mit Hilfe dessen Benutzer sich die eingangs gestellten Fragen beantworten können. Die beiden Fragen nach Ort und Modus können durch die Angabe der aktiven Daten bzw. aktivierten Operationen beantwortet werden. Die Frage "Wie kam ich hierher und wohin komme ich wie?" kann durch die Inspektion der Dialoggeschichte und der Menge aktivierbarer Operationen beantwortet werden.

Fragen der Modellbildung wurden auch in [Norman, 1986] diskutiert und führten neben den bereits angesprochenen Modellen (Systemmodell und konzeptionelles Modell) zu weiteren Modellbildungen und zwar zu Modellen, die einerseits die Designer von einem interaktiven System besitzen (Designermodelle) und die andererseits die Benutzer von einem interaktiven System besitzen (Benutzermodelle).

6.3 Modellierungsnotationen

In der Folge betrachten wir Notationen sowie damit verbundene Verfahren zur Modellierung interaktiver Systeme. Wir gehen auf algebra-basierte, mengentheoretische und grammatik-basierte Ansätze (Abschnitt 6.3.1 bis 6.3.6) sowie Software- und Knowledge-Engineering Techniken (Abschnitt 6.3.7 bis 6.3.11) ein.

6.3.1 Algebra-basierte Spezifikation

In der Folge werden algebraische Beschreibungs- und Spezifikationsmethoden vorgestellt, welche sich aus mathematischen Techniken hin zu integrierten prozeduralen Konzepten entwickelt haben, sodaß auch simultan stattfindende Ereignisse modelliert werden können. Es wird versucht, jeden Ansatz sowohl allgemein darzustellen als auch an Hand eines Beispiels zu erläutern.

Für algebraische Spezifikationen von Benutzerschnittstellen wird das Sprachkonzept als Metapher benutzt, obwohl von einer Definition der Benutzerschnittstelle als "alle Verhaltensformen des Benutzers sowie des Computersystems, welche von einem externen Beobachter erfaßbar sind" [Chi, 1985] ausgegangen wird. Eine Benutzerschnittstelle besteht daher aus einer Eingabesprache für die Benutzer, einer Ausgabesprache für das System und ein Protokoll für deren Interaktion.

Alle algebraischen Beschreibungs- und Spezifikationstechniken gehen davon aus, daß eine Klasse von Objekten (der sogenannte *type of interest*) von einer Anwendung mittels bestimmter Operationen (Methoden) ansprech- und manipulierbar ist. Diese Methoden werden losgelöst von ihrer Implementierung betrachtet, da die funktionale Schnittstelle nur extern beobachtbare Verhaltensformen widerspiegelt.

Die Syntax einer Methode bestimmt sich aus ihrem Namen, Gültigkeits- sowie Wertebereich. Die Semantik wird mittels einer finiten Menge von algebraischen Axiomen angegeben, welche Ausdrücken, die Operationen auf einen bestimmten Typ enthalten, Äquivalenzklassen zuweisen. Die Menge von Axiomen darf nur Methoden des (vor)definierten Typs, universell quantifizierte freie Variable sowie Bedingungsüberprüfungen (*if-then-else tests*) enthalten. Auf diesen Festlegungen basieren die in der Folge angeführten Ansätze.

"Pure Algebraic Approach": Bei diesem Ansatz werden Methoden zweier Kategorien unterschieden: Objektbezogene, generative Methoden (*generator functions*) weisen einen objektbezogenen Gültigkeitsbereich auf, während ermittelnde Methoden (*inquiry functions*) den *type of interest* und damit das Umfeld der spezifizierten Objekte sprengen. Als Ergänzung existieren noch Hilfsmethoden, welche z.B. der Spezifizierung von Größenverhältnissen dienen bzw. äußere Rahmenbedingungen angeben (vergleiche dazu Konstantenvereinbarung in der Programmierung).

Eine allgemeine Darstellung von Methoden und Axiomen kann wie folgt angegeben werden:

```
method     : name_of_method : domain* ---> range
axiom      : name_of_axiom (parameter (parameter)*) = expression |
                              IF condition THEN expression
                                           ELSE expression
wobei:
parameter  : method | variable
condition  : variable { < | = | > | <= | >= | ≠} expression
expression : method | method (expression) | value
```

In der Folge wird ein Teil der Spezifikation eines Texteditors exemplifiziert:

Generator Functions

```
clear            : ---> line
type             : line × character ---> line
insert           : line ---> line
delete           : line ---> line
move_left        : line ---> line
move_right       : line ---> line
```

Inquiry Functions

```
cursor_position  : line ---> positive_integer
size             : line ---> nonnegative_integer
eoline_char      : line ---> character
contents         : line × positive_integer ---> character
display          : line × positive_integer ---> character
```

Axioms

cursor_position(clear) = 1
size(clear) = 0
eoline_char = "!"
contents(clear,i) = IF i = 1
    THEN eoline_char(clear)
    ELSE " "

Die Generatorfunktionen entsprechen den Eingabefunktionen über eine Tastatur. Sie operieren auf dem Pufferbereich des Editors ("line"). "Clear", "insert", "delete", "move_left" und "move_right" entsprechen den Standardkommandos des Editors. "Clear" gibt darüberhinaus den Anfangszustand des Editors an. "Type" modelliert die Tastatur, wobei die Tastenschlüssel einzeln interpretiert werden. Das Ergebnis einer Tastaturbedienung wird über die ermittelnde Methode "contents" in Form eines Zeichens an einer bestimmten Stelle im Puffer spezifiziert. Die ermittelnden Methoden "cursor_position" und "size" geben die Cursorposition bzw. die Größe der Zeichenfolge im Pufferbereich des Editors an. "Display" visualisiert den gesamten Inhalt des Pufferbereichs auf dem Bildschirm. "Eoline_char" liefert eine Darstellung des letzten Zeichens einer Zeile (in obigem Beispiel " " oder "!").

"Extended Algebraic Approach": Dieser Vorschlag erweitert das Konzept von Methoden und Axiomen um Voraussetzungen (*routines, weakest preconditions*) [Guttag et al., 1980]. Voraussetzungen können für alle Methoden in nicht-axiomatischer Form angegeben werden. Sie dienen dem Zweck, die Methoden für den Benutzer vereinfacht zu spezifizieren. Einschränkungen (wie z.B. die Zeilenlänge eines Bildschirmausschnitts) können in Form von Bedingungen formuliert werden. Damit können algebraisch formulierte Methoden auf einem höheren abstrakten Niveau betrachtet werden (z.B. "insert" ungeachtet der Grenzen des tatsächlich sichtbaren Bildschirmausschnitts).

Voraussetzungen lassen sich allgemein wie folgt darstellen:

PROCEDURE procedure_name (VAR type_of_interest)
SUCH THAT WP (name_of_method (parameter*), Q) =
    [expression = | condition ⟹] Q [expression | value/variable]
    { AND | OR | NOT
    [expression = | condition ⟹]
        Q [expression | value/variable] }*

Als Beispiel betrachten wir die im ***pure algebraic approach*** erwähnte Situation.

Die spezifizierten Methoden und Axiome behalten ihre Gültigkeit. Die Voraussetzungen für das Löschen einer Zeile sowie einer Cursorbewegung werden wie folgt spezifiziert:

Routines

PROCEDURE Clear (VAR line)
SUCH THAT WP
(Clear (l), Q) = Q [record (clear, clr) / l]
PROCEDURE MoveLeft (VAR line)
SUCH THAT WP
(MoveLeft (l), Q) =
[cursor_position (l) $> 1 \Longrightarrow$ Q [record (move_left (l), move) / l]
AND cursor_position (l) $= 1 \Longrightarrow$ Q [record (l, move) / l]]

Da kein direkter Zusammenhang zwischen dem Aufruf einer den Benutzern direkt zugänglichen Funktion und einer abstrakten Methode existiert, wird die Methode "record" eingeführt, welche die tatsächliche Voraussetzung (z.B. für eine Einfügung) bestimmt. $Q[x/y]$ steht für das Prädikat Q, wobei x alle freien Vorkommen von y ersetzt.

Ob mittels rein algebraischer Techniken oder erst mittels Erweiterungen (z.B. *routines*) funktionale Schnittstellen ausreichend modelliert werden können, ist bis heute ungeklärt, zumal die Teilung einer Beschreibung nicht unbedingt einen Zuwachs an Klarheit und Kürze bedeutet. Ebenso kann implizites Wissen, welches durch die Axiome nicht ausdrücklich dargestellt wird, die Brauchbarkeit der Methode für komplexe Anwendungen in Frage stellen.

"Event Algebraic Approach": Entstanden aus dem Versuch, eine interaktive graphische Programmiersprache zu spezifizieren, bietet der Vorschlag von Mallgren [Mallgren, 1982] eine durchgehende algebraische Notation für gleichzeitig ablaufende Prozesse (synchronisierte Operationen) innerhalb der funktionalen Schnittstelle eines Computersystems.

Objekte einer ereignisgesteuerten Algebra verhalten sich gemäß definierten Zuständen. Diese Zustände werden einem Objekt zugeordnet und können verändert werden. Die Sequenz der angenommenen Zustände eines Objekts gibt den Ereignisablauf (die "Geschichte" eines Objekts) an. Die Zustände geben den ***type of interest*** an, welcher durch die Ereignisalgebra definiert wird. Der Typ eines Objekts wird zum ***shared data type***.

Der Vorschlag bedeutet eine Erweiterung des *pure algebraic approach* um eine Algebra, deren Objekte die Zustände der *shared*-Objekte der ursprünglichen Algebra darstellen und deren generative und ermittelnde Methoden Operationen auf *shared*-Objekten sind.

Die generativen, für die Definition des Ausgangszustandes eines Objekts notwendigen, sowie die ermittelnden Methoden der Ereignisalgebra haben die allgemeine Form:

Generator Functions

$init : $\longrightarrow$ state
Method : $t_1 \times t_2 \times \ldots \times t_n \longrightarrow$ r
Method$call : state $\times t_1 \times t_2 \times \ldots \times t_n \longrightarrow$ state
Method$return : state $\times t_1 \times t_2 \times \ldots \times t_n \longrightarrow$ state

Inquiry Functions

Method: wait : state $\times t_1 \times t_2 \times \ldots \times t_n \longrightarrow$ boolean
Method: result : state $\times t_1 \times t_2 \times \ldots \times t_n \longrightarrow$ r

Für jede Methode eines *shared*-Objekts müssen spezifische Ereignismethoden (*event functions*) definiert werden (hier "Method$call" und "Method$return"). Die ermittelnden Methoden (nach Mallgren *characteristic functions*) werden ebenfalls für jede Methode definiert (hier: "wait" zur Synchronisation der *shared*-Objekte und "result" für das Ergebnis der Operation). Jede Operation kann nur dann ein Ergebnis liefern, falls die dazugehörige "wait"-Operation den Wert "false" liefert.

Eine Benutzerschnittstelle wird als ein *shared*-Objekt mit Funktionen definiert, welche sowohl Programm- als auch Benutzerinteraktionen erfassen. Die Abfolge der Zustände, die ein Objekt durchlaufen hat, gibt einen lückenlosen Überblick über stattgefundene Interaktionen. Somit wird die Formulierung einer Benutzerinteraktion in dieser "Sprache" möglich.

Zur Illustration sei ein kurzes Beispiel angeführt: In dem aus vorangegangen Beispielen bekannten Umfeld tritt unter anderem eine Handlung seitens der Benutzer auf, die spezifiziert werden muß: der Anschlag einer Taste der Tastatur (*keystroke*).

Generator Functions

keystroke : character $\longrightarrow$
keystroke$call : interface_state $\times$ character $\longrightarrow$ interface_state

keystroke$return : interface_state × character ⟶ interface_state

Inquiry Functions

keystroke : wait : interface_state × character ⟶ boolean
keystroke : result : interface_state × character ⟶
printkey : wait : interface_state ⟶ character

Axioms

```
printkey : result (keystroke$return (st, ch)) =
                  IF printkey: wait (st)
                     THEN ch
                     ELSE result (st)
```

Die generativen Methoden "keystroke$call" und "keystroke$return" sind Ereignismethoden (2. Algebra) und beziehen sich auf die Benutzeraktivität "keystroke" (1. Algebra). Die ermittelnden Methoden für "keystroke" dienen der Synchronisation bzw. dem Ausdrucken eines unmittelbar getippten Zeichens ("printkey").

Das Axiom für "printkey" gibt an, daß nur im entsprechenden Zustand des Objekts ein getipptes Zeichen, z.B. zur Anzeige auf dem Bildschirm, geliefert werden kann. Dies bedeutet, daß Tasteneingaben ohne "type ahead" erfolgen müssen (siehe "keystroke$return").

Werden die Aktivitäten der Benutzer getrennt von den Aktionen der Anwendung spezifiziert, so ist die funktionale Darstellung einer Interaktion, z.B. ähnlich einer Programmsequenz, möglich.

6.3.2 Mengentheoretische Spezifikation

Bei dieser Spezifikationsnotation wurde versucht, allgemeine Prädikate anstatt algebraisch definierter Axiome einzuführen. Dies bedeutet, daß Operationen nicht unbedingt funktionale Methoden sein müssen [Sufrin, 1982], sondern mengentheoretische Operatoren (z.B. Relationen zur Bildung von Mengen) zu definieren sind. Dieser Ansatz beinhaltet ein Typenkonzept, womit aus einfachen Datentypen beliebige, der Realität nahekommende Konstrukte, modellierbar sind.

Die allgemeine Darstellung von Methoden und Axiomen wird wie folgt angegeben:

Type Definition

name_of_type = (sequence [CHARACTER | NUMERIC | { '!', ...}]) ×
(sequence [CHARACTER | NUMERIC | { '!', ...}])*

Method

name_of_method : name_of_type (⟶ name_of_type)*

Axiom

name_of_axiom (parameter (parameter)*) = expression |
IF condition THEN expression
ELSE expression

wobei:

parameter : method | variable
condition : variable { < | = | > | ≤ | ≥ | ≠ } expression
expression : method | method (expression) | value

Editierfunktionen (wie z.B. Löschen eines Zeichens) operieren auf einem eindimensionalen Objekt, welches von zwei Zeichenfolgen (links und rechts neben der Cursorposition) umgeben ist. Der Bildschirmausschnitt wird durch ein zweidimensionales Objekt dargestellt und ist über Spalten- und Zeilennummern ansprechbar. Der Zusammenhang Editierfunktionen-Bildschirmausgabe wird mittels einer Invariante (z.B. der Cursor ist immer im Bildschirmausschnitt des Editors sichtbar) spezifiziert.

Definitions

LINE = sequence[CHARACTER] × sequence[CHARACTER] × {"!", " "}

Function Definitions

clear : LINE ⟶ LINE
delete : LINE ⟶ LINE
type : CHARACTER ⟶ LINE ⟶ LINE

Function Axioms

clear (left, right, end_of_line) = (< >, < >, "!")
delete(left, right, end_of_line)) =
(left, right', end_of_line) IF right = <char> * right'
(left, right, " ") IF #right = 0 AND end_of_line = "!"
(left, right, end_of_line) IF #right = 0 AND end_of_line ≠ "!"

für alle (left, right, end_of_line) in LINE,

für alle char in CHARACTER,

wobei:

$*$ sequentielle Verkettung von Zeichenfolgen

Kardinalität einer Zeichenfolge

$< \ldots >$ begrenzt eine Zeichenfolge.

Bereits bei dieser, ohne jegliche Einschränkung definierten, bruchstückhaften Beschreibung eines einfachen Löschvorgangs von Textzeichen wird offensichtlich, daß für komplexere Aufgaben (z.B. Spezifikation von Dateiverwaltungssystemen) eine große Anzahl von Operatoren zusätzlich zu definieren ist [Morgan et al., 1984].

Ein Vergleich mit den anderen vorgestellten algebraischen Spezifikationsmethoden zeigt, daß die mengentheoretische Beschreibung bei geeigneter Definition der Typen und Charakteristika im Umgang mit dem *type of interest* (z.B. Zeichenfolgen) kürzer ausfällt. Das Herausarbeiten von sogenannten ***building blocks*** der Benutzerschnittstelle läßt Ansätze zu handlungsorientertem Benutzerschnittstellendesign erkennen. Allerdings ist die Anzahl der verwendeten Operatoren bei mengentheoretischer Betrachtung direkt proportional zur impliziten Komplexität der Spezifikation und zur Anzahl abzuhandelnder Sonderfälle (z.B. spaltenweises Editieren).

Darüberhinaus ist es oft schwieriger, auf mengentheoretischem Weg ohne komplexe Ausformulierung einfache Methoden zu definieren. Dem hält Sufrin entgegen, daß oft Redundanz notwendig ist, um Methoden funktional mit ausreichendem Detailliertheitsgrad beschreiben zu können.

6.3.3 Der Einsatz formaler Grammatiken

Ausgehend von dem Vorhaben, Hilfsmittel für experimentelles Benutzerschnittstellendesign zu generieren, entwickelte Reisner aus einer formalen Spezifikation eines interaktiven Graphiksystems [Reisner, 1981] ein Designtool basierend auf kontextfreien Grammatiken [Reisner, 1982]. Schließlich erweiterte sie ihren Vorschlag, um kognitive Prozesse mitberücksichtigen zu können [Reisner, 1984]. Sie legte dabei folgenden konzeptionellen Hintergrund fest:

1. Mensch-Maschine Kommunikation kann mittels Konzepten der *Linguistik* modelliert werden, indem einerseits Sprache auch Aktionen inkludiert (siehe Abschnitt 6.2.1) und andererseits Mensch-Computer Interaktion Sprache voraussetzt.

2. Informatiker beschreiben konzeptionell Compiler mit *Produktionsregeln.* Der Vorteil dieser Beschreibungsart ergibt sich aus der Erfassung aller möglichen Sätze einer Sprache mit einer *endlichen* Anzahl von Regeln. Dies gilt es für das Gebiet der Mensch-Maschine Kommunikation zu nutzen.

3. Modelle der Mensch-Computer Interaktion sollten die Mächtigkeit aufweisen, nicht nur als Design- sondern auch als *Evaluierungshilfsmittel* zu dienen.

Reisner leitet aus (1.) und (2.) die Annahme ab, daß die Struktur der Mensch-Computer Interaktion durch syntaktische Regeln darstellbar ist. "Sätze" der Sprache beschreiben Aktivitäten von Benutzern. Die deskriptive und prospektive Mächtigkeit wird durch die

- Berücksichtigung kognitiver Prozesse
- Festlegung quantifizierbarer Größen
- Vorhersagen über die Bedienbarkeit von Benutzerschnittstellen

erhöht. Bei der konzeptionellen Analyse stellen die mentalen Prozesse den eigentlichen Untersuchungsgegenstand dar. Gemeinsam mit der Art der Regelbildung wird der Aufbau einer Entwicklungsmethode transparent. Da diese im Mittelpunkt der Untersuchungen stand, wird dieser Ansatz mit Ansätzen zur Leistungsvorhersagen (welche äußerst umstritten sind [Carroll et al., 1985a]) nicht verglichen.

Kognition wird durch sogenannte *cognitive symbols* (im Gegensatz zu *physical input symbols*) miteinbezogen. Sowohl Terminal- als auch Nicht-Terminalsymbole (Wörter der Grammatik) können entweder *physical* oder *cognitive symbols* sein. *Physical input symbols* repräsentieren Aktivitäten der Benutzer, die als unmittelbare Eingabe beobachtbar sind. Diese Aktivitäten werden mit dem Wissen der Benutzer (repräsentiert durch die kognitiven Symbole) kombiniert, um die sogenannte *user action language* zu bilden.

Die allgemeine Darstellung von kognitiven Symbolen ist: <mental "behaviour">. *Physical input symbols* werden ohne Klammern notiert.

Im folgenden Beispiel wird die Benutzung eines elektronischen Notizblocks via einer fensterbasierten, individuell gestaltbaren Schnittstelle ansatzweise modelliert.

(1) get_confident with window_manager
⟶ < get_confident for the first time > |
< get_confident again >

Possible User Strategies

(2) < get_confident for the first time >
⟶ < get external information > + use window_manager |
< get internal information >
(3) < get external information >
⟶ < TAKE A COURSE IN COMPUTER SCIENCE > |
< READ THE MANUAL > | < ASK SOMEONE > |
< USE THE TUTORING COMPONENT >
(4) < get internal information >
⟶ < LEARN BY DOING > |
< COMPARE WITH SIMILAR APPLICATIONS > |
< TRY TO IMAGINE ADEQUATE FUNCTIONS >
(5) < get_confident again >
⟶ < RETRIEVE FROM LONG TERM MEMORY >
+ use window_manager |
< RETRIEVE FROM WORKING MEMORY >
+ use window_manager |
< get_confident for the first time >
(6) use window_manager
⟶ identify_window + enter_call + PRESS RETURN

System Functions

(7) identify_window
⟶ create_window | open_window | change_window |
close_window | delete_window | get_directory |
quit_window_manager
(8) get_directory
⟶ display_arrangement | quit_directory
(9) display_arrangement
⟶ fix_number of windows | fix_maxsize | ...
(10) create_window
⟶ enter_data type | enter_size | ...

...

Miscellaneous Rules

(n-2) enter_call
 ⟶ TYPE wm
(n-1) quit_window_manager
 ⟶ TYPE "Q" | DOUBLE CLICK (LEFT BUTTON)
(n) quit_directory
 ⟶ PRESS "ESC" | CLICK (RIGHT BUTTON)

Terminalsymbole sind durch Großbuchstaben gekennzeichnet. Kognitive Nicht-Terminalsymbole stellen Motivationen und Vorgehensweisen zur Benutzung von Systemfunktionen dar. Ein heikler Punkt ist offensichtlich das Abstraktionsniveau, wo kognitive Symbole definiert werden. Ebenso ist unklar, ob eine gewählte Abstraktionsebene durchgehend eingehalten werden muß oder nicht. Ob hier die kognitive Psychologie Hilfe bieten kann? Reisners Aussage zu dieser Kritik in [Reisner, 1984]: *"The action language approach still requires human judgement to identify the cognitive actions and the prediction assumption."* besitzt heute noch Gültigkeit.

6.3.4 "Multiparty" - Grammatiken

Keine Ansprüche bezüglich Kognitionsmodellierung stellt Shneiderman in seiner Erweiterung der Backus-Naur Form um Aktionen (Nicht-Terminalsymbole), welche seitens der Benutzer oder der Anwendung gesetzt werden können. Seine Notation der "Multiparty"-Grammatiken [Shneiderman, 1982] dient der Verdeutlichung, welcher Kommunikationspartner wann welche Symbolfolgen in die Interaktion einbringt. Sowohl Benutzerkommandos als auch (Re)Aktionen der Anwendung können also durch denselben Formalismus beschrieben werden.

Eingaben können mittels Nicht-Terminalsymbolen z.B. wie folgt dargestellt werden: < H: value >. Systemreaktionen werden beispielsweise mit < C: accept_value> notiert. Nicht-Terminalsymbole können aber auch komplexere Aktivitäten beschreiben, wie z.B. die Überprüfung der Eingabe eines Wertes:

< value processing > :: = < H: invalid_value > < C: reject_value > |
 < H: invalid_value > < C: explain_range > |
 < H: valid_value > < C: accept_value >

Die adäquate Modellierung von Interaktionsprozessen erfordert die Möglichkeit, direkte Antworten auf Eingaben darzustellen. Dies bedeutet, daß es möglich sein sollte, bestimmte Symbolfolgen zusammenzufassen, etwa zur Modellierung des Sitzungsverlaufs mit einer Anwendung (Terminalsymbole werden in Großbuchstaben notiert):

```
< commands >          :: = < H: open_session > < C: return_op_ack > |
                           < H: close_session > < C: return_cl_ack> |
                           < H: * > < C: provide_entry >
< H: open_session >   :: = LOGON < H: identification >
< H: close_session >  :: = QUIT < H: final_message >
< C: return_op_ack >  :: = TEST_IDENTIFICATION
< C: return_cl_ack >  :: = END
< C: provide_entry >  :: = LOGON-SCREEN
```

Die Verwendung sogenannter Wildcards (*) soll eine wirklichkeitsgetreue Darstellung der Mensch-Computer Interaktion gestatten. Gleichzeitig wird damit die Diagnose von Fehlern erschwert. Wie aus dem Beispiel ersichtlich, erfassen "Multiparty"-Grammatiken vor allem die Syntax von Interaktionen und nur einen sehr kleinen Teil von semantischen Gesichtspunkten. Es ist daher notwendig, jede Regel, die eine Eingabe verarbeitet, durch Anweisungen einer Programmiersprachen (z.B. Prozeduraufrufe) zu ergänzen.

Die Umsetzung einer vollständigen Systembeschreibung erfordert darüberhinaus die Zuweisung von Werten zu Nicht-Terminalsymbolen, wobei die Präsenz von Werten in rekursiven Regeln durch zwei Ansätze aufgelöst werden kann: Ein *stack* wird für jedes Nicht-Terminalsymbol definiert und jeder Wert wird auf den *stack* geschrieben. Die andere Möglichkeit sieht vor, daß nur ein einziger Wert für jedes Nicht-Terminalsymbol zugelassen wird.

Bei der Beschreibung von visuellen Komponenten der Benutzerschnittstelle können Hilfsmittel, wie Fonts, Schriftgrößen, Farben definiert werden. Zu diesem Zweck werden spezielle Nicht-Terminalsymbole definiert. Das folgende Beispiel zeigt den Aufbau einer Antwort der Anwendung unter Miteinbeziehung der Darstellung auf dem Bildschirm.

```
< C: response > ::=< C: header > < C: ON_UNDERLINE >
                   < C: main_part > < C: OFF_UNDERLINE >
```

Auch die Aufteilung des Bildschirmes kann z.B. für fensterbasierte Schnittstellen geeignet modelliert werden. Geschachtelte Fenster bzw. überlappende Bereiche sind möglich, sobald der Bildschirm in ein zweidimensionales Feld aufgelöst und die Adresse des Cursors bestimmbar wird. Die Umsetzung der Cursoradresse in eine absolute (physische) Bildschirmadresse kann mittels Regeln modelliert werden. Bei der Darstellung der Cursorbewegung müssen Regeln auch unerlaubte Cursorbewegungen berücksichtigen. Dies wird durch anwendungsspezifische Bedingungen erreicht.

Die Darstellung aller möglicher Eingaben sowie entsprechender Antworten läßt umfangreiche "Multiparty"-Grammatiken erwarten, sodaß ein Einsatz in komplexen Anwendungen als nicht sinnvoll erscheint. Schließlich ist ungeklärt, auf welchem Abstraktionsniveau die Beschreibung der Benutzerschnittstelle ansetzen soll.

6.3.5 Die "Command Language" - Grammatik

Moran wollte einen konzeptionellen Rahmen für die umfassende Beschreibung von Benutzerschnittstellen liefern. Sein Ansatz, die *Command Language Grammar* CLG [Moran, 1981] geht davon aus, daß es nicht ausreicht, Benutzern interaktiver Systeme eine mächtige funktionale Schnittstelle zur Verfügung zu stellen, die sie nur ungenügend nutzen können, sondern, daß die Benutzer sich auf die Erfüllung ihrer Aufgaben, welche sie mit Hilfe des Computersystems lösen wollen, konzentrieren können. Moran wollte den bis dahin intuitiv erstellten Designvorschlägen eine systematische Methode zugrunde legen.

Die Benutzerschnittstelle wird entsprechend den Berührungspunkten zwischen Mensch und Maschine gestaltet: physisch, perzeptuell und konzeptionell. Hier ist anzumerken, daß das Wort "konzeptionell" in einer anderen Bedeutung als bisher üblich gebraucht wird. Mit "konzeptionell" meint Moran ausschließlich die mentale Repräsentation von Fakten, Zusammenhängen etc. bei Menschen, während die konzeptionelle Modellierung im Rahmen der Informatik eine Beschreibungs- und Spezifikationstechnik auf abstraktem Niveau darstellt. In der Folge verwenden wir den Begriff gemäß der in der Informatik gültigen Interpretation.

Die *Berücksichtigung der mentalen Repräsentation* war notwendig geworden, da Untersuchungen komplexer Verschlüsselungstechniken im Bereich der Mensch-Computer Interaktion (z.B. [Long, 1976]) gezeigt haben, daß die motorische Ebene der Benutzerschnittstelle durch verständnisgeleitete Handlungsweisen der Benutzer ersetzt werden sollte. Moran vertritt die These, daß die Benutzerschnittstelle einer Anwendung nach jenem Modell entworfen werden soll, welches sich Benutzer mental von einer Anwendung bilden.

Die "Command Language"-Grammatik bildet ein Analyseverfahren für die Struktur von Benutzerschnittstellen, welches für den Systemdesigner anwendbar ist. Es spiegelt sowohl die Implementierung der Schnittstelle als auch die mentalen Modelle von Benutzern wider. Die kognitive Repräsentation einer Anwendung wird individuell und zwar durch die Erweiterung bestehender Metaphern erworben [Carroll, 1982, Carroll et al., 1982].

Die Berücksichtigung kognitiver Aspekte wurde sowohl experimentell [Fulton, 1985] als auch konzeptionell [Gaines et al., 1983] weiterverfolgt ("Use the User's Model"). Ihre Modellierung erfolgt heute wissenbasiert (z.B. [Mark, 1985]), da weder Grammatiken noch andere traditionelle Techniken, wie die in Abschnitt 6.3.8 erläuterten Zustand-Übergangsdiagramme, zur Erfassung komplexer Zusammenhänge ausreichen [Wells, 1985].

CLG stellt einen weiteren Versuch dar, interaktive Systeme aufgabenbezogen zu modellieren. Die ohnehin sehr spät eingeführten *Aufgabenanalysen* [Eason, 1980] gehen methodisch kaum auf den kognitiven Kontext von Benutzerschnittstellen ein - siehe ETIT [Moran, 1983], GOMS [Card et al., 1983] (siehe Abschnitt 8.1.1) oder (E)TAG [Payne, 1985, Tauber, 1991] (siehe Abschnitt 6.3.6). Theorien wie CCT [Kieras et al., 1985] (siehe Abschnitt 8.1.2) ermöglichen zwar den Bezug zu kognitiven Prozessen, erfüllen allerdings noch nicht die komplexen Anforderungen an die Modellierung der Aufgabenteilung zwischen Mensch und Computer [Fitter, 1980].

Als *Anwendungsbereich* für CLG-Experimente wählte Moran kommandosprachenorientierte Anwendungen, da sie weitverbreitet waren und sind. Die Struktur der CLG läßt *drei Schichten* einer Benutzerschnittstelle erkennen, wobei die Verbindung von Elementen unterschiedlicher Ebenen durch spezielle Prozeduren und Methoden ermöglicht wird.

1. *Conceptual Component*: Sie enthält die abstrakte Darstellung des Umfeldes, worin eine Anwendung eingebettet ist (bzw. sein sollte). Es werden zwei Abstraktionsebenen unterschieden, welche sowohl die Struktur der Aufgaben (*"what to do"*) als auch ihre semanische Bedeutung (*"how to do"*) informal erfassen.

   (a) *Task Level*: Hier werden die Anforderungen der Benutzer artikuliert und strukturiert, sodaß eine Unterstützung der Aufgabenerfüllung durch Computersysteme diskutiert werden kann. Eine Aufgabe wird dabei durch ihr Ziel und entsprechende Handlungen zur Erreichung dieses Ziels definiert. Sogenannte *task entities* stellen die Objekte dar, welche die Aufgabenumgebung (*task environment*) bilden. *Task procedures* enthalten eine Menge von Aufgaben, d.h. stellen globale Aktivitäten dar, während *task methods* einzelne Aufgaben den globalen Aktivitäten zuordnen.

   (b) *Semantic Level*: Diese Ebene repräsentiert das konzeptionelle Modell eines Computersystems, d.h. den funktionalen Umfang der Anwendung. Elemente dieser Ebene sind: konzeptionelle Entitäten, system- und benutzerbezogene Operationen, semantische Prozeduren und Methoden (vgle *Task Level*).

2. *Communication Component*: Analog zu (1.) ("what and how") wird auf syntaktischem Niveau in zwei Ebenen beschrieben, wie die Kommandosprache und Interaktion mit den Benutzern aussehen soll.

   (a) *Syntactic Level*: Hier wird das konzeptionelle Modell aus der semantischen Ebene in die Sprachstruktur einer Kommandosprache eingebettet. Das Verhalten der konzeptionellen Entitäten wird durch die Angabe von Operationen, die auf ihnen ausgeführt werden, bestimmt. Methoden stellen die Beziehungen zwischen Operationen und Aufgaben her.

   (b) *Interaction Level*: Die Beschreibung des Modells auf der Interaktionsebene entspricht einer Abbildung von semantischen Interaktionen auf physische Aktionen. Die syntaktischen Elemente werden in einer bestimmten Reihenfolge, der sogenannten *Syntactic Hierarchy* baumartig angeordnet. Die Ordnung der Interaktionselemente, bestehend aus einfachen Aktionen, wird durch die Reihenfolge des Auftretens innerhalb der Interaktion bestimmt. Interaktionsregeln können spezifiziert werden, um die Konsistenz von Interaktionsprozessen zu gewährleisten.

3. *Physical Component*: Diese Ebene der Interaktion setzt sich aus den Ebenen *Spatial Layout Level* und *Device Level* zusammen, um die physische Dimension der Interaktion exakt zu spezifizieren. Sie besitzt keine konzeptionelle Aussagekraft und wird daher in [Moran, 1981] nicht näher erläutert.

Die *Darstellungsform* der CLG basiert auf Symbolen und Ausdrücken. Ein Konzept wird durch Ausdrücke, welche durch konstituierende Symbole gebildet werden, dargestellt (*symbol* → *expression* → *concept*). Symbole sind Zeichenketten und können zu drei Arten von Ausdrücken zusammengefaßt werden. Basisausdrücke beschreiben ein Konzept mittels der modifizierten Ausprägung eines anderen Konzepts. So definiert z.B. CHAR = (AN ENTITY CODE = (A NUMBER)) den Typ CHAR als Ausprägung von ENTITY, bestehend aus einer Komponente CODE, die eine Zahl darstellt. Ausdrücke können Symbole zu einer Menge (SET: abc) oder zu einer Sequenz (SEQ: abc) zusammenfassen. Schließlich erlaubt CLG informale Ausdrücke, welche mit (* text) notiert werden und analog zu Kommentaren in Programmiersprachen verwendet werden können. Auf ein durchgängiges Beispiel kann aufgrund der einsichtigen Notation verzichtet werden.

Moran sieht *Probleme* bei der Anwendbarkeit der CLG in der informalen Modellierung der Aufgaben- und semantischen Ebene. Die Zuordnung von Methoden und Prozeduren zu ihren übergeordneten Zielen läßt keine ausreichenden Konsistenzüberprüfungen zu. Darüberhinaus gibt es keine generativen Abbildungsregeln zwischen der semantischen und syntaktischen Ebene. Es besteht auch die Notwendigkeit von "syntaktischen" Aufgaben für den Umgang mit syntaktischen Elementen. Ein ähnliches Konzept ist für Prozesse der Interaktionsebene notwendig. Eine Erweiterung der syntaktischen und Interaktionsebene ist erforderlich, um Unterbrechungen modellieren zu können. Schließlich sollte die Verwendung von Regeln in der CLG auf die Interaktionsebene erweitert werden.

Dennoch gestattet der holistische Ansatz eine dreifache Interpretation der Analyseergebnisse. Linguistisch betrachtet, stellt CLG eine Analysemethode für die Struktur von Kommandosprachen dar. Aus psychologischer Sicht modelliert CLG (unterschiedliche Arten von) Wissen, welches ein Benutzer über eine Anwendung haben kann. Als drittes kommt die Sicht des Systemdesigners zum Tragen, wo mittels CLG Systeme für den Software-Entwicklungsprozeß geeignet repräsentiert werden können.

Eine strenge Unterscheidung dieser Sichtweisen ist allerdings nicht möglich. Tatsächlich erscheint die CLG am angebrachtesten, sobald der linguistische Aspekt in den Mittelpunkt rückt.

6.3.6 Die "Task Action"-Grammatik und ihre Erweiterung

Die in [Payne, 1985] vorgeschlagene Metasprache TAG (*Task Action Grammar*) zur Definition von Beschreibungssprachen für Aufgaben stellt eigentlich mentale Modelle dar, welche Benutzer von einer Anwendung besitzen können. Eine Beschreibungsspache für Aufgaben (*task language*) erlaubt die Darstellung der Interaktion mittels Kommandosprachen, Menusteuerungen sowie Piktogrammen.

Das mentale Modell eines Benutzers besteht nach Payne aus zwei Komponenten: einem Modell der *task language* und einem Modell der zugrundeliegenden Anwendung. Die mentale Repräsentation kann durch eine Grammatik, welche die Ableitung von Aktivitäten aus einfachen Aktionen zuläßt, beschrieben werden. Damit können alle Strukturen und Operationen, welche die Benutzer zur Interaktion benötigen, modelliert werden. TAG unterscheidet zwei Ebenen zur Beschreibung von Aufgabenbewältigung: Konzepte und Regeln.

1. *Dictionary of Concepts*: Mit Hilfe von Konzepten können grammatikalische Objekte einer Interaktion (*task language*) modelliert werden. Grammatikalische Objekte können mentale Prozesse beinhalten oder einfache Aufgaben darstellen, wozu Benutzer keine Unterstützung benötigen. Die Menge von Symbolen wird um Nicht-Terminalsymbole erweitert. Letztere dienen der Zwischendarstellung von Konzepten. Aufgabenkonzepte werden seitens der Benutzer

manipuliert, um Ziele zu erreichen bzw. Probleme zu lösen. Sie werden benutzt, um die Spezifikation von Aktivitäten durch Regeln zu ermöglichen. Zu diesem Zweck werden Aufgabenkonzepte durch Eigenschaften (*features*) repräsentiert, welchen Werte und Regeln zugeordnet werden.

2. *Rule Schemata*: Regeln modellieren die mentale Repräsentation der Abbildung von Aufgaben auf Aktivitäten. Sie operieren auf einer Menge von Konzepten und stellen den gesamten Aktionsradius von Benutzern dar.

Eine umfassende Beschreibung sollte darüberhinaus die Abbildung von Kommandos auf Namen sowie Regeln aufweisen, welche die Syntax der Interaktionssprache bestimmen.

Das folgende Beispiel zeigt die Beschreibung einer elementaren Aktion und zwar den Wechsel von Arbeitsbereichen bei einer fensterbasierten Schnittstelle. Die betrachteten Kommandos sowie die daraus abgeleiteten Konzepte und Regeln sind:

Command	*Key*
change to window within directory	CTRL-w
change to window of next directory	ALT-d

Concepts

Simple Tasks

change to window within directory
{ discourse = within directory; unit = window }

change to window of next directory
{ discourse = next directory; unit = directory }

Symbols

CTRL { discourse = within directory }

ALT { discourse = next directory }

Rule-Schemata

Simple Task [discourse, unit]
⟶ symbol [discourse] + letter [unit]

letter [unit]
⟶ first letter of unit name

Die verallgemeinerte Darstellung inklusive Meta-Regeln (3) in der TAG-Theorie hat folgendes Aussehen:

(1) Features and Values

feature: discourse possible values: within
next

feature: unit possible values: window
directory

(2) Dictionary of Simple Tasks

change to window [discourse = ANY, unit = ANY]

(3) Replacement Rules

Simple Task [discourse = ANY, unit = ANY] :: = symbol [discourse]
+ letter [unit]

symbol [discourse = within directory] :: = CTRL
symbol [discourse = next directory] :: = ALT
letter [unit = window] :: = w
letter [unit = directory] :: = d

TAG beschreibt eigentlich prozedurales Wissen zur Lösung einer Aufgabe in Form von Aktivitäten, d.h. Eigenschaften von Aufgaben (*features*) und Ersetzungsregeln. Zu den Einzelregeln können Metaregeln gebildet werden.

Ähnlich CLG kann TAG unter verschiedenen Gesichtspunkten betrachtet werden. Als Hilfsmittel des Psychologen stellt sie ein Instrument zur Analyse komplexer Aufgaben dar. Für den Systemdesigner zählt ihre Mächtigkeit, Vorhersagen bezüglich

- der Ausführungszeit von Aufgaben (anhand der Anzahl von Regeln pro Aufgabe)
- der Belastung des Gedächtnisses bei komplexen Problemen (anhand der expliziten Zielsetzungen)
- der Erlernbarkeit von Kommandos (anhand der *features* und Anzahl der Regeln)

treffen zu können. Diese Vorhersagen sind zur Zeit hypothetischer Natur und bedürfen in jedem Fall empirischer Evaluierung [Rosenberg, 1984].

ETAG. Da mittels TAG nur ein Teil der gesamten Mensch-Computer Beziehung modelliert werden kann, nämlich die mentale Repräsentation des Umgangs mit einer Anwendung, schlägt Tauber das Konzept ETAG (*Extended Task Action Grammar*) basierend auf der Arbeit von [Jackendoff, 1983] vor [Tauber, 1991]. In ETAG wird das Modell der Anwendung mittels UVM (*User Virtual Machine*) in die Spezifikation miteinbezogen.

UVM wird benutzt, um komplizierte Aufgaben auf einfache Aktivitäten zurückzuführen, welche schließlich auf motorische Handlungen abgebildet werden. UVM faßt eine Anwendung als zusammengesetztes Objekt (*thing, object*) auf, um einen Objektraum (*object space*) bilden zu können. Jedes Objekt dieses Raumes besitzt Attribute (z.B. seine Lokalität (*place*) im Raum) und ist anderen Objekten zugeordnet. Die Attribuierung von Objekten entspricht dem *featuring* in TAG. Damit wird eine "virtuelle" Welt (*spatial virtual world*) aufgebaut, worin Objekte und Eigenschaften (*properties*) manipuliert werden können. Diese Operationen führen Ereignisse herbei (*existential events, relational events*).

Aufgaben der Benutzer werden auf Systemoperationen abgebildet. Bei ihrer Ausführung werden Objekt-Lokalität Beziehungen im Objektraum (z.B. *file x* als Objekt in *directory y*) verändert.

ETAG unterscheidet fünf *Basiskonzepte*, die durch Ersetzungsregeln wie folgt definiert werden:

```
(1) [ OBJECT ]   ::= [ OBJECT ]
(2) [ PLACE ]    ::= [ place.FUNCTION ([ OBJECT ])] |
                     [ place.FUNCTION ([ PATH ])]
(3) [ PATH ]     ::= [ place.FUNCTION ([ OBJECT+ )] |
                     [ place.FUNCTION ([ PLACE ])]
(4) [ STATE ]    ::= [ state.FUNCTION ([ OBJECT],[PLACE ])]
(5) [ EVENT ]    ::= [ event.FUNCTION ([ OBJECT],[PATH ])]
```

wobei:

place.FUNCTION $\in$ place$_{UVM}$ $\cup$ { place.ON, place.IN, ... }
path.FUNCTION $\in$ { path.FROM, path.TO, ... }
state.FUNCTION = state.BE
event.FUNCTION = event.GO

Während state.FUNCTION den Status eines Symbols angibt, stellt event.FUNCTION die Verbindung (PATH) zweier Objekte oder Lokalitäten her. Die *umfassende Spezifikation* mittels ETAG besteht aus drei Teilen: UVM-Beschreibung,

Aufgabenbeschreibung und Regeln. Die UVM-Beschreibung ersetzt das Begriffsverzeichnis von TAG. Hier werden vorkommende Objekte, ihre Lokalisation und *paradigms* (eine Art Trigger) erfaßt.

Die Aufgabenbeschreibung von ETAG beinhaltet die definierten, einfachen Aktionen zur Aufgabenerfüllung in VDM-Notation (siehe Abschnitt 6.3.7), d.h. Operationen. Jeder Aufgabe wird ein Name, eine VDM-Beschreibung sowie ein Symbol (um sie in den Regeln zu repräsentieren) zugeordnet. Darüberhinaus wird der Kontext, welcher die Ausführbarkeit von Operationen auf Objekten bestimmt, spezifiziert.

ETAG kennt drei Arten von Regeln: *Top level rules* leiten aus einem Startsymbol alle Symbole ab, die in der Aufgabenbeschreibung vorkommen. Ableitungen von definierten Symbolen leiten *simple tasks* solange ab, bis eine endliche Anzahl von symbolisierten, motorischen Handlungen zur Erfüllung des *simple task* gefunden wird. Schließlich ordnen Regeln den Symbolen motorischer Handlungen ausführbare Aktionen zu.

Das folgende Beispiel beschreibt das Eintragen eines Objektes in einen Systempuffer:

UVM-Description

```
define ([ BUFFER ])
        name: "BUFFER"
        spatial field
                supports            : [ STRING ], [ WORD ]
                structure           : PLACE_FOR [ STRING ], [ WORD ]
                place.FUNCTIONS     :place.ON ([ OBJECT = BUFFER ]) FOR
                                              [ STRING ], [ WORD ]
                                     place-paradigm : von Neumann
                                     unplace-paradigm: von Neumann
        end spatial field
end [ BUFFER ]
define ([ WORD ])
        spatial field
                supports            : NIL
        end spatial field
end [ WORD ]
```

Task Dictionary

```
Task Description = { [ EVENT = MOVE_TO_BUFFER ],
                     [ EVENT = COPY_TO_BUFFER ], ... }
entry 1 : [ EVENT = MOVE_TO_BUFFER ]
          [ event.GO ([ OBJECT: *x ],
               [ path.FROM ([ place.ON_REGION ([ OBJECT: *x ])
                            ([ OBJECT = TEXT ])])]
               [ path.TO ([ place.ON ([ OBJECT: BUFFER ])])]
          [ OBJECT: *x ] = ONE_OF {[ STRING ], [ WORD ]}
          ST1 [ OBJECT = ONE_OF {[ STRING ], [ WORD ]}]
entry 2 : [ EVENT = COPY_FROM_BUFFER ]
...
```

Rules

```
- top level rules
  ST ::= ST1 [ OBJECT = ONE_OF {[ STRING ], [ WORD ]}] |
         ST2 [ PLACE = place.ON_POSITION (i,j) ([ OBJECT ]) = TEXT ]
         ...
- symbol deduction
  ST1 [ OBJECT = ONE_OF {[ STRING ], [ WORD ]}] ::=
         select [ OBJECT ] + select [ SYMBOL = EDIT ] [ SYMBOL = MARK ]
  ...
- action deduction
  select [OBJECT = WORD ] ::=
         MOUSE_POINT ( VIS [OBJECT] + MOUSE_BUTTON_CLICK^2 )
  ...
```

Das in diesem Beispiel verwendete von Neumann-Paradigma bedeutet, daß der Pufferbereich vor einer Aktivität (Eintragen etc.) immer gelöscht wird.

Obwohl sich ETAG bei der konzeptionellen Analyse von visuellen Schnittstellen bewährt hat [Tauber, 1991], wird anhand der gezeigten Modellierung deutlich, daß ähnliche Probleme wie bei den vorangegangenen Ansätzen bezüglich Abstraktionsniveau und Modellierung komplexer Zusammenhänge bestehen bleiben.

6.3.7 Der Einsatz der Vienna Development Method

Die Vienna Development Method (VDM) wurde als Hilfsmittel für den Software-Entwicklungsprozeß entwickelt [Bjorner et al., 1982]. Sie erlaubt die formale Spezifikation von Anwendungen. Die in VDM definierten Standard-Datentypen ermöglichen die explizite Darstellung komplexer Sachverhalte für die Software-Entwicklung [Studer, 1984].

In seinem Vorschlag geht Studer auf abstrakte Modellbildungen von Menus, Formularen und Fenstern ein. Die inhaltliche Darstellung des Bildschirms steht im Vordergrund – im Gegensatz zu Ansätzen wie z.B. [Hansen, 1982], wo die Darstellungsform Vorrang gegenüber inhaltlichen Aspekten besitzt.

Mit Hilfe von VDM kann von der Ebene konkreter Anwendungen abstrahiert werden. Die entwickelten Modelle sind jedoch auf einem geringeren abstrakten Niveau angesiedelt als beispielsweise Anwendungen, welche mit Sufrins Methode [Sufrin, 1982] (Abschnitt 6.3.2) spezifiziert werden. Damit sind VDM-Modelle auf das Feindesign von Anwendungen ausgerichtet.

Die Modellierung der Menu- sowie der Formulartechnik erfolgt unter der Annahme, daß es Verzeichnisse mit allen möglichen Ausprägungen von Menus und Formularen gibt. VDM-Abbildungen stellen die Verbindungen zwischen dem Verzeichnis und dem Menu bzw. Formular sowie den Optionen her, die Benutzern tatsächlich zur Verfügung stehen.

So sieht beispielsweise die abstrakte Beschreibung der Menutechnik wie folgt aus:

menu_dictionary = menu_identifier $\longrightarrow$ VDM menu
menu = N^+ $\longrightarrow$ VDM menu_option
menu_option :: string

Die Optionen des Menus sind über Zahlen ansprechbar (N^+). Die Spezifikation von Formularen basiert auf einem analogen Prinzip, wobei als kleinste Einheit Felder (*field_descriptors*) betrachtet werden. Einträge in diese Felder werden in einer Datenbank abgelegt, die ebenfalls in VDM spezifiziert wird. Die Semantik von Benutzerkommandos wird durch *meaning functions* in einem *semantic domain* (= Menge aller Systemfunktionen) definiert.

Wir betrachten in der Folge die Benutzerschnittstelle einer Wissensbasis, welche eine Dreiteilung des Bildschirms in Orientierungs-, Arbeits- und Aktivitätenbereich (*orientation area, work area, further feature area*) vorsieht. Der Orientierungsbereich beinhaltet Statusanzeigen (gewählter Modus, Kostenindikator für Abfragen aus externen Wissensbasen etc.), während der Arbeitsbereich den eigentlichen Wirkungsbereich der Benutzer darstellt. Über den Aktivitätenbereich werden die Benutzer informiert, welche Aktivitäten sie mit Hilfe der Anwendung setzen können.

Da die Semantik mittels Zustand-Übergangsfunktionen definiert wird, müssen zunächst Zustände spezifiziert werden. Für die folgenden Betrachtungen besitzen nur benutzerspezifische Funktionen Relevanz:

(1)	$state_0$	:: appl_mode screen dictionary
(2)	appl_mode	:: mode [sub_mode]
(2A)	mode	= KNOWLEDGE_PRODUCER_MODE | KNOWLEDGE_CONSUMER_MODE | SYSTEM_MANAGER_MODE
(2B)	sub_mode	= knowledge_consumer_mode | system_manager_mode
(2C)	knowledge_consumer_mode =	INDIVIDUAL_KNOWLEDGE_BASE | INDIVIDUAL_INTERFACE_DESIGN | NON_PRODUCING_ACTIVITIES
(3)	screen	:: orientation_area work_area further_feature_area
(3A)	orientation_area	:: history_area present_mode_area indicator_area message_area
(3B)	history_area	= command-set
(3C)	present_mode_area	:: appl_mode
(3D)	indicator_area	= indicator-set
(3E)	message_area	:: system_message_area appl_message_area
(3F)	command	= [COST-OF-QUERY, TIME-SPENT, ...]
(3G)	indicator	= [MENU-SELECTION, REDO, HELP, ...]
(3H)	appl_message_area	:: error_description
(3I)	error_description	= $N^+ \rightarrow$ error_message
(3J)	error_message	:: string example
(3K)	work_area	= Form | Menu | Natural_Language | Icon | Structure_Graph
(3L)	further_feature_area	= command-set
(4)	dictionary	:: MenuDictionary FormDictionary ...

Die Anwendung wird in drei Komponenten (*mode, screen, dictionary*) zerlegt. Unterschiedliche Schnittstellen stehen dem Systemmanager, Wissensproduzenten sowie Wissenskonsumenten (der größte Teil der Benutzer) zur Verfügung. Wissenskonsumenten können sich entscheiden, ob sie eigene Datenbestände generieren ("INDIVIDUAL_KNOWLEDGE_BASE"), die angebotene Schnittstelle ihren eignen Wünschen entsprechend verändern ("INDIVIDUAL_INTERFACE_DESIGN") oder bloß in die Wissensbasis "hineinsehen" ("NON_PRODUCING_ACTIVITIES") wollen. Die vorgeschlagene Bildschirmaufteilung kann auch weiter zerlegt werden, wie etwa im Fall des Orientierungsbereichs.

Nachdem die Syntax der Systemzustände beschrieben wurde, müssen Invarianten für alle Objektklassen (Interaktionsformen) definiert werden, um die Konsistenz sowohl zwischen den Verzeichnissen und entsprechenden Datenbanken als auch zwischen den Verzeichnissen und dem Layout auf dem Bildschirm zu gewährleisten. Festgelegt werden in inv_$state_0$ der Zusammenhang der Bildschirmkomponenten mit den Interaktionsformen und Verzeichnissen. So muß beispielsweise der Bildschirmausschnitt einen Arbeitsbereich ("WorkArea") für die Benutzer enthalten:

(5) inv_$state_0$ (mk-$state_0$ (, screen, dictionary) =
let mk-screen (, WorkArea) = screen
let mk-dictionary (MenuDict, FormDict, FormDb,
TypeOfOccurence) = dictionary

is-consistent (FormDict, FormDb, TypeOfOccurence) &
inv-work_area (MenuDict, FormDict, Formdb)

type : $state_0 \rightarrow$ Bool

Durch "inv-work_area" wird sichergestellt, daß im Arbeitsbereich nur Menus und Formulare verwendet werden dürfen. Analog zu den Objektklassen müssen auch für alle Objekte Invarianten definiert werden.

Nachdem in weiterer Folge die Syntax der Kommandos - beispielsweise "Select = N^+ | Option" - spezifiziert und damit der *syntactic domain* abgesteckt wurde, werden Invarianten für die Elemente des *syntactic domain* angegeben, um sicherzustellen, daß sie innerhalb des *semantic domain* wohldefiniert sind. Dadurch wird es möglich, Einschränkungen zu definieren sowie Fehlermeldungen bestimmten Fehlersituationen zuzuweisen.

Die eigentliche Bedeutung eines syntaktischen Objekts wird durch seine *meaning function* festgelegt, d.h. durch die Veränderung des Systemzustandes bei Benutzung des Kommandos. Bezogen auf die Menutechnik bedeutet dies, daß für jede Option des Menus der nachfolgende Systemzustand angegeben werden muß. Für "Select" könnte dies z.T. folgendermaßen geschehen:

```
(6)  Elaborate_Selection (select) (state₀) =
          let mk-state0 (appl_mode,,dictionary) = State₀
          let mk-appl_mode (mode, ) = Sys_mode
          let mk-dictionary (MenuDict,, formDb, ) = Dict
(6A) let [1 → [ 1 → knowledge_consumer_mode
                 2 → system_manager_mode ...]
          2 → [ 1 → individual_interface_design ...]]
(6B) let [1 → [ NODENAME → STRING-INPUT ]
          2 → [ INDIVIDUAL_INTERFACE_DESIGN → STRING-INPUT ]
                 ...] = FormDb
(6C) (select = 1) ∨ (select = individual_interface_design))
       → let mode'                  = mode
          let submode'              = INDIVIDUAL_INTERFACE_DESIGN'
          let work_area'            = FormDb (1)
          let further_feature_area  = [HELP,QUIT,CONTINUE]
(6D) let Sys_mode'                  = mk-appl_mode (mode', submode')
     let present_mode_area'         = mk-state_area (Sys_mode')
     ...
(6E) let screen' = mk-screen (present_mode_area', work_area',
          further_feature_area')
(6F) mk-state₀ (Sys_mode', Screen', Dict')
type: select ⟶ (state₀ ⟶ state₀)
```

Damit wird der gesamte Kontext dieser Operation transparent. Nichtsdestotrotz läßt sich anhand dieser einfachen Schnittstellenkonzeption abschätzen, daß komplexere Benutzerschnittstellen einen weitaus höheren Spezifikationsaufwand bei der Benutzung von VDM mit sich bringen.

6.3.8 Zustand-Übergangsdiagramme

Diese Darstellungsform wurde erstmals von Parnas als Hilfsmittel für sogenanntes *top level*-Design von interaktiven Systemen vorgeschlagen [Parnas, 1969]. Das dem Designprozeß zugrundeliegende Konzept nannte er *Terminal State* und die dazugehörige Darstellung *Terminal State Transition Diagram*. Er versuchte damit, größere Flexibilität zu erreichen und durch Dekomposition zu einer anwendungsunabhängigen Beschreibung von Benutzerschnittstellen zu gelangen.

Obwohl das Design der Benutzerschnittstelle zu einem frühen Zeitpunkt im gesamten Entwicklungsprozeß miteinbezogen wird, erfolgt ihre Beschreibung durch Zustand-Übergangsdiagramme rein funktional. Bedingt durch die Dominanz von Kommandosprachen als Interaktionsmedium wurde in weiterer Folge versucht, sämtliche Konzepte von Programmiersprachen auf Interaktionssprachen unter Berücksichtigung der Interaktivität zu transformieren [Jacob, 1983, Jacob, 1984, Jacob, 1985b].

Terminal States erfassen die möglichen Zustände eines Datenendgerätes (Terminals) über die Menge von möglichen Eingabenachrichten und ihren Interpretationen, wobei nur eine kleine Menge von Nachrichten an die Anwendung als sinnvoll gewertet wird. Die übrige Anzahl von Nachrichten wird mit Hilfe der sogenannten "Null-Interpretation" zurückgewiesen.

Der Begriff des Zustandes (*state*) wird im Sinne der endlichen Automaten (*Finite State Automata* (FSA)) verwendet, wobei ein Zustand als eine Menge von Eingabenachrichten und ihren Antworten charakterisiert wird. Es muß sichergestellt sein, daß ein Zustand eine konsistente Antwort zu einer gegebenen Eingabe liefert.

Terminal State Transition Diagrams dienen der Modellierung des dynamischen Ablaufs der Mensch-Computer Interaktion, wobei jede Interaktion als Zustandsänderung der Benutzerschnittstelle gewertet wird. Ein Zustand-Übergangsdiagramm ist ein Graph, dessen Knoten Zustände der Benutzerschnittstelle entsprechen. Zu jedem Knoten führt pro mögliche Eingabefolge eine Kante. Sie verbindet den Knoten, der den momentanen Zustand der Interaktion beschreibt, mit einem Knoten, welcher das Terminal nach Erhalt der Eingabenachricht und Abgabe einer Antwort darstellt. Die Eingabenachricht und ihre Antwort werden entlang der Kante notiert (Abbildung 6.7).

Aufgrund der einsichtigen allgemeinen Darstellung kann hier auf ein Beispiel verzichtet werden. Der interessierte Leser sei auf [Lang et al., 1986] verwiesen.

6.3.9 Erweiterungen der Zustand-Übergangsdiagramme

In der Folge wird die systematische Weiterentwicklung des von Parnas vorgeschlagenen Ansatzes betrachtet, die bis zu Spezifikationen, die automatische Codegenerierung ermöglichen, reicht.

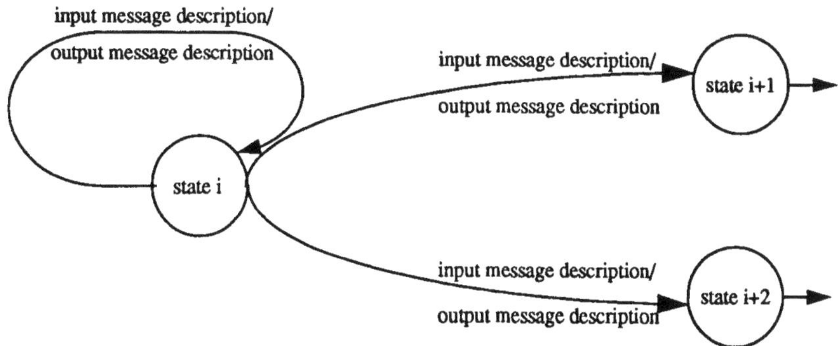

Bild 6.7 Komponenten von Zustand-Übergangsdiagrammen

Augmented Recursive Transition Networks. Zur Darstellung der Struktur und des Umgangs mit komplexen Systemen schlugen [Kieras et al., 1984] folgende Erweiterungen von Zustand-Übergangsdiagrammen vor: Die Formulierung von Bedingungen sowie den Aufbau von verschachtelten Diagrammen. Damit wird die graphische Repräsentation einer endlichen Zustandsmaschine (*Finite State Machine* FSM) mit Registern, welche Teilsysteme des Gesamtsystems darstellen (*augmentation*), sowie mit einem Unterprogramm-Mechanismus (*recursion*) erweitert.

Die grundsätzliche *Bedeutung der Knoten und Kanten* bleibt gegenüber den *transition diagrams* gleich. Allerdings enthält eine Kante nun eine Bedingung, eine Operation und einen spezifizierten Übergangszustand. Es werden alle Kanten, die von einem Zustand wegführen und deren Bedingung erfüllt ist, durchlaufen. Falls keine Bedingung zur Fortführung von Aktionen gefunden wird, kann keine Aktion ausgeführt werden (*interaction deadlock*). Falls jedoch ein vorab definierter Endzustand erreicht werden kann, wurden die Zustandsübergänge erfolgreich durchgeführt.

Die *Verschachtelung von Diagrammen* kann an drei Stellen erfolgen: Bei Bedingungen, Operationen und Zuständen. Bei Bedingungen erscheint anstelle der Bedingung der Name eines Teilnetzes. Um zu überprüfen, ob die Bedingung erfüllt ist, muß dieses Teilnetz durchlaufen werden. Der Zustandsübergang zum nächsten Zustand wird also nur dann durchgeführt, falls das Teilnetz erfolgreich durchlaufen werden konnte. Werden Operationen geschachtelt, so muß entlang der Kante ebenfalls der Name eines Teilnetzes aufscheinen. So wird es möglich, atomare Aktionen zu komplexen Operationen zusammenzustellen. Jedes angesprochene Teilnetz muß Endzustände enthalten, damit das aufrufende Netz den Zustandsübergang abschließen kann. Im Fall der Verschachtelung von Zuständen muß als Knotenname

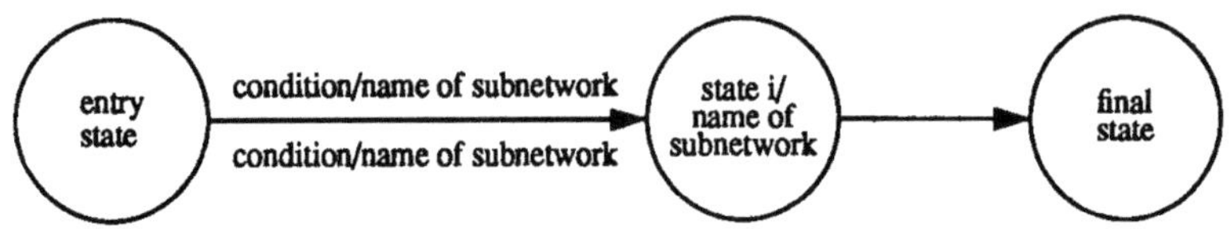

Bild 6.8 Komponenten von "Augmented Recursive Transition Networks"

der Name eines Teilnetzes angegeben werden. Dieses Teilnetz muß ebenfalls erfolgreich durchlaufen werden können, um weitere Zustandsübergänge im aufrufenden Netz zu ermöglichen (Abbildung 6.8).

In der hierarchisch obersten Ebene befinden sich jene Funktionen (Zustände), mit welchen der Benutzer unmittelbar, d.h. aufgabenspezifisch agiert. Die Weiterentwicklung der *Augmented Recursive Transition Networks* zu *Generalized Transition Networks* führte zur Berücksichtigung von kognitivem Kontext ähnlich wie bei Grammatiken [Kieras et al., 1985].

USE Transition Diagrams. In dem Bemühen, formale Beschreibungen der Interaktion zur automatischen Generierung von Programmcode zu finden, wurde eine eigene graphische Notation, die *USE (User Software Engeneering) Transition Diagrams* sowie ein Formalismus entwickelt [Wasserman, 1985]. Mit deren Hilfe wurde eine in sich abgeschlossene Darstellung der Benutzereingabe, der Ausgabe und Systemfunktionen erreicht, welche gleichermaßen für Systementwickler und potentielle Benutzer verständlich ist.

Ein *USE-Transition Diagramm* ist ein Netz von Knoten und gerichteten Kanten. Einen ausgezeichneten Knoten stellt der Startknoten dar, welcher als solcher gekennzeichnet wird (Abbildung 6.9).

Der Ausstieg aus einem Diagramm ist durch jenen Knoten ersichtlich, der keine weiterführenden Kanten enthält. Kanten repräsentieren Zustandsübergänge, die auf gewissen Eingaben basieren. Die Eingabenachrichten können Literale oder Namen anderer Diagramme sein. Auch standardisierte Übergänge sind möglich. Sie sind durch fehlende Literale oder Diagrammbezeichnungen als Eingabenachrichten erkenntlich und werden genau dann durchlaufen, wenn kein anderer Knoten mit Hilfe einer Eingabesequenz erreicht werden kann.

Eine Erweiterung zu [Kieras et al., 1984] stellen Operationen dar, die entlang der Kanten angeführt werden können (Abbildung 6.9). Ein Zustandsübergang kann also

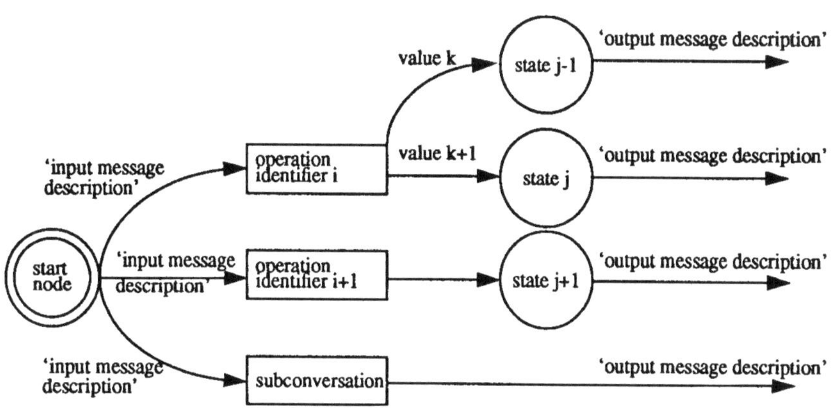

Bild 6.9 Komponenten von "USE Transition Diagrams"

mit einer Operation verbunden sein, welche genau dann ausgeführt werden muß, sobald dieser spezifische Zustandsübergang durchlaufen wird. Eine Operation kann entlang mehrerer Kanten auftreten.

Die maschinelle *Generierung* von Programmen aus der sprachlichen Notation erfordert zusätzliche Erweiterungen:

1. *Kennzeichnung der Eingabe*: Dadurch werden alle Eingaben bestimmbar, die Übergänge auslösen. Darüberhinaus ermöglichen "Auslöser" gepufferte Eingabenachrichten und Abkürzungen der Eingabefolgen.

2. *Spezifikation der Ausgabe*: Ihr Format und das Layout (Beschreibung der Kontrolle über den Cursor, Wiederbenutzung von Nachrichten, Setzen von Tabulatoren etc.) werden spezifiziert.

3. *Verwendung von Variablen*: Damit verbunden sind: bestimmte Datentypen, Einschränkung der Länge der Ein- und Ausgabe, Wertebereiche sowie Ausgabeformate.

4. *Zerlegung von Diagrammen*: Zur einfacheren Darstellbarkeit komplexer Interaktionsprozesse und zur Erhöhung der Verständlichkeit kann eine Hierarchie von Diagrammen definiert werden (*subconversation* in Abbildung 6.9). Sobald eine Kante auf ein *subconversation*-Diagramm (Knoten) verweist, wird diesem

die Kontrolle übergeben. Nach seiner Ausführung wird die Kontrolle an das aufrufende Diagramm zurückübergeben.

5. *Erweiterung der Operationen*: Operationen können Werte zurückliefern, die Zustandsübergänge veranlassen.

6. *Zeitbeschränkungen*: Für Zustandsübergange können Zeitbeschränkungen definiert werden und zwar mittels eines eigenen Zustandsübergangs "Alarm Transition", welcher die Angabe eines bestimmten Zeitintervalls enthält.

Eine ausführbare Version einer Spezifikation kann mittels des Werkzeugs Rapid/Use generiert werden. Rapid/Use besteht aus einem "Transition Diagram"-Interpreter und dem "Action"-Linker [Wasserman, 1985]. Mit Hilfe des Interpreters ist es möglich, Interaktionsbeschreibungen automatisch zu generieren. Unter Zuhilfenahme eines speziellen Editors können die Diagramme interaktiv gezeichnet werden. Der "Action"-Linker erlaubt die Verknüpfung von Operationen mit Zustandsübergängen.

Aus der graphischen Notation von Interaktionsvorgängen hat sich eine Programmier- bzw. Spezifikationssprache entwickelt, welche Aspekte des Kontrollflusses und des Gültigkeitsbereichs von Variablen berücksichtigt, die in herkömmlichen Programmiersprachen zu finden sind (vgle auch [Jacob, 1985a]).

User Action Notation. Zustand-Übergangsdiagramme waren der Ausgangspunkt zur Entwicklung der UAN (*User Action Notation*) [Hartson et al., 1990, Hartson et al., 1992, Chase et al. 1993], welche die Miteinbeziehung von Feedback, Visualisierung und zeitlicher Beziehungen von elementaren Benutzeraufgaben und Interaktionsmedien (z.B. überlappende Fenster) ermöglicht. UAN stellt eine Fortführung von Versuchen zur temporalen Spezifikation von Interaktionssequenzen dar, die bereits bei direkter Manipulation begonnen wurde [Jacob, 1986, Wellner, 1989].

Mittels UAN werden Aufgaben als eine Menge von Aktionen bzw. Teilaufgaben spezifiziert. In der Folge wird die Aufgabe "handle_flightRequest" als Teil einer Flugreservierungsaufgabe zerlegt, wobei "|" die disjunktive Verbindung der Aufgaben und "*" die Iterationsmöglichkeiten der Teilaufgaben ausdrücken.

```
TASK: handle_flightRequest

        (searchRequest | addRequest | delete_Request |
         addOption | modifyOption | reset_Option |
         searchFlight } *
```

Zeitrelation	UAN Terminologie	Bedeutung
Sequence	A B	Task A uns B werden von links nach rechts oder oben nach unten ausgeführt.
Waiting	A (⊳n) B	Task B wird nach mehr als *n* Zeiteinheiten nach A ausgeführt
Repeating disjunction	(A | B)*	A oder B wird bis zum Ende ausgeführt, gefolgt von einer neuen Auswahl von A oder B
Order independence	A & B	Tasks A und B sind ordnungsunabhängig
Interruptibility	A -> B	Task A kann Task B unterbrechen
One-way interleavability	A -> B	Task A kann Task B unterbrechen und ausführen, aber nicht umgekehrt
Mutual interleavability	A <-> B	Die Tasks A und B sind wechselseitig überlagerbar
Concurrency	A : B	Die Tasks A und B können gleichzeitig durchgeführt werden

Tabelle 6.2 Zeitliche Beziehungen bei UAN-Spezifikationen

Tabelle 6.2 gibt einen Überblick über die Beziehungstypen, die Aufgaben zeitlich miteinander verbinden können. UAN eignet sich nach Aussage der Autoren vor allem zur Evaluierung von Analyse- und Designvorschlägen, welche zeitliche Aspekte der Interaktion berücksichtigen.

6.3.10 Ereignisorientierte Modellierung

Zur Modellierung gleichzeitig ablaufender Prozesse wurden *event-response* (ER)-Systeme in [Hill, 1987a, Hill, 1987b] vorgeschlagen. Mit ihrer Hilfe wird versucht, für komplexe graphische Schnittstellen (z.B. direkte Manipulation) eine adäquate syntaktische Repräsentation zu finden.

Die entwickelte Beschreibungssprache ER-*language* basiert auf Automaten, die sich aus den folgenden Elementen zusammensetzen:

1. eine Menge von *flags* (Bool'sche Variable).
2. eine Menge von Ereignissen (*input tokens*).

3. eine Menge von Regeln zur Antwortgenerierung (bestehend aus einer Bedingung und einer Aktion).

4. eine Menge von gesetzten *flags*.

5. einem ausgezeichneten *flag* (*accepting flag*).

Eine ER-Regel beginnt mit einer Bedingung und kann zu einer oder mehreren Aktionen führen. *Events* stehen am Beginn der Bedingung. Danach folgen die *flags*. Falls es keine Ereignisse innerhalb der Bedingung gibt, wird dies mit "—" notiert. Die Aktionen einer Regel können neben *flags* (notiert mit "↑"), *send*-Anweisungen ("!") auch Wertzuweisungen ("←—") an *flags* oder *outgoing events* enthalten.

Eine Regel wird "gefeuert", sobald in ihrem Bedingungsteil alle *flags* gesetzt sind und sich das Ereignis (*event*) als erstes in der Eingabe-Warteschlange befindet. Eine Eingabe gilt dann und nur dann als akzeptiert, falls die Eingabe-Warteschlange die Eingabe als erstes Element enthält, alle *events* der Eingabe akzeptiert wurden, keine Regeln mehr gefeuert werden können und das *accepting flag* gesetzt ist.

Das folgende, einfache Beispiel beschreibt eine allgemeine Kommandoschnittstelle, die ein Kommando mit seinen Optionen verarbeitet:

```
INITIALLY                   ⟶get_command ↑ get_option ↑
Command get_command         ⟶Process.command ←— Command.name
                             command ↑
Option get_option           ⟶Process.option ←— Option.name
                             option ↑
— command option            ⟶Process !
                             wait_ processing ↑
done_processing wait_processing ⟶ get_command ↑ get_option ↑
```

Das Ereignis "INITIALLY" am Beginn der Warteschlange erlaubt den Beginn der Ausführung (inkl. "Flags Off"). Die *flags* "get_command" und "get_option" werden gesetzt. Sobald ein Ereignis (Kommando) anliegt, feuert keine Regel, da noch eine Option erwartet wird. "— command option" stellt die Synchronisation her (vergleiche Rendezvouskonzept bei Betriebssystemen). Sobald das Kommando entsprechend der Option ausgeführt wurde, d.h. das Ereignis "done_processing" eintritt, verbleibt die Anwendung im Initialzustand.

Die ER-*language* wurde für das ER-System implementiert, um die an sie gestellten Anforderungen wie die Modellierung zeitlich in Beziehung stehender Dialoge, die Erleichterung iterativen Designs und die Generierbarkeit von Code aus der Spezifikation zu erfüllen.

6.3.11 Deklarative Spezifikation

Deklarative Spezifikation konzentriert sich im Gegensatz zu prozeduraler Spezifikation nicht auf spezielle Abläufe von Interaktionsschritten ("WIE"), sondern auf die prinzipiellen Beziehungen zwischen Interaktionsschritten und beteiligten Daten sowie Interaktionsmedien ("WAS"), ohne auf die Erreichung (prozedurales Vorgehen) der durch die Einschränkungen definierten Zustände einzugehen. Die Entwicklung der deklarativen Spezifikation hat 1963 mit Sutherlands Arbeit an SketchPad, einer interaktiven Graphikumgebung, begonnen [Sutherland, 1963].

Dabei werden einschränkende Bedingungen (*constraints*) definiert, die Konstellationen von Graphiksymbolen ausdrücken [Szekely et al., 1988]. So werden z.B. Bildschirmpunkte mittels *constraints* vertikalen und horizontalen Strichen zugeordnet. Die Erfüllung dieser Einschränkungen (*constraint satisfaction*) kann mittels

- lokaler Weiterleitung (Propagierung) (*local propagation*) an die betroffenen Informationseinheiten,
- Transformation in Form von Ersetzungsregeln (*rewrite rules*) oder
- Abschwächung von Einschränkungen (*constraint relaxation*), um beispielsweise neben Strichen Kreise zuzulassen,

erreicht werden [Leler, 1987, Dechter, 1990, Mackworth, 1992].

In ThingLab [Borning, 1981, Borning, 1986, Borning et al., 1987] konnten Einschränkungen in Smalltalk-Code und später visuell definiert werden. Elemente der Beziehungen (Einschränkungen) sind Variable, Konstanten, arithmetische Operationen und Funktionsaufrufe. Die Kombination objekt-orientierte Modellierung mit *constraints* erlaubt die Unterstützung der Kontrollkomponente (*control*) interaktiver Anwendungen. So können beispielsweise Beziehungen einander überlappender Fenster direkt angegeben werden [Zanden et al., 1990].

In [Ege et al., 1992] werden Einschränkungen nicht nur für Beziehungen zwischen Interaktionsmedien, sondern auch für Beziehungen zwischen statischen und dynamischen Interaktionselementen sowie Benutzeraufgaben und Interaktionsmedien eingesetzt. Abbildung 6.10 zeigt ein Beispiel des kombinierten Einsatzes von *constraints* und objekt-orientierter Modellierung. Objekt-orientierte Modelle fassen Eigenschaften und Operationen in eindeutig identifizierbare Objekte zusammen [Cox, 1986, Booch, 1990]. Gleichartige Objekte werden durch einen Bezeichner, ihre Eigenschaften und Methoden abstrahiert als Klasse beschrieben. Die Klassen können zueinander in hierarchischer *is-a*-Beziehung stehen.

Constraints können als Objekte repräsentiert werden, die verschiedene semantische Beziehungen zwischen Designelementen (Objekten) ausdrücken. Sie werden durch einen Namen, eine Beschreibung und eine Anleitung zur Einhaltung erfaßt.

Die in Abbildung 6.10 erfaßten Beziehungen sind:

- *Before* und *HasSubTasks*, um Benutzeraufgaben miteinander in Beziehung zu setzen; z.B. hat die Aufgabe *MakeAppointment* die Teilaufgaben *MakeProposal, DiscussProposal*, die temporal mittels *Before* in Beziehung stehen.
- *HasP(roblem)d(omain)Units*, um Daten des Problembereichs Benutzeraufgaben zuzuordnen; z.B. kann der Aufgabe *MakeAppointment* ein elektronisches Post- und Kalenderverwaltungssystem mittels dieser Beziehung zugeordnet werden.
- *IsPresented* erlaubt Aufgaben und Datenobjekten die Zuordnung einer Präsentation; z.B. die Anzeige des elektronischen Postobjekts als Formular auf dem Bildschirm.

Dabei werden die Beziehungen durch die Verknüpfung der beiden betroffenen Objekte ausgedrückt. So verknüpft *Before* zwei Aufgaben: *left hand side (lhs): Task, right hand side (rhs): Task*. Einschränkungen können also auf diese Weise in objekt-orientierte Spezifikationen integriert werden.

Die explizite Spezifikation von Bedingungen (Einschränkungen) ergänzt die durch die objekt-orientierte Modellierung mögliche Kapselung von statischen und dynamischen Aspekten interaktiver Systeme. Damit werden spezifische Zusammenhänge, welche im Rahmen des Designs komplexer Anwendungen zu berücksichtigen sind, durch eine entsprechende Notation spezifizierbar. Schließlich erleichtert die Interpretation der Bedingungen als Objekte die Integration dieses Konzepts in objekt-orientierte Modelle (siehe auch Kapitel 7).

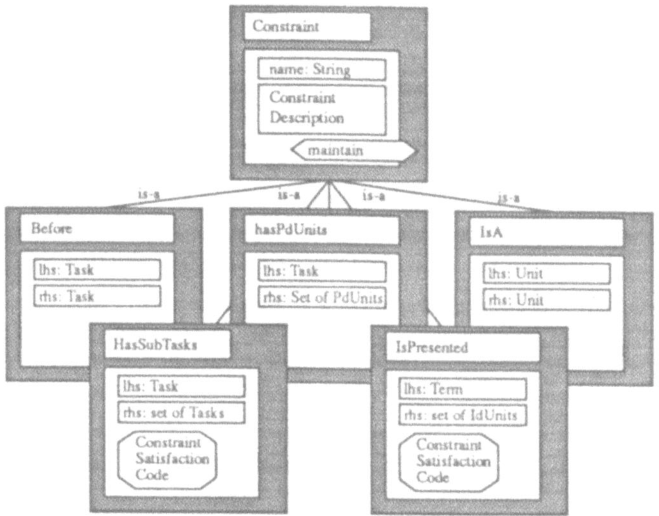

Bild 6.10 *Constraint-Based* Spezifikation auf Klassenebene

6.4 Zusammenfassung

Neben den technischen Möglichkeiten, welche sich durch die statischen und dynamischen Eigenschaften von Interaktionsmedien ergeben, sind zur Gestaltung und Entwicklung benutzer- und aufgabenorientierter interaktiver Systeme Anleitungen und Methoden für den zielgerichteten Einsatz von Interaktionsmedien notwendig.

1. **Richtlinien und Standards** erleichtern die Entwicklung interaktiver Systeme. Sie werden von internationalen Vereinigungen, Kommittees und Herstellern erarbeitet.

   - Je mehr Freiheiten und Anpassungsmöglichkeiten Entwickler bei der Verwendung von Standards, Richtlinien, Regeln und Methoden lassen, desto aufwendiger wird die Benutzung derselben.
   - Der positive Effekt von Prinzipienbildung ist jedoch die Spezifikation eines Referenzpunktes, der als Ausgangspunkt zur Gestaltung und Entwicklung von interaktiven Systemen genommen werden kann.

2. **Modelle** zur Mensch-Computer Interaktion werden zur Strukturierung der Benutzerschnittstelle entwickelt und sollen entweder zu einer Klärung der Rolle der Sprache und Sprachebenen bei interaktiven Systemen, zu modularen Software-Architekturen oder zu Designkonzepten ganzheitlicher Systeme führen.

    - *Sprachorientierte Modelle* gehen vor allem auf die Ebenen der Sprachkommunikation (lexikalische, syntaktische, semantische, pragmatische Ebene) und die mit diesen verbundenen Interaktionsmöglichkeiten ein.
    - *Implementierungsorientierte Modelle* gehen von allgemein festlegbaren Architekturkomponenten, z.B. Plattformen für graphische Benutzerschnittstellen, aus, welche zueinander in strukturellem und dynamischem Zusammenhang stehen. Diese Architekturen dienen vielen Werkzeugen als Entwicklungsgerüst.
    - *Designmodelle* (*frameworks*) helfen Entwicklern, bestimmte Aspekte getrennt zu spezifizieren. So erfolgt die Spezikation einer Anwendung im Seeheim-Modell entsprechend der Trennung des Datenbereichs (*application component*) vom Darstellungsbereich (*presentation component*) unter der gemeinsamen Steuerung der Dialogkontrolle (*dialogue control*).

3. **Notationen** zur Spezifikation interaktiver Systeme stammen aus dem Bereich der Mathematik (Algebra, Mengen- und Graphentheorie), der formalen Sprachen (Grammatiken, Automaten), des Software Engineering (Zustand-Übergangsmodelle, Objekt-Orientierte Modellierung) und der Wissensverarbeitung (*Constraint Satisfaction*).

    - *Algebraische Spezifikationstechniken* erlauben zwar die präzise Spezifikation von Abläufen mit Hilfe von Axiomen, benötigen jedoch meist eine große Anzahl von Axiomen, um Sachverhalte auszudrücken.
    - *Grammatiken* geben zwar mittels einer endlichen Menge von Regeln einen Überblick über sämtliche Interaktionsmöglichkeiten. Strukturelle Aspekte sowie tatsächlich durchlaufene "Interaktionspfade" müssen allerdings aus den Regeln abgeleitet werden.
    - *Zustand-Übergangsdiagramme* und *ereignisorientierte Systemspezifikationen* berücksichtigen zwar umfassend die dynamischen Beziehungen von Zuständen interaktiver Systeme, vernachlässigen jedoch strukturelle (statische) Zusammenhänge.

- *Objekt-orientierte Spezifikationen* haben sich vor allem bei der Spezifikation flexibler graphischer Benutzerschnittstellen aufgrund der Kapselung von dynamischer und statischer Information bewährt. In Kombination mit Techniken der Wissensverarbeitung, z.B. deklarativer Spezifikation durch Einschränkungen, bieten sie die Möglichkeit, Aufgaben- und Benutzercharakteristika direkt zu repräsentieren.

7 Die Entwicklung von interaktiven Systemen

In diesem Kapitel beschäftigen wir uns mit den Phasen und den beteiligten Personen der problem- und benutzerorientierten Entwicklung interaktiver Systeme. Abbildung 7.1 zeigt die generischen Phasen und Aktivitäten der Entwicklung interaktiver Systeme:

1. *Analyse*: In dieser Phase werden Machbarkeitsstudien, Aufgaben-, Organisations- und Benutzeranalysen durchgeführt. Das Ergebnis sind Systemanforderungskataloge (z.B. das Pflichtenheft) sowie Problem- und Lösungsbeschreibungen [Gould, 1988, Phillips et al., 1988]. Dabei wird von einem Konzept der Aufgabenerfüllung (Abbildung 7.2) ausgegangen, das zum einen die Aktivitäten "Planen", "Steuern" (Durchführen) und "Kontrollieren" zyklisch vernetzt und zum anderen "Mensch", "Arbeitsgegenstände" und "Hilfsmittel" in ständiger Wechselwirkung sieht.

2. *Design*: Traditionellerweise unterscheiden wir Grob- und Feinentwurf, wobei letzterer die umfassende Spezifikation des interaktiven Systems auf programmiersprachenunabhängiger (konzeptioneller) Ebene unter Berücksichtigung der Systemarchitektur, Interaktionsmedien, Datenstrukturen und darauf operierenden Prozeduren umfaßt. Den Anstoß für das Design stellen die Analyseergebnisse dar. Darüberhinaus sind existierende Normen und Richtlinien (siehe Kapitel 6) zu berücksichtigen. Existierende Werkzeuge stellen in dieser Phase aufgrund der unzureichenden Modellierbarkeit von Benutzereigenschaften und Aufgabencharakteristika kaum eine Unterstützung dar (siehe Kapitel 9). Die abschließende Aktivität im Rahmen des Designs sollte eine Überprüfung der Spezifikation sein, inwieweit die in der Analysephase erhobenen Anforderungen erfüllt werden konnten.

3. *Implementierung und Verifizierung*: Die Implementierung kann beginnen, sobald das Feindesign vorliegt. Sie umfaßt die Codierung (die Umsetzung der Spezifikation in Programmstatements und, wenn nötig, in Hardware) sowie das Testen sowohl einzelner Teile als auch des gesamten interaktiven Computersystems (Integrationstest). Dabei sind existierende Richtlinien, z.B. strukturierte Programmierung, zu beachten. Werkzeuge, meist Umgebungen von Programmiersprachen, können in dieser Phase ebenfalls eingesetzt werden.

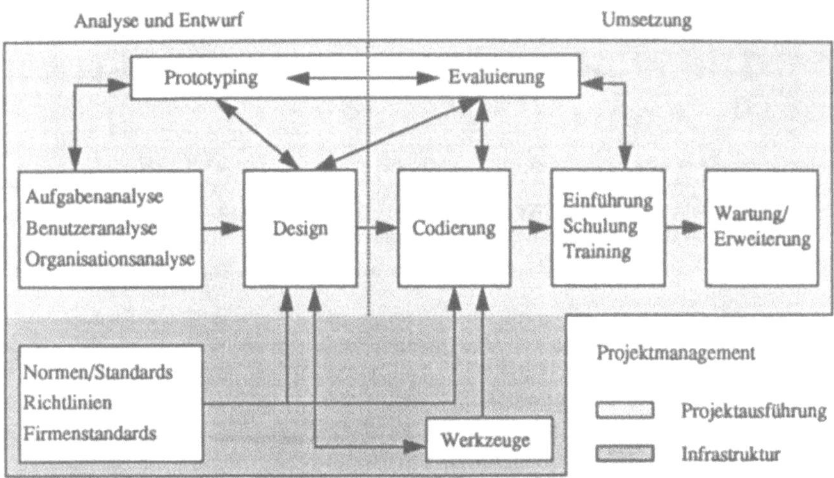

Bild 7.1 Generische Aktivitäten bei aufgaben- und benutzerorientierter Entwicklung interaktiver Systeme

Die Verifizierung dient der Sicherstellung der Erfüllung der Systemanforderungen (Validierung), der Korrektheit (Verifikation) sowie der Behebung von Fehlern (Korrektur). Sie inkludiert das Testen der Funktionalität, Benutzbarkeit und Effizienz. Die Verifizierung kann formal oder empirisch erfolgen. Kann die Verifizierung erfolgreich abgeschlossen werden, so wird eine Anwendung seitens des Auftraggebers abgenommen und geht nach gründlicher Einschulung der Benutzer "in Produktion".

4. *Prototyping*: Unter Prototypen sind Versionen einer Anwendung im Rahmen der Entwicklung zu verstehen, die zur Klarstellung von Aufgaben, Benutzeranforderungen, Design- und Implementierungsvorschlägen sowie zur Erprobung neuer Interaktions- und Implementierungstechniken erstellt werden. Sie müssen nicht notwendigerweise in die endgültig eingesetzte Anwendung übernommen werden.

5. *Weiterentwicklung und Wiederverwendung*: Bei geeignet strukturierter Modellierung und Programmierung können die Wartungs-, Weiterentwicklungs- und Wiederverwendungskosten auch bei komplexen Anwendungen gesenkt werden.

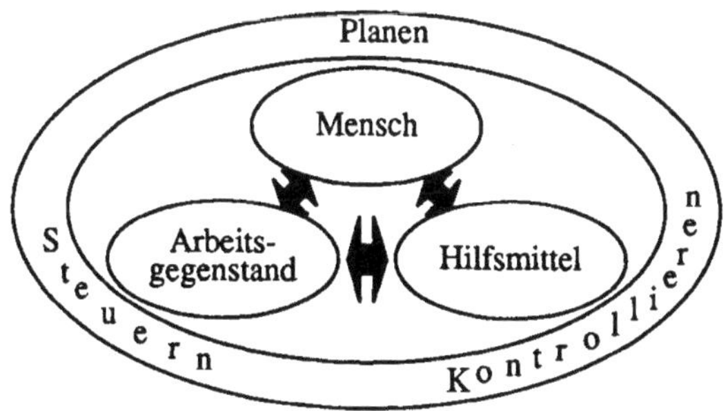

Bild 7.2 Modell der Aufgabenerfüllung in einem Arbeitssystem

6. *Evaluierung*: Die Bewertung von Prototypen, Entwürfen sowie der Implementierung im Rahmen von Tests zählt zu den qualitätssichernden Aktivitäten im Rahmen der Entwicklung. Dabei kommt der Kriterienbildung entscheidende Bedeutung zu (siehe auch Kapitel 10).

Die Phasen können dabei traditionell in dem sogenannten Wasserfallmodell (siehe z.B. [Sommerville, 1989]) oder zyklisch in dem sogenannten Spiralmodell nach [Boehm, 1988] angeordnet sein (Abbildung 7.3). Im allgemeinen ist eine durchgehend sequentielle Abarbeitung der Phasen Analyse, Design und Implementierung nicht möglich, sodaß Iterationen sowie Prototyping notwendig werden. Die Gründe dafür liegen vor allem in meist ungenügend motivierten und vorbereiteten Analysen sowie fehlerhaften Designentscheidungen. Diese Versäumnisse und Fehler werden zumeist erst nach der Implementierung sichtbar und erfordern das erneute Durchlaufen der Entwicklungsphasen. Aus diesem Grund versucht das Spiralmodell eine zyklische Annäherung an die Berücksichtigung der gesamten Funktionalität eines Softwaresystems.

Das Spiralmodell wird durch Produktionszyklen ausgezeichnet. Jeder Zyklus der Spirale beginnt mit der Bestimmung von Anforderungen. Darauf folgt eine Kosten/Nutzenanalyse bezüglich der Umsetzung der Anforderungen. In dieser Phase können bereits Prototypen entstehen bzw. sämtliche Analysetechniken zur Erhebung von Aufgaben und Benutzergruppen zum Einsatz kommen. Aus der Kosten/Nutzenanalyse wird ein Entwicklungskonzept abgeleitet. Je nach Risiko wird weiter mit dem Spiralmodell verfahren und neue Anforderungen bestimmt. Je geringer das Risiko wird, umso eher kann mit dem Wasserfallmodell fortgesetzt werden.

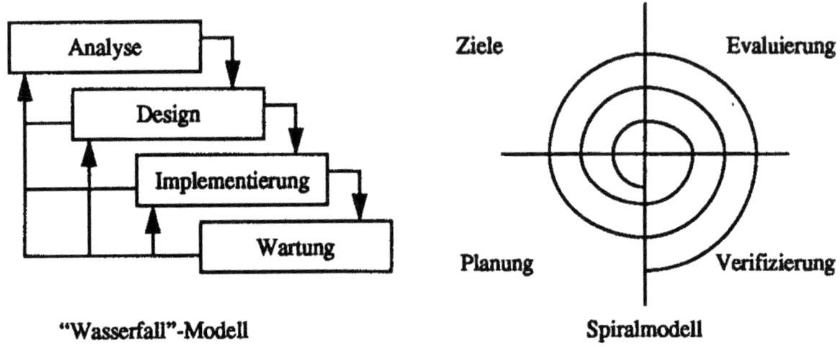

Bild 7.3 Wasserfall- und Spiralmodell der Systementwicklung

Empirische Studien [Gould et al., 1985, Shneiderman, 1987, Rosson et al., 1989, Johnson et al., 1990] haben ergeben, daß die Praxis der Entwickler folgende Entwicklungsaktivitäten umfaßt, welche auffällig ungleichmäßig über die einzelnen Phasen verteilt sind:

1. *Anforderungsanalyse*: Identifizieren und Dokumentieren von funktionalen Anforderungen und (Rahmen)Bedingungen, z.B. Prioritäten.

2. *Entwurf*: Übersetzung der Anforderungen in detailliertes Design, Variieren von Spezifikationsmethoden, Zerlegung und Verfeinerung, Validierung des Designs gegen die funktionalen Anforderungen.

3. *Implementierung*: Design neben Implementierung, Spezifikation und Implementierung mit Unterstützung von Prototyping, Tests gegen die funktionalen Anforderungen und/oder die funktionale Spezifikation.

4. *Validierung*: Funktionale Tests, keine Benutzerschnittstellentests.

Der Mehrheit von Entwicklern scheint folglich die Entwicklung der Benutzerschnittstelle eines interaktiven Systems, also die Erfassung und Umsetzung von Aufgaben sowie Benutzeranforderungen, kein Anliegen zu sein. Ein weiterer Grund kann die unzureichende Ausbildung im Umgang mit kognitiven Modellen und Arbeitsanalysen sein.

Diese Ergebnisse lassen den Schluß zu, daß die erforderliche ganzheitliche Entwicklung von interaktiven Systemen noch methodischen Nachholbedarf besitzt [Gaines, 1987, Waddington et al., 1989] sowie [Greif, 1991, Sutcliffe et al., 1991,

McDaniel et al., 1994]. Der methodische Nachholbedarf zeigt sich vor allem bei der Berücksichtigung von Aufgaben und zwar auf der konzeptionellen Ebene [Good et al., 1984, Smith et al., 1984, Siochi et al., 1989] sowie [Took, 1990, deBaar et al., 1992, Blomberger et al., 1993, Nardi et al., 1994].

In der Folge gehen wir daher zunächst auf die Analyse und Modellierung von Aufgaben und Organisationen ein (Abschnitt 7.1). Danach diskutieren wir Methoden zur Benutzeranalyse und -modellierung (Abschnitt 7.2). In Abschnitt 7.3 wird ein aufgaben- und benutzerorientiertes Designverfahren vorgestellt. In Abschnitt 7.4 wird der potentielle Einfluß von Prototyping in der Design- und Analysephase herausgearbeitet. Aus Platzgründen kann auf die Implementierung von Anwendungen, deren Weiterentwicklung sowie Wiederverwendung und das damit verbundene Projektmanagement nicht eingegangen werden. Die Leser werden in diesem Zusammenhang auf das Kapitel 9 sowie die einschlägige Software-Engineering Literatur (z.B. [Sommerville, 1989]) verwiesen.

7.1 Analyse und Modellierung von Arbeit

Die Arbeitsanalyse im Rahmen interaktiver Systeme umfaßt die Aufgaben- und die Organisationsanalyse. Die Arbeitsanalyse unterscheidet sich von anderen Analysemethoden dadurch, daß Aufgaben nicht nur formal erfaßt sondern auch durch das Verhalten von Benutzern bei der Bewältigung von Aufgaben beschrieben werden [Smith et al., 1984]. Im Kontext der Entwicklung interaktiver Systeme können Modellierungsansätze wie GOMS (siehe Abschnitt 8.1.1), CLG (siehe Abschnitt 6.3.5) und ähnliche Ansätze als Vorreiter aufgabenorientierter Systemspezifikationen gesehen werden. Nichtsdestotrotz fehlt diesen Ansätzen eine Verfahrensanleitung.

7.1.1 Aufgabenanalyse

In diesem Abschnitt gehen wir zunächst auf die geschichtliche Entwicklung von Aufgabenanalysen ein, bevor methodische Aspekte diskutiert werden.

Entwicklung. Die Anfänge der Arbeitsanalyse finden wir im Rahmen von strukturiertem Training für bestimmte Arbeitsplätze. So wurden beispielsweise Militärmitarbeiter für bestimmte Aufgaben ausgewählt und trainiert. Fertigkeiten der Logistik bzw. der Steuerung sollten mit einem Minimum an Trainingsaufwand und einem Maximum an Trainingseffekt erzielt werden. Dabei wurden psychologische

Fähigkeiten getestet, welche die Motorik, die Wahrnehmung und Problemlösung betreffen. Aufgaben wurden entsprechend den Fertigkeitsanforderungen klassifiziert. In manchen Fällen wurde auch die Zeitabhängigkeit hinzugezogen. So konnte festgestellt werden, ob bestimmte Personen für bestimmte Aufgaben geeignet waren oder nicht.

Diese Systematisierung von Aufgaben reichte jedoch nicht aus, um abstrakte Aufgaben, die kognitiven Aufwand mit sich brachten, zu modellieren. Die Feststellung der einzelnen Fähigkeiten hilft dem Analytiker nicht dabei, *wie* eine bestimmte Aufgabe eigentlich ausgeführt wird und welche Struktur mit der Aufgabenerfüllung (z.B. Erreichen von Teilzielen) verbunden ist.

Die sogenannte hierarchische Aufgabenanalyse (*Hierarchical Task Analysis* HTA) [Annett et al., 1967] war die erste Analyseform, die Aufgaben in Ziele, Teilaufgaben und Teilziele sowie Prozeduren zur Aufgabenerfüllung zerlegte. Beeinflußt wurde die Arbeit von Untersuchungen von Planungs- und Problemlösevorgängen. HTA ist CLG ähnlich (siehe Abschnitt 6.3.5), da beide Verfahren baumartige Diagramme auf der Aufgabenebene zur Darstellung der hierarchischen Struktur von Aufgaben benutzen.

Untersuchungen von Prozeßkontrollvorgängen führten zur Betonung von *Zieldarstellungen* [Diaper, 1990]. Die Darstellung von Zielen hat den Vorteil, daß der Analytiker ein detailliertes Modell der einzelnen Schritte besitzen muß. Wird ein Ziel nicht erreicht, so kann vorausgesagt werden, daß andere Schritte oder Ziele nicht gesetzt bzw. erreicht werden können. Johnson entwickelte die hierarchische Zielanalyse in Richtung TAKD (*Task Analysis for Knowledge Description*) weiter. Dieser Ansatz identifiziert Wissensanforderungen für Aufgaben, die mit Informationsverarbeitung verbunden sind. TAKD erlaubt die Beschreibung von Wissen unabhängig von den ursprünglich modellierten Aufgaben. Aufgaben werden in Form von Aktionen und Objekten spezifiziert, wobei Aktionen und Objekte generisch existieren, d.h. unabhängig von Aufgaben und Technologien betrachtet werden können.

Die generischen Elemente werden als Elemente einer Wissensrepräsentationsgrammatik (*Knowledge Representation Grammar* KRG) aufgefaßt. Diese Grammatik ist keine formale Grammatik, sondern eine Menge von Aussagen der allgemeinen Form

KRG sentence = generic-action, generic-object / generic-object,

sodaß eine KRG-Aussage eine generische Aktion ausdrückt, die auf einem oder mehreren generischen Objekten ausführbar ist. Jede Aufgabe oder Menge von Aufgaben, welche dieselben generischen Aktionen und Objekte erfordert, kann so auf allgemeinem Wissensniveau dargestellt werden.

Bevor eine Aufgabenanalyse begonnen werden kann, sollten folgende Entscheidungen getroffen werden [Kling, 1981, Zemke et al., 1982, Gould, 1988, Phillips et al., 1988, Johnson, 1992]:

1. Eine *Klärung der Ziele* der Analyse, die meist zur einer Bereichsabgrenzung des interaktiven Systems führt.

2. Die *Auswahl von Aufgaben, Szenarien und Benutzer(gruppe)n* innerhalb eines festgelegten Problembereichs.

Nehmen wir z.B. die Aufgabe der Flugreservierung durch eine Fluggesellschaft: Angenommen, es soll ein integriertes Informationssystem für die Manager und Kundenbetreuer der Fluglinie zur Unterstützung ihrer Tätigkeiten entwickelt werden. Die anfallenden Aufgaben dabei sind die Administration der Flug-, Kunden- und Verkaufsdaten sowie die Behandlung von Kundenwünschen und schließlich das Ausstellen von Flugscheinen. Die Benutzergruppen sind also Manager und Kundenbetreuer. Letztere versuchen, Kundenwünsche zu erfüllen, während die Manager das Flugangebot verwalten sowie die Verfügbarkeit von Kundenbetreuern sicherstellen sollen.

Der Ablauf einer Aufgabenanalyse wird durch folgende Sachverhalte bestimmt:

1. Woraus bestehen die Daten für die Analyse (welche Information wird über die Aufgaben gebraucht)?

2. Wo kann Information beschafft werden?

3. Wie kann Information beschafft werden?

Zur Erfassung von Aufgaben wird Information aus statischer und dynamischer Sicht benötigt. Statische Aspekte ergeben sich aus der Struktur einer Aufgabe. Aufgabenstrukturen umfassen die in Abbildung 7.2 angeführten Elemente eines Arbeitssystems. Tabelle 7.1 enthält als Beispiel die Struktur der Aufgabe "Flugreservierung". Dynamische Aspekte betreffen den Ablauf einer Aufgabe. Tabelle 7.2 gibt ein Beispiel möglicher Prozesse im Rahmen der Flugreservierung. Die statischen und dynamischen Elemente einer Aufgabe bilden eine Aufgabenbeschreibung und in weiterer Folge ein Aufgabenmodell:

> Eine *Aufgabenbeschreibung* ist ein abstraktes Abbild oder eine Menge von Hypothesen, welches bzw. welche Aktivitäten zur Problemlösung statisch und dynamisch beschreiben.

Aufgabenstruktur	
1. Auftragsabwicklung • Daten - Verfügbarkeit - Anordnung - Übertragung	• Betriebsmittel/Infrastruktur - Auswahl - Verwaltung - Vorbereitung
2. Steuerung - Auftragszuweisung - Arbeitsverteilung	- Terminüberwachung - Rückmeldung
3. Planung • Arbeitsvorbereitung • Auftragsakquisition	• Updates - Versionen - Änderungen
4. Qualitätssicherung/Kontrolle - Produktqualität	- Ablaufqualität

Tabelle 7.1 Beispiel einer Aufgabenstruktur

Tätigkeitselemente (Aktivitäten)	
1. Flugdatenbank einrichten	- Laden der Daten
2. Kundenwünsche erfassen	- Erfragen - Eingeben - Prioritäten bei Wünschen setzen
3. Passende Flüge suchen	- Datenbank abfragen
4. Ergebnisse der Abfrage auswerten	- Analysieren der Abfrageergebnisse
5a. Ergebnis verwerfen	- Abfrageergebnis löschen oder speichern
5b. Ergebnis dem Kunden offerieren	- Prioritäten bei Verkauf setzen
6a. Kundenwünsche ändern und neue Suche	- Erfragen - Eingeben - Datenbank abfragen
6b. Ausstellen einer Flugkarte	
6c. Beenden	

Tabelle 7.2 Tätigkeitselemente der Aufgabe "Flugreservierung"

Als solches kann eine Aufgabenbeschreibung dazu dienen, neue Aufgaben zu entwickeln bzw. Abläufe zu verstehen. Im Kontext des GOMS-Modells (Abschnitt 8.1.1) wird eine Aufgabe als eine Menge von Zielen, Operatoren, Methoden und Auswahlregeln verstanden. Diese Modellelemente erlauben es, das Verhalten von Benutzern bezüglich bestimmter Aufgaben durch die Erfüllungszeit vorherzusagen. Wir wollen uns aber nun damit beschäftigen, Aufgabenanalysen zur Bewertung von Designvorschlägen sowie für den Designprozeß an sich zu nutzen.

Dabei wird es nicht immer möglich sein, alle Ziele, Operatoren, Methoden und Auswahlregeln ähnlich wie in GOMS zu beschreiben, obwohl diese Annahme vielen Modellen wie etwa CCT (Abschnitt 8.1.2) zu aussagekräftigen Aussagen verholfen haben. Auch Johnson geht in seiner *Task Knowledge Structure*-Theorie [Johnson et al., 1988] von der Annahme aus, daß Aufgabenwissen analysiert, modelliert und vorhergesagt werden kann. Dafür gibt es allerdings wenig empirische Evidenz, vor allem wenn wir die Verbesserungen, die sich durch Aufgabenmodelle bei der Gestaltung interaktiver Systeme ergeben könnten, betrachten.

Im Zusammenhang mit Mensch-Maschine Kommunikation ist die Modellierung von Aufgaben vor allem deshalb notwendig, weil Aufgaben im Umgang mit Computersystemen von menschlichen Benutzern ausgelöst werden. Die Aufgabenlösung soll mittels des Computersystems effektiver werden und komplexere Problemlösungen ermöglichen. Nach [Filkes, 1982] und [Johnson, 1992] wird eine Aufgabe wie folgt definiert:

> Als *Aufgabe* wird im Rahmen der Aufgabenanalyse eine Menge von Aktivitäten auf strukturellen Elementen (Arbeitsgegenständen, Hilfsmittel, Objekten) verstanden, die von einem oder mehreren Agenten ausgeführt wird und zu Änderungen in einem bestimmten Arbeitsbereich führt.

So z.B. ist ein Arbeitsbereich die technische Diagnose, wobei es das Ziel von Diagnostikern ist, Fehler in Schaltkreisen zu finden. In diesem Beispiel umfaßt die Aufgabe jene Aktivitäten, die der Diagnostiker setzt, um Fehler in Schaltkreisen zu finden.

Ein anderes Beispiel ist eine Flugreservierung, wo zunächst Kundenwünsche erfaßt werden müssen und später bei Übereinstimmung des Flugangebotes mit den Kundenwünschen ein Flugschein ausgestellt wird. Alle Bereiche involvieren Aufgaben, die Mitarbeiter ausführen und die zu Zustandsveränderungen von physischen oder abstrakten Objekten führen. Solche Zustandsänderungen sind die Änderung von Flugwünschen bei der Reservierung eines Fluges oder das Austauschen fehlerhafter elektronischer Teile im Fall der Diagnostik. Aufgaben werden mittels Aktivitäten, welche zu Zustandsänderungen führen, erfüllt.

Über Agenten wird dabei nicht unbedingt ausgesagt, daß sie Menschen sind. Es können Anwendungen oder Systeme sein, die Aktivitäten setzen. Aufgaben können zu Gruppen, z.B. Rollen zusammengefaßt sein. So kann ein Agent beispielsweise die Rolle des Autors oder Korrekturlesers bei der Erstellung eines Dokumentes einnehmen. Im Fall der Flugreservierung kann ein Angestellter einer Fluglinie die Rolle eines Kundenbetreuers oder Managers einnehmen. Aufgaben können kausal oder/und temporal zueinander in Beziehung stehen. Bevor beispielsweise ein Flugschein ausgestellt werden kann, muß bestimmt sein, welchen Flug ein Kunde buchen möchte.

Verfahren. Die Aufgabenanalyse involviert verschiedene Arten von Information über Aufgaben sowie verschiedene Quellen und Methoden. Die Analyse selbst ist ein iterativer Prozeß, wobei ein Analytiker ständig neue Information zu bekommen versucht, um existierende Information zu bestätigen und falsch verstandene Information fallen zu lassen. Nachdem die Ziele sowie die zu analysierenden Aufgaben und Benutzer(gruppen) festgelegt worden sind, sollte folgender *Ablauf* eingehalten werden:

1. *Vorstellen der Analyse:* Aufgabendurchführende sollten wissen, welche Aspekte einer Aufgabe analysiert werden.
2. *Analyse* einer Aufgabe mit *mehr* als einer Person(engruppe). Dies dient der Absicherung, keine wesentlichen Charakteristika zu vernachlässigen.
3. *Anwenden von mehr als einer Technik* zur Gewinnung von Wissen. Dies sollte ebenfalls zu einer möglichst umfassenden Erfassung von Aufgaben führen.

Im Rahmen der Aufgabenanalyse können folgende *Methoden* zum Einsatz kommen:

Strukturierte Interviews und Fragebögen. Ein strukturiertes Interview erfordert seitens des Analytikers eine Menge von vorbereiteten Fragen, welche einen bestimmten Bereich und damit verbundene Aufgaben betreffen. Die vorbereiteten Fragen werden benutzt, um das Interview zu strukturieren, wobei die Reihenfolge der Fragen vom ursprünglich festgelegten Konzept abweichen kann. Fragebögen sind diesbezüglich inflexibel und erlauben kein individuelles Eingehen bei Befragungen.

Interviews und Fragebögen eignen sich zum Herausfinden bestimmter Regeln und allgemeiner Prinzipien, die hinter Aufgabenausführungen stehen. Interviews verlaufen meist rascher als die Auswertungen von Fragebögen und sollten mit direkter oder indirekter Beobachtung der Aufgabenerfüllung einhergehen. Nötigenfalls sollten Interviews wiederholt werden, um Unklarheiten aus dem Weg zu räumen.

Interviews haben sich in der Praxis mehr bewährt als Fragebögen. Werden Fragebögen verwendet, so sollten in jedem Fall die Fragen innerhalb von 30 Minuten oder weniger beantwortbar sein. Sonst sinkt die Rückgaberate unter die durchschnittlichen 25 %.

Beobachtungen. Beobachtungen involvieren die visuelle Wahrnehmung von Daten zur Aufgabenerfüllung durch einen Beobachter. Beobachtungen sollten auf die Aktivitäten der Durchführenden und die Zustandsveränderungen in einem bestimmten Bereich ausgerichtet sein. Beobachtungen empfehlen sich vor allem dann, wenn kontextsensitives Wissen vorliegt und wenn Aufgaben inviduell bestimmbare Schritte einschließen. Beobachtungen sind sehr zeitaufwendig, können nicht isoliert durchgeführt werden und erfordern hohe Konzentration des Analytikers, um Aufgabenstrukturen, Objekte und Aktionen zu identifizieren. Wir unterscheiden direkte Beobachtungen von indirekten, wobei im ersten Fall das Verhalten der beobachteten Person durch die sichtbare Anwesenheit der beobachtenden Person beeinflußt werden kann, und im zweiten Fall der Beobachtete den Beobachter nicht sieht.

Protokolle. Protokolle sind verbale Berichte, die von Personen, welche bestimmte Aufgaben durchführen, verfaßt werden. Sie können entweder gleichzeitig mit der Aufgabenerfüllung oder retrospektiv, d.h. nach der Erfüllung einer Aufgabe erstellt werden. Protokolle bieten meist detaillierte Information vieler Aspekte von Aufgaben, einschließlich Zielen, Abläufen und Strukturen. Dennoch erfordern Protokolle Schlußfolgerungsfähigkeiten seitens des Analytikers. Die Auswertung der Protokolle ist oft schwieriger als jene der strukturierten Fragebögen. Darüberhinaus sollten Berichte nie als alleinige Informationsquelle herangezogen werden, da diese Information meist nicht in der gewünschten Genauigkeit oder Zuverlässigkeit enthalten. Bei retrospektiven Protokollen kommt noch das Problem hinzu, daß die Aufgabenerfüllung nochmals vor dem Geist des Ausführenden ausgeführt werden muß und einige wesentliche Details dabei verloren gehen können. Die Gefahr der Vernachlässigung relevanter Aufgabencharakteristika ist vor allem bei "automatisierten", d.h. unreflektierten, Tätigkeiten (siehe Abschnitt 2.3.1) gegeben.

Experimente. Kelly führte *repertory grids* ein, um Komponenten von Wissen zu erfassen, die mit einer Menge von Aufgaben oder einer Aufgabe assoziiert sind [Kelly, 1955]. Dabei wurde zuerst eine Menge von Objekten oder andere Aufgabenelemente, z.B. Prozeduren, ausgewählt und in Dreiergruppen einer Testperson präsentiert. Die Person wird dann gefragt, worin sich ein Objekt von den beiden anderen der Dreiergruppe unterscheidet. Dieses Gruppierungs- und Separierungsspiel wird fortgesetzt, bis alle Elemente gezeigt wurden. Das Ergebnis sollte eine Gruppe gleichartiger Elemente sein. Der Analytiker ist jedoch dafür verantwortlich, welche drei Elemente zu einem Zeitpunkt präsentiert werden. Die Auswahl erfolgt nach einer Vorab-Einschätzung des Analytikers, d.h. die Auswahl der Elemente beeinflußt eigentlich die von der Testperson festellbare Unterscheidbarkeit einzelner Arbeitselemente. Diese Abfragetechnik kann auch in anderer Form, beispielsweise durch Kartensortierung oder Vergabe von Gewichten, angewandt werden.

Andere *experimentelle Techniken*, wie ***brainstorming*** oder Gruppendiskussionen, können ebenfalls zur Klarstellung von Aufgaben beitragen.

Unter Berücksichtigung der empirischen Erkenntnisse im Umgang mit Methoden zur Aufgabenanalyse sollte die Analyse nach folgenden Schritten verlaufen [Gould, 1988, Phillips et al., 1988, Johnson, 1992]:

1. *Identifikation aufgabenrelevanter Objekte und Aktivitäten:*

   (a) Durchgehen schriftlicher Unterlagen: Bücher, Handbücher, Dienstanweisungen und anderer Dokumente über die Aufgaben und den Problembereich.

   (b) Befragung der Durchführenden in einem strukturierten Interview oder mittels Fragebögen.

   (c) Aufforderung der Durchführenden, alle Objekte, die in einer Aufgabe involviert sind, inklusive der Operationen, die darauf ausgeführt werden, zu erläutern.

   (d) Direkte oder indirekte Beobachtung, wie Personen Aufgaben ausführen, inklusive einer Aufzeichnung der Objekte, die manipuliert werden, und der damit ausgeführten Aktivitäten.

   (e) Aufzeichnung aller Objekte und Aktionen durch gleichzeitige oder retrospektive Protokolle.

2. *Ordnen und Bewerten von Aufgaben(abläufen):*

   Dieser Schritt dient der Identifikation der Qualifikation von Personen bezüglich der Prozeduren und Strategien, um eine Aufgabe erfolgreich durchzuführen. Er umfaßt:

   (a) Befragung in strukturierten Interviews oder mittels Fragebögen, wie standardmäßig Aufgaben abgearbeitet werden. Auch können *what-if*-Spiele oder Fallstudien angeführt werden. Der Analytiker sollte auch fragen, warum bestimmte Prozeduren für bestimmte Fälle benutzt werden. Auch den Anfang und das Ende einer Aufgabe und die damit verbundenen Bedingungen sollten erfaßt werden. Einander bedingende Aufgaben sollten, soweit den Ausführenden bekannt, aufgezeichnet werden, um die Anfangs- und Endbedingungen für einen bestimmten Ablauf zu erfassen.

(b) Protokolle und Beobachtungen sollten zusätzlich genutzt werden, um bestimmte Eigenschaften und Wertigkeiten von Abläufen zu erfassen.

(c) Ordnen von Teilschritten. Durch Aufzeichnen von Teilschritten und ausschließendes Ordnen durch Testpersonen können reguläre Abläufe erkannt werden. So können Sequenzen, Iterationen, parallele und ungeordnete Teile einer Aufgabe erfaßt werden.

Die Aufgabenanalyse sollte zu einer informalen Spezifikation von Funktionen zur Manipulation von Daten und, falls möglich, von Interaktionsmedien führen. Bei Unklarheiten oder geplanten Innovationen sollten Techniken wie Prototyping (Abschnitt 7.4) zum Einsatz kommen. Aufgaben sollten in einem den Benutzern verständlichem Abstraktionsniveau und Detaillierungsgrad erfaßt werden, um mit ihnen darüber diskutieren zu können.

Dies bedeutet, daß die Aufgabenanalyse den Ausgangspunkt sowohl zur Definition der Funktionen als auch zur stilistischen und darstellungsmäßigen Charakterisierung der Benutzerinteraktionen und der damit verbundenen Hardware- und Software-Anforderungen darstellt. Schließlich dient die Aufgabenanalyse der grundsätzlichen Klarstellung der statischen und dynamischen Aspekte von Aufgaben. Zusammen mit den Ergebnissen der Organisationsanalyse können der Aufbau und die Abläufe der Aufgabenbewältigung eines Unternehmens modelliert werden.

7.1.2 Organisationsanalyse

Bei der Erfassung der Arbeitsorganisation auf der Ebene einzelner Aufgaben zeigt sich, daß die zentralen Merkmale der Arbeitssituation und -umgebung von übergreifenden betrieblichen Zusammenhängen bestimmt werden. Damit wird der Blick auf die Gesamtorganisation eines Unternehmens bzw. Produktionsverbunds gelenkt.

Erfaßt wird die Gesamtorganisation getrennt nach Ablauf- und Aufbauorganisation. Die Aufbauorganisation beschreibt betriebliche Strukturen nach Funktionsbereichen, z.B. Geschäftsleitung, Einkauf, Verkauf. Die Funktionen, welche beim Durchlauf einer Anforderung oder eines Auftrags zu erfüllen sind, z.B. Kundenbetreuung, Produktionssteuerung, Teileproduktion, Montage, werden in der Ablauforganisation erfaßt.

Zusätzlich zu einzelnen Aufgaben sollten daher im Rahmen der Organisationsanalyse erfaßt werden:

- die *Steuerung des Durchlaufs:* Auftrags- bzw. Prozeßverantwortlichkeiten, Optimierung von Durchläufen, Auftragsverfolgung, z.B. zur Transparenz für Kundenbetreuer und Kunden.
- *Kooperationsformen:* Grad der Formalisierung und Standardisierung, persönliche Kooperation (via Telefon, in Sitzungen, in Teams etc.), technisch vermittelte Kooperation (z.B. die Weitergabe einer Teilaufgabe über das Informationssystem), technische Integration (Informationssystem stößt z.B. die Abarbeitung einer Teilaufgabe an).

Aufbauorganisation. Nach [Semmer et al., 1982] sollten bei einer Analyse der Aufbauorganisation jene Bereiche eines Unternehmens erfaßt werden, die zur Produktion bzw. für Dienstleistungen notwendig sind. Abbildung 7.4 zeigt beispielhaft die Aufbauorganisation einer Fluggesellschaft, inklusive des Vertriebs von Flügen: Geschäftsleitung, Verwaltung, Verkauf und Datenverarbeitung.

Der Bereich Verwaltung ist dabei für Personalangelegenheiten, interne Angelegenheiten (Anfragen), die Verwaltung der Produkte und Dienstleistungen (z.B. Flüge) sowie der Kundendaten zuständig. Der Verkauf betreut die Kunden im allgemeinen (Service) sowie im Rahmen von Flugreservierungen (Ticketing). Der Bereich Datenverarbeitung betreut Benutzer des Flug- und Kundeninformationssystems, entwickelt Anwendungen und wartet die Datenbank mit Personal-, Kunden- und Flugdaten. Die Geschäftsleitung koordiniert und kontrolliert die drei Unternehmensbereiche.

Ablauforganisation. Bei der Analyse der Aufgabenbewältigung sollten angesprochen werden:

1. *Aufgabenkategorien und typische Arbeitsabläufe*, die abteilungsübergreifend ("vom Kundenauftrag bis zur Produktauslieferung/Dienstleistung") stattfinden. Damit verbunden ist eine Beschreibung möglicher Funktionsbereiche und einer Arbeitsteilung auf der Ebene von Organisationseinheiten gemäß den definierten Funktionsbereichen.
2. *Auslösende Bedingungen von Gesamt- und Einzelaufgaben*, ausgehend von gesamtbetrieblichen Agenden und Funktionsbereichen. Diese setzen sich aus Vorinformation, Sachverhalten, Aktivitäten oder Ereignissen für den Anstoß der Aufgabenbewältigung zusammen.

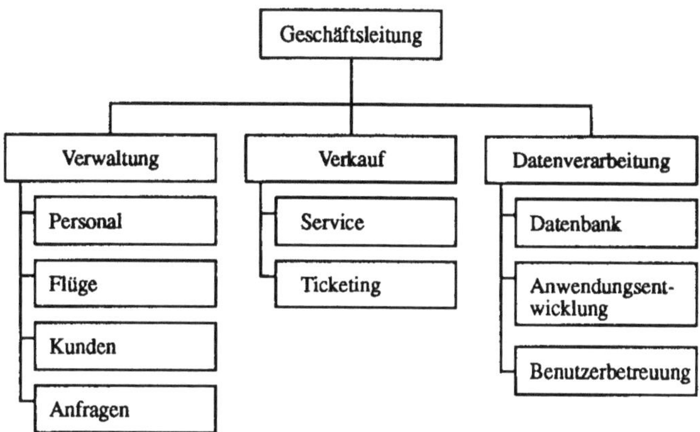

Bild 7.4 Beispiel einer Aufbauorganisation

3. *Arbeitsabläufe* und zwar:

   - alle Arbeitsschritte zur abteilungsinternen Erledigung einer Aufgabe
   - der Erledigung zugrundeliegende rechtliche Regelungen, Arbeits- und Dienstanweisungen
   - für die Erledigung benötigte Arbeits- und sonstige Hilfsmittel
   - die Einschaltung anderer Mitarbeiter, Dienststellen oder Organisationseinheiten
   - die Erstellung und Behandlung von auslösenden Bedingungen für interne und externe Tätigkeiten
   - die Handhabung interner und externer Arbeitsergebnisse.

4. *Arbeitsbedingungen*, wie Routine/Einzelfallbelastungen, Fehlerquellen, Fehlerhäufigkeiten, Beschaffung von Zusatzinformationen, Störfaktoren, Qualifikationsanforderungen einzelner Mitarbeiter etc. sowie

   - das Arbeitsvolumen: Zahl der Fälle, Entwicklung der Auslastung, Verteilung der Fälle (Häufungen), durchschnittliche Belastung pro Fall und Zeitablauf
   - inhaltliche und organisatorische Verbesserungsvorschläge.

5. *Kooperationsformen*: persönliche Kooperation, technisch vermittelte Kooperation, wechselseitige Abhängigkeiten.

6. *Steuer- und Kontrollformen:* Eingriffsmöglichkeiten in die betriebliche Entscheidungsfindung.

7. *Informationstechnische Merkmale abteilungsübergreifender Aktivitäten:*

   - Daten/Informationsflüsse mit ihren Verbindungen zu organisatorischen Rollen, z.B. Boten.
   - Einbindung der Mitarbeiter in Informationssysteme, vor allem die Produktion, Verteilung von Information sowie die Interaktion mit Informationssystemen betreffend.

8. *Kommunikationstechnische Merkmale abteilungsübergreifender Aktivitäten:*

   - Kommunikationskanäle und -arten: elektronisches Datennetz, Telefonnetz, Rohrpost etc.
   - Benutzung von Kommunikationssystemen durch Mitarbeiter:
     - Interaktionsmedien, mit welchen kommuniziert wird: Faxgerät, VDU etc.
     - Interaktionsformen, mit welchen kommuniziert wird: interaktiv oder indirekt, Kommandosprachen, Multi-Media Interaktion etc.
     - Interaktionsregeln, nach welchen die Interaktion abläuft: Einholen von Genehmigung, individuelle Aufzeichnung, Aktennotiz etc.
     - Häufigkeit der Benutzung von Kommunikationssystemen.

Tabelle 7.2 zeigt eine Liste mit der Reihenfolge von Aktivitäten zur Erfüllung von Kundenwünschen im Rahmen des Beispiels der Flugreservierung. Die mit (a), (b) etc. versehenen Aktivitäten stellen Optionen entsprechend der Betreuungssituation des Kunden dar. In dem gezeigten Fall handelt es sich aus Platzgründen um einen Ausschnitt des Bereichs Verkauf, sodaß keine weitere abteilungsübergreifende direkte Kommunikation zur Aufgabenbewältigung erforderlich und damit zu modellieren ist.

Nach Vorliegen der Ergebnisse der Aufgaben- und Organisationsanalyse sind diese zu integrieren, wobei Widersprüche durchaus bestehen bleiben können. Je widersprüchlicher allerdings die Ergebnisse sind, desto umfangreicher werden die Anforderungen an die Anpassungsfähigkeit des Computersystems bezüglich Aufgabenbewältigung.

7.2 Analyse und Modellierung von Benutzern

Neben den in Kapitel 2 und 8 angeführten kognitiven Faktoren sollten im Rahmen der Benutzeranalyse und -modellierung folgende Inhalte erfaßt werden:

1. die *Arbeitszufriedenheit:* Die bestimmenden Faktoren dazu sind:
   - der Handlungsspielraum, gegeben durch Tätigkeits-, Entscheidungs- und Freiheitsspielraum
   - die soziale Normen
   - die hierarchische Position
   - die innerbetrieblichen Karriere- und Weiterbildungsmöglichkeiten
   - die Entlohnung.
2. die *Einstellung zu EDV(-Einführung):* Dazu zählen:
   - die Erfahrung und Vorbildung
   - die Bereitschaft zu Weiterbildung
   - die Bereitschaft zu Mitgestaltung.
3. *Vorstellungen über Formalisierbarkeit von Abläufen*
4. *Vorstellungen über Reorganisierbarkeit von Abläufen.*

Eine Erfassung dieser Charakteristika gibt oft Aufschlüsse über die Bildung von Benutzergruppen entsprechend sozialer Normen, die sich im Umgang mit Computersystemen aufgrund individueller Qualifikationen und Erfahrungen bilden.

Benutzermodelle erlauben zusätzlich zu den erhobenen Aufgaben die Spezifikation von Eigenschaften der Benutzer im Zusammenhang mit der Bewältigung von Aufgaben und der Interaktion. Benutzermodelle gehen meist von gut unterscheidbaren Benutzerkategorien aus. Vor allem im Zusammenhang mit Aufgaben wird ein Idealverhalten bei der Bewältigung von Aufgaben angenommen. Die meisten Benutzermodelle sind in ihrer Struktur hierarchisch und integrieren generisches Wissen über aufgabenunabhängige (z.B. die Interaktionsmedien betreffend) und aufgabenabhängige Eigenschaften (z.B. das Fachwissen betreffend) [Wells, 1985].

Die Eigenschaften der Benutzer sind meistens als Fakten in einer Wissensbasis gespeichert (z.B. [Foley et al., 1988]). So kann z.B. bei der Flugreservierung gespeichert werden, daß ein Teil der Benutzer eines Flugreservierungssystems zwar erfahren im Umgang mit Computersystemen ist, diese Erfahrung jedoch nicht mit intensiver Aufgabenerfahrung korreliert, da die durchschnittlichen Benutzer vorher nicht mit Kundenbetreuung konfrontiert waren. Ein diesbezüglicher Eintrag in das Benutzermodell hat dann das folgende Aussehen:

- *system experience (interactive systems): high*
- *use of other systems: infrequent*
- *task experience (reservation): moderate*

Repräsentationstechniken, vor allem aus der Künstlichen Intelligenz, werden herangezogen, um explizite Annahmen über das Interaktionsverhalten von Benutzern zu speichern. Dieses Verhalten betrifft Ziele, Pläne, Gewohnheiten, Wissen sowie Vermutungen [Kobsa et al., 1989].

Für jede Benutzergruppe wird eine Wissensbasis mit bestimmten Fakten angelegt (siehe Designumgebungen in Kapitel 8). Somit wird bei der Generierung der Benutzerschnittstelle eine Menge von Einschränkungen wirksam, die schließlich zu einer Standard-Benutzerschnittstelle führt, die den kleinsten gemeinsamen Nenner von Funktionen und Kontrollmöglichkeiten von allen jenen Eigenschaften darstellt, die generell für die Benutzer einer Anwendung angenommen werden können.

Zusammen mit Designregeln können bezüglich der Benutzbarkeit Optimierungen vorgenommen werden. So sieht z.B. die Designregel, daß formularbasierte Benutzerschnittstellen für Benutzer mit durchschnittlichen Fertigkeiten im Umgang mit Tastaturen die Interaktion unterstützen, wie folgt aus:

- *if* typing skill = moderate *then* present fill-in forms

Ähnlich kann für geringe Systemerfahrung der Einsatz von Menus spezifiziert werden. Neben den Restriktionen, welche Interaktionsmedien und -formen betreffen, sind auch die Bedingungen zu formulieren, unter welchen Benutzer ihre Daten manipulieren dürfen. Dieser Schritt umfaßt die Definition von Zugriffsrechten auf Daten sowie Manipulationsfunktionen.

Die Benutzermodellierung umfaßt folglich zwei Aktivitäten:

1. die Erhebung der Fertigkeiten und des Fachwissens der Benutzer.

2. die Zuordnung der Fertigkeiten und des Fachwissens zu dem Umgang mit den Daten und Interaktionsformen = Formulierung von Designregeln und Zugriffsrechten.

Die Designregeln bilden darüberhinaus gemeinsam mit den erhobenen Benutzereigenschaften eine Grundlage zur (automatischen) Generierung von Prototypen.

7.3 Modellbasiertes Design

Aufgabenbasiertes und benutzerorientiertes Design erfordert die Ableitung, Definition und Integration unterschiedlicher Modelle bei der Berücksichtigung der Ergebnisse von Arbeits- und Benutzeranalysen [Stary, 1993]:

1. das **Aufgabenmodell**: Es umfaßt die statische und dynamische Beschreibung der Arbeitsorganisation. Es stellt die Grundlage dar, um
   (a) Arbeitsgegenstände in Form von Daten zu modellieren (Verbindung zum Modell des Problembereichs).
   (b) Interaktionsmedien zu definieren, welche die interaktive Kontrolle über die Aufgaben erlauben (Verbindung zum Interaktionsmodell).
   (c) jene organisatorischen Rollen, Fertigkeiten und jenes Fachwissen zu definieren, welche zur Aufgabenbewältigung notwendig sind (Verbindung zum Benutzermodell).
2. das **Modell des Problembereichs**: Es umfaßt die Spezifikation der Arbeitsgegenstände und problembezogenen Hilfsmittel zur Aufgabenbewältigung in Form von Datenstrukturen und auf Daten ausführbaren Operationen. Dabei
   (a) leiten sich die Arbeitsgegenstände und Hilfsmittel aus der Arbeitsorganisation ab (Verbindung zum Aufgabenmodell).
   (b) bestimmen die Eigenschaften der Benutzer die Strukturierung der Daten (Verbindung zum Benutzermodell).
   (c) sind die Daten den Benutzern in geeigneter Form zur Manipulation zur Verfügung zu stellen (Verbindung zum Interaktionsmodell).
3. das **Interaktionsmodell**: Es umfaßt die Spezifikation des Aufbaus der Interaktionsmedien und der damit verbundenen Handlungsmöglichkeiten (Interaktionsformen). Es

(a) erlaubt die Darstellung und Kontrolle von Funktionen zur Aufgabenbewältigung (Verbindung zum Aufgabenmodell).

(b) bildet die Grundlage zur Darstellung und interaktiven Manipulation von Daten zur Problemlösung (Verbindung zum Modell des Problembereichs).

(c) liefert eine Menge von Interaktionsformen entsprechend der Fertigkeiten und des Fachwissens von Benutzern (Verbindung zum Benutzermodell).

4. das **Benutzermodell**: Es umfaßt die Fertigkeiten und das Fachwissen sowie die für die Benutzer aufgrund der Arbeitsorganisation anfallenden Rechte und Einschränkungen, welche zur interaktiven Aufgabenerfüllung notwendig sind. Dabei werden die Aufgaben, die von den Benutzern innerhalb der Arbeitsorganisation auszuführen sind, mit den individuellen Anforderungen und interaktiv durchzuführenden Schritten zur Problemlösung in Beziehung gesetzt. Im Detail

   (a) bestimmen einerseits die Aufgaben die Anforderungen an das Benutzerprofil und andererseits die Fertigkeiten und das Fachwissen der Benutzer die Art und Weise der Aufgabenbewältigung (Verbindung zum Aufgabenmodell).

   (b) beeinflussen die Strukturierung der Daten sowie die Manipulationsfunktionen den Zugriff auf die Arbeitsgegenstände und Hilfsmittel (Verbindung zum Modell des Problembereichs).

   (c) stecken nicht nur die verfügbaren Interaktionsformen zur interaktiven Kontrolle und Datenmanipulation sondern auch die menschlichen Fähigkeiten den Handlungsumfang der Benutzer ab (Verbindung zum Interaktionsmodell).

Abbildung 7.5 illustriert die wechselseitigen Beziehungen der einzelnen Modelle. Das Aufgabenmodell erlaubt die Ableitung des Problembereichsmodells, sobald Arbeitsgegenstände, wie Flug- und Kundendaten arbeitsorganisatorisch erfaßt werden können. Die Operationen auf diesen Arbeitsgegenständen ergeben sich durch die aufgabenbezogenen Aktionen, die Benutzer an den Arbeitsgegenständen (=Daten des Problembereichs) durchführen, z.B. die Suche nach Flügen gemäß Kundenwünschen. Unter Berücksichtigung der Benutzerkategorien (nach Fertigkeiten, Erfahrung und Fachwissen) kann eine Darstellungsform der Aufgaben zur interaktiven Aufgabenbewältigung definiert werden.

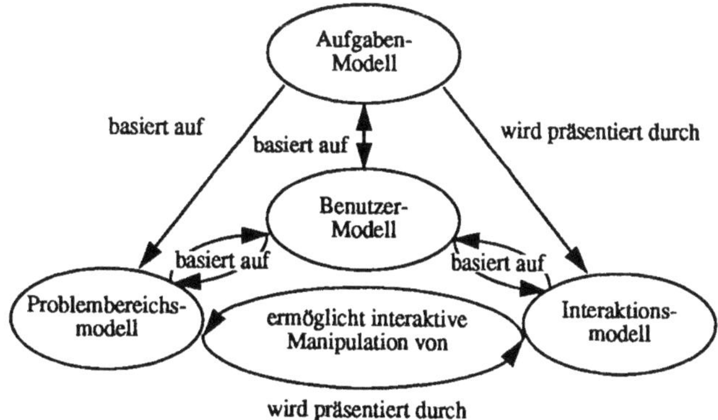

Bild 7.5 Modellbasiertes Design

Das Ergebnis der dabei ablaufenden Verschmelzung von Interaktionshilfsmitteln mit aufgabenrelevanten Aktionen stellt einen Teil des Interaktionsmodells dar. So wird in diesem Teil angegeben, in welcher Form Benutzer Zugang zu den Aufgaben des Problembereichs erhalten, z.B. daß die Manipulation von Kundenwünschen formularbasiert erfolgt. Der zweite Teil des Interaktionsmodells ergibt sich aus der Notwendigkeit, die Arbeitsgegenstände (Daten) und Hilfsmittel (z.B Tabellenkalkulationsprogramme) zur Aufgabenbewältigung interaktiv zu manipulieren.

Das Benutzermodell leitet sich zum Teil aus dem Aufgabenmodell ab und steht in ständiger Wechselwirkung mit dem Interaktionsmodell, um einerseits die Adaptierung der Darstellung von Aufgaben und Datenoperationen zu ermöglichen und andererseits, um Feedback über die Nutzung der Interaktionsmedien aufzunehmen, damit weitere Anpassungsschritte gesetzt werden können.

Die interaktive Aufgabenbewältigung erfordert folglich ein Wechselspiel zwischen allen Modellen:

- Die Aufgaben sind den Benutzern durch die Integration des Aufgabenmodells mit dem Benutzer- und Interaktionsmodell interaktiv zugänglich.
- Der Aufruf von Operationen auf problemspezifischen Daten erfordert die Integration des Problembereichsmodells mit dem Benutzer- und Interaktionsmodell.

Aus der Beschreibung des Wechselspiels dieser Modelle wird ersichtlich, daß die Integration sowohl statisch (d.h. strukturell) als auch dynamisch (d.h. den Ablauf

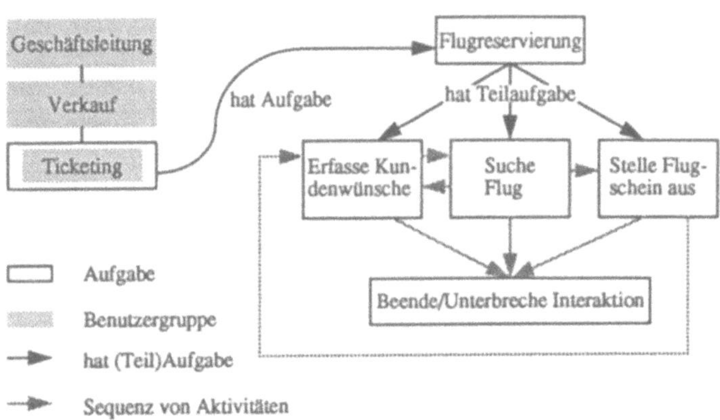

Bild 7.6 Aufgabenmodellierung

von Interaktionssequenzen betreffend) zu erfolgen hat. Dies gilt es, bei modellbasierten Verfahren für den Entwurf interaktiver Systeme (siehe Schritt 1 bis 7) zu berücksichtigen.

Die Notwendigkeit eines Verfahrens ergibt sich aufgrund der Vielfalt der zu integrierenden Modelle. Bestehende Entwurfsverfahren gehen kaum auf die einzelnen Schritte der Integration ein [Rosson et al., 1990]. Vereinzelt finden sich Darstellungskonzepte zur Integration einzelner Modelle, z.B. in [Herrmann et al., 1989] oder [Took, 1990]. Daher wird in der Folge ein Verfahren vorgestellt, welches die sukzessive Integration der eingeführten Modelle mit Hilfe einer gebräuchlichen Notation und zwar objekt-orientierter Modellierung ermöglicht:

7.3.1 Schritt 1: Aufgabenmodellierung

Dabei ist die zeitliche Abhängigkeit der einzelnen Aktivitäten zur Aufgabenbewältigung zu erfassen. Abbildung 7.6 zeigt vereinfacht die strukturelle Zerlegung der Aufgaben sowie deren dynamischen Zusammenhang am Beispiel der Entwicklung eines interaktiven Flugreservierungssystems (entsprechend der Aufbauorganisation in Abbildung 7.4 sowie der Aktivitätenliste in Abbildung 7.2).

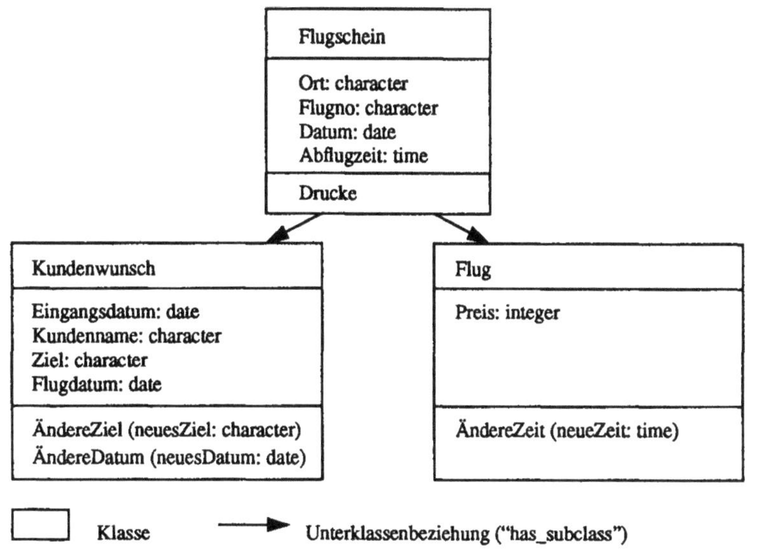

Bild 7.7 Modellierung des Problembereichs

7.3.2 Schritt 2: Modellierung des Problembereichs

Ein Modell des Problembereichs umfaßt die notwendigen Datenstrukturen und Operationen der Arbeitsgegenstände und Hilfsmittel, die zur Bewältigung der Arbeitsaufgaben benötigt werden. Abbildung 7.7 zeigt ein Modell des Problembereichs für das Flugreservierungsbeispiel unter Benutzung objektorientierter Modellierung (e.g. [Sutcliffe et al., 1991, Fichman et al., 1992, McDaniel et al., 1994]).

Dabei wird eine Menge von Eigenschaften (=Attribute) und Operationen (=Methoden) zu allgemeinen Beschreibungen zusammengefaßt und bezeichnet (=Klasse). Jede Klasse erlaubt die Instantiierung von Objekten, d.h. die Belegung von Attributen mit Werten, z.B.: Flug "OS105" (Bezeichnung), Preis "1500" (Attribut). Die bedeutendste Eigenschaft objekt-orientierter Modellierung ist die Vererbung von Eigenschaften einer übergeordneten Klasse (Superklasse) in eine untergeordnete (Unterklasse). Dabei erhält die Unterklasse die gesamte statische und dynamische Information in Kopie übertragen, die in der Superklasse spezifiert wurde. So entsteht eine Superklasse - Unterklasse Hierarchie. Graphisch wird dies mit einem Pfeil "has_subclass" zwischen einer Superklasse und einer Unterklasse notiert, ohne die geerbten Attribute und Methoden in der Unterklasse anzuführen.

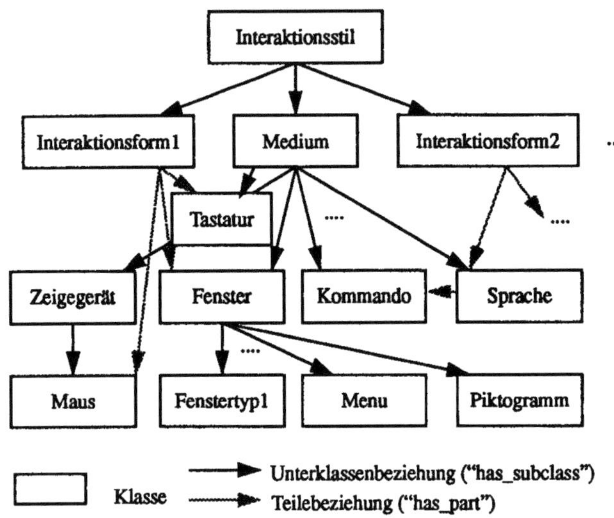

Bild 7.8 Modellierung des Interaktionsbereichs

In Abbildung 7.7 wird eine Vererbungsbeziehung zwischen den Klassen "Flugschein" und "Flug" dargestellt. Die Beziehung ergibt sich durch die Redundanz der Flugdaten zur Suche und Manipulation von Flügen sowie zur Erstellung von Flugscheinen. Welche Arbeitsgegenstände in diesem Schritt spezifiziert werden, hängt von allen Elementen der in Schritt 1 vorgenommenen Arbeits- und Benutzeranalyse ab: Daten-, Kommunikations-, Arbeitslast- und Individualanalysen sowie Akzeptanz- und Reorganisationsauswertungen.

Dabei wird unter anderem klar, daß Flüge nicht nur zur Erstellung von Flugscheinen herangezogen werden, sondern Flugdaten auch gewartet und auf dem letzten Stand gehalten werden müssen, d.h. für zwei unterschiedliche Aufgaben, welche von unterschiedlichen Benutzergruppen (Kundenbetreuer, Manager) bewältigt werden, notwendig sind.

7.3.3 Schritt 3: Modellierung des Interaktionsbereichs

Im Rahmen der Interaktionsmodellierung gilt es, ein Modell der Interaktionsmedien und ihrer Handhabung zu konstruieren. Abbildung 7.8 zeigt ein Beispiel einer Klassenhierarchie von Interaktionsmedien, wobei die oberen beiden Ebenen sogenannte abstrakte Klassen umfassen, um die Spezifikation einer Benutzerschnittstelle nicht

Benutzer
Name: character Password: character Kundenwunsch: **set of** Kundenvariable Flugschein: **set of** Flugscheinvariable Flug: **set of** Flugvariable
Setze Password (neues Password: character) Setze Sichtbarkeit (medium: character)

Bild 7.9 Teil eines Benutzermodells

nur auf bestimmte Interaktionshilfsmittel zu reduzieren (wie dies z.B. bei *widget*-Hierarchien von Werkzeugen zur Entwicklung graphischer Benutzerschnittstellen der Fall ist), sondern auch, um den kombinierten zwei- oder dreidimensionalen Einsatz von Interaktionsmedien zu berücksichtigen.

Zusätzlich zur Vererbungsbeziehung wird dabei die Aggregationsbeziehung "has_part" eingesetzt, welche in objekt-orientierten Modellen direkt ausgedrückt werden kann. Die Aggregationsbeziehung wird benutzt, um elementare Interaktionsformen zu kombinieren. So stellt z.B. "Interaktionsform 1" die direkte Manipulation mittels GUIs dar (siehe Kapitel 5). Beteiligte Interaktionsmedien sind die Tastatur, Fenster, Menus, Piktogramme und die Maus.

Aus Platzgründen kann in Abbildung 7.8 nicht auf die Eigenschaften und Operationen der einzelnen Klassen eingegangen werden. So besitzen beispielsweise alle Objekte der Klasse "Fenster" die Operationen *Bring-To-Front* und *Send-To-Back*, um überlappende Bildschirmteile zu modellieren.

7.3.4 Schritt 4: Modellierung von Benutzern

Ein Benutzermodell umfaßt zumindest jene Daten und Operationen, die für den Systemzugang erforderlich sind (Name, Password). Darüberhinaus sollten jene Freiheiten, welche Benutzer im Umgang mit der Sichtbarkeit der Daten, Operationen und Aufgaben besitzen, in diesem Modell Platz finden. Abbildung 7.9 zeigt eine derartige Klassenbeschreibung für die Flugreservierung. Benutzer können dabei z.B. die Präsentation der Interaktionsobjekte mit Hilfe der Methode "Setze Sichtbarkeit" verändern. Eine ähnliche Methode kann für die Arbeitsgegenstände "Kundenwunsch", "Flugschein" und "Flug" definiert werden. Weitere Information

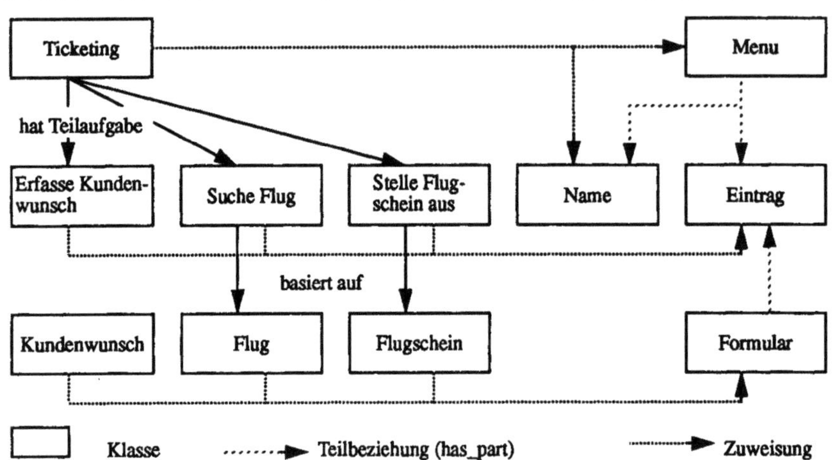

Bild 7.10 Zuweisung von Aufgaben und Problembereichsdaten zu Interaktionsmedien

zur individuellen Adaptierung, etwa Fehlerhäufigkeiten, können ebenfalls in dieser Klasse Platz finden.

7.3.5 Schritt 5: Zuordnung des Problembereichs- zum Interaktionsmodell

Dieser Schritt erfordert die Spezifikation der Darstellung und interaktiven Manipulation der in Schritt 1 und 2 erfaßten Aufgaben und Problembereichsobjekte unter Berücksichtigung der im Benutzermodell (Schritt 4) festgehaltenen Freiheiten. Bisher sind nur wenige Ansätze zur konzeptionellen Integration der beiden Modelle in der Literatur zu finden (z.B. [deBaar et al., 1992]).

Abbildung 7.10 verdeutlicht den Vorgang, welcher den Aufgaben sowie Problembereichsdaten Information bezüglich ihrer Darstellung zuordnet. Das Resultat dieses Zuweisungsvorgangs ist eine Objekthierarchie, die Instantiierungen der in Schritt 3 spezifizierten Interaktionsklassen darstellt. Abbildung 7.11 gibt ein Beispiel für eine Menusteuerung der Aufgaben zur Flugreservierung sowie für die formularbasierte Interaktion mit den notwendigen Arbeitsgegenständen.

Sämtliche Aufgaben und Operationen inklusive der betroffenen Datenstrukturen, die interaktiv bedienbar sind, werden in diesem Schritt explizit dargestellt. Dies

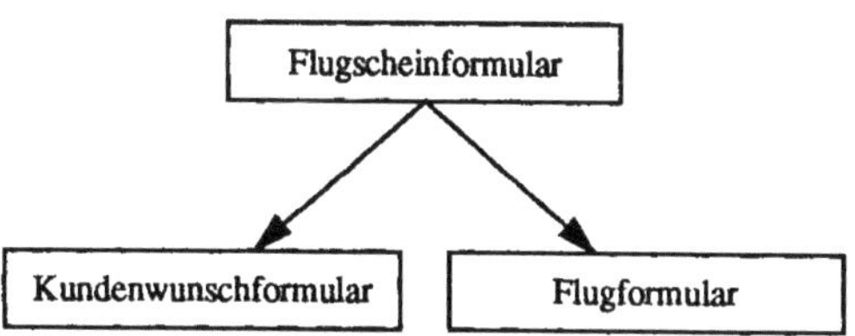

Bild 7.11 Resultierende Objekthierarchie

inkludiert die Mehrfachdarstellung sowie die Mehrfachoperationalisierung, also z.B. die Verfügbarkeit einer Kommandosprache sowie einer Menusteuerung zur Erfüllung bestimmter Aufgaben.

7.3.6 Schritt 6: Dynamische Modellierung

Dieser Schritt hat die Ergebnisse der bisherigen Entwurfsaktivitäten zur Eingabe und stellt den letzten Schritt der erforderlichen statischen und dynamischen Integration der vier Modelle dar. Im Detail wird hier beschrieben, wann welche Aufgabe und Aktion mit welchen Daten und Interaktionsmedien ausgeführt werden darf.

Abbildung 7.12 zeigt den Kontrollfluß nach erfolgreicher Suche eines Fluges und bei Verkauf eines Flugscheines mittels Menusteuerung. Das Zustand-Übergangsdiagramm zeigt den Aufgabenfluß im optimalen Fall des Verkaufs eines Flugscheines. Dabei ist zu beachten, daß nur mehr bereits mittels der Zuordnung Problembereich - Interaktionsbereich integrierte Medien, in unserem Fall Flugscheinformular und Flugscheinmenu, bei der Spezifikation des Kontrolflusses, relevant sind.

Zur Spezifikation des Kontrollflusses können auch andere Notationen oder Sprachen eingesetzt werden. So sind in den letzten Jahren verschiedene Sprachen zur Modellierung des Verhaltens entwickelt worden, z.B. OBDL (*Object Behaviour Description Language*) im Rahmen von INTERACTORS [ESPRIT-Projekt] 6061.

7.3.7 Schritt 7: Funktionale Modellierung

Den abschließenden Schritt modellbasierten Designs stellt die Spezifikation aller Operationen (Methoden) dar, die einem der Modelle zugeordnet wurden und in Schritt 6 zur Modellierung der interaktiven Aufgabenbewältigung herangezogen

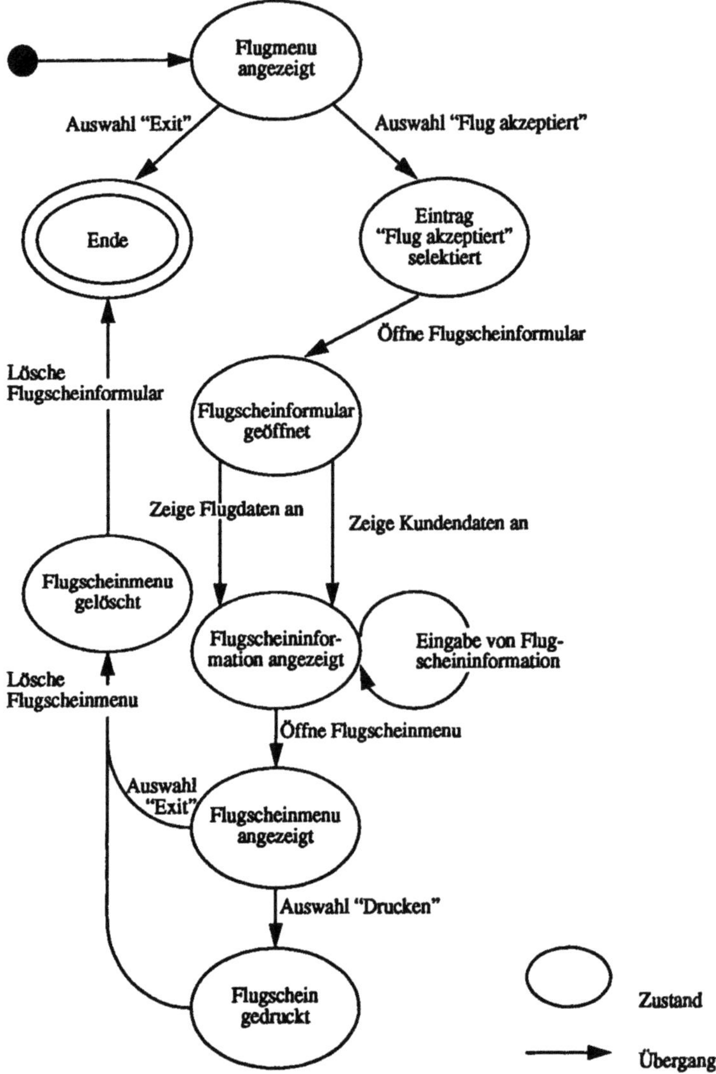

Bild 7.12 Kontrollfluß nach erfolgreicher Suche eines Fluges und bei Verkauf eines Flugscheines

wurden. Dieser Vorgang entspricht dem standardmäßigen Feindesign von Prozeduren und wird daher nicht näher erläutert (z.B. [Sommerville, 1989]). Das Ergebnis der funktionalen Spezifikation können zum Beispiel Ablaufdiagramme sein, welche die unmittelbare Programmierung gestatten.

Obwohl wir semantisch mächtige, nämlich objekt-orientierte Modellierungskonzepte bei unseren Beispielen verwenden, gibt es dennoch kein Verfahren, das modellbasiertes Design direkt unterstützt. Die wohl am ehesten in diesem Zusammenhang einsetzbare Methode ist OMT [Rumbaugh et al., 1991], da sie zumindest die syntaktischen Grundlagen für die Schritte 2 bis 5 durch ihr "strukturiertes Objekt-Modell" unterstützt. Ebenso enthält sie Zustand-Übergangsdiagramme zur dynamischen Spezifikation von Schritt 6. Soll die Analyse sowie Integration explizit syntaktisch unterstützt werden, so empfiehlt sich der Einsatz der Notation von objekt-orientierter modellbasierter Analyse nach [Embley et al., 1992].

In der Folge beschäftigen wir uns mit Prototyping, einer Aktivität, die in jedem Schritt des Entwicklungsprozesses eingesetzt werden sollte, sobald Unklarheiten auftreten.

7.4 Prototyping

Prototyping besitzt seinen Ursprung im traditionellen Software-Engineering, wo es beginnend mit Leistungsmessungen und Funktionalitätstests schließlich bei der Entwicklung von Benutzerschnittstellen eingesetzt wurde.

> Im Zusammenhang mit interaktiven Systemen stellen *Prototypen* Programme bzw. Spezifikationen dar, welche die Überprüfung bestimmter Aspekte von Benutzerschnittstellen im Rahmen der Entwicklung ermöglichen.

Diese Aspekte können den zielgerichteten Einsatz von Interaktionsmedien aber auch die Überprüfung der Aufgabenunterstützung betreffen [Wilson et al., 1988]. Für die Entwickler bedeutet die Erstellung eines Prototypen eine frühzeitige Überprüfung einer Anforderung, eines Analyseergebnisses, eines Designvorschlags oder einer Spezifikation durch die betroffenen Benutzer.

Prototypen enthalten meist einen Teil der gesamten Funktionalität oder eine Bandbreite von möglichen Funktionen, um empirisch, meist in Sitzungen mit den Benutzern, Designüberlegungen zu validieren. Im Unterschied zur ausprogrammierten

Anwendung bestehen Prototypen aus unstrukturiert programmierten Funktionen. Prototypen fungieren als Kommunikationsmedien zwischen den Benutzern und den Entwicklern zur Verfeinerung bzw. zum Verwerfen eines bestimmten Konzeptes der Aufgabenunterstützung. Sie können auch zum Abstecken des Problembereichs eingesetzt werden.

7.4.1 Vor- und Nachteile

Prototypen dienen bei der Entwicklung von Benutzerschnittstellen also dazu, Designüberlegungen für die Benutzer transparent zu machen. Das Ziel des Einsatzes von Prototypen ist es, Verständnisprobleme zwischen Entwicklern und Benutzern aus dem Weg zu räumen. Prototypen werden mittels Hilfsmittel erstellt, welche die Designer unterstützen, ihre Ideen verständlich zu machen.

Prototyping sollte zielgerichtet erfolgen, um die Ergebnisse von Prototyping-Sitzungen umfassend verwerten zu können. Die Kriterien zur Bewertung von Prototypen sind vor den Sitzungen zu spezifizieren. Dabei sind folgende **Vorteile** zu erwarten [Wasserman et al., 1985, Wilson et al., 1988]:

1. *Austesten* spezifischer Bedingungen, die nicht in die Analysedokumente aufgenommen werden konnten bzw. nicht durch bestehende Designprinzipien abgedeckt werden können.

2. *Evaluierung* eines ersten Konzeptes für die Benutzerschnittstelle.

3. *Absichern von Entscheidungen* für Benutzer und Entwickler.

4. Gewinnen von *frühzeitigem Feedback* durch Benutzer.

5. *Erhöhte Wahrscheinlichkeit von Benutzerakzeptanz.*

6. *Kostenreduktion* im Gesamtentwicklungsprozeß.

Direktes Feedback sowie der Einsatz von Werkzeugen sollen also helfen, die Akzeptanz von Benutzerschnittstellen sowie die Gesamtkosten zur Entwicklung benutzergerechter Anwendungen zu senken.

Diesen Vorteilen, die nicht immer zu erreichen sind, stehen einige **Nachteile** gegenüber:

1. *Einschränkende Bedingungen*, die für den Einsatz der Anwendung zutreffen, bleiben im Zuge von Prototyping unbeachtet.

2. Die *Ergebnisse der Evaluierung von Prototypen werden überbewertet*, sei es seitens der Entwickler bezüglich der Akzeptanz oder seitens der Benutzer bezüglich der Leistungsfähigkeit der zu erwartenden Anwendung.

3. Das *Erstellen von Kriterien* für den Prototyping-Prozeß ist oft aufgrund komplexer Anwendungen kompliziert, wodurch die Erstellung des Prototypen sowie die Durchführung der Bewertung erschwert werden.

Der Stellenwert von Prototyping bei konventioneller Systementwicklung ist abhängig von dem gewählten Designvorgang:

- Bei *Random Walk*-Design stellt Prototyping die Implementierungsphase dar, da während der gesamten Entwicklung unstrukturiert vorgegangen wird.
- Bei *Top Down*-Design wird ausgehend von einer Anforderungsanalyse ein konzeptionelles Design erstellt, wobei Prototyping nach der Designphase und unmittelbar vor der Implementierungsphase eingesetzt wird.
- Bei *Bottom Up*-Design liefert Prototyping erste Entwicklungsergebnisse, welche zur Bewertung durch die Benutzer herangezogen werden können.

Aus der Sicht strukturierter Softwareentwicklung empfiehlt sich *Random Walk*-Entwicklung durch Prototyping nur dann, wenn die Anforderungen direkt und einfach zu erfüllen sind. Konzeptionelles *Top Down*-Design und Prototyping empfehlen sich dann, wenn in ausreichendem Maß die Benutzerschnittstelle ohne empirische Evaluierung vor der Spezifizierung entwickelt werden kann. In diesem Fall betrifft Prototyping mehr Realisierungs- als Designaspekte. *Bottom Up*-Entwicklung mit Prototyping empfiehlt sich bei der erstmaligen Entwicklung von Software in unstrukturierten Problembereichen.

Während *Random Walk*-Entwicklung keinerlei Spezifikation vorsieht, erfordert *Top Down*-Design eine Spezifikation vor jeglicher Art der Programmierung (Prototyping oder strukturierte Programmierung). Bei *Bottom Up*-Design wird vor der eigentlichen Programmierphase ein von konzeptionellem Design unabhängiger Prototyp erstellt.

Wird unstrukturiert und ohne konzeptionelles Design entwickelt, so wird dies mit *Prototyping to Product* bezeichnet. Um die Entwicklung nicht mit unstrukturierten Programmen beenden zu müssen, empfiehlt sich bei dieser Art der Systementwicklung die Verwendung von integrierten Designumgebungen mit entsprechenden Unterstützungswerkzeugen (Programmgeneratoren, Versionenmanagement etc.). Dann können aus Protoypen direkt Anwendungen generiert werden.

7.4.2 Techniken

Wir unterscheiden unterschiedlich automatisierte Prototyping-Techniken:

- *Story Board, Slight Show*: Diese Technik besteht in einer sequenziellen Reihung von Bildschirmabläufen, die als Kommunikationsmittel zwischen Designer und Benutzer zur Feststellung der Funktionalität, der Präsentation und Navigation eingesetzt wird.
- *Wizard of Oz*: Zur Einführung neuer Technologien, etwa der Sprachkommunikation, wird eine Simulation aufgebaut, wobei die verwendete Technik nicht unbedingt mit der letztendlich eingesetzten ident sein muß.
- *Voll animierter Prototyp*: Diese aufwendige Erstellung eines Prototyps kommt der Realität der Benutzer am nächsten. Die gesamte Funktionalität wird den Benutzern zur Verfügung gestellt.

Entwicklungswerkzeuge (siehe Kapitel 9) berücksichtigen meist Prototyping. UIMSs (*User Interface Management Systems*) unterstützen beispielsweise die Erstellung eines Dialoges unabhängig von der eigentlichen Applikationskomponente. Dabei stehen den Entwicklern folgende Möglichkeiten zur Verfügung:

- graphische Beschreibung von GUI-Interaktionsmedien
- dynamische Spezifikation des Kontrollflusses
- Laufzeitunterstützung zur Ausführung und zum Testen der simulierten Schnittstelle.

Eine automatische Bewertung von Prototypen findet bisher nur auf der Basis einfacher Regeln, die statische Eigenschaften des Bildschirms betreffen, statt. Abläufe und Mehrfachdarstellung von Information können noch nicht bewertet werden. Dazu bedarf es noch weiterer Entwicklungen, vor allem, um Design-Heuristiken einzubinden. In diesem Zusammenhang kommen Techniken der Künstlichen Intelligenz zur Darstellung von Wissen und für automatische Schlußfolgerungen zum Einsatz. Zur Zeit können wir drei Querverbindungen von Prototyping zur Künstlichen Intelligenz feststellen:

1. Generierung von Anwendungen, die zur Problemlösung Schlußfolgerungsmechanismen beinhalten (wissensbasierte Anwendungen).
2. Automatisches Schlußfolgern und die Repräsentation von Wissen zur dynamischen Benutzermodellierung.

3. Automatisches Schlußfolgern und die Repräsentation von Wissen, um den Designprozeß und damit auch Prototyping zu unterstützen.

Mit Hilfe von Techniken der Wissensrepräsentation (Regeln, semantische Netze etc.) können nicht nur Design- sondern auch Evaluierungsrichtlinien erfaßt werden. "Intelligente" Bewertung erfolgt zur Zeit auf folgenden Gebieten:

- Begrenzen von Designalternativen mit Hilfe von Regelsystemen
- Modellierung von Designern während der Erstellung der Layouts von Benutzerschnittstellen
- Verhalten von Benutzern
- Validierung von Funktionen bezüglich deren Aufgabenentsprechung.

Zu keinem der genannten Gebiete existiert derzeit eine Unterstützung durch Werkzeuge.

7.5 Zusammenfassung

- Die **generischen Aktivitäten** – jene Aktivitäten, die ungeachtet ihrer Reihenfolge und Priorität im Rahmen der methodischen Entwicklung von interaktiven Systemen gesetzt werden müssen – stellen die Analyse, der Entwurf, die Umsetzung, Verifizierung, Weiterentwicklung/Wartung und Wiederverwendung dar.
- *Analyse*: In dieser Phase werden Machbarkeitsstudien sowie Analysen der Arbeitsorganisation und der Benutzer(gruppen) durchgeführt. Daraus resultieren Systemanforderungen sowie Problem- und Lösungsbeschreibungen.
- *Design*: Grob- und Feinentwurf stellen die umfassende Spezifikation eines interaktiven Systems auf programmiersprachenunabhängiger (konzeptioneller) Ebene unter Berücksichtigung der Systemarchitektur, der Interaktionsmedien, Datenstrukturen und darauf operierenden Prozeduren dar.
- *Implementierung und Verifizierung*: Diese Phase umfaßt die Programmierung (Codierung), die Sicherstellung der Erfüllung der Systemanforderungen (Validierung), der Korrektheit (Verifikation) sowie die Behebung von Fehlern (Korrektur).

- Im allgemeinen ist eine durchgehend sequentielle Abarbeitung der Phasen Analyse, Design, Implementierung nicht möglich, sodaß *Iterationen* sowie Prototyping notwendig werden. Die Gründe liegen vor allem in unstrukturierten Problembereichen, unvollständig durchgeführten Analysen und fehlerhaften Designentscheidungen.

- **Prototyping** führt zu Versionen eines interaktiven Systems im Rahmen der Entwicklung, die zur Klarstellung von Aufgaben, Benutzeranforderungen, Design- und Implementierungsvorschlägen sowie zur Erprobung neuer Interaktionstechniken und Implementierungstechniken erstellt werden. Sie müssen nicht notwendigerweise in das endgültig eingesetzte interaktive System übernommen werden.

- **Weiterentwicklung und Wiederverwendung** folgen der Verifizierung und sollen zu Kostensenkungen bei der Umsetzung neuer Anforderungen beitragen.

- Aufgaben- und benutzerorientierte **(ganzheitliche) Entwicklung** von interaktiven Systemen bedarf zur Zeit methodologischer Unterstützung. Die notwendigen Verfahrensschritte sind:

  1. *Arbeitsanalyse und Arbeitsmodellierung* im Rahmen interaktiver Systementwicklung umfassen die Aufgaben- und Organisationsanalyse.
  2. *Benutzeranalysen und Benutzermodellierung* erlauben das Erkennen unterschiedlicher Benutzergruppen sowie Flexibilitäts- und Adaptierungsanforderungen.
  3. *Modellbasiertes Design* erfordert die **strukturierte** Ableitung, Definition und Integration unterschiedlicher Modelle:
     (a) das Aufgabenmodell liefert eine statische und dynamische Beschreibung der Arbeitsorganisation.
     (b) das Modell des Problembereichs umfaßt die Spezifikation der Arbeitsgegenstände und - hilfsmittel durch Datenstrukturen und auf den Daten ausführbaren Operationen.
     (c) das Interaktionsmodell umfaßt die Spezifikation des Aufbaus der Interaktionshilfsmittel und der damit verbundenen Handlungsmöglichkeiten.
     (d) das Benutzermodell integriert die Aufgaben, die von Menschen innerhalb der Organisation auszuführen und im Aufgabenmodell repräsentiert sind, mit den individuellen Anforderungen, Fähigkeiten von Benutzern und durchführbaren Interaktionssequenzen.

4. Zur *Integration* sind folgende Schritte notwendig:
   (a) Aufgabenmodellierung
   (b) Modellierung des Problembereichs
   (c) Modellierung des Interaktionsbereichs
   (d) Modellierung von Benutzern
   (e) Zuordnung des Problembereichs- zum Interaktionsmodell
   (f) Dynamische Modellierung
   (g) Funktionale Modellierung

Die Unterstützung modellbasierter Entwicklung durch Werkzeuge ist Gegenstand der aktuellen Forschung.

8 Wissensbasierte interaktive Systeme

"Intelligente" interaktive Systeme sind seit der Entstehung der Künstlichen Intelligenz und der Verbreitung ihrer Methoden in anderen Disziplinen ein Wunsch von Entwicklern, da sie hoffen, mit Hilfe dieser Techniken adaptierbare Benutzerschnittstellen generieren zu können. Künstlich intelligente Benutzerschnittstellen basieren auf maschinell akquiriertem und verarbeitbarem Wissen. Daher sprechen wir bei künstlich intelligenten interaktiven Systemen von wissensbasierten interaktiven Systemen.

> Ein *wissensbasiertes interaktives System* setzt Techniken zur Wissensakquisition, -repräsentation und Schlußfolgerung ein, um das Verhalten des Computersystems den mentalen Modellen von Benutzern anzupassen.
>
> Es sollte die Fähigkeit besitzen, das Wissen von Benutzern über ein System zu beschreiben und darüber zu schlußfolgern, um auch bei eigenem unvollständigen Wissen die Interaktion individuellen, organisatorischen und sozialen Bedürfnissen anzupassen und sein Verhalten verständlich zu erklären.

Wissensbasierte Komponenten werden als integraler Bestandteil zukünftiger Interaktionsformen, wie z.B. SILK (*Speech, Image, Language, Knowledge capabilities*) [Marcus et al., 1991] und zukünftiger Generationen von Werkzeugen zur Entwicklung interaktiver Systeme, z.B. UIDE (*User Interface Design Environment*) [Foley et al., 1988] angesehen.

Die zur "intelligenten" Interaktion notwendigen Systemkomponenten werden in Abbildung 8.1 nach dem *triple agent model* in [Chignell et al., 1988, Card, 1989] gezeigt. Diese Architektur erlaubt die Trennung zwischen

1. Problembereich und Interaktionsbereich durch die Trennung in "Aufgaben"maschine (*task machine*) und "Diskurs"maschine (*discourse machine*), bestehend aus der "physischen" und "kognitiven Interaktions"maschine;

2. "physischer" und "kognitiver" Interaktion durch die Teilung der *discourse machine*.

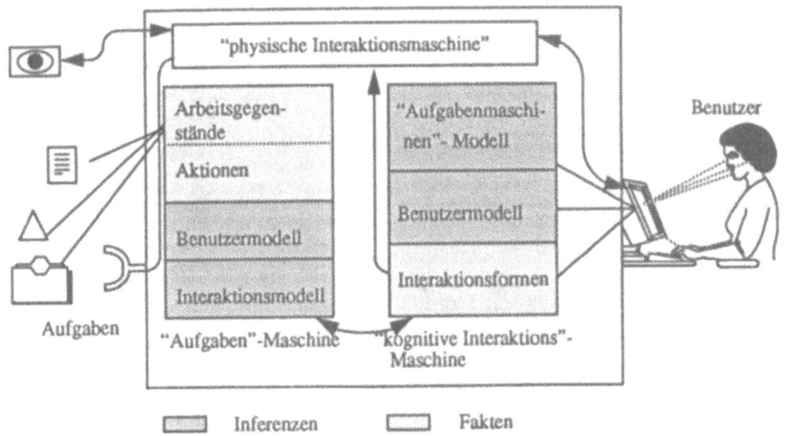

Bild 8.1 Architektur wissensbasierter Benutzerschnittstellen

Die "kognitive Interaktions"maschine stellt den wichtigsten Bestandteil der Schnittstelle dar. Ihre Aufgabe ist es, Benutzereingaben in Einklang mit den zu lösenden Aufgaben zu bringen, d.h. Benutzerabsichten mit Aufgabenzielen zur Deckung zu bringen. Die "Diskurs"maschine bildet Absichten auf Operatoren der "Aufgaben"maschine ab und bereitet nach deren Durchführung die Ausgabe auf.

Die "Aufgaben"maschine enthält eine formalisierte Aufgabenbeschreibung, während die "Diskurs"maschine abstrakte Beschreibungen der Interaktionsformen (z.B. natürlicher Sprache) sowie physische Steuermechanismen enthält. Zum Unterschied zu herkömmlichen Systemarchitekturen weisen die "Aufgaben"maschine sowie die "kognitive Interaktions"maschine Mechanismen zur Schlußfolgerung auf. So erfolgt in der "Aufgaben"maschine maschinelles Schließen bezüglich der mit Aufgaben verbundenen Benutzermodelle und Interaktionsformen. In der "kognitiven Interaktions"maschine ist maschinelles Schlußfolgern bezüglich des Aufgaben- und Benutzermodells (vor allem Intentionen von Benutzereingaben betreffend) möglich.

Die erforderlichen *Techniken* zur Entwicklung wissensbasierter Benutzerschnittstellen sind:

1. *Wissens"elicitation" und -akquisition.* Dabei soll Wissen erfaßt werden, welches Benutzer über Systeme besitzen. Dieses Wissen soll für Vorhersagen über

das Verhalten von Benutzern genutzt werden. Damit setzen sich kognitive Modelle wie GOMS (Abschnitt 8.1.1) und CCT (Abschnitt 8.1.2) auseinander. Darüberhinaus gilt es zu untersuchen, in welcher Weise mentale Modellbildung unterstützt werden kann. Wir untersuchen in Abschnitt 8.2 die Metaphernbildung als eine mögliche Unterstützungsform zur Modellbildung.

2. *Wissensrepräsentation.* Die Darstellung des Wissens in der Maschine entsprechend den erfaßten Daten stellt die Voraussetzung zur Verarbeitung und Nutzung maschinellen Wissens dar. In Abschnitt 8.1.3 werden mehrere Techniken zur strukturierten Speicherung von Wissen erläutert.

3. *Wissensnutzung.* Die Nutzung von maschinellem Wissen in interaktiven Systemen erstreckt sich auf die Bereiche Tutoring (*coaching*) (Abschnitt 8.3.1), Hilfe (Abschnitt 8.3.2) und Benutzermodellierung (Abschnitt 8.3.3). Darüberhinaus werden zur Zeit Möglichkeiten zur Überprüfung von Spezifikationen, der Vollständigkeit von Eingaben sowie zur Bewertung funktionaler Äquivalenz und Benutzbarkeit erforscht (z.B. [Foley et al., 1988]).

Offene Probleme werden schließlich in Abschnitt 8.4 zusammengefaßt.

8.1 Die Modellierung von Kognition

Im Unterschied zu konzeptionellen Modellen, welche als Hilfsmittel für das Verständnis nachvollziehbarer Systeme (z.B. Computersysteme) fungieren, sind mentale Modelle jene Elemente, welche Menschen in ihren Köpfen bilden sowie miteinander in Beziehung setzen und die schließlich ihr Handeln leiten. Somit sind mentale Modelle individuelle Modellbildungen.

> Als *mentales Modell* wird menschliches Wissen über die Komponenten eines Systems und deren Verbindungen sowie Prozesse, welche die Komponenten verändern, bezeichnet.

In Ergänzung zu allgemeinen und situationsgebundenen Verhaltensregeln bildet dieses Wissen die Grundlage für Benutzer, sich vernunftgemäß (rational) in einem interaktiven System zu verhalten und sich Vorgänge zu erklären [Carroll, 1988].

In [Norman, 1983] finden sich einige *Eigenschaften mentaler Modelle*:

- Mentale Modelle entstehen *natürlich*, und zwar durch Interaktionen von Menschen mit Systemen. Deshalb sind sie ständig Veränderungen unterworfen und instabil.

- Mentale Modelle sind *nicht technisch ausgereift*, d.h. deterministisch nachvollziehbar, sondern ausschließlich funktional im Sinne menschlicher Bedürfnisse.

- Mentale Modelle sind *nicht strikt abgrenzbar*, da sie seitens der Menschen nicht direkt "ausführbar" sind. Sie beeinflussen sich wechselseitig und das menschliche Verhalten auch indirekt.

- Die Kriterien der Modellbildung sind *nicht Effizienz*, sondern oft *Redundanz* und *Inkonsistenz* (z.B. Widersprüche).

Die Beschreibung mentaler Modelle bezeichnen wir als *kognitive Modelle*. Aufgrund der soeben angeführten Eigenschaften mentaler Modelle wird einsichtig, daß jede Art von kognitivem Modell im Rahmen technischer Systementwicklung nur eine *Annäherung* an menschliche Strukturen und Prozesse sein kann.

Dennoch wird bei der Formulierung von Zielsetzungen und Aufgaben kognitiver Modellbildungen die technische Modellierbarkeit von mentalen Modellen angenommen [Gentner et al., 1983, Olson et al., 1990]:

- *Transparenz von Erwartungshaltungen*: Benutzer bauen meist Erwartungshaltungen bezüglich des Verhaltens von Computersystemen auf. Durch die Modellierung dieser Erwartungshaltungen können Computersysteme mit Stratgien für adaptives Verhalten ausgestattet werden.

- *Abgleich mit mentalen Modellen*: Mentale Modelle können konzeptionellen (kognitiven) Modellen gegenübergestellt und nötigenfalls abgeglichen werden – wie z.B. in obigem Fall der Erwartungshaltung.

- *Anpassung an Gedächtnisleistungen*: Benutzerschnittstellen können entsprechend der Kapazität des Arbeitsgedächtnisses sowie unter Minimierung der Zugriffe auf das Langzeitgedächtnis (siehe Abschnitt 2.2) entwickelt werden.

- *Abschätzen von Leistungsverhalten*: Das Leistungsverhalten kann bei unterschiedlicher Aufgabenteilung zwischen Benutzer und Computersystem prognostiziert werden. Durch entsprechenes Design und entsprechende Adaptierungsstrategien können damit der Trainings- und Schulungsaufwand abgeschätzt und reduziert werden.

In der Folge gehen wir auf zwei kognitive Modellierungsversuche, GOMS (Abschnitt 8.1.1) und CCT (Abschnitt 8.1.2) ein, bei welchen die Darstellung und Verarbeitung von Wissen nach Zielen orientiert erfolgt. Sie können daher direkt mittels Techniken der Künstlichen Intelligenz implementiert werden.

8.1.1 GOMS - Goals, Operators, Methods and Selection Rules

In GOMS [Card et al., 1980, Card et al., 1983, Kieras, 1988, Olson et al., 1990] wird ein Modell menschlicher Informationsverarbeitung definiert (*Model Human Processor* MHP). MHP ist eine Annäherung an menschliche Informationsverarbeitungsprozesse, um ein Ingenieurmodell einer informationsverarbeitenden Einheit zu erhalten. Daher abstrahiert es über die Teile des menschlichen Gehirns und deren Struktur. Es beschreibt menschliches Verhalten ausschließlich gedächtnisbezogen (Verarbeitungseinheiten, Parameter sowie statische und dynamische Verbindungen).

Unter diesen Voraussetzungen kann MHP benutzt werden, um Verhalten vorherzusagen. MHP simplifiziert psychologische Theorien und empirische Daten, um Nicht-Psychologen, also etwa Informatikern, Verhaltensvorhersagen bei der Mensch-Maschine Interaktion zu ermöglichen. Daher enthält das Modell eine Kombination von Speichereinheiten, Verarbeitungseinheiten und einer Menge von Operationen auf den beiden.

Aufbau. MHP ist in drei Teilsysteme gespalten: Das perzeptuelle System, das motorische System und das kognitive System. Jedes dieser Systeme hat ein eigenes Gedächtnis und eigene Prozessoren. Das perzeptuelle System hat einen Speicher, um akustische und visuelle Muster zu speichern, um die Ausgaben des sensorischen Systems zu behalten, während diese symbolisch codiert werden. Das kognitive System empfängt symbolisch codierte Information vom sensorischen Musterspeicher in sein Arbeitsgedächtnis und erlaubt den Gebrauch von Information, welche im Langzeitgedächtnis gespeichert ist. So entstehen Entscheidungen zur Antwortgenerierung. Das motorische System führt dann die Antworten aus.

Jedes Teilsystem hat einen eigenen Prozessor: einen perzeptuellen, einen kognitiven und einen motorischen Prozessor. Die Prozessoren können sowohl seriell als auch parallel Information verarbeiten.

Die Parameter des Gedächtnissystems sind die Aufnahmekapazität von Wissenseinträgen, die Codierungsart (physikalisch, akustisch, visuell, semantisch) sowie die

Wiederauffindungszeit eines Wisseneintrages. Der Hauptparameter eines Prozessors ist seine Zykluszeit. Dann werden Schätzwerte für die einzelnen Parameter zum Betrieb des MHPs zugewiesen. Das Modell ist limitiert bezüglich großer Fertigkeiten bzw. fehlerhafter Leistung und erlaubt nur die Vorhersage der Zeit, welche benötigt wird, um eine bestimmte Antwort oder mehrere Antworten zu produzieren. Die Intention ist, daß eine Benutzeraufgabe analysiert wird und danach das Modell verwendet wird, um Leistungsvorhersagen für das Verhalten zu bekommen, welches mit dieser Aufgabe verbunden ist.

Darüberhinaus nimmt GOMS an, daß Benutzer rational agieren, um ihre Ziele zu erreichen. Deshalb wird jede Art von Verhalten der Benutzer in Form von Zielen, Methoden und Operatoren sowie Bedingungen zur Aufgabenerfüllung modelliert. Es wird angenommen, daß das Verhalten eines bestimmten Benutzers so detailliert angegeben werden kann, sodass eine diesem Verhalten entsprechende Menge von informationsverarbeitenden Operationen angegeben werden kann. Die Sequenz der Operationen ergibt gleichzeitig in Summe die Zeit, welche aufgewandt werden muß, um die Aufgabe zu erfüllen.

Modellbildung. Die kognitive Struktur eines Benutzers wird als eine Menge von vier Komponenten angenommen: eine Menge von Zielen, eine Menge von Operatoren, eine Menge von Methoden, um die Ziele zu erreichen und eine Menge von Auswahlsregeln, um aus einer Menge gleichwertig anwendbarer Methoden zur Erreichung der Ziele auszuwählen. Das Modell wird dementsprechend durch diese vier Komponenten bestimmt.

Ziele werden dabei als symbolische Strukturen, welche eine Menge von erstrebenswerten Zuständen darstellen und durch eine Menge von möglichen Methoden, um diese Ziele zu erreichen, beschrieben. Die Funktion eines Ziels ist es, einen Punkt im Gedächtnis zur Verfügung zu stellen, zu welchem das menschliche System zurückkehren kann, falls ein Fehler oder ein Versagen auftritt. Von diesem Punkt kann dann Information abgefragt werden, um Intentionen und schließlich Methoden anzuwenden. Dazu muß auch bekannt sein, welche Ziele bisher erreicht wurden.

Operatoren sind elementare perzeptuelle, motorische oder kognitive Aktivitäten, deren Durchführung notwendig ist, um den mentalen Zustand bzw. die Aufgabenumgebung zu verändern. Das Verhalten eines Benutzers wird als eine Sequenz dieser Operatoren aufgezeichnet. GOMS erlaubt keine gleichzeitig ablaufenden Aktivitäten, es sieht viel mehr eine serielle Abarbeitung von Operatoren in Sequenz als zielführend an. Ein Operator wird durch einen bestimmten

Effekt und eine bestimmte Dauer spezifiziert. Je genauer die Aufgabe erfaßt werden kann (und damit je größer die Menge an elementaren Operatoren), umso detaillierter wird die Modellierung psychologischer Mechanismen.

Methoden sind Beschreibungen von Prozeduren, um Ziele zu erreichen. Sie sind eine Möglichkeit, damit Benutzer Wissen über Aufgaben speichern. In GOMS sind Methoden konditionelle Sequenzen von Zielen und Operatoren, wobei Bedingungen überprüft werden und zwar sowohl bezüglich einer Übereinstimmung des Inhalts des zur Zeit im Benutzergedächtnis verfügbaren Wissens als auch bezüglich des Zustandes der Aufgabenerfüllung.

Selektionsregeln sind notwendig, falls mehr als eine Methode angewandt werden kann, um ein bestimmtes Ziel zu erreichen. In einem GOMS Modell werden Selektionsregeln verwendet, um zwischen verschiedenen alternativen Methoden eine auszuwählen. GOMS nimmt an, daß nur fehlerfreies Verhalten bei einer Problemlösung vorliegt. Alle Benutzer werden gleichermaßen einer Problemlösung fähig erachtet. Sie müssen also alle die Fähigkeiten zur Aufgabenlösung besitzen. Das Abstraktionsniveau wird durch die Operatoren vorgegeben. Falls ein Analytiker nur einen einzigen Operator definiert, dann kann für diesen Operator in einer bestimmten Abstraktionsebene eine Vorhersage getroffen werden. Wird eine andere Abstraktionsebene gewählt, so ist es notwendig, andere perzeptuelle, kognitive und motorische Aktivitäten, d.h. Operatoren, anzugeben.

GOMS wird Designern zur Verfügung gestellt, welche wissen, wie Analysen von Aufgaben durchzuführen sind. Dies bedeutet, daß der *Designer* das adäquate Abstraktionsniveau zur Darstellung zu wählen hat. Sobald eine Aufgabenanalyse vorliegt, wird vom Designer erwartet, daß er Zeitvorhersagen bezüglich der fehlerfreien Bewältigung durch erfahrene Benutzer mit Hilfe des Modells produzieren kann. Bedingt durch die schwierige Entscheidung zur Auswahl der Abstraktionsebene bei der Aufgabenanalyse ist auch die Vergabe von Zeitparametern zur Verarbeitung von Information schwierig. Auch ist nicht bekannt, ob die Anzahl der vier Komponenten in GOMS ausreicht, um zuverlässig Zeitvorhersagen für Problemlöseverhalten zu gewinnen.

8.1.2 CCT – Cognitive Complexity Theory

Die kognitive Komplexitätstheorie (*Cognitive Complexity Theory* CCT) ist eine Erweiterung des GOMS Modells zur Modellierung von Benutzer-System Interaktionen

[Kieras et al., 1985]. CCT dient der Vorhersage von Schwierigkeiten, welche Benutzer beim Erlernen und der Benutzung einer Benutzerschnittstelle haben können. CCT führt zu einer Menge von Produktionsregeln, um das Wissen von Benutzern zu repräsentieren, welches sie zur Benutzung eines bestimmten Computersystems aktivieren. Komplexität ist dabei als die Menge und Struktur erforderlichen Wissens definiert, um ein System erfolgreich zu bedienen. CCT versucht, die Zeit zum Erlernen sowie Schwierigkeiten bei der Erbringung einer Leistung quantitativ zu bewerten. Dabei wird das zur Aufgabenerfüllung notwendige Wissen angenommen.

Ziel bei der Benutzung von CCT ist es, jene Wissenseinträge zu identifizieren, welche von den Benutzern gelernt werden müssen im Gegensatz zu jenen, welche sie bereits besitzen. Die Zeit zum Erlernen wird aus der Summe jener Einträge, welche zu erlernen sind, berechnet. Die Zeit zur Leistungserbringung wird aus der Summe jener Wissenseinträge berechnet, welche erforderlich sind, um die Benutzerschnittstelle zu bedienen. Damit kann CCT auch als aufgabenorientierter Ansatz benutzt werden, um das Design von Benutzerschnittstellen zu bewerten. CCT erlaubt die Zerlegung von Benutzerschnittstellenaufgaben in Teile, welche erforderliches Benutzerwissen repräsentieren.

Aufbau. CCT greift auf eine Menge unterschiedlicher Kategorien von Wissen zurück, welche vermutlich Benutzer zur Benutzung einer interaktiven Benutzerschnittstelle benötigen. Um jenes Wissen, welches noch erlernt werden muß, zu modellieren, wird es von jenem Wissen, welches schon bekannt ist, unterschieden. Die Benutzerschnittstelle selbst wird als "device" bezeichnet. Idealzustand ist die fehlerfreie Bedienung der Benutzerschnittstelle sowie die fehlerfreie Bewältigung von Aufgaben. Die Benutzer werden durch ein Modell beschrieben, welches das Wissen umfaßt, eine Aufgabe fehlerfrei zu bewältigen.

Das Wissen, welches erforderlich ist, um die Benutzerschnittstelle zu bedienen, wird als eine Menge von Übergängen in einem verallgemeinerten Zustand-Übergangsdiagramm (*Generalized Transition Network* GTN) modelliert - siehe die Abschnitte 6.3.8 und 6.3.9. Die Knoten in diesem Netz werden als Zustände angenommen, in denen sich die Benutzerschnittstelle während der Interaktion befinden darf. Der Übergang von einem Zustand in den anderen (von einem Knoten in den anderen) ist anhand spezifischer Bedingungen erlaubt (*preconditions*). Diese Bedingungen betreffen Zustände im Netz, welche erfüllt sein müssen, bevor ein Zustandsübergang durchgeführt werden kann. Die Zustände des Netzes werden als eine Menge von Zielen interpretiert. Das Netz kann rekursiv durchlaufen werden.

Modellbildung. Das Wissen der Benutzer über eine Aufgabe wird durch eine Zielstruktur beschrieben. Dabei soll das Netz und die Zielstrukturdarstellung der

Benutzerschnittstelle bzw. der Aufgabe in Einklang gebracht werden. Das heißt jene Aspekte des Wissens, welche die Benutzer zur Aufgabenerfüllung benötigen, sollen sich als Zielstruktur im Netz wiederfinden. Dabei werden schnittstellenabhängige und schnittstellenunabhängige Wissenseinträge unterschieden.

Schnittstellenunabhängiges Wissen ist jenes Wissen, welches ein Benutzer über eine Aufgabe besitzt, welches unabhängig von einem bestimmten interaktiven System ist. Z.B. bei Terminplanungssystemen ist damit jenes Wissen gemeint, das erforderlich ist, um Termine zu vereinbaren, unabhängig davon, ob interaktive Systeme dabei zum Einsatz kommen oder nicht. Schnittstellenabhängiges Wissen ist jenes Wissen, welches auf ein bestimmtes interaktives System zugeschnitten ist, das zur Unterstützung einer Aufgabe herangezogen wird. Z.B. im Fall der Terminplanung könnte dies ein elektronisches Postsystem sein, welches den Austausch von Terminvorschlägen ermöglicht. Dabei ist noch nicht festgeschrieben, welche Art von Datennetz vom Postsystem, z.B. *token ring* oder *client/server*-Architektur, benutzt wird.

Diese beiden Arten von Wissen repräsentieren das mentale Modell eines interaktiven Systems eines bestimmten Benutzers. Dieses Modell kann entweder auf dem aktuellen Benutzerwissen über das interaktive System oder auf jenem Wissen, welches einen idealisierten, da fehlerfrei arbeitenden, Experten im Umgang mit interaktiven Systemen auszeichnet, aufbauen.

Das Wissen von Benutzern über ihre Aufgabe wird in zwei verschiedene Arten geteilt: das *job-situation-knowledge* und das *how-to-do-it knowledge.*

- *Job-situation knowledge* ist das Wissen, welches die Benutzer innerhalb eines bestimmten Problembereichs zur Aufgabenerfüllung unter Beiziehung eines bestimmten interaktiven Systems besitzen.
- *How-to-do-it knowledge* bezeichnet jenes prozedurale Wissen von Benutzer, welches sie benötigen, um überhaupt eine Aufgabe zu erfüllen.

Diese Trennung ist allerdings verwirrend und schwierig beizubehalten, da z.B. beide Arten von Wissen prozedurale Information beinhalten.

Aufgabenwissen wird ähnlich wie in GOMS repräsentiert. Es wird wie in GOMS angenommen, daß das Verhalten bei Aufgabenerfüllung zielgerichtet stattfindet. Ziele werden als eine Menge von Teilzielen repräsentiert, wobei jedes Teilziel mittels einer oder mehrerer Methoden erreicht werden kann. Die Ziele und Methoden von GOMS repräsentieren jenes Wissen, welches Benutzer in der Job-Situation besitzen. Job-Ziele sind jene Ziele, welche die Benutzer in Zusammenhang mit dem interaktiven System erreichen wollen. Die Methoden von GOMS sind jener Teil des Wissens, welches die Benutzer besitzen müssen, um Ziele zu erreichen. Das *how-to-do-it*-Aufgabenwissen der Benutzer wird sowohl durch den Inhalt der Methoden als auch durch Produktionsregeln bestimmt.

CCT benutzt *Produktionssysteme*, um das Wissen von Benutzern (*how-to-do-it*) im Detail zu repräsentieren. Wie alle Produktionssysteme besteht CCT auch aus drei Komponenten: einer Menge von Regeln, einem Regelinterpreter und einem "Arbeitsgedächtnis". Die Regeln haben die traditionelle Form " *WENN* Bedingung erfüllt *DANN* führe Aktion aus". Das "Arbeitsgedächtnis" beinhaltet eine Menge von Mustern von aktuellen Zielen, welche erreicht werden müssen, um eine bestimmte Aufgabe zu erfüllen.

Der Interpreter führt zyklisch Erkennungs- und Aktivierungsfunktionen durch. Bei Erkennungsaktionen werden alle Bedingungsteile von Regeln durchforstet und mit dem Inhalt des "Arbeitsgedächtnisses" verglichen. Wenn ein Vergleich erfolgreich war, wird der Aktionsteil einer Regel durchgeführt. Es kann nur eine Regel zu einer bestimmten Zeit durchgeführt (gefeuert) werden. Nachdem der Aktionsteil einer Regel durchgeführt wurde, wird der Inhalt des "Arbeitsgedächtnisses" modifiziert. Jede Regel kann mit einem bestimmten Instruktionsteil versehen werden, was passiert, falls der Aktionsteil ausgewählt wurde. So kann z.B. ein bestimmtes Ziel gelöscht werden, welches mit Hilfe des Aktionsteiles erreicht wurde.

Die Zielstruktur in GOMS wird indirekt innerhalb des Produktionssystems bei jeder Menge von Zielen repräsentiert, welche im Arbeitsgedächtnis des Produktionssystems gespeichert wird. GOMS-Methoden sind im CCT-Produktionensystem als Subroutinen repräsentiert. Operatoren sind in CCT als elementare Aktionen im Aktionsteil von Regeln realisiert. Selektionsregeln werden durch den Konditionsteil einer Produktionsregel repräsentiert. Die Trainingszeit wird mittels CCT durch folgende Formel berechnet:

$$Training\_time = t.n + c,$$

wobei t die Trainingszeit pro Produktionsregel darstellt, n die gesamte Anzahl von Produktionsregeln minus der Anzahl sogenannter *common rules* ("Allgemeinwissen") ist und c jene Zeit darstellt, in der der Routineteil einer Aufgabe bewältigt werden kann. Sowohl t als auch c werden als Konstante bezüglich der Aufgaben angenommen. Dies bedeutet, daß für jede neue Produktionsregel dieselbe Zeit zum

Regel 1	Regel 2
Wenn (das Ziel ist, einen Termin zu vereinbaren) **Dann** (@ sende Termin mittels elektronischer Post @ empfange ok (oder) anderen Termin @ trage Termin in Terminkalender ein)	**Wenn** (das Ziel ist, einen Termin zu vereinbaren) **Dann** (@ selektiere aus (INHOUSE-MAIL,EX- -MAIL) INHOUSE-MAIL @ sende Termin @ empfange ok (oder) anderen Termin @ trage Termin in (PUBLIC-CALENDAR, PRIVATE-CALENDAR) ein

Bild 8.2 Beispiele von Regeln zur Terminplanung

Erlernen benötigt wird. Diese Annahme ist nur akzeptabel, falls jede Regel dieselbe Komplexität hat und dieselbe Menge und denselben Typ von Wissen beinhält. In CCT wird allerdings keine Aussage über den Komplexitätsgrad und den Inhalt von Produktionsregeln getroffen.

So repräsentieren die beiden Regeln in Abbildung 8.2 im Endeffekt das gleiche prozedurale Wissen, obwohl sie von unterschiedlichem Kontext ausgehen. Im ersten Fall wird ein Terminplanungssystem betrachtet, welches ausschließlich der Terminplanung dient, im zweiten Fall wird ein Terminplanungssystem als ein Teil eines größeren Gesamtsystems interpretiert. CCT nimmt an, daß beide Regeln dieselbe Lernzeit für Benutzer benötigen. Dabei stellt Regel 2 einen höheren Komplexitätsgrad als Regel 1 dar. Folglich wird Regel 2 schwieriger zu erlernen sein.

Je mehr konditionelle und optionale Aussagen in den Regeln vorhanden sind, umso schwieriger wird das Erlernen dieser Regeln. Aus der Unterschiedlichkeit der Regeln ergibt sich die Trainingszeit zum Erlernen der Regeln. Deshalb würde eine exakte Definition der Syntax und Semantik von Regeln helfen, um eine aussagekräftigere Zuteilung von Lernzeiten zu ermöglichen.

CCT sagt die *Produktivität* durch folgende Formel voraus:

Gesamte Anzahl auszuführender Operationen / (Anzahl der Zyklen, um eine Aufgabe zu beenden x der Aktivierungszeit).

Die Summe der auszuführenden Aktionen bezieht sich auf die Produktionsregeln, welche zur Aufgabenerfüllung aktiviert werden müssen.

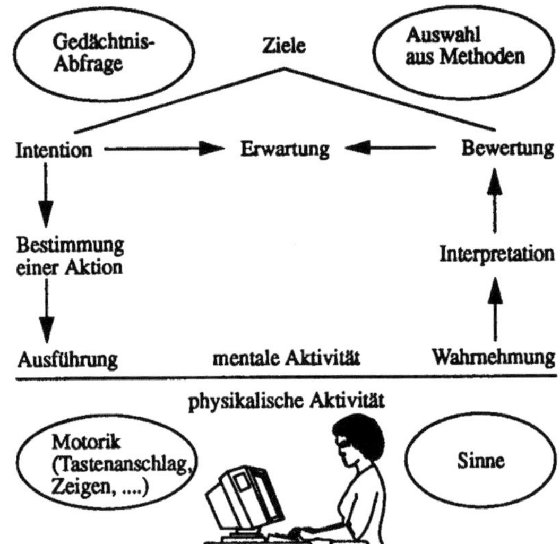

Bild 8.3 Physikalische und mentale Aktivitäten im Rahmen der Mensch-Computer Interaktion, nach [Norman, 1986]

Die *Ausführungszeit* entspricht der Anzahl der Zyklen, welche erforderlich sind, um eine Aufgabe zu beenden (x der Aktivierungszeit für jeden Zyklus) plus der Anzahl der Instruktionen, um Ziele hinzuzufügen.

Probleme. CCT erlaubt Vorhersagen über den Aufwand zur Ausführung bestimmter Aufgaben bei

- einer vorgeschriebenen Sequenz zur Aufgabenausführung sowie
- einer optimalen Trainingsstrategie.

Diese Annahmen und Voraussetzungen bringen folgende Kritikpunkte mit sich:

1. CCT definiert nicht, was eigentlich eine Aufgabe ist.
2. Die Theorie erlaubt nicht, zwischen unterschiedlichen Strategien zur Aufgabenerfüllung zu unterscheiden.
3. Es wird keine Aussage darüber getroffen, was eine optimale Trainingsstrategie eigentlich ist.

4. Benutzer folgen nicht immer dem optimalen Weg, um ein Ziel zu erreichen. Im Gegenteil, sie verwenden ihnen vertraute Begriffe und leicht wiederzugewinnendes Wissen, um bestimmte Aktionen zu setzen, sogar wenn sie sich bewußt sind, nicht den (optimalen Weg und damit) den effektivsten Weg eingeschlagen zu haben.

5. Aufgabenerfüllung basiert also weder auf dem kürzesten/optimalen Weg noch auf einer idealen Trainingsstrategie zum Erlernen der Aufgabenerfüllung.

CCT und damit GOMS modellieren also nicht echtes Problemlöseverhalten. Deswegen versagen beide Theorien auch bei der Erklärung von Verhalten an der Benutzerschnittstelle. Annahmen, wie die idente Komplexität oder Abstraktionen über den Inhalt von Regeln sind ebenso hypothetisch wie das Vernachlässigen tatsächlichen Problemlöseverhaltens von Menschen.

Dennoch können CCT und GOMS dazu verwendet werden, Evaluierungen bereits implementierter Lösungen vorzunehmen. Fehlverhalten bzw. Lösungsstrategien können mit Hilfe von Regeln niedergeschrieben und repräsentiert werden. Dies bedeutet, daß der Bewertende zwar weiß, wie es zu bestimmtem Verhalten kommt, es kann aber nicht bestimmt werden, warum dies so ist. Auch können keine Aussagen darüber getroffen werden, welche Art von Wissen zur Aufgabenbewältigung innerhalb eines interaktiven Systems erforderlich ist.

Sosehr GOMS und CCT die in Abbildung 8.1 eingeführten Systemkomponenten *task machine* und *discourse machine* mit Wissen versorgen, so wenig wissen wir eigentlich über Vorgänge der mentalen Interpretation, Selektion und Bewertung von Optionen sowie der Bildung von Intentionen. Abbildung 8.3 zeigt die Grauzonen anhand eines Modells bei zielgerichteter Interaktion. Empirisch gesichertes Wissen ist dabei in Ellipsen eingeschrieben.

8.1.3 Wissensrepräsentation

Das menschliche Gedächtnis speichert neben statisch unterscheidbaren Einträgen (siehe Abschnitt 2.2.1) auch die Wahrnehmung von Ereignissen, Aktionen und Bildern. Alle diese Einträge werden von Prozessen auf einer bestimmten Gedächtnisstruktur verarbeitet und schließlich reproduziert. In diesem Zusammenhang werden verschiedene Modelle zur strukturierten Speicherung (Darstellung, Repräsentation) verwendet. Eine Repräsentation ist eine Modellbildung von beobachtbaren Gegenständen und Vorgängen. Dabei sind generell unterschiedliche Aspekte zu berücksichtigen:

- Was ist die repräsentierte Welt (dies betrifft die Gegenstände und Vorgänge, welche modelliert werden)?
- Was ist die repräsentierende Welt (dies betrifft die das Modell erstellenden Menschen)?
- Welche Aspekte der repräsentierten Welt werden modelliert (welcher Ausschnitt)?
- Welche Aspekte der repräsentierenden Welt werden zur Modellierung herangezogen?
- Wo liegen die Entsprechungen der beiden Welten? Entsprechen z.B. sichtbare Strukturen und Prozesse statischen und dynamischen Elementen der Repräsentation?

Zur Entwicklung wissensbasierter interaktiver Systeme werden drei unterschiedliche Herangehensweisen zur Darstellung von Wissen herangezogen [Johnson, 1992]:

1. *Propositionale (Deklarative) Repräsentation.* Diese Darstellungsart interpretiert Wissen als eine Menge von diskreten Symbolen (Propositionen), Objekten und Beziehungen. Abbildung 2.3 in Kapitel 2 zeigt ein semantisches Netz, welches deklaratives Wissen zur Flugreservierung repräsentiert.

2. *Analoge Repräsentation.* Diese Art der Darstellung dient meist der Erklärung menschlicher Vorstellungen, wobei mentale Abbilder möglichst nahe an die physisch beobachtbaren Repräsentationen von Gegenständen und Objekten herangeführt werden. Dabei wird eine Menge variabler Parameter angenommen, welche zusammenhängende Eigenschaften besitzen. So geht beispielsweise die Vorstellung eines "Radios" mit Vorstellungen von Regelknöpfen zur Senderauswahl und Lautstärkenfestlegung einher.

3. *Prozedurale Repräsentation.* Bei dieser Darstellungsart wird mentales Wissen über Aktionen strukturiert. Dieses Wissen kann von sogenannten Aktionssystemen direkt interpretiert werden. So wird beispielsweise angenommen, daß die Bedienung einer Tastatur in direkter Verbindung mit dem Anschlagen von Tasten steht. Diese ablaufbezogene Information wird z.B. in regelbasierten Systemen umsetzbar. Produktionsregeln der allgemeinen Form "*WENN* Bedingung erfüllt *DANN* führe Aktion aus" erlauben dabei die Spezifikation des Kontexts von Aktionen.

Menschliches Wissen ist vielgestaltig, sodaß die Festlegung auf eine Darstellungsform eine Reduktion der bei Menschen vorhandenen Vielfalt bedeutet.

8.2 Metaphern

Metaphern als bedeutungstragende Symbole haben durch die Einführung der *desk-top* Metapher in die Entwicklung interaktiver Systeme Eingang gefunden. Systematische Untersuchungen, wie Metaphernbildung zur Erleichterung der Interaktion unterstützt werden kann, gibt es nur wenige. Die Bildung von Metaphern steht in engem Zusammenhang mit menschlichem Lernen und Modellbildung [Carroll et al., 1982, Gentner et al., 1983, Carroll et al., 1985c], ein Vorgang, welcher im Umgang mit interaktiven Systemen von entscheidender Bedeutung ist, da er die Benutzerakzeptanz fördern kann. Metaphern sind Bestandteile kognitiver Modellbildungen und erlauben rasch die Assoziation von Wissenselementen [Carroll et al., 1985a].

Metaphern können unterschiedlich interpretiert werden. Im Rahmen der Bürokommunikation wird die *desk-top* Metapher meist als Schreibtisch mit Kommunikationsanschlüssen und Datenregistern interpretiert, während im Ingenieurswesen und Wissenschaftsbereich dieselbe Metapher mit Labor- und Experimentiereinrichtungen in Zusammenhang gebracht wird. Tabelle 8.1 zeigt vielfach eingesetzte Metaphern bei interaktiven Systemen und die damit verbundenen Probleme. Trotz der Interpretationsvielfalt ist es die Aufgabe von Designern, Metaphern zu definieren, welche für eine möglichst große Anzahl von Benutzern dahingehend interpretierbar sind, daß die Aufgabenbewältigung erleichtert wird.

In der Folge setzen wir uns mit den Eigenschaften von Metaphern (Abschnitt 8.2.1) sowie mit Problemen ihrer Verwendung auseinander (Abschnitt 8.2.2).

8.2.1 Eigenschaften von Metaphern

Metaphern werden nach [Gentner et al., 1983, Carroll et al., 1985a] beschrieben durch:

- *base specifity:* gibt das Ausmaß an, in welchem der Ausgangspunkt der Metaphernbildung verstanden wird; z.B. bei *desk-top* das Verständnis eines Schreibtisches.
- *clarity:* spricht die eindeutige Aussagekraft an; z.B. bei *desk-top* die Einschränkung auf den Büroschreibtisch.
- *richness:* beschreibt die Dichte der Information; z.B. bei *desk-top* die Berücksichtigung von Fax und Telefon neben Ordnern innerhalb eines Symbols.

Einsatzgebiet	Systeme	Metapher	Elemente	Probleme bei Verwendung
Textverarbeitung	Wordstar Word	"typewriting"	Tippen, Papier, Tastatur, Schreibmaschine	neue Funktion, z.B. Verbleiben auf Taste vervielfacht Symbol
Personal Computer Work Station	Star Lisa Macintosh	"desktop"	Büroorganisation (Aktenschrank, Telephon,Textverarbeitung, Tabellenkalkulation etc.)	Individuelle Ausprägungen der Büroorganisation
Objektorientierte Systeme	Smalltalk Alternative Reality Kit	"physikalische Welt"	physikalische Objekte und Systeme mit gekapselten Eigenschaften und Operationen	Umgang mit abstrakter Information und abstrakten Prozessen, z.B im Rahmen von Produktionsplanung

Tabelle 8.1 Beispiele von Metaphern

- *abstractness:* gibt die Abstraktionsebene wieder, in welcher ein Symbol verstanden werden soll; z.B. bei ***desk-top*** das Vorhandensein von Daten in Form von Ordnern und Kommunikationseinrichtungen.

- *systematicity:* betrifft die Kategorisierung von vor allem verdichteter Information; z.B. können bei ***desk-top*** Telefon, Fax, Telex, elektronische Post mit einem Kommunikationssymbol (z.B. dem Posthorn) verdichtet werden.

- *validity:* betrifft die Schlüssigkeit der enthaltenen Information; z.B. bei ***desk-top*** ist bei der Verwendung des Posthorns als Symbol zur Kommunikation nicht eindeutig elektronische Post inkludiert.

- *exhaustiveness:* betrifft die Entsprechung des Ausgangspunktes mit dem Versinnbildlichtem; z.B. falls bei ***desk-top*** zur Darstellung des Papierkorbs ein Piktogramm mit einem entsprechenden Symbol verwendet wird (wobei die Zustände "leer/nicht leer" versinnbildlicht werden) wird dies mit einer 1:1-Entsprechung bezeichnet.

- *transparency:* beschreibt die Durchschaubarkeit der Metaphernbildung aufgrund statischer oder dynamischer Charakteristika; bei ***desk-top*** wird versucht, die Durchschaubarkeit durch entsprechende Symbole für Ordner und damit verbundenen Operationen wie *Open* zu erreichen.

- *scope:* bezeichnet den semantischen Bereich, welcher durch die Metapher abgedeckt werden soll; bei *desk-top* "endet" die Welt durch die auf einem Schreibtisch verfügbaren Datenarten und Kommunikationsmöglichkeiten.

Von besonderer Wichtigkeit sind *clarity* und *richness*. Dies bedeutet, daß Metaphernbildung durch reichhaltige, aber zutreffende Versinnbildlichung angeregt wird. Unter zutreffend ist in diesem Zusammenhang gemeint, daß Benutzer rasch Anhaltspunkte (wie einen Telefonhörer oder eine Postlade) finden, um Metaphern aufzubauen. Je benutzergerechter die Unterstützung beim Aufbau von Metaphern erfolgt, z.B. durch eindeutig identifizierbare Eigenschaften von Arbeitsgegenständen, umso höher wird die Akzeptanz von Metaphern sein.

8.2.2 Verwendung

Probleme bei der Gestaltung von Metaphern ergeben sich bei der

1. Bestimmung des "*kleinsten gemeinsamen Nenners*" bei der Integration wesentlicher struktureller und dynamischer Eigenschaften zur Bildung einer Metapher, welche verschiedenen Benutzern dienen sollen.

2. *Eindeutigkeit* der verwendeten "semantischen Primitiva".

3. Beschreibung von *Phänomenen*, welche mit Metaphern verbunden sind.

Bei der Interpretation der Metaphernbildung als aktiven Lernprozeß werden zwar individuelle (mentale) Modellbildungen möglich, wird jedoch nicht das Problem der Gestaltung des Ausgangspunktes zur Bildung von Metaphern gelöst. Deshalb empfiehlt sich im Rahmen jeder Systementwicklung folgende strukturierte Vorgangsweise [Carroll et al., 1988]:

1. *Identifikation von Kandidaten für Metaphern*: dabei schließt diese Art *brainstorming* am besten an eine Analyse von Vorgängersystemen und -hilfsmittel an. Sie erlaubt neue Vorschläge sowie die Neuinterpretation von bestehenden Metaphern.

2. *Ausarbeitung von Metaphern entsprechend bestimmter Benutzerszenarios*: diese Aktivitäten gehen auf die Realität der Benutzer im Umgang mit Systemen durch Szenarienbildung ein, wobei für alle Benutzergruppen sämtliche Szenarien erfaßt werden sollten. Tabelle 8.2 zeigt ein Beispiel zur aufgabenorientierten Beschreibung möglicher Metaphern.

Aufgabe (Szenario)	Lesen eines Dokuments aus Ordner
Methode (Szenario)	Öffne Ordner, selektiere Dokument
Interaktion	Doppelklicke Ordner-Piktogramm, selektiere Dokument aus Liste mit Ordnerinhalt, doppelklicke Dokumentname

Tabelle 8.2 Szenariengesteuerte Metaphernbildung

3. *Erfassung der unzutreffenden Metaphern*: Tests mit Benutzern lassen Rückschlüsse auf die Akzeptanz gebildeter Metaphern zu, welche sich z.B. bei graphischen Benutzerschnittstellen meist durch die Verwendung von Piktogrammen mit geringem Aufwand mittels Prototyping testen lassen.

4. *Umgang mit Abweichungen*: die Streuung der Interpretationen kann zu groß werden, sodaß Metaphern zu Fehlverhalten bei der Aufgabenbewältigung führen. In diesem Fall sollten diese Metaphern nicht eingesetzt bzw. als Anstoß zur Iteration des Bildungsprozesses herangezogen werden. Dies inkludiert die Option, Benutzern Hilfsmittel anzubieten sowie seitens des Computersystems Heuristiken aufzubauen, um individuell gebildete Metaphern auch als solche in einem interaktiven System identifizieren und anwenden zu können (siehe *demonstrational user interfaces* in Abschnitt 5.3).

Diese Vorgangsweise garantiert nicht die Bildung allgemein akzeptabler Metaphern, sondern vielmehr die empirisch abgesicherte Entwicklung von Metaphern.

8.3 Wissen in interaktiven Systemen

In der Folge gehen wir auf Systeme und Komponenten interaktiver Systeme ein, welche die aufgabenorientierte Interaktion unterstützen sollten: Tutoring – didaktisch aufbereitete Information über das interaktive System und seinen Einsatzbereich (Abschnitt 8.3.1), interaktive Hilfe (Abschnitt 8.3.2) und programmierbare Benutzermodellierung zur Adaptierung an Benutzercharakteristika (Abschnitt 8.3.3).

8.3.1 Tutoring

Computer-Aided Tutoring (computerunterstütztes Lehren) umfaßt alle Verfahren, welche zur Vermittlung und individuellen Evaluierung von Grundlagen- und Erfahrungswissen das Medium Computer miteinbeziehen.

Tutoring bedarf einer umfassenden Integration didaktischen Wissens, welche zwar durch interdiszplinäre Zusammenarbeit erreichbar, jedoch bisher weitgehend ausgeblieben ist. Unübersehbar ist jedoch die Flut an Begriffen auf diesem Gebiet: *computer-based training, computer enriched-instruction, computer-aided instruction, interactive learning, individual learning center, teachware, courseware, coaching, (intelligent) teaching/learning environments*, rechnerunterstütztes Lernen, computerunterstützter Unterricht, programmiertes Lernen. Allen Ansätzen schweben die prognostizierten **Vorteile** und **Ziele** vor, welche bisher nur zum Teil eingelöst bzw. erreicht werden konnten:

- *individuelle Lerngeschwindigkeit*, da vom Benutzer bestimmbar.
- *individuelle Lernstrategien*, da tutorielle Systeme adaptiv arbeiten können und die Benutzer darüberhinaus die Auswahl einer Lernmethode mitbestimmen können.
- *beliebige Bandbreite von Lehrstrategien* und didaktischen Verfahren, solange diese formal faßbar sind.
- *beliebige Bandbreite von Anwendungsbereichen*, solange computer-verarbeitbare Modelle generiert werden können.
- *Sensitivität* des Lehrprogrammes *bezüglich Hilfestellungen.*
- *Anpaßbarkeit individuell steuerbar.*
- *objektivierte Erfolgskontrolle* durch feststehende Problem/Lösung-Schemata.

Besondere Erwartungen wurden dabei in den Einsatz von Verfahren der Künstlichen Intelligenz gesetzt:

- Tutorielle Systeme sollten eine Art *"didaktisches" Verständnis* besitzen bzw. dafür entwickeln können, welche Schritte in der Lehre gesetzt werden, wann und warum.

- Die Lernenden sollten auf richtige Lösungen bei Problemstellungen hingeführt werden und zwar durch rechtzeitige Bereitstellung ***situationsbezogener Information*** und Hilfe.
- Tutorielle Systeme sollten von sich aus ***verbesserungswürdige Lösungen***, konzeptionelle Mißverständnisse und ansatzweise richtige Herangehensweisen der Lernenden an Probleme *erkennen* sowie selbsttätig didaktische Aktivitäten nach erfolgter Diagnose setzen.

Diese hoch gesteckten Ziele entsprechen den Anforderungen, welche an Lehrende gestellt werden, welche Lernende *individuell* betreuen.

Zunächst wurden tutorielle Systeme im Rahmen der Lehre von Programmiersprachen eingesetzt, z.B. [Burton et al., 1979, Woolf et al., 1984], da dieser Problembereich eindeutig abgrenzbar und die Lehrziele exakt spezifizierbar sind. Als der Einsatz tutorieller Systeme auf andere Gebiete ausgeweitet wurde, traten vermehrt Probleme auf. So wurde beispielsweise erkannt, daß die von einem tutoriellen System wahrnehmbaren Äußerungen von Benutzern nur die "Spitze der Eisberges" von Aussagen enthalten, welche zu einer speziellen Situation Bezug besitzen. Es kommt also nur ein Teil der Information zum System durch und zwar jener, der für eine bestimmte Situation relevant ist.

Intentionen, Mißverständnisse, das reale Wissen im Anwendungsbereich sowie Annahmen sind meist implizit in den Aussagen der Lernenden enthalten [Reigeluth, 1983, Wenger, 1987, Psotka et al., 1988, Murray et al., 1990]. Üblicherweise werden in solchen Fällen vorangegangene Äußerungen der Lernenden mit der aktuellen verglichen und bei Verdacht auf Mißverständnisse direkt mit den Lernenden Rückfrage gehalten. Nichtsdestoweniger hinkt ein im System angelegtes Modell der Benutzer immer der aktuellen Entwicklung, dem Lernfortschritt nach und kann deshalb nie den aktuellen Zustand des Wissens umfassend widerspiegeln [Polson et al., 1988, Soloway, 1991].

Im Zuge detaillierter Analysen der Schwächen tutorieller Systeme konnten mehrere Wissensbereiche definiert werden, welche für heutige, "intelligente" tutorielle Systeme oder Systemkomponenten charakteristisch sind. Diese sind nach [Sleeman et al., 1982, Gentner et al., 1983, Alessi et al., 1985, Gagne, 1987, Wenger, 1987, Polson et al., 1988, Anderson et al., 1990, Frasson et al., 1990, Murray, 1990]:

- Problembereichswissen (= Wissen des Anwendungsbereichs) des tutoriellen Systems (***problem (application) domain***)

- Wissen über die Lernenden (*user model*)
- Didaktisches Wissen (*how to teach*)
- Wissen zur Mensch-Maschine Kommunikation (*how to interact*).

Das **Problembereichswissen** ist erforderlich, um das Anwendungsgebiet des tutoriellen Systems abzugrenzen. Es umfaßt alles Wissen, welches in maschinenlesbare Form zu einem bestimmten Schwerpunkt transformierbar ist, oder, falls das tutorielle System problemspezifisch (z.B. für Finanzbuchhaltung) eingesetzt werden soll, jene Fakten und Vorgehensweisen, welche zur Lösung eines bestimmten Problems unerläßlich und notwendig sind.

Während der Sitzungen mit den Lernenden nützt das System Problembereichswissen, um die Eingaben bezüglich ihrer Korrektheit im Anwendungsbereich zu interpretieren, d.h. das tutorielle System filtert die problembereich-spezifische Information aus der Eingabe der Benutzer. Wenn keine eindeutige Interpretation der Eingabe möglich ist, sind direkte Rückfragen an die Benutzer notwendig.

Werden im Rahmens einer Interaktion grundlegende konzeptionelle Mißverständnisse seitens des Systems bei den Lernenden entdeckt, so wird Problembereichswissen dazu genützt, die Grundlagen des Anwendungsgebietes zu vermitteln. Im Fall spezifischer Anfragen der Lernenden können auch dynamisch generierte Fallbeispiele seitens des Systems aufgrund des vorhandenen Problembereichswissens demonstriert werden.

Meist kann das tutorielle System nicht endgültig bestehende Mißverständnisse klären, sodaß seine primäre Aufgabe im Aufdecken von Mißverständnissen und Fehlkonzeptionen der Lernenden besteht. Soll eine Bewertung des Wissens der Lernenden vorgenommen werden, so ist Problembereichswissen vonnöten, um die Korrektheit gegebener Antworten zu überprüfen. Je expliziter die Vernetzung der einzelnen Wissensbereiche seitens des tutoriellen Systems repräsentiert und zugänglich ist, umso erkenntnisreicher ist seine empirische Evaluierung.

Benutzermodelle erfüllen eine Vielzahl von Aufgaben in tutoriellen Systemen [Kobsa et al., 1989]. Zum ersten werden sie dazu eingesetzt, Interaktionsmittel der Mensch-Computer Interaktion benutzerspezifisch anzuwenden. So werden beispielsweise für unerfahrene Computerbenutzer natürlichsprachige oder menugesteuerte Schnittstellen von Vorteil sein, während erfahrene Benutzer Kommandosprachen bevorzugen.

Zum zweiten werden Benutzermodelle dazu verwendet, um den Wissensstand der Lernenden explizit zugänglich zu machen. Dabei werden die Antworten des jeweils letzten Lernschrittes gespeichert und unter Umständen intern ausgewertet. Diese Auswertungen können sich auf mehrere Aspekte beziehen: den Umgang mit der Benutzerschnittstelle, den Erfolg der angewandten didaktischen Vorgangsweise, das Wissen im Problembereich etc. Schließlich dient Wissen über die Benutzer dazu, gewünschte Bewertungen des Wissenstandes durchzuführen, d.h. Testaufgaben unterschiedlicher Schwierigkeitsgrade zu präsentieren und die Leistungen der Lernenden zu bewerten.

Didaktisches Wissen umfaßt alle Strategien, Prinzipien und Mittel zur Vermittlung von Wissen sowie zur Bewertung von Problemlöseverhalten [Reigeluth et al., 1987] [Andersen et al., 1990] sowie [Murray et al., 1990, Spensley et al., 1990]. Die Aktivierung didaktischen Wissens ist in jedem Lernschritt erforderlich, denn diaktisches Wissen wird nicht nur zur Vermittlung von Problembereichswissen eingesetzt, sondern auch bei Problemen mit der Benutzerschnittstelle des tutoriellen Systems sowie bei Schwierigkeiten mit der angewandten Lehrmethode (z.B. Nicht-Verstehen von Auswertungsergebnissen). Insbesondere wird didaktisches Wissen gebraucht, wenn Mißverständnisse sowie Fehlkonzeptionen erkannt werden sollen und schließlich Vorschläge zur Behebung dieser Mißstände gebracht werden sollen.

Wissen zur Mensch-Maschine Kommunikation. Das Gebiet der Mensch-Maschine Kommunikation hat in den letzten Jahren an Komplexität zugenommen. Zum einen führte die technologische Entwicklung zu einer Ausdifferenzierung von Interaktionsmedien (z.B. Datenhandschuh), welche konzeptionell noch nicht in den Designprozeß von Applikationen integriert werden konnten. Zum anderen unterstützen diese Medien spezifische Anwendungen, wie z.B. der Datenhandschuh dreidimensionale Interaktion in computerangereichterten Umgebungen. Im Fall tutorieller Systeme sind vor allem Konzepte von Hilfesystemen, Visualisierungskonzepte sowie sprachbezogene Benutzerschnittstellen leicht erlern- und benutzbar. In keinem Fall sollte durch die Benutzerschnittstelle erfolgreiches Lernen und Lehren behindert werden. Je direkter die Lernenden also mit dem System interagieren können, umso wirklichkeitsgetreuer sind die Vermittlung von Problembereichswissen, die Anwendung von Lehrmethoden sowie die Erfassung von Benutzereigenschaften [Woolf et al., 1987].

Die Unterscheidung verschiedener Wissensgebiete zur computerunterstützten Lehre hat zur Einführung des Begriffs "wissensbasierte Lehrunterstützung" [Clancey, 1982, Soloway, 1991] geführt. Werden die Wissenskomponenten mit

Schlußfolgerungsmechanismen, etwa heuristischen Regeln zur Beschreibung von Benutzerplänen versehen, so hat sich für diese Art von Systemen der Begriff "intelligente Lehrunterstützung" durchgesetzt [Woolf, 1990].

Die Modularisierung von Wissensgebieten bei tutoriellen Systemen hat zur Austauschbarkeit einzelner Teile geführt. Gelingt es, in einer entsprechenden Software-Architektur die Wissenskomponenten unter einheitlicher Kontrolle getrennt zu bearbeiten, d.h. mit vordefinierten Schnittstellen, so können Komponenten, wie z.B. Problembereichswissen, beliebig ausgetauscht und didaktische Methoden sowie Interaktionsmethoden beliebig kombiniert werden.

Die Entwicklung allgemeiner *Konzepte "intelligenter" Lehrunterstützungssysteme* wurde zu einem Großteil von B. Woolf [Woolf et al., 1987, Woolf et al., 1988] vorangetrieben. Sie reflektierte vor allem die Gebiete der Wissensrepräsentation für Benutzermodelle und didaktisches Wissen. In diesem Zusammenhang sind auch die Arbeiten von R. Gagne auf dem Gebiet der Beschreibung von Lehrsituationen und Lernenden [Gagne, 1985, Gagne, 1987, Gagne et al., 1988] erwähnenswert. In [Gagne, 1985] werden menschliche Lernfähigkeiten kategorisiert, Lernprozesse phasenweise analysiert und Bedingungen für erfolgreiches Lernen formuliert.

Eine direkte Umsetzung konzeptionellen Wissens findet sich außer bei Woolf selten. Vielmehr werden Anforderungen klargestellt, z.B. was ein pädagogisch geeignetes System leisten sollte (nach [Imbeau et al., 1990]):

- Fragen der Lernenden beantworten
- Fragen an Lernende selbst beantworten
- Evaluierung von Antworten auf Testfragen erklären und begründen
- kurz-, mittel- und langfristige Lernziele erklären
- individuelle Lehrpläne erstellen
- Benutzerwissen adäquat erfassen
- Lernschritte über mehrere Interaktionsschritte hinweg erfolgreich verfolgen.

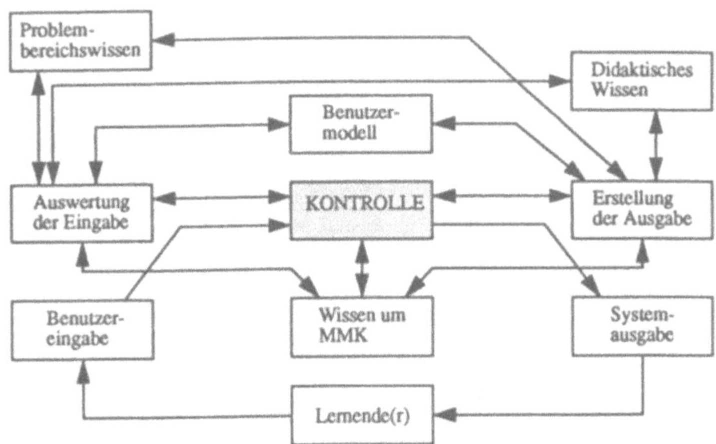

Bild 8.4 Architektur und Kontrollflußmodell von "intelligenten" tutoriellen Systemen

Die meisten Ansätze lösen Teilprobleme der computerunterstützten Lehre auf der Ebene der Implementierung, z.B. [Breuker et al., 1987]. Dennoch weisen neuere konzeptionelle und epistemologische Untersuchungen in Richtung modular integrierte Lehrsysteme, wo mehrere didaktische Konzepte mit Problembereichswissen und Benutzermodellierung verknüpft werden [Woolf et al., 1991, Soloway, 1991]. Dabei wird die grundsätzliche Architektur solcher Systeme wie in Abbildung 8.4 angenommen.

Neben den bereits beschriebenen Komponenten kommen dabei zum Einsatz:

Eingabe und Ausgabe. Diese beiden Komponenten stellen die Schnittstelle zu den Lernenden dar. Sie werden einerseits mit Information sowie Antworten seitens der Ausgabekomponente versorgt und haben andererseits die Möglichkeit, ihre Wünsche mit Hilfe der Interaktionsmittel an der Benutzerschnittstelle, verwaltet durch die Eingabekomponente, zu artikulieren.

Kontrolle. Die zentrale Komponente wird zur Steuerung des Kontrollflusses im gesamten System eingesetzt. So wird die Benutzereingabe an die Interpretationskomponente weitergeleitet. Abhängig von der Auswertung der Benutzereingabe werden weitere Komponenten, wie das Benutzermodell, das Problembereichswissen oder/und das didaktische Wissen aktiviert. Danach kann

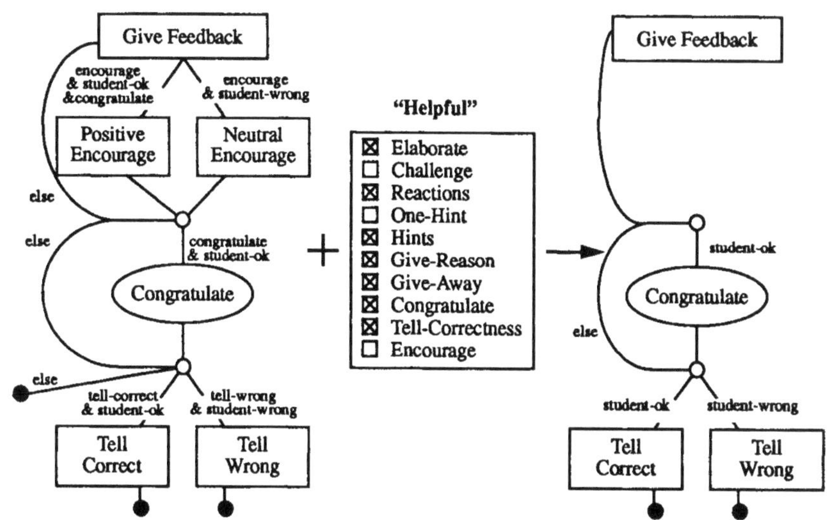

Bild 8.5 Dialogsteuerung aus didaktischer Sicht nach [Murray et al., 1990]

eine Systemantwort generiert werden, um erneut Kontakt mit dem Benutzer aufzunehmen.

Dabei kann es notwendig werden, komponentenübergreifendes Wissen anzulegen. Ein Beispiel zusammengesetzten Wissens ist Abbildung 8.5 zu entnehmen. So ergibt sich eine tutorielle Strategie aus parametrisierten Aktions-Netzen (PAN) sowie didaktischen Konzepten (hier: das Register *Helpful*). Abhängig von der Antwort, welche von der Didaktikkomponente vorgeschlagen wird, bedient sich die Kontrollkomponente bestimmter Interaktionsformen an der Benutzerschnittstelle, unter Zugrundelegung der benutzerspezifischen Information aus dem Benutzermodell sowie den verfügbaren Interaktionsformen aus der Mensch-Maschine Kommunikation.

Interpretation der Eingabe. In dieser Komponente wird die Eingabe der Lernenden nach mehreren Gesichtspunkten analysiert: dem Umgang mit Interaktionsmedien an der Benutzerschnittstelle, dem Wissen aus dem Problembereich sowie aus didaktischer Sicht. Die Komponente liefert der Kontrollkomponente die notwendigen Grundlagen, um die Sitzung mit dem System weiterzuführen.

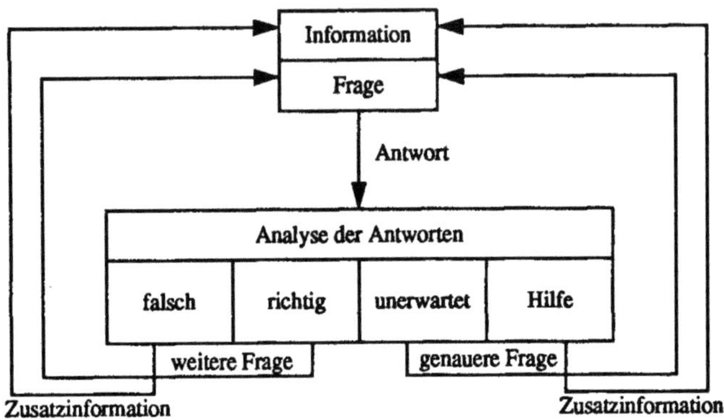

Bild 8.6 Typische Zyklen in Evaluierungsdialogen

Generierung der Ausgabe. Bedingt durch die Vorgaben seitens der Kontrollkomponente wird eine Antwort oder Information für die Lernenden generiert. Dies kann etwa im Rahmen einer Evaluierungsphase wie in Abbildung 8.6 dargestellt oder bei der Vermittlung von Grundlagen- und Erfahrungswissen geschehen.

Über den prinzipiellen Einsatz von tutoriellen Systemen gibt es wenige *empirische Untersuchungen.* Dennoch lassen sich nach [Ausubel, 1968, Briggs, 1968, Dick, 1977, Edmonds, 1981, Hannum et al., 1982, Reiser, 1987] Indikatoren für den Einsatz tutorieller Systeme und Rahmenbedingungen herleiten:

- Die Population der Lernenden ist groß.
- Direkter Transfer von Wissen am Arbeitsplatz ist erforderlich.
- Individuelle Ausbildung ist wegen hoher Komplexität des Wissensgebietes oder organisatorischer Rahmenbedingungen notwendig.
- Die ständige Verfügbarkeit didaktisch aufbereiteten Wissens ist erforderlich.
- Die Informationsdefizite sind bei Mitarbeitern unterschiedlich.
- Der Zeitdruck oder/und Personalmangel bei betreuter Schulung ist groß.
- Die Population der Lernenden ist unterschiedlichen Alters, unterschiedlich kommunikativ und lernbereit.

Diese empirisch gesicherten Bedingungen geben den Einsatzrahmen für Tutoring vor.

8.3.2 Fehler und Hilfe

Hilfe brauchen Benutzer nicht nur für das Erlernen des Problemlösens und der Kontrollsequenzen unter Benutzung von Interaktionshilfsmittel, sondern auch im Rahmen der tatsächlichen Interaktion, bedingt durch Fehleingaben oder Orientierungslosigkeit. Dabei wurden empirisch folgende *Kategorien von Hilfesituationen* erfaßt [Cox et al., 1980, Edmonds, 1981, Carroll et al., 1984, Carroll et al., 1985b, Kearsley, 1988, Tuck et al., 1990]:

- *Verlust der Orientierung durch Verschachtelung von Selektionsmechanismen.* Vor allem bei tiefen Menuhierarchien und geringen Navigationshilfen tritt der Verlust der Orientierung auf.
- *Übergehen notwendiger Schritte.* Aufgrund mangelnder Transparenz bezüglich Datenverarbeitung und Aufgabenbewältigung kommt es zur Aktivierung von Funktionen, welche seitens des Computersystems nicht ausgeführt werden können (z.B. versuchtes Drucken, ohne ein Dokument selektiert zu haben).
- *Bedienungsfehler von Interaktionsmedien.* Diese Fehler sind ebenfalls auf mangelnde Tranzparenz von Interaktionsmedien zurückzuführen, z.B. Mehrfachbelegungen von Tasten der Tastatur.

Die Fragen, welche Benutzer im Fehler- und Hilfefall stellen, sind:

- WIE kann ich etwas tun?
- WAS PASSIERT, wenn ich etwas mache?
- WARUM passiert(e) etwas?
- Kann ich etwas RÜCKGÄNGIG machen?

Mittels eines bestimmten Interaktionsschritts (*passive Hilfe*), etwa einer HILFE-Taste, oder selbsttätig seitens des Systems wird Information aktiviert (*aktive Hilfe*), welche zur Erklärung sowohl der Ursache der jetzigen Situation als auch der weiteren Möglichkeiten zur Interaktion beitragen sollte. Zur adäquaten Hilfestellung benötigt eine Hilfekomponente oder ein Hilfesystem jene Wissensbereiche, welche wir bereits für Tutoring eingeführt haben sowie die **Interaktionsgeschichte**, d.h.

die Sequenz der bisherigen Benutzereingaben und Systemreaktionen. Dieses Wissen dient zur Bestimmung des Ziels, welches ein Benutzer verfolgt. Entsprechend diesem Ziel wird ein Ausgangspunkt festgelegt, wo der Benutzer sein Ziel von neuem verfolgen kann.

Interaktionsfehler, z.B. Fehlbedienungen von Interaktionsmedien, können vermieden werden, wenn folgende Richtlinien beachtet werden:

- Das *Benutzermodell* (siehe Abschnitte 7.3.4 und 8.3.1) sollte zusätzlich den Wissensstand des Benutzers speichern, welches er im Problem- sowie Interaktionsbereich besitzt, um die Benutzerschnittstelle individuell anpassen zu können [Mozeico, 1982, Olson, 1985].
- Die Benutzer können sich aufgrund der vorhandenen Systemtransparenz *mentale Modelle und Metaphern* bilden [Mayer, 1981]. Behindernd wirken komplexe Information, welche nicht ausreichend zerlegt wird, sowie das Überladen der Benutzer mit Information.
- ausreichende Bestimmung von *Benutzergruppen* (siehe Abschnitt 2.3).
- ausreichendes *Feedback* von Eingaben (siehe Abschnitt 3.3) und damit *Systemtransparenz* [Kearsley, 1988].

Um obigen Anforderungen gerecht zu werden, sollten bereits in der Designphase mehrdimensionale Konzepte wie jenes von [Nievergelt, 1985] (Abschnitt 6.2.3) oder/und Schlußfolgerungskomponenten eingesetzt werden, welche kontextsensitive Hilfe in jeder Interaktionssituation herleiten können. Letzteres wurde bei Hilfesystemen für Unix begonnen (z.B. [Chin, 1990]) und bei der Konstruktion von Entwicklungsumgebungen (z.B. [Foley et al., 1988]) fortgesetzt. "Intelligente" Entwicklungsumgebungen (siehe Kapitel 9) erlauben generell, Regeln zu spezifizieren sowie die Überprüfung von Designalternativen bezüglich

- Konsistenz
- Vollständigkeit
- konzeptioneller Abhängigkeiten
- funktionaler Äquivalenz
- Befolgen von Richtlinien
- situationsgerechter Benutzermodellierung

- kontextsensitiver Hilfestellungen.

Entwicklung. Die meisten Hilfesysteme werden *nach* der Entwicklung der Benutzerschnittstelle entworfen und implementiert. Dabei wird nach der Entwicklung der Benutzerschnittstelle das Wissen darüber extrahiert und jene Erklärungen entworfen, welche Benutzern zur Hilfestellung präsentiert werden. Die damit erreichte Kontextsensitivität bezieht sich auf die bereits bestehenden Interaktionspunkte der Benutzer mit dem System an der Benutzerschnittstelle. Die Wissensbasis des Hilfesystems muß daher den Änderungen der Benutzerschnittstelle angepaßt werden. Diese Änderungen können seitens der Benutzer im Rahmen der individuellen Anpassung oder aber auch im Rahmen von Veränderungen des Hilfesystems vorgenommen werden.

Operiert die Hilfekomponente jedoch direkt mit der Wissensbasis oder den Strukturen einer Anwendung, wird sie automatisch geändert, sobald das System geändert oder/und angepaßt wird. Dabei wird Hilfe als eine Menge von Regeln ausgedrückt, welche auf den konzeptionellen Modellen einer Anwendung operieren, d.h. auf dem Datenmodell, Interaktionsmodell, Aufgabenmodell und Benutzermodell. Fehlermeldungen werden stufenweise aus Textteilen generiert, wobei Aktionen z.B. durch Bedingungen und betroffene Objekte der Anwendung spezifiziert werden. Aus dieser Information können Schlüsse seitens einer Inferenzmaschine gezogen werden, welche Information ein Benutzer benötigt.

8.3.3 Programmierbare Benutzermodelle

Einen Schritt in Richtung Aufgabenberücksichtigung und -modellierung machen programmierbare Modelle von Benutzern oder Modelle von Benutzerinteraktionen. [Young et al., 1989, Howes et al., 1991] haben versucht ein Modell von Benutzern zu entwickeln, welches Designer verwenden können, um Benutzerleistungsfähigkeiten zu simulieren und zwar unter Zugrundelegung eines bestimmten Benutzerschnittstellen-Prototyps. Programmierbare Benutzermodelle (*Programmable User Models* - PUM) verfolgen zwei Absichten:

1. um Designvorschlägen *bewerten* zu können.

2. um die Designer zu zwingen, bereits während der Analyse an die *Brauchbarkeit* des Gesamtsystems zu denken.

Ein PUM soll ein analytisches Modell eines Computerbenutzers darstellen. Das Modell erfordert vom Designer den Einbau bestimmter Aspekte des beabsichtigten Benutzerverhaltens. Der Inhalt eines PUMs ist Benutzerwissen. Die Idee dabei ist, daß es zwei Prozessoren innerhalb des interaktiven Systems gibt - den Benutzer und den Computer. Während der Software-Entwickler Computerprogramme baut und verfeinert, spezifiziert er gleichzeitig "Benutzerprogramme". Um nun Benutzerprogramme zu spezifizieren und in das Design einzubeziehen, wird dem Designer nahegelegt, auch das mentale Modell der Benutzer ausführbar und zwar in einer effizienten und fehlerfreien Art zu gestalten. So ist ein PUM als eine Architektur zur Ausführung eines "Benutzerprogrammes" anzusehen.

Ein PUM ist eine kognitive Architektur und kein künstlicher Benutzer, weil das Modell eines idealen Benutzers keinen Aufschluß über Designprobleme gibt. Darüberhinaus wäre es unmöglich, Idealbenutzer zu konstruieren. Es ist ein Annäherungsverfahren, welches nicht auf die Bestimmung oder Bewertung bestimmter Zeiten, wie etwa der Aufwand zum Auffinden bestimmter Information, abzielt. Vielmehr ist es ein Hilfsmittel, um Modelle von Benutzern zu generieren. Damit kann es Teil eines Werkzeuges werden, um interaktive Systeme zu designen. Auch ist PUM kein Expertensystem, welches erfahrene Designer zu simulieren versucht. Es enthält keine Richtlinien. Vielmehr richtet es die Aufmerksamkeit des Designers auf die Benutzer, deren Erfahrungen und Fertigkeiten im Benutzermodell während des Designprozesses niedergeschrieben werden.

Um ein PUM zu konstruieren, muß der Designer eine Art Programmiersprache beherrschen lernen. Die Sprache dient dazu, eine Wissensbasis aufzubauen. Dies erfordert die Identifikation konzeptioneller Objekte und Operationen auf diesen Objekten. PUM wird als Interpreter einer Sprache gesehen, welcher nicht einfach alle Instruktionen durchführt, sondern auch einfache Planungsmechanismen beinhält (welche Techniken der Künstlichen Intelligenz ermöglichen). Als Teil der PUM-Forschung wird die Forschung an dem Modell SOAR [Laird et al., 1987] betrachtet, in deren Rahmen eine Problemlösearchitektur als eine Menge verschachtelter Problembereiche und eines Lernmechanismus betrachtet wird, welcher *chunking* beinhält. Diese beiden Funktionen erlauben die Modellierung von Lern- und Problemlösevorgängen und zwar innerhalb eines PUMs. PUM inkludiert auch Ideen aus ACT* [Andersen, 1983], kognitiver Subsysteme und Task Action Grammars [Payne, 1985, Howes et al., 1990].

Bis heute wissen wir nicht genau, was PUM außer Benutzermodellierung beitragen kann und welche Probleme mittels dieser Art von Modellierung gelöst werden können. Die Neuheit dieses Ansatzes ist es, Design nicht nur als Design von

Software aufzufassen, sondern auch als Design eines bestimmten Benutzerprofils, dem sogenannten *user program*. Jede Interaktion involviert Benutzer *und* Software, sodaß das Design von Software durch das Verhalten einer Person eingeschränkt bzw. bestimmt wird.

8.4 Probleme bei der Entwicklung wissensbasierter interaktiver Systeme

Bei der Gestaltung wissensbasierter interaktiver Systeme ergeben sich einige Probleme, welche in weiteren Forschungsarbeiten zu untersuchen sind [Card, 1989]:

1. *Rollen- und Aufteilungsprobleme.* Die Entwickler eines wissensbasierten interaktiven Systems spezifizieren die Freiheitsgrade der Rollenaufteilung meist implizit, welche die Interaktion des Computersystems mit den Benutzern bestimmen. Die Bandbreite reicht dabei von künstlichen Ausführenden (*artificial agents, rational agents, knowbots*) über künstliche Entscheidungsträger (*convivial partners, artificial decision makers*) bis zu Beratern (*advisors*) und Trainern (*coaches*). Die Entscheidung über die Nutzung des Wissens erfolgt unabhängig von den technischen Möglichkeiten. Die Fragen, welche Entwickler im Rahmen des Designs zu klären haben, sind:

   - Welche Rolle können Benutzer im Rahmen der Interaktion einnehmen? Wie kann sich das Computersystem seinen Benutzern präsentieren? Welche Rolle nimmt es ein?
   - Kann während der Interaktion Rollentausch von beiden Seiten vorgenommen werden? Wie ist die Aufteilung geregelt? Müssen die an Benutzer und Computersystem vergebenen Rollen einander ergänzen (z.B. Zuseher-Ausführender)?

   Entsprechend der Rollenvergabe sind die Interaktionsformen (z.B. natürliche Sprache bei künstlichen Entscheidungsträgern) zu bestimmen. Die wichtigste Frage, welche in diesem Zusammenhang den Gegenstand der Forschung darstellt, ist jedoch: *Wie können die Rollen sowie Aufteilungsmechanismen explizit modelliert und spezifiziert werden?*

2. *Automatisierungsgrad der Interaktion.* Abbildung 8.7 zeigt verschiedene Grade der Automatisierung, welche von der durchgehenden durch die Benutzer gesteuerten Aufgabenbewältigung bis zur durchgehenden durch das System gesteuerten Aufgabenbewältigung reichen. Entsprechend dem Grad der Automatisierung können Rollen und Rollenaufteilungskonzepte entwickelt werden. Probleme bei der Entwicklung eines interaktiven Systems stellen sich, sobald über die Aufgabenteilung (*task allocation*) entschieden wird und die Kontrolle der Aufgabenbewältigung (*supervisory control*) zur Diskussion steht.

   Die Fragen, welche Entwickler im Rahmen des Designs zu klären haben, sind folglich:

   - Welche Aufgaben soll das Computersystem bewältigen? Welche Aufgaben soll der Mensch bewältigen?
   - Wie soll die Kooperation des Computersystems mit den Menschen aussehen?

Wer ist für Entscheidungen und Aktivitäten VERANTWORTLICH?

Antworten finden sich zum Teil in bereits bestehenden Arbeitsorganisationen, wo z.B. die Delegierung von Verantwortung geregelt ist. Im Fall der Delegierung von Verantwortung an ein künstliches System erwachsen jedoch Probleme der Haftbarkeit für Fehlentscheidungen und daraus resultierendem Fehlverhalten.

3. *Kommunikations- und Kontrollprobleme.* Ebenso wie obiges Thema mit der Rollenverteilung zwischen Menschen und Computersystem zusammenhängt, besteht eine Verbindung zwischen der Aufgaben/Rollenteilung und den eingesetzten Interaktionsformen. Die Anforderung an die "intelligente" Mensch-Maschine Kommunikation läßt sich mit den Begriffen "natürlich", "offen" und "vorhersagbar" zwar rasch umschreiben, ihre Umsetzung ist jedoch mit Problemen verbunden:

   - "Natürlicher" Umgang mit Computersystemen wird durch die Minimierung der Verwendung von Interaktionshilfsmitteln, deren Handhabung unter Umständen erlernt werden muß, erreicht. Diese Minimierung ist nur bei natürlichsprachiger Interaktion, welche zur Zeit nicht uneingeschränkt unterstützt wird (siehe Kapitel 3 und 4), möglich.

- "Offenheit" erlaubt die Benutzung unterschiedlicher Interaktionshilfsmittel (z.B. Sprache und Visualisierung), wobei sich das Problem der "intelligenten" Auswahl und Steuerung gemäß dem Benutzer- und Problemkontext stellt.
- "Vorhersagbarkeit" erfordert die Implementierung mentaler Modelle (Abschnitt 8.1), welche zur Zeit wegen semantischer Probleme bei der Wissensrepräsentation nicht sehr fortgeschritten ist.

Mögliche Auswege werden in eigenen Kommunikationsmodellen auf den Gebieten *conversation modeling* und *discourse modeling* gesucht.

8.5 Zusammenfassung

- Künstlich intelligente Benutzerschnittstellen basieren auf *maschinell* akquiriertem und verarbeitetem *Wissen.*
- *Einsatzgebiete* wissensbasierter interaktiver Systeme sind alle Aufgaben, welche zugunsten der Benutzer, auch bei unvollständigem Wissen, mit Hilfe von *Schlußfolgerungen* (ansatzweise) gelöst werden können. Dazu zählen
  - dynamische Systemadaptierung an Aufgaben- und Benutzerbedürfnisse,
  - kontextsensitive (d.h. den Aufgaben-, Interaktionsbereich und Benutzer betreffende) Hilfe und Erklärungen (*explanation, tutoring*),
  - Evaluierung von Design und Funktionalität bezüglich Konsistenz und Vollständigkeit.
- Hohen Stellenwert besitzen mentale Modelle, welche zur Interpretation von *Benutzerintentionen* und *Aufgaben* herangezogen werden.
- Solange zahlreiche *kognitive Phänomene* (z.B. Kreativität) kaum erklärbar sind, werden umfassende Benutzermodellierung und darauf aufbauende wissensbasierte Mensch-Maschine Interaktion nur Schlagwörter bleiben können.

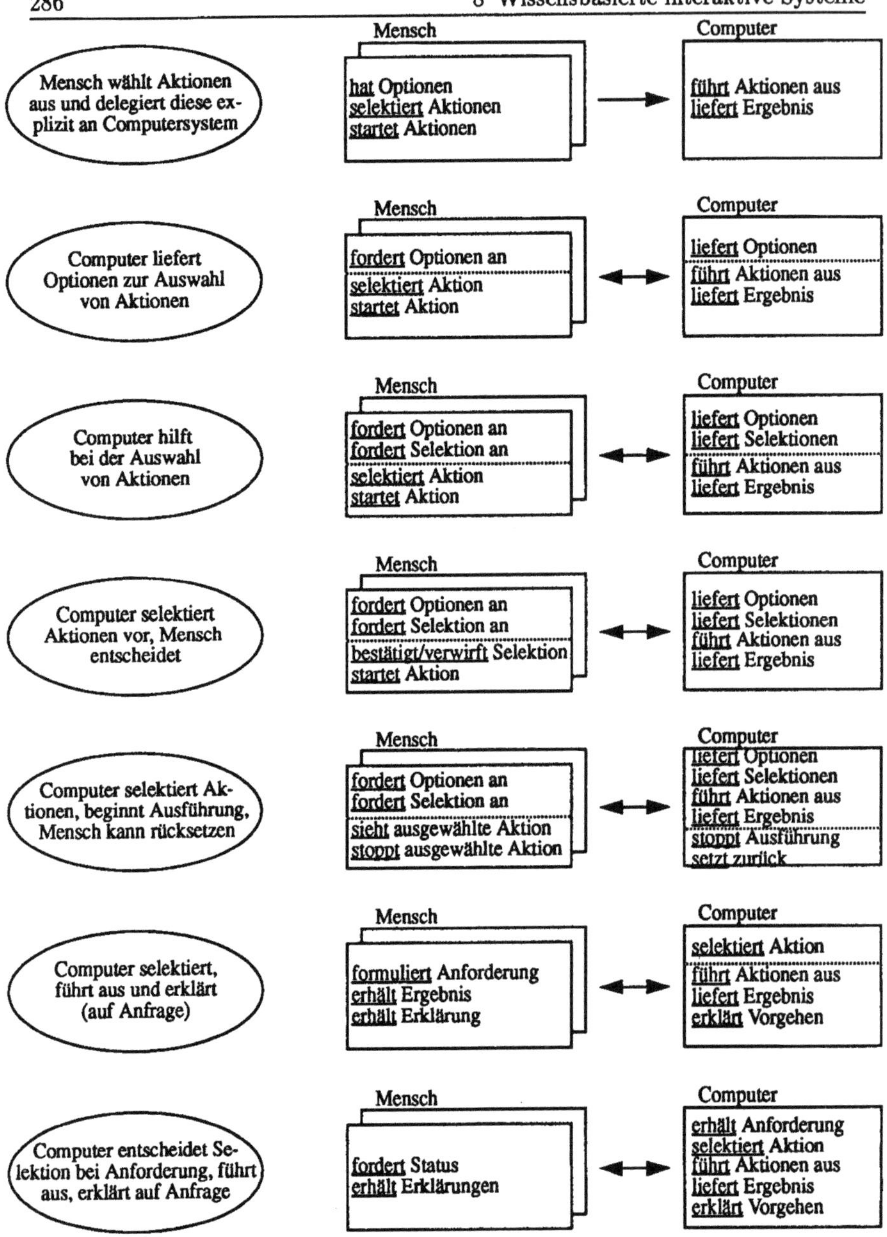

Bild 8.7 Ebenen der Automatisierung von interaktiven Systemen nach [Card, 1989]

9 Werkzeuge

Benutzerschnittstellenwerkzeuge unterstützen die Generierung und Verwaltung von Analysen, Entwürfen und Softwareteilen von Benutzerschnittstellen. Wir unterscheiden verschiedene Arten von Werkzeugen: *User Interface Toolkits* (Baukästen) und *User Interface Management Systeme*:

> Ein *User Interface Toolkit* ist eine Bibliothek von Interaktionstechniken, wobei eine Interaktionstechnik die Art und Weise der Bedienung eines physikalischen Eingabemediums (Maus, Tastatur, Tablett, Knopf etc.) bezeichnet, um eine bestimmte Art von Eingabe, d.h. einen Wert (Kommando, Zahl, Prozentangabe, Name, Lokalisation etc.), durchzuführen.

Beispiele für Interaktionstechniken sind Menus, graphische Balken oder Leisten sowie direkt auf dem Bildschirm verfügbare Knöpfe.

Wird ein Toolkit benutzt, so ist der Programmierer für den Aufruf und die Organisation der Interaktionstechnik verantwortlich. Anders bei *User Interface Management Systemen*:

> Ein *User Interface Management System* (UIMS) ist ein Werkzeug, welches Designer und Programmierer dabei unterstützt, unterschiedliche Aspekte der Benutzerschnittstelle zu betrachten. Zuätzlich zu den Funktionen eines Toolkits kommt bei einem UIMS die sogenannte Dialogkontrollkomponente hinzu, welche die Sequenz von Ereignissen und Interaktionstechniken zur Abarbeitung eines Problemlöseprozesses an der Benutzerschnittstelle spezifizieren läßt.

UIMSe enthalten manchmal auch Analysekomponenten, welche eine Bewertung von Benutzerschnittstellen ermöglichen.

Bei der Entwicklung von Benutzerschnittstellen mittels Werkzeugen sind verschiedene Personengruppen involviert:

1. die Entwickler des Werkzeugs

2. die Entwickler der eigentlichen Benutzerschnittstelle

3. die Benutzer.

Dabei werden von den Werkzeugen zur Konstruktion von Benutzerschnittstellen seitens der Entwickler folgende **Vorteile** erwartet [Myers, 1989a, Olsen et al., 1993]:

1. Die *Qualität der Benutzerschnittstellen* sollte aus folgenden Gründen erhöht werden können:

   - Designvorstellungen können schneller durch Prototypen implementiert werden, bevor codiert wird.
   - Änderungen können unmittelbar eingefügt werden.
   - Für eine Anwendung können verschiedene Benutzerschnittstellen entworfen werden.
   - Werkzeuge können ständig verbessert und erweitert werden, wenn sie mit den entsprechenden Funktionen ausgestattet sind und intensiv angewandt werden.
   - Verschiedene Anwendungen können mit konsistenten Benutzerschnittstellen versorgt werden, sobald dasselbe Werkzeug verwendet wird.
   - Umgekehrt können mit Hilfe eines Werkzeuges verschiedene Modalitäten für eine Benutzerschnittstelle vorgeschlagen werden, welche individuell an Programme angepaßt werden können.
   - Werkzeuge erlauben es den Entwicklern, sich auf das Design der Benutzerschnittstelle anstatt auf dessen Programmierung zu konzentrieren.
   - Die Benutzer können an der Entwicklung der Benutzerschnittstelle partizipieren, da mittels Werkzeugen die Entwicklung der Schnittstelle vor Ort in kurzer Zeit durchgeführt werden kann.

2. Der *Code* von Benutzerschnittstellen kann *ökonomischer gewartet* und kreiert werden.

   Diese Annahme wird mit folgenden Argumenten begründet:

   - Durch die Trennung der Benutzerschnittstelle von der eigentlichen Applikation kann höhere Modularisierung erreicht werden. Damit kann die Benutzerschnittstelle verändert werden, ohne die Funktionalität der Anwendung zu verändern.

- Die Zuverlässigkeit der Benutzerschnittstelle ist höher, da der Code für die Benutzerschnittstelle automatisch von einer modularisierten Spezifikation kreiert wird.
- Spezifikationen können repräsentiert, validiert und evaluiert werden.
- Die Portierung einer Applikation zu verschiedener Hardware- und Softwareumgebungen wird erleichtert, da die Abhängigkeit von bestimmten Medien von Werkzeugen abgeschirmt wird.

Ein umfassendes Werkzeug sollte alle Aspekte der Benutzerschnittstelle beinhalten. Dies inkludiert alle aus der Sicht der Benutzer sichtbaren Teile einer Benutzerschnittstelle sowie alle Aspekte der Interaktion zwischen den Benutzern und der Anwendung. Insbesondere sollte ein Werkzeug folgende **Aufgaben** der Entwickler unterstützen:

- Koordination aller Aktionen mit Interaktionsmedien, z.B. Maus - Bildschirm
- Validierung von Benutzeraufgaben
- Behandlung von Benutzerfehlern
- Übernahme spezieller Benutzeroperationen, wie Abbruch und "Undo"
- Feedback, welches geeignet auf die momentane Sitzungssituation eingeht, z.B. sobald Eingaben empfangen wurden Änderung der Bildschirmanzeige
- Inkludieren von Hilfe und Feedback
- individuelle Adaptierung der Benutzerschnittstelle
- bei Veränderungen der Anwendungsdaten durch den Benutzer Anstoßen der Anwendungsoperationen
- Verschieben von Bildschirminhalten ohne Datenmanipulationen
- Trennung der Anzeigeoperationen, wie Fenster oder Bildschirmmanagement von Applikationsfunktionen
- automatische Vorschläge von Verbesserungen, um die Benutzerkommunikation effizienter zu gestalten.

9.1 Toolkits

Die meisten Fenstersysteme sind mit einem Toolkit versehen, welches Funktionen enthält, die Anwendungsprogramme benutzen können. Diese Funktionen umfassen meistens Menus verschiedener Arten, Balken etc.

Aufbau. Die Ausstattung von Toolkits kann unterschiedlich sein:

1. Meistens enthält das Toolkit eine Sammlung von Prozeduren, welche einfach von Anwendungen aufgerufen werden können. Beispiele sind Sun Tools und die MacIntosh Toolbox.

2. Die andere Variante, Toolkits zu gestalten, besteht darin, Konzepte objektorientierter Programmierung zu benutzen, um den Entwicklern die Adaptierung von Interaktionstechniken zu erleichtern. Beispielsweise nutzen Smalltalk und das X.11-Toolkit für den X-Window Manager diese Möglichkeiten.

3. Manchmal werden auch *constraints* (siehe Abschnitt 6.3.11) zu einer konventionellen, objektorientierten Spezifikation hinzugezogen. *Constraints* (Zusicherungen) erlauben Entwicklern, Beziehungen zwischen den Objekten zu definieren, welche von der Anwendung zu berücksichtigen sind. So kann beispielsweise der Entwickler spezifizieren, daß eine Zeile immer in einem Rechteck anzuzeigen ist und das System wird die Zeile immer gemeinsam mit dem Rechteck verschieben, sobald ein Benutzer die Zeile anklickt.

Wenn Entwickler Toolkits benützen, so wird meistens die Anwendung in einer konventionellen Programmiersprache geschrieben. Damit wird auch die Benutzerschnittstelle mittels konventionellen Programmstatements kontrolliert.

Zur Implementierung einer konkreten Präsentations- und Interaktionssteuerung (*look and feel*) bietet ein Toolkit das *Application Programming Interface* API, eine programmierbare Schnittstelle, um eine Anwendung mit einer Benutzerschnittstelle zu versorgen. Mittels des APIs ist eine Bibliothek von Darstellungs- und Steuerkomponenten zugänglich. Vor allem bei graphischen Benutzerschnittstellen kann das Layout der Benutzerschnittstelle graphisch interaktiv erstellt werden (z.B. mittels OpenLook unter X).

Die **Vorteile** von Toolkits werden für mehrere Benutzergruppen spürbar:

- Entwickler können die Anwendung unabhängig von der Benutzerschnittstelle bis zu deren Integration in die Anwendung entwickeln.

- Benutzerschnittstellendesigner können die Benutzerschnittstelle beliebig modifizieren, ohne gleichzeitig die Funktionalität der Anwendung zu berühren.
- Programmierer werden durch die Bibliothek teilweise von der Codegenerierung entbunden. Testfälle können für Benutzerschnittstellen getrennt von der Funktionalität erstellt werden.

Diesen Vorteilen stehen einige **Nachteile** gegenüber: Sobald ein Toolkit benutzt wird, können Teile der entwickelten Prozeduren immer wieder von demselben Toolkit verwendet werden. Die Interaktionsmöglichkeiten sind allerdings auf die vorhandenen Prozeduren eingeschränkt. Ein scheinbarer Nachteil von Toolkits besteht darin, daß sie teuer zu entwickeln sind. Ihr Nutzen tritt jedoch unmittelbar nach ihrer Entwicklung ein. Umfassende Toolkits sind allerdings meistens umständlich zu benutzen, da ihre Bibliothek aus bis zu hunderten Prozeduren besteht, um unterschiedliche Interaktionsformen zu ermöglichen. Die Entwickler haben daher oft keinen klaren Überblick, wie sie die vorgesehenen Prozeduren nutzen sollen, um eine bestimmte Benutzerschnittstelle zu generieren.

Interface Builder setzen auf Toolkits auf und haben das Ziel, die statische Definition von Benutzerschnittstellen auf höherem abstrakten Niveau zu unterstützen. HyperLook stellt z.B. einen derartigen Versuch für multi-mediale interaktive Systeme dar. Bedingt durch den Abstraktionsgewinn erfordern *Interface Builder* einen erhöhten Lernaufwand seitens ihrer Benutzer sowie erweiterte Werkzeugarchitekturen: Neben dem (graphischen) Editor kommt eine Anpassungskomponente zur Bindung an die Toolkit-Bibliothek hinzu.

9.2 User Interface Management Systeme

Zur Behebung der Nachteile, welche mit der Benutzung von Toolkits verbunden sind, entstanden UIMSe. So wurde beispielsweise MacApp [Schmucker, 1986] eingeführt, um dem Entwickler die Entwicklung verschiedener Interaktionstechniken effizienter zu ermöglichen. Andere UIMSe ermöglichen Entwicklern, eigene Toolkits zu entwickeln (z.B. Panther [Helfman, 1987] und Peridot [Myers, 1987]). Mit ihrer Hilfe kann nicht nur das Layout (*look*), sondern auch die Handhabung (*feel*), also statische und dynamische Aspekte der Interaktionsmedien interaktiv spezifiziert werden. Zu diesem Zweck weisen sie eine sogenannte Dialogbeschreibungssprache auf, welche die Spezifikation der Ein/Ausgabe, der Präsentation und der Dialogkontrolle ermöglicht. Viele UIMSe weisen darüberhinaus eine Simulationskomponente zur Generierung von Benutzerschnittstellen entsprechend der Spezifikation in der Dialogbeschreibungssprache auf.

Eine Möglichkeit, UIMSe zu klassifizieren besteht darin, zu unterscheiden, in welcher Form der Designer die Benutzerschnittstelle spezifizieren kann [Myers, 1989a]. Einige UIMSe benutzen spezielle Sprachen, andere erlauben eine graphische Spezifikation direkter Art oder die automatische Generierung einer Benutzerschnittstelle aus ihrer Spezifikation, welche sich meist auf die Funktionalität der gesamten Anwendung bezieht.

9.2.1 Sprachbasierte Techniken

Die meisten UIMSe erlauben den Entwicklern, die Spezifikation der Benutzerschnittstelle mittels einer bestimmten Sprache. Diese Sprache kann viele Formen haben, z.B. einfache Menubäume, kontextfreie Grammatiken, Zustand-Übergangsdiagramme, deklarative Sprachen, Ereignissprachen, objektorientierte Sprachen etc. In den meisten dieser Systeme wird die Sprache dazu benutzt, die Syntax der Benutzerschnittstelle, das ist die zulässige Folge von Eingabe- und Ausgabeaktionen, zu spezifizieren.

Menubäume. Eine der einfachsten Formen der Spezifikation stellen Hierarchien oder Netze von Menus dar. Die Selektion eines Eintrages in einem Menu verursacht das Erscheinen eines anderen Menus. So unterstützt beispielsweise Tiger [Kasik, 1982] ein Menunetz, welches Unterbrechungen und das Überspringen von einigen Menuebenen erlaubt. Einige Hypertext-Systeme unterstützen ebenfalls Menubäume und können daher als UIMSe bezeichnet werden.

Zustand-Übergangsdiagramme. Da viele Teile der Benutzerschnittstelle Sequenzen von Eingabeereignissen betreffen, können Zustand-Übergangsnetze (Kapitel 6.3.9) verwendet werden, um Abläufe an der Schnittstelle zu beschreiben. Die Diagramme können rekursive Aufrufe enthalten, um auf andere Diagramme zu verweisen. So entstehen rekursive Zustandsnetze.

In Rapid (*RApid Prototyping of Interactive Dialogs*) [Wasserman, 1982] können beispielsweise ganze Anwendungen inklusive der Benutzerschnittstelle spezifiziert und generiert werden.

Zustandsdiagramme und die darauf basierenden UIMSe sind besonders dort hilfreich, wo große Mengen von syntaktischen Überprüfungen der Eingaben notwendig sind bzw. sobald einer Benutzerschnittstelle eine große Anzahl von Modi (jeder

Zustand entspricht eigentlich einem Modus) zur Verfügung stehen müssen (siehe Kapitel 5). Dennoch versuchen die meisten interaktiven Systeme, ohne Modi auszukommen. *Modeless Interaction* erfordert eine große Anzahl von Kanten, welche von Zuständen wegführen, sodaß Zustandsdiagramme und die darauf basierenden UIMSe nicht sehr erfolgreich für *modeless interfaces* eingesetzt werden können. Darüberhinaus können Zustandsdiagramme nicht Benutzerschnittstellen erzeugen, wo die Benutzer zu einem Zeitpunkt an verschiedenen Objekten Operationen ausführen können (möglicherweise, um verschiedene Eingabemedien gleichzeitig zu benutzen). Ein anderes Problem ergibt sich dadurch, daß große, mächtige Schnittstellen verwirrend werden, da sie eine große Anzahl von Kanten im Netz benötigen.

Um diesem Nachteil entgegentreten zu können, wurden neue Formalismen entwickelt, welche aus einer Kombination von Zustandsdiagrammen mit Ereignissprachen bestehen [Jacob, 1986]. So können verschiedene Diagramme zu einem Zeitpunkt gleichzeitig aktiv sein und der Kontrollfluß von einem Diagramm zu einem anderen, im Sinne von gleichzeitig aktiven Programmen, übergeben werden.

Ereignissprachen (*event handler*). Derart gestaltete UIMSe rufen Ausgabeereignisse hervor, indem sie den internen Zustand der Anwendung (welche wiederum Ereigniskomponenten sein können) verändern bzw. Anwendungsfunktionen aufrufen.

Ereignisgesteuerte Systeme können auf der Syntax einer Programmiersprache basieren, wobei die Benutzerschnittstelle als eine Menge von Ereigniskomponenten definiert ist, deren interne Architektur eine *front-end* (vorgeschaltete) Komponente zu konventionellem Code darstellt. Eigene Syntax bzw. Sprachen bieten *event-response systems* (z.B. Sassafras [Hill, 1987a, Hill, 1987b]), welche eine Menge von *flags* benutzen, um den Kontrollfluß zu spezifizieren (siehe auch Kapitel 6.3.10). *Flags* sind lokale Variable, welche gleichzeitig stattfindende Interaktionen an der Benutzerschnittstelle unterstützen. So können z.B. gleichzeitig stattfindende Operationen auf Interaktionsmedien (*multi-threaded dialogs*) modelliert werden, weil deren Synchronisation explizit spezifiziert werden kann. *Event response systems* unterstützen Benutzerschnittstellen mit direkter Manipulation, da sie die Spezifikation oftmaliger Interaktion zwischen der Benutzerschnittstelle und der Anwendung erleichtern.

Sassafras basiert auf der sogenannten *event-response language* ERL. Ein interaktives System, welches mittels Sassafras konstruiert wird, besteht aus einer Dialogkontroll- sowie einer Interaktionskomponente. Die Interaktionskomponente besteht aus der Präsentations- und der Applikationskomponente. Alle Komponenten werden als separate asynchrone Prozesse betrachtet. Sie sind durch Ereignisse gesteuert, welche ein beliebiger Prozeß an andere Prozesse aussendet, welche auf diese Ereignisse warten. Diese Art des Kontrollflusses wird durch einen *event handler* innerhalb der Umgebung unterstützt. Die Betonung bei Sassafras-konstruierten Dialogen liegt auf der Modellierung von mehrfachen Wegen zur Erfüllung einer Aufgabe sowie gleichzeitig auftretender Ereignisse. Die Kontrolle kann nicht nur zwischen den Benutzern und dem Computersystem wechseln, sondern generell dem Computersystem bzw. den Benutzern zugewiesen werden.

Die Sprache ERL wird auch bei Tube [Hill et al., 1989] verwendet. Dabei wird ein objektorientierter Ansatz verwendet, um *user interface objects* auf unterschiedlichen Ebenen der Abstraktion zusammenzustellen. Jedes dieser Objekte enthält eine Präsentations- und Verhaltenskomponente. Das Verhalten der Objekte wird in einer regelbasierten Sprache, welche auch in Sassafras verwendet wird, spezifiziert. Dementsprechend sind alle Objekte Prozesse, welche mittels asynchroner Nachrichtenaustauschmechanismen wie in Sassafras kommunizieren. Die Objekte sind baumartig angeordnet, wobei nur Nachbarn des Baumes miteinander kommunizieren können. Zusätzlich zu ERL wird bei Tube eine attribuierte Grammatik eingesetzt, um Beziehungen zwischen Objekten sowie die Präsentation von Objekten zu spezifizieren. Tube verwaltet alle Bedingungen zur Darstellung von Objekten. Die Grammatik erlaubt auch die Darstellung einfacher Semantik. Tube ist in Common Lisp implementiert.

Alle Benutzerschnittstellen, welche mit *event-response* Sprachen gestaltet werden, können verschiedene Prozesse an der Benutzerschnittstelle koordinieren. Dies unterstützt die gleichzeitige Bedienung mehrerer Eingabegeräte an der Benutzerschnittstelle. Diese Art von Spezifikation erleichtert auch die Koordination von Hintergrund- und Vordergrundprozessen an der Benutzerschnittstelle. Der Nachteil dieser Sprachen ist, daß sie kaum wartbar sind und es schwierig ist, korrekt zu spezifizieren, da der Kontrollfluß nicht leicht lokalisiert werden kann und somit kleine Änderungen viele Teile in einem Programm verändern. Darüberhinaus sind umfangreiche Spezifikationen für Designer kaum nachvollziehbar.

Deklarative Sprachen. Ein weiterer Ansatz ist die Verwendung von deklarativen Sprachen zur Spezifikation. Dabei konzentriert sich die Spezifikation auf die Inhalte der Interaktion (WAS), wohingegen bei prozeduralen Ansätzen die Abäufe an der Benutzerschnittstelle (WIE) im Mittelpunkt stehen, z.B. Cousin [Hayes et al., 1983, Hayes, 1985, Hayes et al., 1985]. Benutzerschnittstellenspezifikationen werden als Formulare betrachtet, deren Einträge eingetippter Text bzw.

Optionen sind, welche über Knöpfe oder Menus selektiert werden. Auch graphische Ausgabeelemente der Anwendung können definiert werden. Die Anwendung ist mit der Benutzerschnittstelle über sogenannte Variable verbunden, welche bestimmte Werte annehmen können und den Zugriff ermöglichen.

Der Vorteil deklarativer Sprachen ist, daß die Designer nicht auf die Reihenfolge der Ereignisse achten müssen, sondern sich auf die Information konzentrieren können, welche zwischen den Benutzern und der Anwendung aufgabengerecht ausgetauscht werden muß. Der Nachteil deklarativer Sprachen ist, daß nur bestimmte Typen von Benutzerschnittstellen mit Hilfe dieser Techniken generiert werden können und der Rest händisch, vor allem für graphische Schnittstellen, nachprogrammiert werden muß und zwar für jede bestimmte Anwendung individuell. Insbesondere werden das Zeichnen und Verschieben graphischer Objekte sowie andere Operationen nicht unterstützt.

Neuere deklarative Ansätze basieren auf objektorientierten Modellen (siehe Abschnitte 6.3.11 und 7.3), welche die direkte Programmierung von Benutzerschnittstellen unterstützen. Eine Menge von Klassen erlaubt die Spezifikation der statischen sowie der dynamischen Teile der Applikation. Der Kontrollfluß wird als Menge von Nachrichten definiert, welche zwischen den Objekten ausgetauscht werden. Damit kann das Verhalten einer Anwendung inklusive ihrer Benutzerschnittstelle spezifiziert werden.

Garnet wurde ebenfalls mittels eines objektorientierten Ansatzes entwickelt [Myers et al., 1990] (Abbildung 9.1). Es basiert auf X und Common Lisp. Seine Architektur enthält im wesentlichen zwei Arten von Werkzeugen: *high level* Werkzeuge zur schnellen und einfachen Konstruktion graphischer Benutzerschnittstellen und damit verbundener Interaktion sowie *low level* Werkzeuge, welche abstrakte Designvorstellungen in eine Form bringen, sodaß sie direkt verarbeitet werden können. So erlaubt z.B. Jade [Zanden et al., 1990], ein Werkzeug zur Generierung von *dialog-boxes*, in der Entwurfsphase die Verbindung verschiedener Interaktionszustände. Die graphische Struktur der Schnittstelle wird entwickelt, indem das Lapidary Werkzeug verwendet wird. Es erlaubt die Zuweisung von Präsentationsobjekten zu Daten. Darüberhinaus enthält es eine Menge von Präsentationsobjekten, welche direkt vom Designer verwendet werden kann. Im Gegensatz zu Tube wird keine attribuierte Grammatik verwendet, um das Verhalten jedes Objektes zu beschreiben, sondern ein *constraint satisfaction system* (siehe Abschnitt 6.3.11).

Systeme wie Garnet sind zur Verwaltung interaktiver Schnittstellen von Vorteil, da jede Benutzereingabe direkt zu einer Systemausgabe verarbeitet werden kann, wobei die Spezifikation auf sehr hoher abstrakter Ebene erfolgt. Obwohl diese Systeme

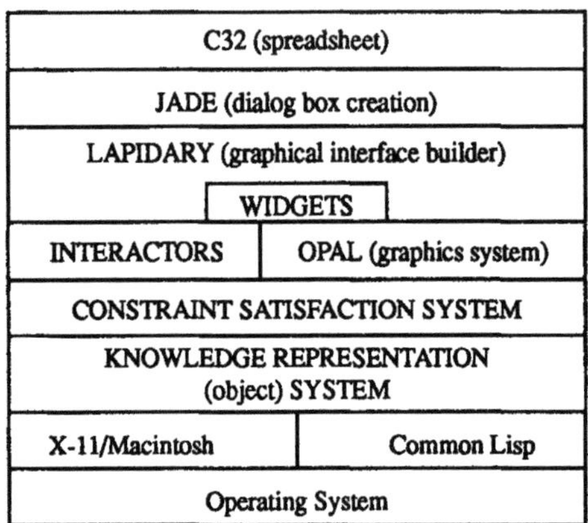

Bild 9.1 Die Architektur von Garnet

die Generierung von Benutzerschnittstellen stark vereinfachen, so sind sie doch Programmierumgebungen und für Nicht-Programmierer schwierig handzuhaben. Ein anderes Beispiel ist MacApp, das eine Erweiterung von Object-Pascal zur Generierung von Benutzerschnittstellen von Macintosh Programmen darstellt. GWUIMS (*George Washington User Interface Management System*) [Sibert et al., 1986] benutzt objektorientierte Programmierung in ähnlicher Form und besitzt eine Klassifikation von Benutzerschnittstellenobjekten.

Andere Sprachen. Andere Sprachen benutzen Tabellen (wie z.B. Panther), wobei die Designer spezifizieren, welche Aktion in welchem Bildschirmteil abzulaufen hat. Optionen, welche zur Verfügung stehen, werden speziell markiert (z.B. durch *highlighting*), sobald ein Knopf im Bildschirmbereich gedrückt wird. Panther unterstützt Menus, Formulare und Skalen (*slider*). Die Spezifikation besteht aus adjustierbaren Parametern und Funktionsaufrufen.

9.2.2 Direkte graphische Spezifikationen

Die vollständige oder teilweise graphische Spezifikation von Benutzerschnittstellen erfolgt meistens, indem Objekte direkt auf dem Bildschirm mittels der Maus angeordnet werden. Die Idee basiert auf Beobachtungen, daß visuelle Repräsentationen von Benutzerschnittstellen besonders bei der Entwicklung graphischer Benutzerschnittstellen erfolgreich sind und daher ein graphisches Werkzeug auch den geeigneten Weg darstellt, um graphische Erscheinungsformen von Objekten zu spezifizieren.

Zumal der Designer einfacher mit den Objekten umgehen kann, erhoffen sich Entwickler auch eine Kostensenkung durch diese Interaktionsform. Werkzeuge dieser Art sind Menulay, Trillium, Rapid und Peridot, welche leicht durch nicht programmiergeschulte Designer benutzt werden können. Der Nachteil dieser Systeme ist, daß die UIMS-Komponente schwierig zu realisieren ist, da die Möglichkeiten, graphisch zu spezifizieren, sehr vielfältig sind, aber nur ein Teil dieser Möglichkeiten durch das UIMS direkt unterstützt werden kann. Darüberhinaus sind Funktionen wie Hilfe oder Abbruch mit diesen Systemen schwierig zu spezifizieren.

Die interne Struktur der Benutzerschnittstelle ist meist eine Hierarchie oder ein Netz von statischen *pages* oder *frames*. Jede dieser Komponenten spricht Interaktionstechniken und Informationsarten an, welche gleichzeitig auf dem Bildschirm erscheinen. Darüberhinaus sind Kommandos vorhanden, welche die Manipulation dieser Rahmen oder Seiten ermöglicht. Die Interaktionstechniken selbst sind in einer konventionellen Programmiersprache vorprogrammiert.

Menulay [Buxton et al., 1983] erlaubt dem Designer, Text, graphische Potentiometer, Piktogramme und Helligkeitsknöpfe auf dem Schirm zu plazieren, um Benutzern einen möglichst genauen Eindruck zu vermitteln, bevor die Applikation implementiert wird. Der Designer muß nicht auch Programmierer sein, um Menulay zu benutzen. Jedes aktive Element an der Anzeige wird mit einer semantischen Prozedur verbunden, welche aufgerufen wird, sobald der Benutzer dieses Objekt mit einem Zeigemedium, z.B. der Maus, selektiert. Die Funktionen sind in konventionellen Programmiersprachen geschrieben und existieren in allen UIMSen. Menulay generiert nun Tabellen und Code, welche die Verbindung zum Laufzeitsystem herstellen, um die Benutzerschnittstellenkomponente abzuarbeiten. Menulay generiert eine eigene Schnittstelle und unterstützt unterschiedliche Eingabemedien, welche auch gleichzeitig bedient werden können. Nichtsdestotrotz besitzt Menulay eine tabellengesteuerte Struktur, wodurch die Interaktion auf semantischer Ebene mit dem Benutzer limitiert ist. Dadurch kommt keine Art von semantischem Feedback (siehe Abschnitt 3.3) zustande.

Trillium [Henderson, 1986] versorgt den Designer mit *panels*, welche den Piktogrammen in Menulay ähnlich sind. Ein Vorteil von Trillium gegenüber Menulay ist, daß die Rahmen sofort ausgeführt werden können, da die Spezifikation durch einen Interpreter und nicht durch einen Compiler abgearbeitet wird. Trillium trennt auch das Verhalten der Interaktionen von deren graphischer Präsentation und erlaubt den Benutzern, die graphische Darstellung zu ändern, ohne das Verhalten der

Anwendung ändern zu müssen und zwar ohne Programmieraufwand. Der Nachteil besteht darin, daß Rahmen-zu-Rahmen-Übergänge nicht unterstützt werden, da alle Objekte aus einem Pool von Objekten herauskopiert werden.

Rapid (*RApid Prototyper for Interface Design*) [Freburger, 1987] ist Trillium sehr ähnlich. Es erlaubt, Kontrollfenster für bestimmte Applikationen zu generieren. In Grins (*Graphical Interaction System*) [Olson et al., 1985] werden grammatikartige Prozessoren (*Interactive Push-Down Automata*) mit einer *constraint*-Technik (*Input-Output Linkage*) verbunden, um semantisches Feedback zu generieren. Grins verbindet einen graphischen Editor mit der Spezifikation von Interaktionstechniken (Menus, Piktogramme und Text), welche mittels einer Maus plaziert werden.

Peridot (*Programming by Example for Realtime Interface Design Obviation Typing*) [Myers, 1987] unterscheidet sich von konventionellen Systemen dadurch, daß es die Kreation von Interaktionstechniken selbst unterstützt. Die Objekte, welche Designer mittels der Maus manipulieren können, sind Rechtecke, Kreise, Texte und Linien. Aus diesen elementaren Objekten können Menus, Balken, Knöpfe etc. konstruiert werden. Das System verallgemeinert von den Vorschlägen des Designers, um parametrisierbare Methoden von Objekten zu generieren, welche sich mit Interaktionstechniken in Toolkits vergleichen lassen. Das System generiert seine eigene Schnittstelle und ist in etwa mit der Mächtigkeit der Macintosh Toolbox vergleichbar. Peridot unterstützt vor allem nicht programmiergeschulte Benutzer.

9.2.3 Automatische Generierung

Eine andere Klasse von UIMSen versucht, die Benutzerschnittstellen direkt aus ihrer Spezifikation bzw. aus der Spezifikation semantischer Anwendungsprozeduren zu generieren. Aus diesen heraus soll dann der Designer die Schnittstelle verbessern. Die Notwendigkeit solcher Systeme ergab sich aus den Schwierigkeiten, welche Benutzer im Umgang mit den anderen Kategorien von UIMSen hatten.

CPI (*Control Panel Interface*) [Fisher, 1987] benutzt die Datentypen von Parametern in Prozeduren, um eine graphische Schnittstelle zu generieren, wobei Knöpfe für Bool'sche Werte sowie Knöpfe oder Balken für ganzzahlige Werte präsentiert werden. Die Designer können unterschiedliche Bildschirmszenarien entwerfen und diese mit Hilfe von Kontrollvariablen ändern.

MIKE (*Menu Interaction Kontrol Environment*) [Olson, 1986] baut eine Schnittstelle ebenfalls auf einer Liste von Anwendungsprozeduren auf. Der erste Vorschlag ist menuorientiert, aber die Designer können die Menustruktur verändern, sie können Piktogramme für Kommandos verwenden und sogar direkte Manipulation für manche Kommandos einführen. Die Designer benützen einen graphischen Editor, um diese Manipulationen durchzuführen. Zur Zeit wird daran gearbeitet, Evaluierungsfähigkeiten in das System zu integrieren.

IDL (*Interface Definition Language*) [Foley, 1987] wurde verwendet, um höherwertige konzeptionelle Beschreibungen von interaktiven Systemen zu entwickeln. Ausgangspunkt waren daher semantische Konstrukte, welche in Form von Objekten, Aktionen, Relationen, Attributen sowie *pre*- und *post*-Bedingungen formuliert werden. IDL benutzt ein rahmenbasiertes Expertensystem, um dem Designer eine semantische Spezifikation einer Benutzerschnittstelle zu ermöglichen. Dabei geht die Spezifikation nicht von syntaktischen (= die Struktur von Kommandos) oder lexikalischen Elementen (= die physikalische Form von Kommandos, Bezeichnungen, Piktogrammen etc.) sondern von Aktionen aus, welche auf diesen höherwertigen Konstrukten basieren. So können zu einer Spezifikation unterschiedliche syntaktische und lexikalische Interpretationen aufgebaut werden. Damit können zu einer semantischen Spezifikation unterschiedliche Benutzerschnittstellen geschaffen werden. Ebenso werden Vollständigkeits- und Konsistenzüberprüfungen möglich.

IDL erfordert die Spezifikation der Semantik einer Anwendung in einer speziellen, Pascal-ähnlichen Sprache. Dieser Ansatz zählt sowohl zu den Sprachen als auch zu den automatischen Generierungswerkzeugen, da

1. *eine* Sprache verwendet werden kann, um sowohl Problembereichsfunktionen als auch Interaktionsformen zu spezifizieren.
2. das System automatisch eine menubasierte Schnittstelle aus der Beschreibung der Problembereichsfunktionen generiert.

Interessant dabei ist, daß die Designer Transformationen mit Benutzerschnittstellen durchführen können. Diese Veränderungen führen beispielsweise dazu, automatisch Objekte zu selektieren, anstelle für jede Operation getrennt zu selektieren. Die Transformationen werden konsistent vom System angewandt, um Inkonsistenzen an der Schnittstelle zu vermeiden.

9.3 Weitere Klassifikationen

In diesem Abschnitt werden die Möglichkeiten zur Klassifikation nach den Schnittstellen zwischen dem Werkzeug, der Anwendung und der Benutzerschnittstelle sowie den Gestaltungsebenen diskutiert, welche mittels Werkzeugen angesprochen werden können.

9.3.1 Arten der Kommunikation zur Laufzeit

Eine weitere Möglichkeit, um Werkzeuge zu klassifizieren, besteht darin, festzustellen, wie sie mit den Anwendungsprogrammen zur Laufzeit kommunizieren. Dabei verstehen wir unter Applikationskontrolle (*application control, internal control*) den Aufruf von Benutzerschnittstellenprozeduren, sobald die Anwendung Eingaben benötigt. Dieses Modell wird von Toolkits benutzt. Unter UIMS-Kontrolle verstehen wir den Aufruf von Anwendungsprozeduren durch Benutzerschnittstellenprozeduren, sobald Benutzer Kommandos eingeben. Dieses Modell wird von den meisten UIMSen verwendet und kann klassifiziert werden, inwieweit UIMS-Schnittstellen mit der Anwendung kommunizieren. Eine Möglichkeit ist die *call-back* Prozedur, wobei die Applikation an das UIMS die Namen aller Prozeduren weitergibt, welche aufzurufen sind, und das UIMS jene Prozeduren aufruft, die zur Ausführung erforderlich sind. Die Anwendung ist daher als eine Menge von Prozeduren organisiert, welche die Benutzerschnittstelle aufruft.

Eine andere Möglichkeit zur Kommunikation besteht in einer Teilung des Hauptspeichers (*shared memory*), wobei jede Seite der Kommunikationspartner die Daten, welche verändert wurden, abrufen kann oder automatisch verständigt wird, sobald Änderungen auftreten. Um letzteres zu implementieren, wurden *active values* verwendet, welche die relevanten Programmteile verständigen, sobald Wertveränderungen auftreten. Andere UIMSe benutzen *multi-process message passing*- oder *event handling*-Mechanismen, um mit der Applikation zu kommunizieren. Schließlich finden wir auch Architekturen, wo abwechselnd die Kommunikationspartner die Verantwortung für erfolgreiche Problemlösung durch die Applikation übernehmen (*mixed control*).

9.3.2 Bandbreiten der Kommunikation zwischen Anwendung und Benutzerschnittstelle

Eine wichtige Größe, um die Kommunikation zu beschreiben, ist die Bandbreite zwischen der Anwendung und der Benutzerschnittstelle. Diese Bandbreite war zunächst sehr klein, um die Verbindung zwischen der Anwendung und der Benutzerschnittstelle möglichst klein zu halten, damit die Anwendung unabhängig von der Benutzerschnittstelle agieren kann (Seeheim Modell - siehe Abschnitt 6.2.3).

Anwendung						
API	Feel	Dev Guide		ENFIN		
	Look	Open Look (XView)	OSF/Motiv	GDI	VIC-API	XUI
Plattform		X11/News	X11	Windows	Presentation Manager	X11
Betriebs-system		Sun OS	UNIX	DOS	OS/2	Ultrix

Bild 9.2 Unterstützte Schichten von Werkzeugen

UIMSe wie Cousin verwenden dieses Modell, wobei diese Art der Dialogkontrolle *coarse grain* benannt wird. Dabei kommunizieren die Benutzerschnittstelle und die Anwendung sehr selten, z.B. nur wenn der Benutzer eine Aktion vollständig spezifiziert hat und alle Parameter der Anwendungsprozedur bekannt sind. Der Nachteil dieser Kontrollmethode ist, daß semantisches Feedback kaum zu erreichen ist, da alle Parameter erfolgreich gesetzt werden müssen, um eine Anwendungsfunktion durchzuführen. Um dieses semantische Feedback erfolgreich zu installieren, ist *fine grain control* notwendig, um für jede Mausbewegung (bis zu 60 Mal pro Sekunde) in Kontakt mit dem Benutzer zu treten. Bis heute gibt es wenige UIMS-Modelle, welche diese *fine grain control* implementiert haben.

9.3.3 Gestaltungsebenen

In [Seacord, 1990] wurden folgende Gestaltungsebenen genannt, welche mittels Werkzeugen zur Generierung von Benuterschnittstellen angesprochen werden können (*bottom up*) - Abbildung 9.2:

1. die Präsentationsschicht (*presentation layer*): Diese Schicht besteht aus einer Menge von Interaktionsmedien und erlaubt elementare Operationen mit diesen (*look*).

2. die Dialogschicht (*dialogue layer*): Diese Schicht enthält den interaktionsspezifischen Teil eines interaktiven Systems, d.h. das Verhalten einer Anwendung, welches durch die Verwendung von Interaktionsmedien bestimmt wird. Unter Dialogsteuerung wird dabei

   - die Anzeige und

<table>
<tr><td colspan="2">(Aufgabenorientierte) Anwendung</td><td>User Interface Development Environment</td></tr>
<tr><td rowspan="2">API</td><td>Dialog (Feel)</td><td>User Interface Management System</td></tr>
<tr><td>Präsentation (Look)</td><td>Tool Kit, Interface Builder</td></tr>
<tr><td colspan="2">Plattform</td><td></td></tr>
<tr><td colspan="2">Betriebssystem</td><td></td></tr>
</table>

Bild 9.3 Implementierungsorientierte Modelle und Werkzeugunterstützung

- das Entfernen von Interaktionshilfsmitteln ohne Anwendungsfunktionalität (z.B. die Fensteroperationen *Bring-To-Front, Send-To-Back*) sowie
- die Unterstützung von Interaktionsstilen wie z.B. direkter Manipulation

verstanden. Diese Schicht ist die notwendige Abstraktion von Interaktion zur Überbrückung der Systemfunktionalität und elementarer Manipulationen von Interaktionshilfsmitteln.

3. die Anwendungsschicht (*application layer*): Diese Schicht enthält die Funktionalität des interaktiven Systems ohne Rücksicht auf deren Präsentation zur Manipulation der Anwendungsdaten. In unserem Flugreservierungssystem ist die Funktionalität die Manipulation von Flug- und Kundendaten.

Diese Ebenen wurden in der Tradition des Seeheim-Modells (Abbildung 6.4) eingeführt und lösen einerseits die Komponentenhierarchie auf, andererseits die direkte Verbindung zwischen der Präsentations- und Applikationskomponente. In dem Schichtenmodell wird vielmehr angenommen, daß die Applikation (Anwendung) den Kontext des *look and feel* bestimmt. Dies führt zur Erwartung, daß in Zukunft die Daten- und Operationsmodellierung vermehrt in den Mittelpunkt der Werkzeugentwicklung rücken wird.

Abbildung 9.3 versucht, den Kontext dieser Werkzeugklassifikation zu implementierungsorientierten Modellen zur Entwicklung interaktiver Systeme herzustellen. In gewissem Sinne stellt dies gleichzeitig einen Brückenschlag zwischen designorientierten und implementierungsorientierten Modellen dar, da die Schichtenbildung in [Seacord, 1990] ihren Ausgang von den Komponenten des Seeheim-Modells nahm.

Sämtliche bisher entwickelten Werzeuge beziehen keine anwendungsspezifische Funktionalität mit ein, sodaß in Zukunft die Applikationsschicht seitens der Werkzeugentwickler mit Funktionen versehen werden wird, sodaß sie nicht nur die Daten- und Funktionsspezifikation ermöglicht, sondern aktiv die Aufgabenmodellierung unterstützt. Der erste Schritt in diese Richtung ist bereits durch modellbasiertes, aufgabenorientiertes Design gesetzt worden [Embley et al., 1992, Stary, 1993] - siehe Abschnitt 7.3.

Abbildung 9.2 ordnet einige auf dem Markt befindliche Werkzeuge den Schichten zu, um zu verdeutlichen, daß zukünftige Entwicklungen, z.B. Benutzerschnittstellen-Entwicklungsumgebungen die Dialogschicht verstärkt mitberücksichtigen müssen.

9.4 Entwicklungs- und Einsatzprobleme

Probleme mit bestehenden Werkzeugen zur Spezifikation und Generierung von Benutzerschnittstellen sind [Cockton, 1987, Rosenberg, 1988, Wiecha et al., 1989, Myers, 1989a, Myers et al., 1992, Olsen et al., 1993]:

1. *Schwierige Handhabbarkeit und hoher Lernaufwand*: Um Toolkits zu benutzen, müssen Designer mit einer Vielzahl von Prozeduren, welche miteinander zusammenhängen, umgehen können. Designer müssen zum Teil spezielle Sprachen erlernen und beherrschen, um eine Benutzerschnittstelle zu spezifizieren. Falls ein Designer auch programmieren kann (dies ist zur Zeit häufig der Fall), dann stellt dieser Umstand kein besonderes Hindernis dar. Die in Werkzeugen eingesetzten Sprachen sind Programmiersprachen sehr ähnlich, sodaß nicht programmiergeübte Designer hoher Lernaufwand erwartet. UIMSe mit direkter graphischer Spezifikation und automatischer Generierung von Benutzerschnittstellen versuchen, für nicht programmiergeschulte Designer abstraktere Spezifikationsmöglichkeiten vorzudefinieren. Dennoch finden sich kaum Systeme mit dieser Eigenschaft.

2. *Unzureichende Funktionalität*. Die meisten UIMSe und Toolkits unterstützen nur einen kleinen Teil der eigentlichen Designaufgaben. Auf der einen Seite unterstützen sie den Umgang mit Menus und Balken, bieten aber auf der anderen Seite wenig Unterstützung bezüglich Kontrolle der Anzeige und Manipulation der anwendungsspezifischen Datenobjekte. Viele der Werkzeuge versuchen nicht wirklich, die Ausgabe der Anwendung mit der Anzeige der Ergebnisse

in Beziehung zu bringen. Für eine Macintosh-ähnliche Schnittstelle kann diese Situation so interpretiert werden, daß die sichtbare Umrandung eines Fensters, aber nicht der Inhalt eines Fensters spezifiziert werden kann. So unterstützen wenige UIMSe direkte Manipulationsschnittstellen. Ein Grund dafür ist, daß direkte Manipulationsschnittstellen oft mit semantischem Feedback operieren, worauf bei konventionellen UIMSen nicht eingegangen wird. Obwohl direkte Manipulationsschnittstellen einfacher zu benutzen sind, besitzen graphische Spezifikations- und automatische Generierungswerkzeuge geringe Funktionalität. Die Sprachansätze sind meist allgemeiner, nehmen aber wenig Rücksicht auf direkte Manipulationsschnittstellen.

3. *Geringe Verfügbarkeit und Portabilität.* Wenige Benutzerschnittstellenwerkzeuge sind öffentlich zugänglich. Jene, welche zugänglich sind, arbeiten nicht auf mehr als einem Basissystem. So ist die Verbreitung der Macintosh Toolbox und von MacApp dadurch beschränkt, daß bestimmte Hardware benötigt wird. Diese Situation könnte sich durch die starke Verbreitung des X-Window Managers und seinem Toolkit bzw. UIMS (Open Dialog) ändern.

4. *Ungewisse Wirtschaftlichkeit.* Es gibt keine Studien darüber, wieviel Geld und Zeit gespart werden kann, wenn Benutzerschnittstellenwerkzeuge eingesetzt werden.

5. *Geringe Wiederverwendbarkeit.* Sobald eine Benutzerschnittstelle generiert wurde und Designer weitere Änderungen anbringen wollen, ist oft unklar, wie diese Veränderungen spezifiziert werden können. Die Spezifikationssprachen, welche von den meisten UIMSen zur Spezifikation benutzt werden, sind schlecht strukturiert: Sie benutzen globale Variable, nicht-lokalen Kontrollfluß, *goto*'s etc. Graphische Spezifikationstechniken, wie z.B. Zustand-Übergangsdiagramme, sind nur so lange leicht verständlich, solange die Benutzerschnittstelle klein und übersichtlich ist. Sie tendieren zu einem undurchschaubaren Netz zu werden, sobald es sich um komplexe Schnittstellen handelt. Die daraus folgende Spezifikation ist schwer verständlich und manipulierbar.

6. *Geringe Evaluierungsmöglichkeiten.* Wenige Werkzeuge versorgen Designer mit Evaluierungstechniken, nachdem eine Benutzerschnittstelle generiert wurde. Automatische Evaluierung ist aber notwendig, um die Akzeptanz einer Schnittstelle abzuschätzen.

7. *Schwierigkeiten bei der Trennung der Benutzerschnittstelle von der Anwendung.* Meist wird die Benutzerschnittstelle in der Designphase nicht vom Rest des Systems abgekoppelt. Die meisten Designer haben Schwierigkeiten, sich

eine solche Teilung überhaupt vorzustellen und schließlich in ihrer praktischen Tätigkeit anzuwenden. Viele Designer haben sogar Schwierigkeiten, dies jemals akzeptieren zu können. Analog verhält es sich bei der Integration von Problembereichsdaten mit Interaktionsmedien, falls die Trennung gelungen ist.

9.5 Zusammenfassung

- Die Kategorien verfügbarer Werkzeuge zur Gestaltung von Benutzerschnittstellen reichen von Toolkits und Interface Builder über User Interface Management Systeme bis zu "intelligenten" Designumgebungen. Ihnen allen ist gemeinsam, daß sie mehrfach *unvollständig* sind:

  1. Sie unterstützen die Entwickler nicht dabei, ihre Analyseergebnisse niederzuschreiben oder zu bewerten.
  2. Modelle von Aufgaben oder Organisationen können nicht spezifiziert werden.
  3. Falls aus der Spezifikation direkt die Benutzerschnittstelle generiert werden kann, dann ist nicht sichergestellt, daß bestimmte Aufgaben durchgeführt werden können bzw. funktionale Anforderungen erfüllt wurden.

- Sowohl technische als auch konzeptionelle Probleme behindern die rasche Weiterentwicklung von Werzeugen in Richtung aufgabengerechte Entwicklungsunterstützung.

Da schließlich keine Kosten/Nutzenanalysen für den Einsatz und die Entwicklung von Werkzeugen vorliegen, ist nach den bisherigen Erfahrungen der Einsatz von Werkzeugen nur für Teilaspekte der Präsentation von Daten und Funktionen im Bereich graphischer Benutzerschnittstellen zu empfehlen.

10 Die Bewertung interaktiver Systeme

In diesem Kapitel setzen wir uns mit den Zielen von Bewertungsverfahren und den Kriterien (Kapitel 10.1) auseinander, welche zur Bewertung von interaktiven Systemen beitragen. Schließlich analysieren wir bestehende Verfahren bezüglich ihrer Zielsetzungen, Inhalte und empirischen Absicherung (Kapitel 10.2).

10.1 Ziele und Kriterien

Interaktive Systeme sind als sozio-technische Gebilde zu verstehen, wo technische und menschliche Faktoren aufeinander abzustimmen sind. Eine globale Bewertung interaktiver Systeme dient der Erkenntnis, inwieweit produktionsorientierte Faktoren im Rahmen interaktiver Systeme auf menschliche Bedürfnisse abgestimmt sind.

> Tätigkeiten in interaktiven Systemen werden als *benutzergerecht* definiert, wenn die Gesundheit der Benutzer nicht gefährdet und das Höchstmaß an Arbeitszufriedenheit und Wohlbefinden unter der Berücksichtigung der geistigen Fähigkeiten und körperlichen Gegebenheiten der Benutzer erreicht wird.

Zur Ableitung von Bewertungskriterien können demnach Grundlagen der Handlungsregulationstheorie [Volpert et al., 1983, Hacker, 1986, Rudolph et al., 1987, Volpert, 1987] herangezogen werden. Die grundsätzlich vorhandenen Spielräume bei der Gestaltung von interaktiven Systemen können und sollten so ausgefüllt werden, daß sowohl die spezifisch menschlichen Arbeitsfähigkeiten genutzt als auch die Arbeitsbelastungen begrenzt werden [McCarthy, 1982, Brödner, 1985, Pieper et al., 1990, Snyder, 1991, Zölch et al., 1991].

Dieses globale Ziel wurde bereits institutionalisiert. So besagt die Bildschirmrichtlinie der Europäischen Gemeinschaft, welche eine Ergänzung zur Rahmenrichtlinie zur Verbesserung des Gesundheitsschutzes auf dem Arbeitsplatz darstellt, zur Gestaltung von Software [EG-Richtlinie, 1990]:

Bei Konzipierung, Auswahl, Erwerb und Änderung von Software sowie bei der Gestaltung von Tätigkeiten, bei denen Bildschirmgeräte zum Einsatz kommen, hat der Arbeitgeber folgenden Faktoren Rechnung zu tragen:

a) Die Software muß der auszuführenden Tätigkeit angepaßt sein.

b) Die Software muß benutzerfreundlich sein und gegebenenfalls dem Kenntnis- und Erfahrungsstand von Benutzern angepaßt werden können; ohne Wissen des Arbeitnehmers darf keinerlei Vorrichtung zur quantitativen oder qualitativen Kontrolle verwendet werden.

c) Die Systeme müssen den Arbeitnehmern Angaben über die jeweiligen Abläufe bieten.

d) Die Systeme müssen die Information in einem Format und in einem Tempo anzeigen, das den Benutzern angepaßt ist.

e) Die Grundsätze der Ergonomie sind insbesondere auf die Verarbeitung von Information durch den Menschen anzuwenden.

Zur Definition dieser Anforderungen sowie als Kriterien zur Bewertung können

- traditionelle Bewertungskriterien der Software Ergonomie, z.B. [Balzert et al., 1988],

- weitergehende nationale Normen, z.B. DIN [DIN 66 234, Teil 8, 1988], sowie internationale Standards, z.B. die ISO-Norm 9241 Teil 10 und 11 [ISO 9241, Part 10, 1990, ISO 9241, Part 11, 1990],

- Integrationsversuche mehrerer Disziplinen, etwa der Arbeitspsychologie und der Informatik, z.B. [Rödiger, 1988, Dunckel et al., 1992, Hamborg et al., 1992] und

- Anwendungserfahrungen, z.B. [Staufer, 1987, Piepenburg et al., 1989]

herangezogen werden. Diese erlauben die Definition der in der Folge erläuterten, grundsätzlichen Bewertungskriterien:

1. Aufgabenangemessenheit (Brauchbarkeit, Funktionalität)

2. Selbstbeschreibungsfähigkeit (Selbsterklärungsfähigkeit)

3. Steuerbarkeit (Bedienbarkeit)

4. Erwartungskonformität (benutzerbezogene Zuverlässigkeit)

5. Fehlerrobustheit (Fehlertoleranz und -transparenz)
6. Adaptivität (Flexibilität, Individualisierbarkeit)
7. Erlernbarkeit

10.1.1 Aufgabenangemessenheit

Ein interaktives System ist aufgabenangemessen, wenn es die Durchführung der Arbeitsaufgaben von Benutzern unterstützt, ohne die Benutzer durch die Eigenschaften der Interaktionshilfsmittel unnötig zu belasten.

Dabei gilt zu berücksichtigen:

1. Tätigkeiten, die sich aus der **technischen Eigenart** der Benutzerschnittstelle ergeben, sollten im allgemeinen durch das Computersystem selbst ausgeführt werden.

   Beispiel: Der Cursor, dargestellt durch einen Pfeil auf dem Bildschirm, wird in jedem Fenster automatisch so positioniert, wie es dem Arbeitsablauf entspricht. Diese Vorschrift gewinnt vor allem bei maskengesteuerten Systemen (etwa dBase) an Bedeutung.

2. Die Interaktionform sollte die **Komplexität** sowie die Art und den Umfang der Information, die Benutzer im Rahmen ihrer Aufgabenbewältigung zu verarbeiten haben, berücksichtigen.

   Beispiel: Wenn für die Bearbeitung einer Aufgabe nicht alle Funktionen auf dem Bildschirm darstellbar sind, wird die Interaktion in mehrere, miteinander zusammenhängende Teilschritte untergliedert, sodaß zusammenhängende Daten auf einer Bildschirmseite untergebracht werden können.

3. Art und Form der **Eingabe** sollten den Arbeitsaufgaben angepaßt sein.

   Beispiel: Elektronische Postsysteme mit strukturierter Eingabe von Absender, Empfänger, Betreff, Inhalt und Beilagen.

4. Die verfügbaren Arbeitsgegenstände und -hilfsmittel sollten seitens der Benutzer an regelmäßig wiederkehrende Aktivitäten (Datenoperationen und Interaktionssequenzen) angepaßt werden können.

   Beispiel: Die Verschiebbarkeit von Fenstern an individuelle Positionen bei graphischen Benutzerschnittstellen ermöglicht Benutzern, bestimmte Inhalte in bestimmten Bildschirmausschnitten zu plazieren.

5. Existieren für eine Arbeitsaufgabe **Standard-Einträge** (Eingabevorbelegungen), sollte die Anwendung die wiederholte Eingabe dieser Werte vornehmen, um den Benutzern die Konzentration auf die anderen Eingabewerte zu ermöglichen.

   Beispiel: Werte, welche immer wieder in Datensätze eingegeben werden müssen, etwa das aktuelle Datum, werden von der Anwendung bei entsprechender Anzeige der Datenfelder bereits eingetragen und angezeigt.

6. Bei der Durchführung von **Datenmanipulationen** sollten die ursprünglichen Daten abrufbar sein; dies gilt auch für fehlerhafte sowie unvollständige Daten.

   Beispiel: Benutzer können nach Veränderung eines Datensatzes auf einen Blick alle veränderten Eintragungen eindeutig mittels inverser Darstellung der geänderten Werte erkennen.

10.1.2 Selbstbeschreibungsfähigkeit

> *Ein interaktives System ist selbstbeschreibungsfähig, wenn Benutzern auf Wunsch der Einsatzzweck sowie der Leistungsumfang des interaktiven Systems erläutert werden können und wenn jeder einzelne Interaktionsschritt unmittelbar verständlich ist oder Benutzer auf Wunsch dem jeweiligen Interaktionsschritt entsprechende Erläuterungen erhalten können.*

Dabei gilt zu berücksichtigen:

1. Benutzer sollten **jederzeit alle Funktionen** zu einem bestimmten Tätigkeitsbereich abrufen können.

   In Ergänzung zu Benutzerschulungen sollten interaktive Erläuterungen dazu beitragen, daß sich die Benutzer für das Verständnis und für die Erledigung der Arbeitsaufgabe zweckmäßige Vorstellungen von den Systemzusammenhängen machen können: über den Umfang, Aufbau und die Steuerbarkeit des interaktiven Systems, über die Benutzung von Erläuterungen und über den Umgang mit Fehlermeldungen.

   Beispiel: Benutzer erhalten bei ihnen unbekannter Information situationsbezogene Hilfe seitens der Anwendung.

2. Erläuterungen sollten an die **Fachkenntnisse der Benutzer**(gruppen) angepaßt sein.

Beispiel: Bei einmaligem Betätigen einer Hilfetaste werden grundsätzliche Erläuterungen gegeben. Dann kann die Information mit weiteren Tastendrucken vertieft werden.

10.1.3 Steuerbarkeit

Ein interaktives System ist steuerbar, wenn die Benutzer die Geschwindigkeit des Ablaufs sowie die Auswahl und Reihenfolge von Arbeitsgegenständen und Interaktionshilfsmitteln, sowie darüberhinaus die Art und den Umfang von Ein- und Ausgaben beeinflussen können.

Im Detail bedeutet dies:

1. Benutzer sollten die **Geschwindigkeit** von Interaktionsschritten an ihre individuelle Arbeitsgeschwindigkeit **anpassen** können.

   Beispiel: Die Benutzer können die Anzeigegeschwindigkeit von Information regeln.

2. Soweit es Aufgaben erlauben, sollten die Benutzer dynamisch **Interaktionshilfsmittel wählen** und Interaktionssequenzen selbst bestimmen können.

   Beispiel: Eingabedaten können seitens der Benutzer in verschiedenen Fenstern positioniert und zu unterschiedlichen Zeiten aktiviert werden.

3. Benutzer sollten in für sie **überschaubaren Interaktionsschritten** vorgehen können. Eine Zusammenfassung von Interaktionsschritten sollte Benutzern möglich sein.

   Beispiel: Verschachtelungen von Menus können durch Überspringen mehrerer Teile des Menubaums aufgelöst werden.

4. Benutzer sollten Information erhalten können, welche sie zur **Planung** von Problemlöseschritten benötigen.

   Beispiel: Ein eigener Bildschirmausschnitt ist zur Planung von Interaktionssequenzen reserviert.

5. Die **Unterbrechung** der Interaktion sollte für Benutzer **jederzeit** möglich sein, ebenso die **Fortführung ohne Nebeneffekte**.

   Beispiel: Die Benutzer können mit Hilfe des Cursors Inhalte von Fenstern jederzeit aktivieren sowie die Bearbeitung in einem Fenster abbrechen und in einem anderen fortsetzen, um schließlich zum Ausgangsfenster zurückzukehren.

6. Ein oder mehrere **Interaktionschritte** sollten seitens der Benutzer **zurückgenommen** werden können, ohne das interaktive System in einen undefinierten Zustand zu versetzen. Auch **Wiederholungen** von Schritten sollten möglich sein.

   Beispiel: Die zuletzt gesetzte Aktion kann mittels eines *undo*-Befehls zurückgenommen werden.

7. Vor der Ausführung entscheidender Schritte im Rahmen der Aufgabenerfüllung sollte das Computersystem eine **Rückversicherung** von den Benutzern einholen.

   Beispiel: Bei der Benutzung elektronischer Leitsysteme werden die Benutzer darauf hingewiesen, daß die selektierten Daten in jedem Fall verteilt werden, sobald die Operation durchgeführt wird.

8. Benutzer sollten die **Menge** gleichzeitig dargestellter Information individuell **bestimmen** können.

   Beispiel: Bei graphischen Benutzerschnittstellen gibt es eine Adjustierungsfunktion, welche die für eine bestimmte Fenstergröße zulässige Anzahl von Textzeilen festlegt.

10.1.4 Erwartungskonformität

Ein interaktives System ist erwartungskonform, wenn es Erwartungen von Benutzern erfüllt. Diese Erwartungen setzen sich aus Erfahrungen mit Arbeitsabläufen, die Benutzer aufgrund der Systemtransparenz und -konsistenz während des Umgangs mit der Benutzerschnittstelle erwerben, zusammen.

Dabei wird unter Transparenz *die menschlich durchschaubare Konzeption von Abläufen, sowohl Aufgaben als auch Interaktionshilfsmittel betreffend, verstanden.*

Konsistenz *bezeichnet jene Regelhaftigkeit des Aufbaus einer Benutzerschnittstelle sowie des Ablaufs von Interaktionen, welche in gleichartigen Situationen, d.h. durch ähnliche Aktionen, ähnliches Systemverhalten mit sich bringen.*

Dabei sollte Folgendes beachtet werden:

1. **Aktionen und Reaktionen des Computersystems** innerhalb eines interaktiven Systems sollten **einheitlich** sein. Uneinheitliches Systemverhalten zwingt die Benutzer zur Anpassung.

   Beispiel: WYSIWYG *What You See Is What You Get* visualisiert formatierten Text in gleicher Weise auf dem Bildschim wie auf Papier.

2. Bei **ähnlichen Arbeitsaufgaben** sollte die **Interaktion ähnlich** gestaltet sein, um den Erwartungen der Benutzer hinsichtlich des gewohnten Arbeitsablaufes gerecht zu werden.

   Beispiel: Der Menueintrag zum Löschen bei Textverarbeitung befindet sich immer an letzter Stelle in der Liste der möglichen Befehle.

3. Benutzer sollten **Erwartungen** aufgrund der Meldungen des Computersystems **bilden** können. Die zur Aufgabenbewältigung erforderlichen Zustandsänderungen des Systems sind den Benutzern mitzuteilen.

   Beispiel: Die Anmeldung von Benutzern an einem Computersystem erfolgt mittels eines Passwords, welches zwar eingetippt wird, aber auf dem Bildschirm niemals erscheint. Die Benutzer erhalten jedoch die Mitteilung "Validating Login".

4. Eingegebene Zeichen sollten unmittelbar mit **Feedback** gekoppelt werden, z.B. auf dem Bildschirm angezeigt werden, um die für die Eingabe erforderliche Aufmerksamkeit nicht durch verzögerte Rückkopplung zu belasten. Ebenso sollten Positionierungen des Cursors unmittelbar erfolgen.

5. Benutzer sammeln im Laufe der Interaktion mit Anwendungen Erfahrungen bezüglich deren **Antwortzeit** und entwickeln diesbezüglich Erwartungen. Bei einander ähnlichen Vorgängen, insbesondere mit kurzer Verarbeitungsdauer, sollten die Antwortzeiten ähnlich sein; bei kalkulierbaren, deutlichen Abweichungen von der üblichen Antwortzeit sollten Benutzer hiervon in Kenntnis gesetzt werden.

   Beispiel: Bei deutlicher Überschreitung üblicher Antwortzeiten erhalten die Benutzer eine explizite Meldung in einem eigenen Bildschirmausschnitt.

6. Meldungen des Computersystems über den **Stand der Verarbeitung** sind wünschenswert, damit Benutzer bei andauernder Verarbeitung ihre Aufmerksamkeit vom Computersystem abwenden können.

7. Bei **Unterbrechungen** der Interaktion aus internen Gründen sollten den Benutzern, wenn möglich, die Art, der Grund, Umfang und die Dauer der Unterbrechungen mitgeteilt werden.

10.1.5 Fehlerrobustheit

Ein interaktives System ist fehlerrobust, wenn trotz erkennbarer fehlerhafter Eingaben das beabsichtigte Arbeitsergebnis ohne oder mit minimalem Korrekturaufwand erreicht werden kann. Dazu müssen den Benutzern die Fehler zum Zwecke ihrer Behebung verständlich gemacht werden.

Im Detail bedeutet dies:

1. Eingaben von Benutzern sollten nicht zu **undefinierten Systemzuständen** oder zu Systemzusammenbrüchen führen können. Es kann zweckmäßig sein, eindeutig korrigierbare Fehler automatisch zu korrigieren und den Verarbeitungsprozeß fortzusetzen. Hierbei ist es im allgemeinen sinnvoll, den Benutzern die Durchführung der Korrektur in einer für sie verständlichen Form mitzuteilen. Automatische Korrektureinrichtungen sollten abschaltbar sein.

   Beispiel: Ein Tippfehler führt zu einer Aktion, wenn mit hoher Wahrscheinlichkeit ein bestimmter Befehl daraus ableitbar ist. Rückfragen bezüglich der Korrektheit der automatischen Schlußfolgerungen vermeiden ungewollte Aktionen.

2. Wenn ein Fehler auf verschiedene Weise vom System behoben werden kann, sollten den Benutzern **Korrekturalternativen** zur Auswahl angeboten werden, ohne die Möglichkeit zur Neueingabe auszuschließen.

   Beispiel: Ein Fehler führt zu einem Menu, welches den Benutzern mehrere Alternativen zur Fehlerbehebung anbietet.

3. Bei allen Fehlermeldungen sollte auf die **Ursache des Fehlers** hingewiesen werden. Die zur Aufmerksamkeitserregung erforderliche Codierungsform sollte der Gewichtigkeit des Fehlers angemessen sein.

   Beispiel: Eine Postleitzahl wurde falsch eingegeben. Die Anwendung liefert eine richtige beispielhafte Eintragung zurück.

4. In der Regel sollten **Fehlermeldungen sofort** ausgegeben werden (unmittelbares Feedback).

10.1.6 Adaptivität

Die Anpassungsfähigkeit (Adaptivität) von Software sollte dem Anspruch individueller Anwendungen entgegenkommen (z.B. [Kantorowitz et al., 1989]). Zu einem gewissen Ausmaß steht dieser Anspruch im Gegensatz zur Anwendung von Standardsoftware für möglichst viele Benutzer und Aufgaben. Dies ist ein typischer Fall eines Zielkonflikts, wie er im Rahmen ergonomisch orientierter Forschung vermehrt zu beobachten ist [Greutmann et al., 1989]. Der "objektive" Bedarf an individuellen Lösungen und das "subjektive" Bedürfnis nach Berücksichtigung persönlicher Erkenntnisse und Erfahrungen sind gegenläufig. In beiden Fällen ist die Zielvorstellung erhöhte Effizienz.

Ein interaktives System ist adaptiv, wenn es Mechanismen für Entwickler und Benutzer bietet, auf geänderte Anforderungen dynamisch zu reagieren.

Diese Anforderungen können die Aufgaben, die Benutzercharakteristika, die Datenmanipulationen, die Interaktionshilfsmittel sowie mehrere dieser Elemente gleichzeitig betreffen.

Faktoren, welche bei der Gestaltung adaptiver interaktiver Systeme zu berücksichtigen sind, sind vor allem:

1. die **Stellung der betrieblichen Praxis** zur Individualisierung von Software: Inwieweit besitzen Benutzer Handlungs- und Entscheidungsspielraum?
2. **handlungsorientierte Modellierung** von Benutzern als Grundlage zur Adaptivität: Inwieweit können mentale Vorgänge durch beobachtbare Handlungen ausgedrückt und schließlich modelliert werden?
3. **Komplexität** der zu lösenden **Aufgaben**: Kann die Aufgabenbewältigung in elementare Aktionen zerlegt werden?
4. **Umsetzbarkeit** bei **Standardsoftware** : Wie groß ist der Gestaltungsspielraum bei vorgefertigter Software?

10.1.7 Erlernbarkeit

Die Bedienung eines interaktiven Systems wird als erlernbar bezeichnet, wenn es den Benutzern möglich ist, die Aufgabenbewältigung in einer angemessenen Zeitspanne zu erlernen.

Dabei ist zu berücksichtigen:

1. Die Angemessenheit der Zeitspanne errechnet sich aus dem erforderlichen **Fachwissen** sowie den **Fertigkeiten**, welche im Umgang mit Aufgaben und der Computerunterstützung notwendig sind. Sie differiert von Anwendung zu Anwendung sowie von Benutzer(gruppe) zu Benutzer(gruppe). Manche kognitiven Modelle unterstützen die Vorhersage von Leistungsdaten (siehe Kapitel 8).

2. Die **Benutzer** sollten durch den Lernprozeß seitens des Computersystems **geleitet** werden.

   Beispiel: Eine Tutoring-Komponente erlaubt die Unterstützung unerfahrener Benutzer beim Erlernen und Bedienen der Interaktionsformen.

3. Die Erlernbarkeit kann anhand von Lernzeiten, -transfer und Wiedergewinnungszeiten von Wissen **gemessen** werden.

In diese Kriterien flossen Erkenntnisse der Hardware-, Software- und Organisationsergonomie ein. Hardware-ergonomische Inhalte betreffen die spürbaren Faktoren von Hardware, etwa die Flimmerfreiheit von Bildschirmen oder die Bewegungsfreiheiten von Mäusen. Aufgrund der quantitativen Beschreibung von Hardware-Eigenschaften existieren objektiv nachvollziehbare Bewertungsverfahren zur Feststellung des menschengerechten Einsatzes von physikalischen Geräten im Rahmen interaktiver Systeme, z.B. [Krueger, 1989].

Anders verhält es sich bei der Bewertung von Software, welche auch nach qualitativen Kriterien wie der Aufgabenangemessenheit zu bewerten ist. Ebenso verhält es sich bei der Bewertung nach Kriterien der Organisations-Ergonomie, wo das gesamte betriebliche Umfeld in die Bewertung miteinbezogen wird. Hier fällt aufgrund betrieblicher Eigenheiten sowie individueller Benutzereigenschaften eine normative Bewertung schwer.

In der Folge geben wir einen Überblick über derzeit einsetzbare software-ergonomische Bewertungsverfahren.

10.2 Verfahren

Um interaktive Systeme bewerten zu können, ist eine Operationalisierung der in Abschnitt 10.1 angeführten Kriterien der Software- und Organisations-Ergonomie notwendig. Die dabei anzustrebenden Ziele sind:

1. *Ganzheitliche Bewertung* durch die Integration hardware-, software- und organisations-ergonomischer Kriterien.

2. *Einfache Handhabung des Verfahrens* zur effizienten Überprüfung der Umsetzung der Kriterien.

Die Einsatzmöglichkeiten von Bewertungsverfahren erstrecken sich über alle Phasen der Entwicklung und Nutzung von Computersystemen: Analyse, Design (Spezifikation), Programmierung, Verifizierung, Benutzung, Wartung/Erweiterung und Wiederverwendung (siehe Kapitel 7).

Die Integration organisatorischer und software-ergonomischer Aspekte zeigt sich an den Abstraktionsebenen, wo Bewertungsverfahren eingesetzt werden können [Oppermann et al., 1988, Köchling, 1990, Oppermann et al., 1992]:

1. *Arbeitsgestaltung:* Dabei steht die Verknüpfung der Arbeitsorganisation mit dem Computersystem im Mittelpunkt der Bewertung. Analysierbar sind jene Aufgaben, welche im Rahmen der Mensch-Computer Funktionsaufteilung von den Komponenten eines interaktiven Systems durchgeführt werden. In dieser Ebene soll festgestellt werden, ob das Computersystem "benutzbar" ist, d.h. im Kontext von Aufgaben und Benutzern überhaupt eingesetzt werden kann [Carroll et al., 1988, Ulich, 1991].

2. *Interaktionsformen:* In dieser Ebene werden die Handhabung und Zugriffsmöglichkeiten auf Daten und Operationen der Anwendung sowie die Art und der Ablauf der Interaktion bewertet.

3. *Darstellung, Ein- und Ausgabe von Information:* Im Mittelpunkt steht die Anordnung und Auflösung von Information sowie deren Codierung zur Ein- und Ausgabe.

Die letzten beiden Ebenen dienen der Bewertung der "Gebrauchstauglichkeit" und sprechen die in Kapitel 10.1 erwähnte Kriterienliste an.

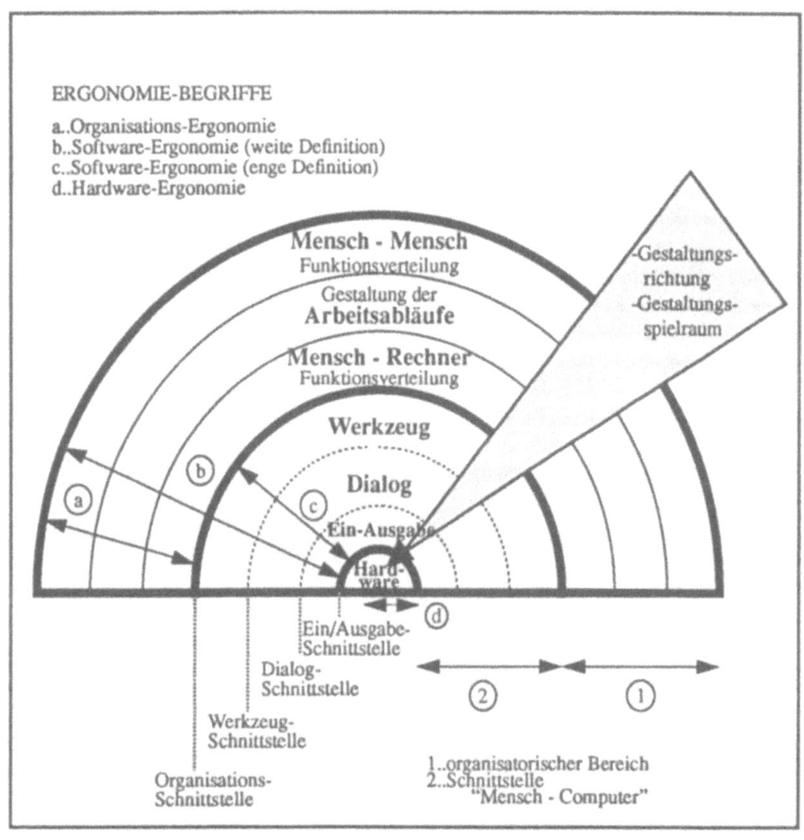

Bild 10.1 Bewertungsebenen bei ganzheitlicher Bewertung nach [Oppermann et al., 1992]

Abbildung 10.1 zeigt Ausprägungen dieser drei Abstraktionsebenen, welche zur Entwicklung von EVADIS II [Oppermann et al., 1992] herangezogen wurden. Gestaltung und Bewertung gehen zwar von den gleichen Kriterien aus, verfolgen allerdings unterschiedliche Ziele und implizieren unterschiedliche Aktivitäten:

1. Während **Gestaltung** das Handeln nach Leitlinien bedeutet, setzt sich Bewertung mit der Messung von Produkten auseinander. Gestaltung erfolgt daher ausgehend von einem Startpunkt, z.B. Aufgabenanalyse kontinuierlich bis zu einem Endprodukt.

2. Gestaltung ist prospektiv (in die Zukunft gerichtet), wohingegen **Bewertung** retrospektiv ist, d.h. Produkte vergangener Handlungen betrifft. Bewertung muß nicht kontinuierlich erfolgen, sondern kann beliebige Einstiegspunkte aufweisen.

Die zur Zeit zur Bewertung herangezogenen Ansätze orientieren sich an:

- *(kognitiven) Aufgabenmodellen*, wobei die Benutzung der Funktionen des Computersystems sowie deren Entsprechung zu einem *normativen* Aufgabenmodell im Mittelpunkt stehen;
- dem *Lebenszyklus* (Analyse, Design, Produktion, Weiterentwicklung) oder
- einer *Kombination* von Aufgabenmodellen, kognitiven Theorien und Lebenszyklusphasen.

Die zur Bewertung herangezogenen Techniken sind [Kirakowski et al., 1990, Ulich, 1991, Oppermann et al., 1992]:

- direkte oder indirekte Erhebungen (Befragungen)
- direkte oder indirekte Beobachtungen
- kontrollierte Experimente.

Erhebungen (Befragungen) inkludieren die Abhaltung von Interviews, Verteilung und Auswertung von Fragebögen oder Fragelisten, Erstellen von Protokollen sowie "lautes Denken". Zum Teil werden diese Methoden auch bei der in Kapitel 7 diskutierten Analyse von Benutzern und Aufgaben angewandt. Befragungen dienen der Erfassung des Erfahrungsschatzes von Benutzern, wobei die Initiative von den Untersuchten oder den Untersuchenden ausgehen kann. Je genauer die Untersuchten die Fragen und Antwortmöglichkeiten erhalten, umso präziser werden die Ergebnisse sein. "Lautes Denken", d.h. unmittelbare Visualisierung von Entscheidungen und Handlungen erfordert darüberhinaus bei den Untersuchten starke Bereitschaft zur Selbstreflexion, um möglichst alle Aktionen dokumentieren zu können.

Prüflisten(*check lists*) sind Mengen von Fragen, welche die Bewertung von Kriterien ermöglichen. Sie können allgemeiner Natur oder nur in bestimmten Kontexten anwendbar sein. Die Aussagekraft von Prüflisten hängt mit den Wertebereichen der Antwort- sowie den Auswertungsmöglichkeiten der Fragen und Ergebnisse zusammen. Wird beispielsweise angegeben, wie lange eine bestimmte Aufgabenbewältigung dauern darf, ohne das Fachwissen und die Fertigkeiten einer Benutzergruppe anzugeben, so wird die qualitative oder quantitative Bewertung ohne Kontext bleiben und eine Aussage über die Einsatzmöglichkeiten des bewerteten Systems nur nach einer neuerlichen Messung unter Berücksichtigung des Aufgaben- und Benutzerkontexts gemacht werden können.

Beobachtungen erlauben die direkte oder indirekte Partizipation des Untersuchenden bei der Aufgabenausführung durch die Benutzer. Ihr Inhalt wird nicht verfälscht, etwa wie bei der Interpretation von Antworten auf Fragebögen. Sie können darüberhinaus wie Interviews aufgezeichnet werden. Direkte Beobachtungen sind jene, wo der Untersuchende den Untersuchten sichtbar gegenübertritt, während bei indirekten Beobachtungen die Sichtbarkeit des Untersuchenden wegfällt. Zu indirekter Beobachtung eignen sich Labors mit Kameras oder Spiegelwänden mit dahinter verborgenen Beobachtern ebenso wie Aufzeichnungsverfahren, z.B. *screen recording* (= Aufzeichnung von Bildschirminhalten) oder *log-file recording* (= Aufzeichnung von Benutzeraktivitäten), welche direktes oder indirektes Feedback ermöglichen.

Experimente erfordern die Vorbereitung von Testpersonen, Ausrüstung, Testaufgaben sowie Auswertungen entsprechend den Zielvorgaben. Dabei kommt der Bestimmung der Abhängigkeiten von Testgrößen (Variablen) entscheidende Bedeutung zu (siehe Meßgrößen bei Prüflisten). Da es weder empirisch fundierte Theorien zur Mensch-Maschine Kommunikation noch klar definierte Mengen bestimmter Variablen und ihrer Korrelation gibt, finden Experimente meist mit einer zufälligen Auswahl von Aufgaben, Benutzern und Computersystemen statt. Der Vorteil von Experimenten liegt jedoch sowohl in der zielgerichteten isolierten Betrachtung bestimmter Faktoren als auch in der Möglichkeit, durch Variationen von Testgrößen die wechselseitige Beeinflussung bestimmter Faktoren zu erfassen.

Wie bei jedem Bewertungsverfahren sollten die Ziele jeder experimentellen Messung

- die **Objektivität**, d.h. unabhängig von den spezifischen Gegebenheiten (z.B. Beobachtern) durchführbar,
- die **Validität**, d.h. das Ziel der Messung erreichen, und

- die **Zuverlässigkeit**, d.h. ohne Meßfehler anwendbar, wiederhol- und nachprüfbar

sein. Bewertungsergebnisse sind dabei entweder

- *Leistungsindikatoren* zur Abschätzung von Benutzer- und/oder Systemverhalten oder

- *Messungen von Benutzerverhalten*, welche im günstigsten Fall Begründungen für bestimmte Werte beinhalten.

Den Kontext zu speziellen Bewertungsfragen können am ehesten ganzheitliche Verfahren oder Kombinationen von Verfahren der Hardware-, Software- und Sozio-Ergonomie herstellen. In der Folge werden zwei Ansätze zu Kombinationsverfahren vorgestellt.

In EVADIS II [Oppermann et al., 1992] werden neben den in Kaptitel 10.1 erwähnten Kriterien noch folgende Kriterien zur Bewertung herangezogen:

- *Verfügbarkeit*, welche die Robustheit einer Benutzerschnittstelle bezüglich Störungen oder Verzögerungen betrifft.

- *Komfort*, um jene Aspekte zu erfassen, welche die Zielgerichtetheit der computerunterstützten Aufgabenausführung als Teilaspekt der Aufgabenangemessenheit ansprechen.

- *Kooperations- und Kommunikationsförderlichkeit*, welche die Zusammenarbeit mehrerer Benutzer bei bestimmten Aufgaben erfaßt.

- *Datenschutz und Datensicherheit*, um unbefugte Zugriffs- und Manipulationsmöglichkeiten von Daten herauszufinden.

In EVADIS stehen die Kriterien zur sozialen Eignung wie Kooperations-, Kommunikationsförderlichkeit, Datenschutz und -sicherheit im Vordergrund. Diese werden gefolgt von den funktionalen Kriterien Verfügbarkeit und Nützlichkeit. Den Abschluß bilden die übrigen Kriterien, welche zur Kategorie Handhabung gezählt werden.

EVADIS II ist ein Evaluationsleitfaden und setzt sich aus Fragebögen, Benutzungsanleitungen und typischen Funktionalitätsbeschreibungen für Anwendungen aus dem Bürobereich zusammen. Die Fragebögen dienen

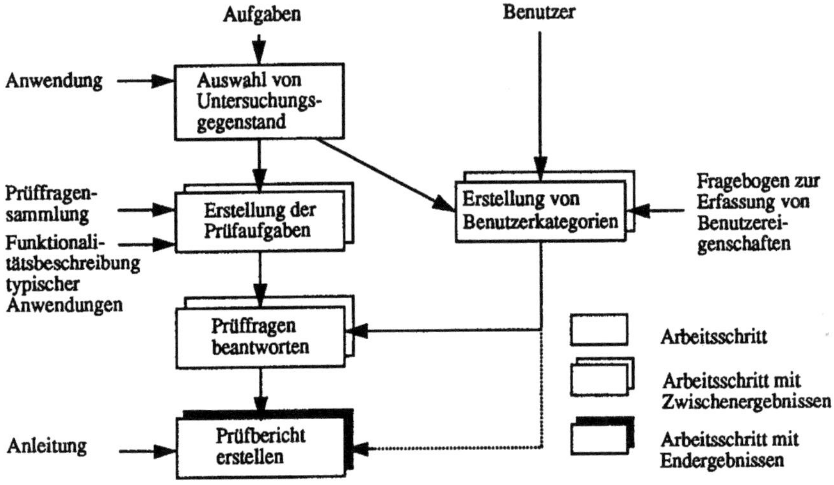

Bild 10.2 Verfahrensschritte bei der Benutzung von EVADIS II

1. der Erfassung von Benutzereigenschaften
2. der Erhebung von Funktionsverteilungen
3. der Bestimmung von Kriterien
4. der eigentlichen Bewertung.

Mehrere Arbeitsschritte liefern verschiedene Zwischenergebnisse, welche zu einem Prüfbericht zusammengefaßt werden. Dieser Bericht enthält Bewertungen zu einzelnen Untersuchungsgegenständen.

Abbildung 10.2 zeigt die Verfahrensschritte bei EVADIS II. Nach einer Auswahl von zu untersuchenden Aufgaben und Anwendungsfunktionen werden Prüfaufgaben unter Zuhilfenahme einer Prüffragensammlung und typischer Funktionalitätsbeschreibungen erstellt. Nachdem Benutzerkategorien anhand der Aufgaben- und Benutzerprofile definiert wurden, können die Prüffragen beantwortet und ausgewertet werden. Als Zwischenergebnisse dieses Prozesses fallen die kontextsensitiven Prüfaufgabensammlung, die Rangfolge und Gewichtung der Kriterien nach der Aufgaben- und Benutzerprofilerstellung sowie die bewerteten Prüffragen an. In der Folge wird der Aufbau einer Prüffrage aus [Oppermann et al., 1992], S. 81, gezeigt:

Kriterium 06: Erwartungskonformität

Komponente 226: Ab/Unterbrechen eines Dialogs

Gruppe 1: In der Prüfaufgabe in einzelnen Sequenzen prüfen.

Prüffrage: Bleibt nach dem Unterbrechen eines Dialogs - etwa bedingt durch eine Arbeitsunterbrechung - der Arbeitskontext erhalten?

Antwortvorgaben:

() ja

() nein

Kommentar: Nach einer durch eine Zwischenoperation bedingten Arbeitsunterbrechung sollen der Inhalt der bisher getätigten Eingaben (z.B. Parameterdefinitionen) und die Positionierung des Cursors erhalten bleiben (vgle dazu DIN 66234 Teil X bzw. ISO 9241 Part 15).

Bewertung:

Note:

Begründung:

Notiz:

Zur Erleichterung der Bewertung und Erstellung des Prüfberichts wird jede Antwort auf eine Prüffrage anhand einer Skala von 1 bis 5 (5 entspricht völliger Mißachtung derzeitiger ergonomischer Richtlinien) abgebildet. Für die Erstellung des Prüfberichts kann die Bewertung durch die Gewichtung des Kriteriums gemäß der Aufgaben- und Benutzerprofilerstellung relativiert werden.

Das [ESPRIT-Projekt] 5429 – 1990-93 MUSIC (*Metrics for Usability Standards in Computing*) führte zu einer Menge von Werkzeugen, welche sowohl zur Bewertung des Designs als auch des Endprodukts verwendet werden kann. Im Rahmen der Bewertung werden vier unterschiedliche Kategorien von Metriken angewandt. Inkludiert in diese Kategorien sind Hilfsmittel zur Handhabung der Meßverfahren. Die Metriken sind:

- *Analytische Metrik*: Diese ist in der Designphase anwendbar, um Spezifikationen zu testen und damit weitere Änderungen in der Implementierungsphase zu vermeiden. Die Tests stellen eine Überprüfung dar, inwieweit die Anforderungen durch die Spezifikation der Funktionalität sowie das Fachwissen und die Fertigkeiten der potentiellen Benutzer erfüllt werden. Dabei kann das Design, welches mit Hilfe von Regeln und Richtlinien geprüft wird, in formaler oder informaler Form vorliegen. Entsprechend dem Ergebnis sind möglicherweise Änderungen an der Spezifikation vorzunehmen.

- *Leistungsmetrik*: Diese ist anwendbar, sobald eine simulierte Version oder ein Prototyp der Benutzerschnittstelle vorliegt. Benutzer werden bei der Aufgabenerfüllung im Arbeitskontext beobachtet. Entsprechend dem Aufgabenkontext wird die Leistungsfähigkeit des Computersystems, der Benutzerschnittstelle sowie der Benutzer auf Effektiviät und Effizienz getestet.

- *Arbeitslastmetrik*: Die Bewertung der physischen, kognitiven und psychischen Belastungen von Benutzern kann in jeder Entwicklungsphase des interaktiven Systems, sobald ein Prototyp oder eine erste Version der Benutzerschnittstelle vorliegt, vorgenommen werden. Es wird sowohl eine subjektive als auch eine objektive Bewertung vorgenommen. Erstere erfordert das Ausfüllen eines Fragebogens sowie die Berechnung eines mehrdimensionalen Index. Die Auswertung läßt klare Schlußfolgerungen zu, wie groß der individuell empfundene Aufwand zur computerunterstützten Aufgabenbewältigung ist. Gemeinsam mit den objektiv meßbaren Daten (Blutdruck, Herzrhythmusschwankungen, Körpertemperatur, Respiration) können empirisch fundierte Be- oder Überlastungssituationen herausgefunden werden.

- *Zufriedenheitsmetrik*: Sobald eine vollständig funktionstüchtige Version der Benutzerschnittstelle und des Computersystems vorliegt, werden Benutzer mittels eines Fragebogens zur Bewertung der Steuerbarkeit, Brauchbarkeit, Erlernbarkeit, Effizienz und Affektbezogenheit ersucht.

Da weder EVADIS II noch die Metriken aus MUSIC empirisch ausreichend getestet wurden, kann zur Zeit keine Aussage darüber gemacht werden, wie langfristig ganzheitliche Verfahren aufgebaut sein sollten, um die Akzeptanz von Benutzerschnittstellen zuverlässig zu messen.

Dennoch können wir eine Zuordnung der wesentlichen Bewertungskriterien zu Verfahrensebenen und -größen vornehmen. Aus Tabelle 10.1 ist zu erkennen, daß

- die bisher eingesetzten Techniken fast durchwegs zur Bewertung der Kriterien auf unterschiedlichen Bewertungsebenen eingesetzt werden können.

Ziele und Kriterien	Bewertungsebenen	einsetzbare Techniken	Design/Produktion Orientierung	Ergebnis
Aufgabenangemessenheit	Arbeitsgestaltung Interaktionsformen Darstellung & E/A	Erheben Beobachten Experiment	Design	Indikator
			Produktion	Messung
Selbstbeschreibungsfähigkeit	Interaktionsformen Darstellung & E/A	Erheben	Design	Indikator
			Produktion	Messung
Bedienbarkeit	Interaktionsformen Darstellung & E/A	Erheben Beobachten Experiment	Produktion	Messung
Erwartungskonformität	Interaktionsformen Darstellung & E/A	Erheben Beobachten Experiment	Design	Indikator
			Produktion	Messung
Fehlerrobustheit	Arbeitsgestaltung Interaktionsformen Darstellung & E/A	Erheben Beobachten Experiment	Design	Indikator
			Produktion	Messung
Adaptivität	Arbeitsgestaltung Interaktionsformen Darstellung & E/A	Erheben Beobachten Experiment	Design	Indikator
			Produktion	Messung
Erlernbarkeit	Arbeitsgestaltung Interaktionsformen Darstellung & E/A	Erheben Beobachten Experiment	Produktion	Messung

Tabelle 10.1 Zuordnung der wesentlichen Bewertungskriterien zu Verfahrensgrößen

- **abhängig von der Orientierung der Bewertung (Design oder Produktion) für die meisten Kriterien Indikatoren angegeben sowie Messungen vorgenommen werden können.**

Die beiden vorgestellten Verfahren umfassen die in der Tabelle angeführten Kriterien und setzen vor allem die Bewertungstechniken Erhebung und Beobachtung ein.

10.3 Zusammenfassung

- Die Bewertung interaktiver Systeme ist eines der **am wenigsten empirisch abgesicherten Gebiete** der Mensch-Maschine Kommunikation.
- Bei der Gestaltung und Entwicklung interaktiver Systeme sollten grundsätzlich folgende **Kriterien** erfüllt werden:

  Aufgabenangemessenheit, Selbsterklärungsfähigkeit, Bedienbarkeit, Erwartungskonformität, Fehlerrobustheit, Adaptivität und Erlernbarkeit.
- Ausgehend von diesen Kriterien wurden unterschiedliche **Bewertungsebenen** vorgeschlagen:
  - die Ebene der *Arbeitsgestaltung*, wo die Verknüpfung der Arbeitsorganisation mit dem Computersystem, d.h. die prinzipielle Anwendung sowie die Aufgabenteilung zwischen Benutzern und Computersystem, bewertet wird.
  - die Ebene der *Interaktionsformen*, wo die Arten und der Ablauf der Interaktion bewertet werden.
  - die Ebene der *Darstellung, Ein- und Ausgabe von Information*, wo die Granularität von Information, ihre Anordnung, Formenvielfalt und Codierung zur Interaktion bewertet werden.
- **Bewertung und Gestaltung** gehen zwar von den gleichen Kriterien aus, verfolgen allerdings unterschiedliche Ziele und implizieren unterschiedliche Aktivitäten:
  1. Während Gestaltung das *kontinuierliche Handeln nach Leitlinien* bedeutet, setzt sich Bewertung mit der Messung von Ergebnissen auseinander.

2. Gestaltung ist prospektiv (in die Zukunft gerichtet), wohingegen Bewertung *retrospektiv* ist, d.h. die Ergebnisse gesetzter Handlungen betrifft.

- Die zur Bewertung herangezogenen **Verfahren** orientieren sich an einem oder mehreren der folgenden Aspekte:

  - *(kognitive) Aufgabenmodelle*, wobei die Benutzung der Funktionen des Computersystems sowie die Entsprechung eines *normativen* Aufgabenmodells im Mittelpunkt stehen.
  - dem *Lebenszyklus* von Anwendungen (Analyse, Design, Produktion, Weiterentwicklung).
  - einer *Kombination* von Aufgabenmodellen, kognitiven Theorien und Lebenszyklusphasen.

- Die bislang zur Bewertung herangezogenen **Techniken** sind:

  - direkte oder indirekte *Erhebungen*, z.B. Interviews bzw. Protokolle
  - direkte oder indirekte *Beobachtungen*, z.B. Zusehen bzw. Video
  - *kontrollierte Experimente*, z.B. in einem Ergonomielabor.

- **Bewertungsergebnisse** sind entweder

  - *Leistungsindikatoren* zur Abschätzung von Benutzerverhalten oder
  - *Messungen von Benutzerverhalten*, welche im günstigsten Fall Begründungen für bestimmte Werte beinhalten.

- **Ganzheitliche Bewertung** umschließt sowohl die Bewertung nach hardware- und software- als auch nach organisations-ergonomischen Kriterien.

  Diese Art der Bewertung wird bisher von wenigen Verfahren unterstützt.

11 Epilog

Die Auseinandersetzung mit dem Gebiet der Mensch-Maschine Kommunikation ist ein mehrdimensionales Unterfangen:

- Die *Benutzer* interaktiver Systeme können heute aus einer Vielzahl an Interaktionsmedien und -formen wählen.
- Die *Designer* werden durch Normen, Standards, Richtlinien, Verfahren, Spezifikationstechniken und Werkzeuge unterstützt.
- Den *Programmierern* steht eine Vielzahl von Sprachparadigmen und Werkzeugen zur Verfügung.
- Schließlich verschmelzen Einzelwissenschaften und *Wissen wird interdisziplinär zugänglich.*

So vorteilhaft diese Integrationsentwicklung sowie die Freiheiten und Unterstützungen für die Benutzer und Entwickler scheinen, so problematisch können sie auch sein:

- Die *Benutzer* fordern mehr Flexibilität bezüglich Funktionalität und Interaktionsgestaltung. Trotz umfangreicher Adaptierungsmechanismen können sie mit dem zusätzlichen Handlungsspielraum kaum umgehen.
- Die *Designer* werden in ihrer Arbeit durch Normierungstendenzen, d.h. Entwurfsvorgaben gemäß Standards und Normen, bei komplexen Systementwicklungen behindert. Die Anpassung an spezielle Benutzercharakteristika und betriebliche Gegebenheiten wird durch Standardannahmen, welche z.T. in Designumgebungen hineinprogrammiert wurden, erschwert.
- Die *Programmierer* können Spezifikationen nicht direkt in Programme übernehmen. Es kommt zu Inkonsistenzen zwischen dem Entwurf und der Realisierung. Die auf diese Weise enstehenden Anwendungen sind weder wartbar noch wiederverwendbar.

So können wir heute,

- an der Schwelle von zwei- zu dreidimensionaler Interaktion,
- trotz entsprechender Technologien,

von einer

Benutzungs- und Spezifikationskrise

sprechen.

Welche Möglichkeiten gibt es nun, diese Krise zu bewältigen?

In den vorangegangenen Kapiteln wurde nicht nur versucht, einen Überblick über den Stand der Entwicklung sowie die Probleme bei der Gestaltung und Bewertung interaktiver Systeme zu geben, sondern auch Wege und Ansätze zur Bewältigung einiger der erwähnten Probleme zu zeigen. Die Lösungsvorschläge inkludieren:

- die *epistemologische Reflexion* von Informatik-fremden Verfahren, *bevor* diese softwaretechnisch verwertet werden.
- das *Abstimmen* von Normen, Richtlinien und Verfahren für die Gestaltung und Bewertung interaktiver Systeme.
- die *strukturierte Entwicklung* von komplexen Interaktionsformen, wie z.B. dreidimensionaler Interaktion, sowie von Entwicklungshilfsmitteln und Werkzeugen.
- die *ausgewogene Integration* von Aufgaben-, Daten-, Interaktions- und Benutzermodellen bei der Entwicklung interaktiver Systeme.
- die gezielte *Ausbildung* und *Schulung* von Entwicklern interaktiver Systeme.

Wir können also unsere Überlegungen mit folgender Festellung abschließen:

> An der Forderung benutzer- und aufgabengerechter interaktiver Systeme sollte zwar festgehalten werden, es sollte aber auch klar geworden sein, daß der Weg zur Erreichung diese Ziels nicht alleine durch das Beiziehen von Aufgaben- und Organisationsanalytikern in der Anfangsphase der Entwicklung zu bewältigen ist.
>
> Vielmehr sind strukturierte Entwicklungsverfahren zu entwerfen, welche die umfassende Darstellung und Umsetzung von Wissen und Handlungsmöglichkeiten unterstützen. Dabei sollten *Zerlegung* und *Integration* gleichen Stellenwert besitzen.

Die geschätzten Leser sind folglich aufgerufen, neuere Entwicklungen auf den Gebieten CASE (*Computer-Aided Software Engineering*), *Work Flow Modeling* und *Problem Domain Analysis* ob ihrer Brauchbarkeit zur Entwicklung aufgabenbasierter und benutzergerechter interaktiver Systeme zu bewerten.

Literaturverzeichnis

[Abernethy, 1988] Abernethy, C.: HCI Standards: Origins, Organizations and Comment, in: International Review of Ergonomics, Vol. 2, pp. 31-54, 1988.

[Action Technology, 1987] Action Technology: The Coordinator, Workbook & Tutorial Guide, Action Technology, Inc., Emeryville, June 1987.

[Alessi et al., 1985] Alessi, S.M.; Trollip, S.R.: Computer-Based Instruction: Methods and Development, Prentice Hall, Englewood Cliffs, New Jersey, 1985.

[Allen, 1988] Allen, J.: Natural Language Understanding, Benjamin Cummings, 1988.

[Andersen, 1983] Andersen, J.R.: The Architecture of Cognition, Harvard University Press, Cambridge, Massachusetts, 1983.

[Anderson et al., 1990] Anderson, J.R.; Boyle, C.; Corbett, A.T.; Lewis, M.W.: Cognitive Modeling and Intelligent Tutoring, in: Artificial Intelligence, Vol. 42, pp. 7-50, 1990.

[Annett et al., 1967] Annett, J.R.; Duncan, K.D.: Task Analysis and Training Design, in: Occupational Psychology, Vol. 41, pp. 211-221, 1967.

[Apple, 1985] Apple Computer, Inc.: Inside Macintosh, Addison Wesley, 1985.

[Apple, 1987] Apple: Human Interface Guidelines, The Apple Desktop Interface, Apple, Cupertino, CA, 1987.

[Ausubel, 1968] Ausubel, D.P.: Educational Psychology: A Cognitive View, Holt, Rinehart, Winston, New York, 1968.

[Balzert, 1983] Balzert, H. (ed.): Software Ergonomie, Teubner, Stuttgart, 1983.

[Balzert et al., 1988] Balzert, H.; Hoppe, H.U.; Oppermann, R.; Peschke, H.; Rohr, G.; Streitz, N.A. (eds): Einführung in die Software Ergonomie, de Gruyter, Berlin, 1988.

[Barnard et al., 1988] Barnard, Ph. J.; Grudin, J.: Command Names, in: [Helander, 1988], pp. 237–254, 1988.

[Baudel et al., 1993] Baudel, Th.; Beaudouin-Lafon, M.: CHARADE: Remote Control of Objects using Free-Hand Gestures, in: Communications of the ACM, Vol. 36, No. 7, pp. 28-35, July 1993.

[Ben Basat et al., 1984] Ben Basat, I.; Wand, Y.: Command Abbreviation Behavior in Human-Computer Interaction, in: Communications of the ACM, Vol. 27, No. 4, pp. 376–383, April 1984.

[Billingsley, 1988] Billingsley, P.A.: Taking Panes: Issues in the Design of Windowing Systems, in: [Helander, 1988], pp. 413–436, 1988.

[Bjorner et al., 1982] Bjorner, D.; Jones, C.B.: Formal Specification and Software Development, Prentice Hall, 1982.

[Blomberger et al., 1993] Blomberger, J.; McLaughlin, D.; Suchman, L.: Work-Oriented Design at Xerox, in: Communications of the ACM, Vol. 36, No.4, p. 91, June 1993.

[Boehm, 1988] Boehm, B.: A Spiral Model of Software Development and Enhancement, in: Computer, IEEE, Vol. 21, No. 5, pp. 61-72, May 1988.

[Bolt, 1984] Bolt, R.A.: The Human Interface. Where People and Computer Meet, Lifetime Learning, Belmont, California, 1984.

[Booch, 1990] Booch, G.: Object-Oriented Design, Benjamin/Cummings, Menlo Park, CA, 1990.

[Borgman, 1986] Borgman, C.L.: Why are Online Catalogs Hard to Use? Lessons Learned from Information-Retrieval Studies, in: Journal of the American Society for Information Science, Vol. 37, No. 6, pp. 387–400, 1986.

[Borning, 1981] Borning, A.: The Programming Language Aspects of ThingLab, a Constraint-Oriented Simulation Laboratory, in: ACM Transactions on Programming Languages and Systems, No. 4, Vol. 3, pp. 353-387, October 1981.

[Borning, 1986] Borning, A.: Defining Constraints Graphically, in: Proceedings CHI'86, ACM, pp. 137-143, 1986.

[Borning et al., 1987] Borning, A.; Duisberg, R.; Freeman-Benson, B.; Kramer, A.; Woolf, M.: Constraint Hierarchies, in: Proceedings OOPSLA'87, ACM, pp. 48-60, October 1987.

[Bowers et al., 1991] Bowers, J.M.; Benford, St. D. (eds): Studies in Computer-Supported Cooperative Work: Theory, Practice, and Design, North Holland, Amsterdam, 1991.

[Breuker et al., 1987] Breuker, J.; Winkels, R.; Sandberg, J.: A Shell for Intelligent Help Systems, in: Proceedings IJCAI'87, 1987.

[Brewster et al., 1993] Brewster, St.A.; Wright, P.C.; Edwards, A.D.N.: An Evaluation of Earcons for Use in Auditory Human Computer Interfaces, in: Proceedings INTERCHI'93, ACM/IFIP, pp. 222–227, 1993.

[Briggs, 1968] Briggs, L.J.: Sequencing of Instruction in Relation to Hierarchies of Competence, American Institutes for Research, Monograph No. 3, 1968.

[Broadbent, 1958] Broadbent, D.E.: Perception and Communication, Pergamon Press, London, 1958.

[Brödner, 1985] Brödner, P.: Fabrik 2000 - Alternative Entwicklungspfade in die Zukunft der Fabrik, sigma, Berlin 1985.

[Brown et al., 1985] Brown, J.S.; Newman, S.E.: Issues in Cognitive and Social Ergonomis: From Our House to Bauhaus, in: Human-Computer Interaction, Vol. 1, No. 4, pp. 359-392, December 1985.

[Brown, 1988] Brown, C.M.L.: Human-Computer Interface Guidelines, Ablex, Norwood, New Jersey, 1988.

[Brown et al., 1989] Brown, J.R.; Cunningham, St.: Programming the User Interface, Wiley, New York, 1989.

[Burton et al., 1979] Burton, R.R.; Brown, J.S.: An Investigation of Computer Coaching for Informal Learning Activities, in: International Journal on Man-Machine-Studies, Vol. 11, pp. 5-24, 1979.

[Buxton et al., 1983] Buxton, W.A.S.; Lamb, M.R.; Sherman, D.; Smith, K.C.: Towards a Comprehensive User Interface Management System, in: Computer Graphics, Vol. 17, No. 3, pp. 25-29, 1983.

[Byrne, 1993] Byrne, M.D.: Using Icons to Find Documents: Simplicity is Critical, in: Proceedings INTERCHI'93, ACM/IFIP, pp. 446–453, 1993.

[Cakir, 1980] Cakir, A.; Hart, D.J.; Stewart, T.F.M.: Visual Display Terminals: A Manual Covering Ergonomics, Workplace Design, Health and Safety, Task Organization, Wiley, London, 1980.

[Card et al., 1980] Card, St.K.; Moran, T.P.: The Keystroke-Level Model for User Performance Time with Interactive Systems, in: Communications of the ACM, Vol. 23, pp. 396-410, 1980.

[Card et al., 1983] Card, St.K.; Moran, T.P.; Newell, A.: The Psychology of Human-Computer Interaction, Erlbaum, Hillsdale, New Jersey, 1983.

[Card, 1989] Card, St.K.: Human Factors and Artificial Intelligence, in: [Hancock et al., 1989], pp. 27-48, 1989.

[Cardelli, 1988] Cardelli, L.: Building User Interfaces by Direct Manipulation, in: Proceedings SIGGRAPH Symposium on User Interface Software, pp. 152–166, ACM, 1988.

[Carnegie Group, 1985] Carnegie Group: The Language Craft Manual, Release 2.0, Pittsburgh, 1985.

[Carr, 1991] Carr, R.M.: The Point of the Pen, in: Byte, February 1991.

[Carr et al., 1991] Carr, R.M.; Shafer, D.: The Power of Pen Point, Addison Wesley, 1991.

[Carroll, 1982] Carroll, J.M.: Learning, Using and Designing Command Paradigms, in: Human Learning, Vol. 1, pp. 31-62, 1982.

[Carroll et al., 1982] Carroll, J.M.; Thomas, J.C.: Metaphor and the Cognitive Representation of Computing Systems, in: IEEE Transactions on Systems, Man, and Cybernetics, Vol. SMC-12, No. 2, pp. 107-115, March/April 1982.

[Carroll et al., 1984] Carroll, J.M.; Carrithers, C.: Training Wheels in a User Interface, in: Communications of the ACM, Vol. 27, No. 8, pp. 800-806, August 1984.

[Carroll et al., 1985a] Carroll, J.M.; Rosson, M.B.: Usability Specifications as a Tool in Iterative Development, in: Advances in Human-Computer Interaction, Vol. 1, ed.: Hartson, H.R., pp. 1-28, Ablex, Norwood, New Jersey, 1985.

[Carroll et al., 1985b] Carroll, J.M.; Kay, D.S.: Prompting, Feedback and Error Correction in the Design of a Scenario Machine, in: Proceedings CHI'85, ACM, pp. 149-153, 1985.

[Carroll et al., 1985c] Carroll, J.M.; Mack, R.L.: Metaphor, Computing Systems, and Active Learning, in: International Journal of Man-Machine Studies, Vol. 22, pp. 39-57, 1985.

[Carroll, 1988] Carroll, J.M.: Mental Models in Human-Computer Interaction, in: [Helander, 1988], pp. 45-65, 1988.

[Carroll et al., 1988] Carroll, J.M.; Mack, R.L.; Kellogg, W.A.: Interface Metaphers and User Interface Design, in: [Helander, 1988], pp. 67-82, 1988.

[Carter, 1985] Carter, J.A. Jr.: A Taxonomy of User-Oriented Data Processing Functions, in: Trends in Ergonomics/Human Factors II, eds: Eberts, R.E.; Eberts, C.G., pp. 335–342, Elsevier, 1985.

[Chase et al. 1993] Chase, J.D.; Paretti, M.; Hartson, H.R.; Hix, D.: Task-Oriented User Documentation Using the User Action Notation: A Case Study, in: Proceedings HCI'93, Vol. 1, pp. 421–426, Elsevier, Amsterdam, August 1993.

[Chi, 1985] Chi, U.H.: Formal Specification of User Interfaces: A Comparison and Evaluation of Four Axiomatic Approaches, in: IEEE Transactions on Software Engineering, Vol. SE-11, No. 8, pp. 671-685, August 1985.

[Chignell et al., 1988] Chignell, M.H.; Hancock, P.A.: Intelligent Interface Design, in: [Helander, 1988], pp. 969–993, 1988.

[Chin, 1990] Chin, D.: The UNIX Consultant as an Intelligent Agent, in: Architectures for Intelligent User Interfaces: Elements and Prototypes, eds: Sullivan, J.; Tyler, S., Addison Wesley, Reading, Massachusetts, 1990.

[Christ, 1975] Christ, R.E.: Review and Analysis of Color Coding Research for Visual Displays, in: Human Factors, Vol. 17, No. 6, pp. 542-570, 1975.

[Clancey, 1982] Clancey, W.J.: Tutoring Rules for Guiding a Case Method Dialogue, in: [Sleeman et al., 1982].

[Cockton, 1987] Cockton, G.: Interaction Ergonomics, Control, and Separation: Open Problems in User Interface Management, in: Information and Software Technology, Vol. 29, No. 4, pp. 176-191, May 1987.

[Collaborative Computing, 1991] Communications of the ACM: Special Issue on Collaborative Computing, Vol. 34, No. 12, December 1991.

[Conklin, 1987] Conklin, J.: Hypertext: An Introduction and Survey, in: Computer, IEEE, Vol. 20, No. 9, pp. 17-41, September 1987.

[Cotterman et al., 1989] Cotterman, W.W.; Kumar, K.: User Cube: A Taxonomy of End Users, in: Communications of the ACM, Vol. 32, No. 11, pp. 1313–1320, November 1989.

[Coutaz, 1985] Coutaz, J.: Abstractions for User Interface Design, in: Computer, IEEE, Vol. 18, No. 9, pp. 21-34, September 1985.

[Coutaz, 1987] Coutaz, J.: PAC, An Object-Oriented Model for Dialog Design, in: Proceedings INTERACT'87, IFIP, pp. 431–436, North Holland, Amsterdam, 1987.

[Cox, 1986] Cox, B.J.: Object-Oriented Programming – An Evolutionary Approach, Addison Wesley, Reading, Massachusetts, 1986.

[Cox et al., 1980] Cox, G.B.; Walsh, B.C.: A Help System for the User Community, in: Software Practice and Experience, Vol. 10, pp. 219-229, 1980.

[CSCW'86, 1986] Proceedings 'First Conference on Computer Supported Cooperative Work', ACM, December 1986.

[CUA (SAA), 1987–1991] System Application Architecture Common User Access Panel Design and User Interaction, SC26-4351, 1987; Basic Interface Design Guide, SC26-4583, 1989; Advanced Interface Design Guide, SC26-4582, 1989; Guide to User Interface Design, 1991; Advanced Interface Design Reference, SC34-4289, IBM, 1991.

[Cypher, 1991] Cypher, A.: Eager: Programming Repetitive Tasks by Example, in: Proceedings CHI'91, ACM, pp. 33-39, 1991.

[Dean, 1982] Dean, G.: How a Computer Should Talk to People, in: IBM Systems Journal, Vol. 21, No. 4, pp. 424–453, 1982.

[deBaar et al., 1992] deBaar, D.J.M.; Foley, J.; Mullet, K.E.: Coupling Application Design and User Interface Design, in: Proceedings CHI'92, ACM, pp. 259–266, 1992.

[Dechter, 1990] Dechter, R.: Enhancement Schemes for Constraint Processing: Backjumping, Learning, and Cutset Decomposition, in: Artificial Intelligence, Vol. 41, No. 3, pp. 273–312, 1990.

[Diaper, 1990] Diaper, D. (ed.): Task Analysis for Human-Computer Interaction, Ellis Horwood, Chicester, 1990.

[Dick, 1977] Dick, W.: "Formative Evaluation" and "Summative Evaluation", in: Instructional Design: Principles and Applications, ed.: Briggs, L.J., Englewood Cliffs, New Jersey, 1977.

[DIN 66 234, Teil 8, 1988] DIN 66 234 Teil 8: Bildschirmarbeitsplätze, Grundsätze der Dialoggestaltung, Beuth, Berlin, 1988.

[Dunckel et al., 1992] Dunckel, H.; Volpert, W.; Hennes, K.; Kreutner, U.; Pleiss, C.; Zölch, M.: Entwicklung eines Leitfadens zur psychologischen Arbeitsanalyse im Bereich Büro und Verwaltung im Hinblick auf eine angemessene Aufgabenteilung zwischen Mensch und Rechner: KABA, Forschungsprojekt Kontrastive Arbeitsanalyse, 1992.

[Dunlop et al., 1991] Dunlop, Ch.; Kling, R. (eds): Computerization and Controversy: Value Conflicts and Social Choices, Academic Press, 1991.

[Eason, 1980] Eason, D.: Dialogue Design Implications of Task Allocation between Man and Computer, in: Ergonomics, Vol. 23, No. 9, pp. 881-891, 1980.

[Eason, 1991] Eason, K. D.: Ergonomic Perspectives on Advances in Human-Computer Interaction, in: Ergonomics, Vol. 34, pp. 721–741, 1991.

[Ebbinghaus, 1885] Ebbinghaus, H.: Memory: A Contribution to Experimental Psychology, eds: Ruger, A.; Bussenues, C.E., Teachers College, Columbia University, New York, 1913.

[Edmonds, 1981] Edmonds, E.A.: Adaptive Man-Computer Interfaces, in: Computing Skills and the User Interface, eds: Coombs, M.J.; Alty, J.L., pp. 389-426, Academic Press, London, 1981.

[EG-Richtlinie, 1990] Richtlinie 90/270/EWG, Amtsblatt der Europäischen Gemeinschaft, L 156, 29.5.1990.

[Egan, 1988] Egan, D.E.: Individual Differences in Human-Computer Interaction, in: [Helander, 1988], pp. 543–568, 1988.

[Ege et al., 1992] Ege, R.K.; Stary, Ch.: Designing Maintainable, Reusable Interfaces, in: Software, IEEE, Vol. 9, No. 6, pp. 24-32, November 1992.

[Ellis et al., 1991] Ellis, C.; Gibbs, S.J.; Rein, G.L.: Groupware: Some Issues and Experiences, in: Communications of the ACM, Vol. 34, No. 1, pp. 38-58, January 1991.

[Embley et al., 1992] Embley, D.W.; Kurtz, B.D.; Woodfield, S.N.: Object-Oriented Systems Analysis: A Model-Driven Approach, Yourdon Press, Englewood Cliffs, New Jersey, 1992.

[ESPRIT-Projekt] Unterlagen zu sämtlichen ESPRIT-Projekten können bei folgender Adresse angefordert werden: ESPRIT Information Desk, BU29 1/28, 200 rue de la Loi, B-1049 Brussels.

[Festinger, 1957] Festinger, L.: A Theory of Cognitive Dissonance, Harper and Row, New York, 1957.

[Fichman et al., 1992] Fichman, R.G.; Kemerer, Ch.F.: Object-Oriented Conventional Analysis and Design Methodologies, in: Computer, IEEE, pp. 22-39, October 1992.

[Filkes, 1982] Filkes, R.E.: A Commitment-based Framework for Describing Co-operative Work, in: Cognitive Science, Vol. 6, pp. 331–347, 1982.

[Fisher, 1987] Fisher, G.L.; Joy, K.I.: A Control Panel Interface for Graphics and Image Processing Applications, in: Proceedings CHI+GI'87, ACM, pp. 285–290, 1987.

[Fitter, 1980] Fitter, M.J.; Sime, M.E.: Creating Responsive Computers, in: Human Interaction with Computers, eds: Smith, H.T.L.; Green, T.R.G., pp. 39-66, Academic Press, London, 1980.

[Fitts, 1954] Fitts, P.M.: The Information Capacity of the Human Motor System in Controlling the Amplitude of Movement, in: Journal of Experimental Psychology, Vol. 47, pp. 103–112, 1954.

[Fitts et al., 1967] Fitts, P.M.; Posner, M.I.: Human Performance, Brooks Cole, Belmont, California, 1967.

[Fitzmaurice, 1993] Fitzmaurice, G.W.: Situated Information Spaces and Spatially Aware Palmtop Computers, in: Communications of the ACM, Vol. 36, No. 7, pp. 38-49, July 1993.

[Flores, 1981] Flores, C.F.: Management and Communication in the Office of the Future, Dissertation, University of California at Berkeley, 1981.

[Flores et al., 1988] Flores, F.; Graves, M.; Hartfield, B.; Winograd, T.: Computer Systems and the Design of Organizational Interaction, in: ACM Transactions on Office Information Systems, Vol. 6, No. 2, pp. 153–172, 1988.

[Foley et al., 1982] Foley, J.D.; vanDam, A.: Fundamentals of Interactive Computer Graphics, Addison Wesley, Reading, Massachusetts, 1982.

[Foley, 1987] Foley, J.: Transformations on a Formal Specification of User Computer Interfaces, in: Computer Graphics, Vol. 21, No. 2, pp. 109–112, 1987.

[Foley et al., 1988] Foley, J.; Gibbs, Ch.; Kim, W.Ch.; Kovacevic, S.: A Knowledge Based User Interface Management System, in: Proceedings CHI'88, ACM, pp. 67–72, May 1988.

[Francik et al., 1991] Francik, E.; Ehrlich, S.; Cooper, D.; Levine, St.: Putting Innovation to Work: Adoption Strategies for Multimedia Communication Systems, in: Communications of the ACM, Vol. 34, No. 12, pp. 53-63, 1991.

[Frasson et al., 1986] Frasson, C.; Er-radi, M.: Principles of an Icons-Based Command Language, in: Proceedings SIGMOD'86 International Conference on Management of Data, ACM, pp. 144–152, May 1986.

[Frasson et al., 1990] Frasson, C.; Gauthier, G. (eds): Intelligent Tutoring Systems: At the Crossroads of Artificial Intelligence and Education, Ablex, Norwood, New Jersey, 1990.

[Freburger, 1987] Freburger, K.: RAPID: Prototyping Control Panel User Interfaces, in: SIGPLAN Notices, Vol. 22, No. 12, pp. 416-422, December 1987.

[Freitas et al., 1993] Freitas, H.; Davis, F.D.: End User Typologies, in: Proceedings of the IFIP WG8/1 Working Conference on Social and Organizational Implications of Information System Development, pp. 80-106, North Holland, 1993.

[Frese et al., 1987] Frese, M.; Schulte-Gocking, H; Altmann, A.: Lernprozesse in Abhängigkeit von der Trainingsmethode, von Personenmerkmalen und von der Benutzeroberfläche, in: Software Ergonomie '87, ACM, Teubner, pp. 123-135, 1987.

[Fulton, 1985] Fulton, M.A.: A Research Model for Studying the Gender/Power Aspects of Human-Computer Communication, in: International Journal on Man-Machine Studies, Vol. 23, pp. 369-382, 1985.

[Gagne, 1985] Gagne, R.M.: The Condition of Learning, Holt, Rinehart, Winston, New York, 1985.

[Gagne, 1987] Gagne, R.M. (ed.): Instructional Technology: Foundations, Lawrence Erlbaum, Hillsdale, New Jersey, 1987.

[Gagne et al., 1988] Gagne, R.M.; Discroll, M.P.: Essentials of Learning for Instruction, Prentice Hall, Englewood Cliffs, New Jersey, 1988.

[Gaines et al., 1983] Gaines, B.H.; Shaw, M.L.G.: Dialog Engineering, in: Designing for Human-Computer Communication, eds: Sime, M.E.; Coombs, M.J., pp. 23-54, Academic Press, London 1983.

[Gaines, 1986] Gaines, B.R.: Sixth Generation Computing: A Conspectus of the Japanese Proposals, in: SIGART Newsletter, No. 95, pp. 39–44, January 1986.

[Gaines, 1987] Gaines, B.R.: A Methodological Framework for the Design and Evaluation of Software in Systems Involving Complex Human-Computer Interaction, in: Proceedings Software Ergonomie'87, ACM, pp. 55-76, Teubner, Stuttgart, 1987.

[Galegher et al., 1990] Galegher, J.; Kraut, R.; Egido, C. (eds): Intellectual Teamwork: Social and Intellectual Foundations of Cooperative Work, Erlbaum, Hillsdale, New Jersey, 1990.

[Gaver et al., 1991] Gaver, W.W.; Smith, R.B.; O'Shea, T.: Effective Sounds in Complex Systems: The ARKOLA Simulation, in: Proceedings CHI'91, ACM, pp. 85-90, 1991.

[Gentner et al., 1983] Gentner, D.; Stevens, A. (eds): Mental Models, Lawrence Erlbaum, Hillsdale, New Jersey, 1983.

[Gittings, 1986] Gittings, D.: Icon-Based Human-Computer Interaction, in: International Journal of Man-Machine Studies, Vol. 24, pp. 519-543, 1986.

[Goldberg, 1984] Goldberg, A.: Smalltalk-80: The Interactive Programming Environment, Addison Wesley, Reading, Massachusetts, 1984.

[Goldberg et al., 1993] Goldberg, D.; Richardson, C.: Touchtyping with a Stylus, in: Proceedings INTERCHI'93, ACM/IFIP, pp. 80-87, 1993.

[Good et al., 1984] Good, M.D.; Whiteside, J.A.; Wixon, D.R., Jones, S.J.: Building a User-Derived Interface, in: Communications of the ACM, Vol. 27, No. 10, pp. 1032-1043, October 1984.

[Gould et al., 1985] Gould, J.D.; Lewis, C.: Designing for Usability: Key Principles and What Designers Think, in: Communications of the ACM, Vol. 28, No. 3, pp. 300-311, March 1985.

[Gould, 1988] Gould, J.D.: How to Design Usable Systems, in: [Helander, 1988], pp. 757–787, 1988.

[Green, 1986] Green, M.: A Survey of Three Dialogue Models, in: ACM Transactions on Graphics, Vol. 5, No. 3, pp. 244–275, July 1986.

[Greenbaum et al., 1991] Greenbaum, J.; Kyng, M. (eds): Design at Work: Cooperative Design of Computer Systems, Erlbaum, Hillsdale, New Jersey, 1991.

[Greenberg, 1991] Greenberg, S. (ed.): Computer-Supported Cooperative Work and Groupware, Academic Press, London, 1991.

[Greif, 1988] Greif, I. (ed.): Computer-Supported Cooperative Work: A Book of Readings, Morgan Kaufmann, San Mateo, 1988.

[Greif, 1991] Greif, S.: Organizational Issues and Task Analysis, in: Human Factors for Informatics Usability, eds: Shackel, B; Richardson, S., University Press, Cambridge, Massachusetts, 1991.

[Greutmann et al., 1989] Greutmann, Th.; Ackermann, D.: Zielkonflikte bei Software-Gestaltungskriterien, in: Proceedings Software Ergonomie '89, ACM, pp. 144–152, Teubner, Stuttgart, 1989.

[Große, 1993] Große, B.-M.: Probleme bei der Umsetzung von Normen und Richtlinien in firmeninterne Richtlinien, in: Ergonomie und Informatik, No. 19, pp. 22-29, GI, Juli 1993.

[Grudin, 1989] Grudin, J.: Why Groupware Applications Fail: Problems in Design and Evaluation, in: Office: Technology and People, Vol. 4, No. 3, pp. 245–264, 1989.

[GUI, 1993] Communications of the ACM: Special Issue on Graphical User Interfaces: The Next Generation, Vol. 36, No. 4, June 1993.

[Guttag et al., 1980] Guttag, J.; Horning, J.J.: Formal Specification As a Design Tool, in: Proceedings of the 7th Symposium on Principles of Programming Languages, ACM, pp. 251-261, 1980.

[Hacker, 1986] Hacker, W.: Arbeitspsychologie - Psychische Regulation von Arbeitstätigkeiten, Deutscher Verlag der Wissenschaften, Berlin, 1986.

[Hamborg et al., 1992] Hamborg, K.-C.; Schweppenhäußer, A.: Expertise: Arbeits- und Softwaregestaltung, in: Manuskripte 64, Hans-Böckler-Stiftung, Düsseldorf, 1992.

[Hancock et al., 1989] Hancock, P.A.; Chignell, M.H. (eds): Intelligent Interfaces: Theory, Research and Design, North Holland, Amsterdam, 1989.

[Hannum et al., 1982] Hannum, W.H.; Briggs, L.J.: How Does Instructional Systems Design Differ from Traditional Instruction?, in: Educational Technology, pp. 9-14, January 1982.

[Hansen, 1982] Hansen, B.S.: A Generic Application Programming System, Master Thesis, TU Lyngby, Denmark, 1982.

[Harslem et al., 1982] Harslem, E.; Smith, D.: Designing the Star User Interface, in: Byte, pp. 242-282, April 1982.

[Hartson et al., 1990] Hartson, H.R.; Siochi, A.C.; Hix, D.: The UAN: A User-Oriented Representation for Direct Manipulation Interface Designs, in: ACM Transactions on Information Systems, Vol. 8, pp. 181-203, 1990.

[Hartson et al., 1992] Hartson, H.R.; Gray, Ph.D.: Temporal Aspects of Tasks in the User Action Notation, in: Human-Computer Interaction, Vol. 7, No. 1, pp. 1-46, 1992.

[Hayes et al., 1983] Hayes, P.J.; Szekely, P.A.: Graceful Interaction through the COUSIN Command Interface, Research Report, Department of Computer Science, Carnegie Mellon University, CMU-CS-83-102, 25 pages, January 23, 1983.

[Hayes, 1985] Hayes, P.J.: Executable Interface Definition Using Form-Based Interface Abstractions, in: Advances in Human-Computer Interaction, Vol. 1, ed.: Hartson, H.R., pp. 161-190, Ablex, Norwood, New Jersey, 1985.

[Hayes et al., 1985] Hayes, P.J.; Szekely, P.A.; Lerner, A.: Design Alternatives for User Interface Management Systems Based on Experience with COUSIN, in: Proceedings CHI'85, ACM, pp. 169-175, 1985.

[Hebb, 1949] Hebb, D.O.: The Organisation of Behavior, Wiley, New York, 1949.

[Helander, 1988] Helander, M. (ed.): Handbook of Human-Computer Interaction, Elsevier (North Holland), 1988.

[Helfman, 1987] Helfman, J.: Panther: A Tabular User-Interface Specification System, in: Proceedings CHI'87+GI'87, ACM, pp. 279–284, 1987.

[Henderson, 1986] Henderson, D.A. Jr.: The Trillium User Interface Design Environment, in: Proceedings CHI'86, ACM, pp. 221-227, 1986.

[Hendrick, 1991] Hendrick, H.W.: Ergonomics in Organizational Design and Management, in: Ergonomics, Vol. 34, pp. 743-756, 1991.

[Herrmann et al., 1989] Herrmann, M.; Hill R.: Abstraction and Declarativeness in User Interface Development. The Methodological Basis of the Composite Object Architecture, in: Proceedings IFIP'89 World Congress, pp. 253–257, Elsevier (North Holland), August 1989.

[Hewlett-Packard, 1988] Hewlett-Packard: NewWave General Information Manual for Software Developers, Hewlett Packard, Palo Alto, 1988.

[Hill, 1987a] Hill, R.D.: Event-Response Systems - A Technique for Specifying Multi-Threaded Dialogues, in: Proceedings of CHI+GI'87, ACM, pp. 241-247, 1987.

[Hill, 1987b] Hill, R.D.: Supporting Concurrency, Communication and Synchronization in Human-Computer Interaction – The Sassafras UIMS, in: ACM Transactions on Graphics, Vol. 6, No. 3, pp. 132–163, 1987.

[Hill et al., 1989] Hill, R.D.; Herrmann, M.: The Structure of Tube: A Tool for Constructing Advanced User Interfaces, in: Proceedings Eurographics'89, pp. 15-25, 1989.

[Hoadley, 1990] Hoadley, E.D.: Investigating the Effects of Color, in: Communications of the ACM, Vol. 33, No. 2, pp. 120–125, February 1990.

[Howard, 1985] Howard, R.: UTOPIA - Where Workers Craft New Technology, in: MIT Technology Review, Vol. 88, No. 3, pp. 43-49, April 1985.

[Howard, 1987] Howard, R.: System Design and Social Responsibility: The Political Implications of Computer Supported Cooperative Work, in: Office: Technology and People, Vol. 3, No. 2, pp. 175-185, 1987.

[Howes et al., 1990] Howes, A.; Payne, S.J.: Display-Based Competence: Towards User Models for Menu-Driven Interfaces, in: International Journal of Man-Machine Studies, Vol. 33, pp. 637–655, 1990.

[Howes et al., 1991] Howes, A.: Predicting the Learnability of Task-Action Mappings, in: Proceedings CHI'91, ACM, pp. 113–118, 1991.

[Hutchins et al., 1985] Hutchins, E.L.; Hollan, J.D.; Norman, D.A.: Direct Manipulation Interfaces, in: Human-Computer Interaction, Vol. 1, No. 4, pp. 311-338, December 1985.

[Imbeau et al., 1990] Imbeau, G.; Gauthier, G.; Frasson, C.: Word-Tutor: An Intelligent Tutoring System for Teaching Word Processing, in: Computer Assisted Learning, eds: Norrie, D.H.; Six, H.-W., Lecture Notes in Computer Science 438, pp. 400–419, Springer, Berlin, 1990.

[ISO 9241, Part 10, 1990] ISO 9241 Part 10: Ergonomic Dialogue Design Criteria, Version 3, Committee Draft, December 1990.

[ISO 9241, Part 11, 1990] ISO 9241 Part 11: Usability Statements, Version 2.5, Committee Draft, July 1990.

[Jackendoff, 1983] Jackendoff, R.: Semantics and Cognition, MIT-Press, Cambridge, Massachusetts, 1983.

[Jacob, 1983] Jacob, R.J.K.: Using Formal Specifications in the Design of a Human-Computer Interface, in: Communications of the ACM, Vol. 26, No. 4, pp. 259-264, April 1983.

[Jacob, 1984] Jacob, R.J.K.: Executable Specifications for a Human-Computer Interface, in: Proceedings CHI'83, ACM, pp. 28-34, North Holland, 1984.

[Jacob, 1985a] Jacob, R.J.K.: An Executable Specification Technique for Describing Human-Computer Interaction, in: Advances in Human-Computer Interaction, Vol. 1, ed.: Hartson, H.R., pp. 211-242, Ablex, Norwood, New Jersey, 1985.

[Jacob, 1985b] Jacob, R.J.K.: A State Transition Diagram Language for Visual Programming, in: Computer, IEEE, Vol. 18, No. 8, pp. 51-59, 1985.

[Jacob, 1986] Jacob, R.J.K.: A Specification Language for Direct Manipulation User Interfaces, in: ACM Transactions on Graphics, Vol. 5, No. 4, pp. 283–317, October 1986.

[Jacob, 1991] Jacob, R.J.K.: The Use of Eye Movements in Human-Computer Interaction Techniques: What You Look at Is What You Get, in: ACM Transactions on Information Systems, Vol. 9, No. 2, pp. 152–169, April 1991.

[Jeffries et al., 1991] Jeffries, R.; Miller, J.R.; Wharton, C.; Uyeda, K.M.: User Interface Evaluation in the Real World: A Comparison of Four Techniques, in: Proceedings CHI'91, ACM, pp. 119–124, 1991.

[Johnson et al., 1988] Johnson, P.; Johnson, H.; Waddington, R.; Shouls, A.: Task-Related Knowledge Structures: Analysis, Modelling and Application, in: People and Computers: From Research to Implementation, eds: Johnson, D.M.; Winder, R., Cambridge University Press, Cambridge, 1988.

[Johnson et al., 1989] Johnson, J.; Roberts, T.L.; Verplank, W.; Smith, D.C.; Irby, C.; Beard, M.; Mackey, K.: The Xerox Star: A Retrospective, in: Computer, IEEE, Vol. 22, No. 9, pp. 11-29, September 1989.

[Johnson et al., 1990] Johnson, H.; Johnson, P.: Integrating Task Analysis and System Design: Surveying Designer's Needs, in: Ergonomics, Vol. 32, No. 11, pp. 1451–1467, 1990.

[Johnson, 1992] Johnson, P.: Human-Computer Interaction, McGraw-Hill, London, 1992.

[Kamel, 1990] Kamel, R.: Voice in Computing, in: Computer, IEEE, Vol. 23, No. 8, pp. 8-9, August 1990.

[Kantorowitz et al., 1989] Kantorowitz, E.; Sudarsky, O.: The Adaptable User Interface, in: Communications of the ACM, Vol. 32, No. 11, pp. 1352–1358, November 1989.

[Kantowitz, 1983] Kantowitz, B.H., Sorkin, R.D.: Human Factors: Understanding People-System Relationships, John Wiley & Sons, New York, 1983.

[Kasik, 1982] Kasik, D.J.: A User Interface Management System, in: Computer Graphics, Vol. 16, No. 3, pp. 99-106, July 1982.

[Kearsley, 1988] Kearsley, G.: Online Helps: Design and Implementation, Ablex, Norwood, New Jersey, 1988.

[Kelly, 1955] Kelly, G.A.: The Psychology of Personal Constructs, Norton, New York, 1955.

[Kieras et al., 1984] Kieras, D., Polson, P.C.: A Generalized Transition Network Representation for Interactive Systems, in: Proceedings CHI'83, ACM, pp. 103-111, North Holland, 1984.

[Kieras et al., 1985] Kieras, D.; Polson, P.G.: An Approach to the Formal Analysis of User Complexity, in: International Journal on Man-Machine Studies, Vol. 22, pp. 365-394, 1985.

[Kieras, 1988] Kieras, D.E.: Towards a Practical GOMS Model Methodology for User Interface Design, in: [Helander, 1988], pp. 135–157, 1988.

[Kirakowski et al., 1990] Kirakowski, J.; Corbett, M.: An Effective Methodology for the Study of Human-Computer Interaction, North Holland, Amsterdam, 1990.

[Kling, 1981] Kling, R.: The Organizational Context of User-Centered Software Designs, in: COMPSAC '81, ed.: Wasserman, A.I., IEEE, pp. 337-348, November 1981.

[Kling, 1991] Kling, R.: Cooperation, Coordination and Control in Computer-Supported Cooperative Work, in: Communications of the ACM, Vol. 34, No. 12, pp. 83-89, December 1991.

[Klinger, 1992] Klinger, A. (ed.): Human-Machine Interactive Systems, Plenum Press, N.Y., 1992.

[Kobsa et al., 1989] Kobsa, A.; Wahlster, W. (eds): User Models in Dialog Systems, Springer, Heidelberg, 1989.

[Köchling, 1990] Köchling, A.: Gestaltungswerkzeug Checkliste Bildschirmergonomie, Forkel, Wiesbaden, 1990.

[Kolodner, 1983] Kolodner, J.L.: Towards an Understanding of the Role of Experience in the Evolution From Novice to Expert, in: International Journal of Man-Machine Studies, Vol. 19, pp. 497–518, 1983.

[Krasner et al., 1988] Krasner, G.E.; Pope, St.P.: A Cookbook for Using the Model-View-Controller User Interface Paradigm in Smalltalk-80, in: Journal of Object-Oriented Programming, pp. 25-49, August/September 1988.

[Krueger, 1983] Krueger, M.: Artificial Reality, Addison Wesley, Reading, Massachusetts, 1983.

[Krueger, 1989] Krueger, H.: Arbeiten mit dem Bildschirm – aber richtig!, Bayrisches Staatsministerium für Arbeit und Sozialordnung, München, 1989.

[Krueger, 1991] Krueger, M.: Artificial Reality II, Addison Wesley, Reading, Massachusetts, 1991.

[Laird et al., 1987] Laird, J.E.; Newell, A.; Rosenbloom, P.: SOAR: An Architecture for General Intelligence, in: Artificial Intelligence, Vol. 33, pp. 1-64, 1987.

[Lang et al., 1986] Lang, K.; Graesser, A.C.: Using State Transition Networks in the Design of System-Operator Interfaces, in: Trends in Ergonomics/Human Factors III, ed.: Karwowski, W., pp. 239-247, Elsevier (North Holland), 1986.

[Laurel, 1990] Laurel, B. (ed.): The Art of Human-Computer Interface Design, Addison Wesley, Reading, Massachusetts, 1990.

[Leler, 1987] Leler, W.: Constraint Programming Languages, Addison Wesley, Reading, Massachusetts, 1987.

[Levine et al., 1992] Levine, S.R.; Ehrlich, S.F.: The Freestyle System: A Design Perspective, in: [Klinger, 1992], 1992.

[Lewis et al., 1991] Lewis, J.B; Koved, L.; Ling, D.T.: Dialog Structures for Virtual Worlds, in: Proceedings CHI'91, ACM, pp. 131–136, 1991.

[Linton et al., 1989] Linton, M.A.; Vlissides, J.M.; Calder, P.R.: Composing User Interfaces with Interviews, in: Computer, IEEE, Vol. 22, No. 2, 1989.

[Long, 1976] Long, J.: Effects of Delayed Irregular Feedback on Unskilled and Skilled Keying Performance, in: Ergonomics, Vol. 19, No. 2, pp. 183-202, February 1976.

[Ludwig et al., 1990] Ludwig, L.F.; Pincever, N.; Cohen, M.: Extending the Notion of a Window System to Audio, in: Computer, IEEE, Vol. 23, No. 8, pp. 66-72, August 1990.

[Lyles, 1993] Lyles, B.: Media Spaces and Broadband ISDN, in: Communications of the ACM, Vol. 36, No. 1, pp. 46-47, January 1993.

[Mackay et al., 1989] Mackay, W.E.; Davenport, G.: Virtual Video Editing in Interactive Multimedia Applications, in: Communications of the ACM, Vol. 32, No. 7, pp. 802-810, July 1989.

[Mackworth, 1992] Mackworth, A.K.: Constraint Satisfaction, in: Encyclopedia of Artificial Intelligence, ed.: Shapiro, St.C., Vol. 1, pp. 285–293, Wiley, New York, 2nd edition, 1992.

[Mallgren, 1982] Mallgren, W.R.: Formal Specification of Graphic Data Types, in: ACM Transactions on Programming Language Systems, Vol. 4, No. 4, pp. 687-710, October 1982.

[Marcus et al., 1991] Marcus, A., vanDam, A.: User Interface Development for the Ninties, in: Computer, IEEE, pp. 47-57, September 1991.

[Mark, 1985] Mark, W.: Knowledge-Based User Interface Design, in: Human-Computer Interaction, Vol. 1, No. 4, pp. 339-358, December 1985.

[Marmolin, 1992] Marmolin, H.: Multimedia from the Perspectives of Psychology, in: Multimedia: Systems, Interaction, and Applications, ed.: Kjelldahl, L., Springer, Berlin, 1992.

[Martin, 1989] Martin, G.L.: The Utility of Speech Input in User-Computer Interfaces, in: International Journal on Man-Machine Studies, Vol. 30, pp. 355-375, 1989.

[Maulsby et al., 1989] Maulsby, D.I.; Witten, J.H.; Kittlitz, K.A.: Metamouse: Specifying Graphical Procedures by Example, in: Computer Graphics, Vol. 23, No. 3, pp. 127–136, July 1989.

[Maulsby et al., 1992] Maulsby, D.I.; Witten, J.H.; Kittlitz, K.A.: Francheschin, V.G.: Inferring Graphical Procedures: The Compleat Metamouse, in: Human-Computer Interaction, Vol 7, No. 1, pp. 47-90, 1992.

[Mayer, 1981] Mayer, R.E.: The Psychology of How Novices Learn Computer Programming, in: ACM Computing Surveys, Vol. 13, No. 1, pp. 121-141, March 1981.

[Mayer, 1988] Mayer, R.E.: From Novice to Expert, in: [Helander, 1988], pp. 569–580, 1988.

[McCarthy, 1982] McCarthy, J.: Criteria for Usefulness of Computers in Office, in: Textverarbeitung und Bürosysteme, eds: Endres, M.; Reetz, J., Fachberichte und Referate, Band 13, pp. 65-70, Oldenbourg, 1982.

[McDaniel et al., 1994] McDaniel, S.; Olson, G.M.; Olson, J.S.: Methods in Search of Methodology - Combining HCI and Object Orientation: A Case, in: Proceedings CHI'94, ACM, 1994.

[McIntyre et al., 1992] McIntyre, D.W.; Glinert, E.P.: Visual Tools for Generating Iconic Programming Environments, in: Proceedings 'Workshop on Visual Languages', IEEE, pp. 162–168, October 1992.

[Meyer-Wegener, 1991] Meyer-Wegener, K.: Multi-Media Datenbanken, Teubner, Stuttgart, 1991.

[Microsoft, 1991] Microsoft: The Windows Interface. An Application Design Guide, Microsoft, Redmont, CA, 1991.

[Miller, 1956] Miller, G.A.: The Magical Number Seven, Plus or Minus Two: Some Limits on Our Capacity for Processing Information, in: Psychological Review, Vol. 63, No. 2, pp. 81-97, 1956.

[Moran, 1981] Moran, T.P.: The Command Language Grammar: A Representation for the User Interface of Interactive Computer Systems, in: International Journal on Man-Machine Studies, Vol. 15, pp. 3-50, 1981.

[Moran, 1983] Moran, T.P.: Getting Into a System: External-Internal Task Mapping Analysis, in: Proceedings CHI'83, ACM, pp. 45-49, North Holland, 1984.

[Morgan et al., 1984] Morgan, C.; Sufrin: Specification of the UNIX Filing System, in: IEEE Transactions on Software Engineering, Vol. SE-10, pp. 128–142, March 1984.

[Morland, 1983] Morland, D.V.: Human Factors Guidelines for Terminal Interface Design, in: Communications of the ACM, Vol. 26, No. 7, pp. 484–494, 1983.

[Morris, 1938] Morris, Ch.W.: Foundations of the Theory of Signs, in: International Encyclopedia of Unified Science, Vol. 1, No. 2, eds: Neurath, O.; Carnap, R.; Morris, Ch.W., pp. 77-137, University of Chicago Press, Chicago, 1938.

[Mosier et al., 1986] Mosier, J.N.; Smith, S.L.: Application of Guidelines for Designing User Interface Software, in: Behaviour and Information Technology, Vol. 5, pp. 39-46, 1986.

[Mota-oka, 1982] Mota-oka, T.: Fifth Generation Computer Systems, North Holland, Amsterdam, 1982.

[Mozeico, 1982] Mozeico, H.: A Human/Computer-Interface to Accomodate User Learning Stages, in: Commmunications of the ACM, Vol. 25, No. 2, pp. 100-104, February 1982.

[Murdock, 1962] Murdock, B.B.J.: The Serial Position Effect of Free Recall, in: Journal of Experimental Psychology, Vol. 64, pp. 482–488, 1962.

[Murray, 1990] Murray, W.R.: A Blackboard-Based Dynamic Instructional Planner, in: Proceedings AAAI'90, pp. 434-441, 1990.

[Murray et al., 1990] Murray, T.; Woolf, B.: A Knowledge Acquisition Tool for Intelligent Computer Tutors, in: SIGART Bulletin, Vol. 2, No. 2, 1990.

[Myers, 1987] Myers, B.A.: Creating Interaction Techniques by Demonstration, in: Computer Graphics and Applications, IEEE, Vol. 7, No. 9, pp. 51-60, September 1987.

[Myers, 1988] Myers, B.A.: Creating User Interfaces by Demonstration, Academic Press, Boston, 1988.

[Myers, 1989a] Myers, B.A.: User Interface Tools: Introduction and Survey, in: Software, IEEE, Vol. 6 No. 1, pp. 15-23, 1989.

[Myers, 1989b] Myers, B.A.: Demonstrational Interfaces: A Step Beyond Direct Manipulation, in: Computer, IEEE, Vol. 25, No. 8, pp. 61-73, August 1989.

[Myers et al., 1990] Myers, B.A.; Giuse, D.A.; Dannenberg, R.B.; Zanden, B.V.; Kosbie, D.S.; Pervin, E.; Mickish, A.; Marchal, Ph.: Garnet: Comprehensive Support for Graphical Highly Interactive User Interfaces, in: Computer, IEEE, Vol. 23, No. 11, pp. 71-85, November 1990.

[Myers et al., 1992] Myers, B.A.; Rosson, M.B.: Survey on User Interface Programming, in: Proceedings CHI'92, ACM, pp. 195–202, 1992.

[Myers et al., 1993] Myers, B.A.; McDaniel, R.G.; Kosbie, D.S.: Marquise: Creating Complete User Interfaces by Demonstration, in: Proceedings INTERCHI'93, ACM/IFIP, pp. 293-300, 1993.

[Nake, 1984] Nake, F.: Schnittstelle Mensch-Maschine, in: Computerkultur, Kursbuch 75, Rotbuch, Berlin, März 1984.

[Nardi et al., 1994] Nardi, B.A.; Johnson, J.A.: User Preferences for Task-Specific vs. Generic Application Software, in: Proceedings CHI'94, ACM, 1994.

[Nelson, 1989] Nelson, R.R.: End-User Computing, Wiley, New York, 1989.

[Newell et al., 1972] Newell, A.; Simon, H.A.: Human Problem Solving, Prentice Hall, Englewood Cliffs, New Jersey, 1972.

[Nielsen, 1990] Nielsen, J.: Hypertext and Hypermedia, Academic Press, Boston, 1990.

[Nielsen, 1992] Nielsen, J.: Finding Usability Problems Through Heuristic Evaluation, in: Proceedings CHI'92, ACM, pp. 373–380, 1992.

[Nievergelt, 1985] Nievergelt. J.: Evolution der Mensch-Maschine-Schnittstelle: Fehler, Prinzipien, Lösungsansätze, in: Methoden und Werkzeuge zur Entwicklung von Programmsystemen, eds: Proebster, W.E.; Remshardt, R.; Schmid, H.A., pp. 171-183, Oldenbourg, 1985.

[Nigay, 1993] Nigay, L.; Coutaz, J.: A Design Space for Multi-Modal Systems: Concurrent Processing and Data Fusion, in: Proceedings INTERCHI'93, ACM/IFIP, pp. 172–176, 1993.

[Norman, 1983] Norman, D.: Some Observations on Mental Models, in: [Gentner et al., 1983], pp. 7-14, 1983.

[Norman, 1984] Norman, D.A.: Stages and Levels in Human-Machine Interaction, in: International Journal on Man-Machine Studies, Vol. 21, pp. 365-375, 1984.

[Norman, 1986] Norman, D.A.: Cognitive Engineering, in: [Norman et al., 1986], pp. 31-61, 1986.

[Norman et al., 1986] Norman, D.A.; Draper, S. (eds): User Centered System Design: New Perspectives on Human-Computer Interaction, Lawrence Earlbaum, Hillsdale, New Jersey, 1986.

[Norman, 1991] Norman, D.A.: Collaboration Computing: Collaboration First, Computing Second, in: Communications of the ACM, Vol. 34, No. 12, pp. 88-90, December 1991.

[Oborne, 1985] Oborne, D.J.: Computers at Work: A Behavioural Approach, Wiley, Chichester, 1985.

[Ogden, 1988] Ogden, W.C.: Using Natural Language Interfaces, in: [Helander, 1988], pp. 281–299, 1988.

[Olson et al., 1984] Olson, D.R.; Buxton, W.; Ehrich, R.; Kasik D.; Rhyne, J.; Sibert, J.: A Context for User Interface Management, in: Computer Graphics and Applications, IEEE, Vol. 4, No. 12, pp. 33–42, December 1984.

[Olson, 1985] Olson, J.R.: Expanded Design Procedures for Learnable User Interfaces, in: Proceedings CHI'85, ACM, pp. 142–143, 1985.

[Olson et al., 1985] Olson, M.H.; Turner, J.A.: Rethinking Office Automation, in: Proceedings 6th International Conference on Information Systems, pp. 259–269, Indianapolis, 1985.

[Olson, 1986] Olson, D.R. Jr.: Mike: The Menu Interaction Kontrol Environment, in: ACM Transactions on Graphics, Vol. 5, No. 2, pp. 134–137, April 1986.

[Olson et al., 1990] Olson, J.R.; Olson, G.M.: The Growth of Cognitive Modeling in Human-Computer Interaction since GOMS, in: Human-Computer Interaction, Vol. 5, No.2 & 3, pp. 221–266, 1990.

[Olsen et al., 1993] Olsen, D.R.Jr.; Foley, J.D.; Hudson, S.E.; Miller, J.; Myers, B.A.: Research Directions for User Interface Software Tools, in: Behaviour and Information Technology, Vol. 12, No. 2, pp. 80-97, 1993.

[O'Malley, 1990] O'Malley, M.H.: Text-to-Speech Conversion Technology, in: Computer, IEEE, Vol. 23, No. 8, pp. 17-25, August 1990.

[Oppermann et al., 1988] Oppermann, R.; Murchner, B.; Paetau, M.; Pieper, M.; Simm, H.; Stellmacher, I.: Evaluation von Dialogsystemen, Der Software-ergonomische Leitfaden EVADIS, de Gruyter, Berlin, 1988.

[Oppermann et al., 1992] Oppermann, R.; Murchner, B.; Reiterer, H.; Koch, M.: Software-ergonomische Evaluation, Der Leitfaden EVADIS II, de Gruyter, Berlin, 1992.

[OSF, 1990] Open Software Foundation: OSF/Motif Style Guide Rev. 1.1, Eleven Cambridge Center, Reading, Massachusetts, 1990.

[OSF, 1992] Open Software Foundation: OSF/Motif Style Guide Rev. 1.2, Eleven Cambridge Center, Reading, Massachusetts, 1992.

[Paap et al., 1988] Paap, K.R.; Roske-Hofstrand, R.J.: Design of Menus, in: [Helander, 1988], pp. 205–234, 1988.

[Panko, 1988] Panko, R.R.: End-User Computing, Wiley, New York, 1988.

[Parnas, 1969] Parnas, D.L.: On the Use of Transition Diagrams in the Design of a User Interface for an Interactive Computer System, in: Proceedings of the 24th National ACM Conference, pp. 379-385, 1969.

[Payne, 1985] Payne, S.J.: Task-Action Grammars, in: Proceedings INTERACT '84, ed.: Shackel, B., IFIP, pp. 527-532, Elsevier, 1985.

[Peacock et al., 1990] Peacock, R.D.; Graf, D.H.: An Introduction to Speech and Speaker Recognition, in: Computer, IEEE, Vol. 23, No. 8, pp. 26-34, August 1990.

[Pfaff, 1985] Pfaff, G.E. (ed.): User Interface Management Systems, Springer, Berlin, 1985.

[Phillips et al., 1988] Phillips, M.D.; Bashinski, H.S.; Ammermann, H.L.; Fligg, C.M. Jr.: A Task Analytic Approach to Dialogue Design, in: [Helander, 1988], pp. 835–857, 1988.

[Piepenburg et al., 1989] Piepenburg, U.; Rödiger, K.-H.: Mindestanforderungen an die Prüfung von Software auf Konformität nach DIN 66 234, Teil 8, Werkstattbericht Nr. 61 der Reihe "Mensch und Technik – Sozialverträgliche Technikgestaltung", Ministerium für Arbeit, Gesundheit und Soziales, Nordrhein-Westfalen, 1989.

[Pieper et al., 1990] Pieper, A.; Strötgen, J.: Produktive Arbeitsorganisation – Handbuch für die Betriebspraxis, Köln, 1990.

[Polson et al., 1988] Polson, C.M.; Richardson, J.J. (eds): Foundations of Intelligent Tutoring Systems, Lawrence Erlbaum, Hillsdale, New Jersey, 1988.

[Psotka et al., 1988] Psotka, J.; Massey, L.D.; Mutter, S. (eds): Intelligent Tutoring Systems: Lessons Learned, Lawrence Erlbaum, Hillsdale, New Jersey, 1988.

[Ravden et al., 1989] Ravden, S.; Johnson, G.: Evaluating Usabilty of Human-Computer Interfaces. A Practical Method, Ellis Horwood, Chicester, 1989.

[Reigeluth, 1983] Reigeluth, C.: Instructional Design Theories and Models: An Overview of their Current Status, Lawrence Erlbaum, Hilsdale, New Jersey, 1983.

[Reigeluth et al., 1987] Reigeluth, C.; Curtis, R.: Learning Situations and Instructional Models, in: [Gagne, 1987], 1987.

[Reiser, 1987] Reiser, R.: Instructional Technology: A History, in: [Gagne, 1987], 1987.

[Reisman, 1991] Reisman, S.: Developing Multimedia Applications, in: Computer Graphics and Applications, IEEE, Vol. 11, No. 4, pp. 52-57, July 1991.

[Reisner, 1981] Reisner, P.: Formal Grammar and Human Factors Design of an Interactive Graphics System, in: IEEE Transactions on Software Engineering, Vol. SE-7, No. 2, pp. 229-240, March 1981.

[Reisner, 1982] Reisner, P.: Further Developments Towards Using Formal Grammar as a Design Tool, in: Proceedings CHI'82, National Bureau of Standards, Gaithersbury, March 1982.

[Reisner, 1984] Reisner, P.: Formal Grammar as a Tool for Analyzing Ease of Use: Some Fundamental Concepts, in: Human Factors in Computer Systems, eds: Thomas, J.C.; Schneider, M.L., pp. 53-78, Ablex, Norwood, New Jersey, 1984.

[Rich, 1984] Rich, E.: Natural Language Interfaces, in: Computer, IEEE, Vol. 17, No. 9, pp. 39-47, September 1984.

[Ripley, 1989] Ripley, G.D.: DVI – A Digital Multimedia Technology, in: Communications of the ACM, Vol. 32, No. 7, pp. 811-817, July 1989.

[Rockart et al., 1983] Rockart, J.F.; Flannery, L.S.: The Management of End-User Computing, in: Communications of the ACM, Vol. 26, No. 10, pp. 776–784, Oktober 1983.

[Rödiger, 1988] Rödiger, K.H.: Das Arbeitsanalyseverfahren VERA/B in der Softwareentwicklung, in: Dialogsysteme in der Arbeitswelt, eds: Nullmeier, E.; Rödiger, K.-H., pp. 185-205, Wissenschaftsverlag, Mannheim, 1988.

[Rosenberg, 1982] Rosenberg, J.K.: Evaluating the Suggestiveness of Command Names, in: Behaviour and Information Technology, Vol. 1, No. 4, pp. 371-400, 1982.

[Rosenberg, 1984] Rosenberg, J.K.: A Featural Approach to Command Names, in: Proceedings CHI'83, ACM, pp. 116-119, North Holland, 1984.

[Rosenberg, 1988] Rosenberg, J.: UIMSs: Threat or Menace?, in: Proceedings CHI'88, ACM, pp. 197-200, May 1988.

[Rosson et al., 1989] Rosson, M.B; Mass, S.; Kellogg, W.A.: The Designer as User: Building Requirements for Design Tools from Design Practice, in: Communications of the ACM, Vol. 31, No. 11, pp. 1289–1298, 1989.

[Rosson et al., 1990] Rosson, M.B; Alpert, Sh.R.: The Cognitive Consequences of Object-Oriented Design, in: Human-Computer Interaction, Vol. 5, No. 4, pp. 345-380, 1990.

[Rudolph et al., 1987] Rudolph, E.; Schönfelder, E.; Hacker, W.: Tätigkeitsbewertungssystem – Geistige Arbeit (TBS-GA), Hogrefe, Göttingen, 1987.

[Rumbaugh et al., 1991] Rumbaugh, J.; Blaha, M.; Premerlani, W.; Eddy, F.; Lorensen, W.: Object-Oriented Modeling and Design, Prentice Hall, Englewood Cliffs, New Jersey, 1991.

[Salomon, 1990] Salomon, G.: New Uses for Color, in: The Art of Human-Computer Interaction Design, in: [Laurel, 1990], pp. 350–367, 1990.

[SAP, 1990] SAP: Leitfaden für eine benutzergerechte Dialoggestaltung, Walldorf, März 1990.

[Scheifler et al., 1986] Scheifler, R.W.; Gettys, J.: The X Window System, in: ACM Transactions on Graphics, Vol. 5, No. 2, pp. 79–109, 1986.

[Schmandt et al., 1990] Schmandt, Ch.; Ackermann, M.S.; Hindus, D.: Augmenting a Window System with Speech Input, in: Computer, IEEE, Vol. 23, No. 8, pp. 50-58, August 1990.

[Schmucker, 1986] Schmucker, K.J.: MacApp: An Application Framework, in: Byte, pp. 189–193, August 1986.

[Seacord, 1990] Seacord, R.C.: User Interface Management Systems and Application Portability, in: Computer, IEEE, Vol. 23, No. 10, pp. 73-75, October 1990.

[Semmer et al., 1982] Semmer, N.; Schardt, L.P.: Qualifikation und Arbeit, in: Humane Arbeit, Band 4: Organisation der Arbeit, ed.: Zimmermann, L., pp. 72-150, Dezember 1982.

[Shneiderman, 1982] Shneiderman, B.: Multiparty Grammars and Related Features for Defining Interactive Systems, in: IEEE Transactions on Systems, Man, and Cybernetics, Vol. SMC-12, No. 2, pp. 148-154, April 1982.

[Shneiderman, 1983] Shneiderman, B.: Direct Manipulation: A Step Beyond Programming Languages, in: Computer, IEEE, Vol. 16, No. 8, pp. 101-109, 1983.

[Shneiderman, 1984] Shneiderman, B.: The Future of Interactive Systems and the Emerge of Direct Manipulation, in: Human Factors and Interactive Computer Systems, ed.: Vassiliou, Y., pp. 1-28, Ablex, Norwood, New Jersey, 1984.

[Shneiderman, 1987] Shneiderman, B.: Designing the User Interface: Strategies for Effective Human-Computer Interaction, Addison Wesley, 1987.

[Sibert et al., 1986] Sibert, J.L.; Hurley, W.D.; Bleser, T.W.: An Object-Oriented User Interface System, in: Proceedings SIGGRAPH'86, ACM, pp. 259–268, 1986.

[Siemens Nixdorf, 1990] Siemens Nixdorf: Styleguide, Richtlinien zur Gestaltung von zeichenorientierten Benutzeroberflächen, Siemens Nixdorf Informationssysteme AG, München, Oktober 1990.

[Simon, 1957] Simon, H.A.: Administrative Behavior: A Study of Decision Making Processes in Administrative Organizations, McMillan, New York, 1957.

[Simon, 1981] Simon, H.A.: The Sciences of The Artificial, MIT Press, Cambridge, Massachusetts, 2nd edition, 1981.

[Siochi et al., 1989] Siochi, A.C.; Hartson, H.R.: Task-Oriented Representation of Asynchronous User Interfaces, in: Proceedings CHI'89, ACM, pp. 183–188, May 1989.

[Sleeman et al., 1982] Sleeman, D.; Brown, J.S. (eds): Intelligent Tutoring Systems, Academic Press, Cambridge, Massachusetts, 1982.

[Smith et al., 1982] Smith, D.C.; Irby, Ch.; Kimball, R.; Verplank, B.; Harslem, E.: Designing the Star User Interface, in: Byte, pp. 242–282, April 1982.

[Smith et al., 1984] Smith, R.G.: Lafue, G.M.E.; Schön, E.; Vestal, St.: Declarative Task Description as a User Interface Structuring Mechanisms, in: Computer, IEEE, Vol. 17, No. 9, September 1984.

[Smith, 1986] Smith, R.B.: The Alternate Reality Kit: An Animated Environment for Creating Interactive Simulations, in: Proceedings 'International Workshop on Visual Languages', IEEE, 1986.

[Smith, 1987] Smith, R.B.: Experiences with the Alternate Reality Kit: An Example of the Tension between Literalism and Magic, in: Computer Graphics and Applications, IEEE, Vol. 7, September 1987.

[Smith, 1988] Smith, S.L.: Standards Versus Guidelines for Designing User Interface Software, in: [Helander, 1988], pp. 877–889, 1988.

[Snyder, 1991] Snyder, K.M.: A Guide to Software Usability, IBM, White Plains, New York, 1991.

[Soloway, 1991] Soloway, E. (ed.): Interactive Learning Environments, Ablex, Norwood, New Jersey, 1991.

[Sommerville, 1989] Sommerville, I.: Software Engineering, Addison Wesley, Wokingham, 1989.

[Spensley et al., 1990] Spensley, F.; Elsom-Cook, M.; Byerley, P.; Brooks, P.; Federici, M.; Scaroni, C.: Using Multiple Teaching Strategies in an ITS, in: [Frasson et al., 1990], 1990.

[Starker et al., 1990] Starker, I.; Bolt, R.A.: A Gaze-Responsive Self-Disclosing Display, in: Proceedings CHI'90, ACM, pp. 3-9, 1990.

[Stary, 1993] Stary, Ch.: Model-Based Design Bases for Task-Oriented Applications, in: Proceedings Data Engineering'93, IEEE, pp. 662–669, April 1993.

[Staufer, 1987] Staufer, M.: Bericht von der 6. Mensch-Maschine Arbeitstagung, in: Ergonomie und Informatik, GI, No. 6, pp. 9-17, März 1987.

[Sternberg, 1969] Sternberg, S.: Memory Scanning: Mental Processes Revealed by Reaction Time Experiments, in: American Scientist, Vol. 57, pp. 421–457, 1969.

[Studer, 1984] Studer, R.: Abstract Models of Dialogue Concepts, in: Proceedings of the 7th International Conference on Software-Engineering, IEEE, March 26-29, pp. 420-429, 1984.

[Sufrin, 1982] Sufrin, B.: Formal Specification of a Display-Oriented Text Editor, in: Science of Computer Programming 1, pp. 157-202, North Holland, 1982.

[Sun, 1990a] Sun Microsystems: OpenLook: Graphical User Interface Application Style Guidelines, Addison-Wesley, Reading, Massachusetts, 1990.

[Sun, 1990b] Sun Microsystems: OpenLook: Graphical User Interface Functional Specification, Addison-Wesley, Reading, Massachusetts, 1990.

[Sutcliffe et al., 1991] Sutcliffe, A.G.; McDermott, M.: Integrating Methods of Human-Computer Interface Design with Structured Systems Development, in: International Journal on Man-Machine-Studies, Vol. 34, pp. 631–655, 1991.

[Sutherland, 1963] Sutherland, I.E.: SketchPad: A Man-Machine Graphical Communication System, in: Proceedings of the AFIPS Spring Joint Computer Conference, Vol. 23, pp. 329-346, 1963.

[Switchenko, 1985] Switchenko, D.M.: In Defense of the Traditional (Non-Icon) Interface: A Position Based on a Selective Review of the Literature, in: Trends in Ergonomics / Human Factors II, eds: Eberts, R.E.; Eberts, C.G., pp. 373–379, Elsevier (North Holland), 1985.

[Szekely et al., 1988] Szekely, P.A.; Myers, B.A.: A User Interface Toolkit Based on Graphical Objects and Constraints, in: Proceedings OOPSLA'88, ACM, pp. 36-45, 1988.

[Tauber, 1991] Tauber, M.J.: ETAG – Extended Task Action Grammar, in: Proceedings INTERACT'91, IFIP, Amsterdam 1991.

[Tele Logic, 1989] Tele Logic: Tele Use Reference Manual, 1989.

[Tetzlaff et al., 1991] Tetzlaff, L.; Schwartz, D.: The Use of Guidelines in Interface Design, in: Proceedings CHI'91, ACM, pp. 329–333, 1991.

[Texas Instruments, 1985] Texas Instruments: Natural Language Menu User's Guide, Digital Systems Group, Dallas, 1985.

[Thimbleby, 1990] Thimbleby, H.: User Interface Design, Addison Wesley, ACM Press, 1990.

[Thovtrup et al., 1991] Thovtrup, H.; Nielsen, J.: Assessing the Usability of a User Interface Standard, in: Proceedings CHI'91, ACM, pp. 335–341, 1991.

[Tillert, 1993] Tillert, I.: Firmenstandards für die Gestaltung von Benutzungsschnittstellen, in: Ergonomie und Informatik, No. 18, pp. 7-10, GI, März 1993.

[Took, 1990] Took, R.: Surface Interaction: A Paradigm and Model for Separating Application and Interface, in: Proceedings CHI'90, ACM, pp. 35-42, 1990.

[Tuck et al., 1990] Tuck, R.; Olson, D.R.: Help By Guided Tasks, in: Proceedings CHI'90, ACM, pp. 71-78, 1990.

[Tullis, 1984] Tullis, T.S.: Predicting the Usability of Alphanumeric Displays, Ph.D. Thesis, Rice University, Lawrence, Kansas, 1984.

[Tullis, 1988] Tullis, T.S.: Screen Design, in: [Helander, 1988], pp. 377–411, 1988.

[Ulich, 1989] Ulich, E.: Arbeitspsychologische Konzepte der Aufgabengestaltung, in: Proceedings: Software Ergonomie'89, ACM, pp. 51-65, Teubner, Stuttgart 1989.

[Ulich, 1991] Ulich, E.: Arbeitspsychologie, Poeschl, Stuttgart, oder: Verlag der Fachvereine, Zürich, 1991.

[VDI, 1989] Verein Deutscher Ingenieure: VDI-Richtlinie 5005: Software-Ergonomie in der Bürokommunikation, VDI, Frankfurt, 1989.

[Virtual Worlds, 1993] ACM Transactions on Information Systems: Special Issue on Virtual Worlds, Vol. 11, No. 3, July 1993.

[Virtual Reality, 1994] IEEE Computer Graphics and Applications: Special Issue on Virtual Reality, Vol. 14, No. 1, January 1994.

[Volpert et al., 1983] Volpert, W.; Oesterreich, R.; Gablenz-Kolakovic, S.; Krogoll, T.; Resch, M.: Verfahren zur Ermittlung von Regulationserfordernissen in der Arbeitstätigkeit (VERA), TÜV Rheinland, Köln, 1983.

[Volpert, 1987] Volpert, W.: Kontrastive Analyse des Verhältnisses von Mensch und Rechner als Grundlage des System-Designs, Zeitschrift für Arbeitswissenschaft, Vol. 41, pp. 147-152, 1987.

[Waddington et al., 1989] Waddington, R.; Johnson, P.: Designing and Evaluating Interfaces Using Task Models, in: Proceedings IFIP'89 World Congress, pp. 247–252, Elsevier (North Holland), August 1989.

[Ware et al., 1989] Ware, C.; Baxter, C.: Bat Brushes: On the Uses of Six Position Orientation Parameters in a Paint Program, in: Proceedings CHI'89, ACM, pp. 155–160, 1989.

[Wasserman, 1982] Wasserman, A.I.: Rapid Prototyping of Interactive Information Systems, in: SIGSOFT Engineering Notes, Vol. 5, No. 7, pp. 171—180, 1982.

[Wasserman, 1985] Wasserman, A.: Extending State Transition Diagrams for the Specification of Human-Computer Interaction, in: IEEE Transactions on Software Engineering, Vol. SE-11, No. 8, pp. 699-713, August 1985.

[Wasserman et al., 1985] Wasserman, A.I.; Shewmake, D.T.: The Role of Prototypes in the User Software Engineering Methodology, in: Advances in Human-Computer Interaction, Vol. 1, ed.: Hartson, H.R., pp. 191-210, Ablex, Norwood, New Jersey, 1985.

[Waterworth, 1984] Waterworth, J.: Speech Communication: How to Use It, in: Fundamentals of Human-Computer Interaction, ed.: Monk, A., pp. 221–236, Academic Press, London, 1984.

[Wellner, 1989] Wellner, P.D.: Statemaster: A UIMS based on Statecharts for Prototyping and Target Implementation, in: Proceedings CHI'89, ACM, pp. 177-183, 1989.

[Wellner et al., 1993a] Wellner, P.; Mackay, W.; Gold, R.: Computer Augmented Environments: Back to the Real World, in: Communications of the ACM, Vol. 36, No. 7, pp. 24-26, July 1993.

[Wellner et al., 1993b] Wellner, P.: Interacting with Paper on the DigitalDesk, in: Communications of the ACM, Vol. 36, No. 7, pp. 86-95, July 1993.

[Wells, 1985] Wells, M.: Representing the User's Model of an Interactive System, in: Proceedings INTERACT'84, ed.: Shackel, B., IFIP, pp. 533–537, Elsevier, 1985.

[Wenger, 1987] Wenger, E.: Artificial Intelligence and Tutoring Systems: Computational and Cognitive Approaches to the Communication of Knowledge, Morgan Kaufmann, Los Altos, CA, 1987.

[White, 1990] White, G.M.: Natural Language Understanding and Speech Recognition, in: Communications of the ACM, Vol. 33, No. 8, pp. 72-92, August 1990.

[Whiteside et al., 1985] Whiteside, J; Jones, S.; Levy, P.; Wixon, D.: User Performance with Command, Menu, and Iconic Interfaces, in: Proceedings CHI'85, ACM, pp. 123-135, 1985.

[WHO, 1987] World Health Organization: Visual Display Terminals and Worker's Health, WHO Offset Publication No. 99, Geneva, 1987.

[Wiecha et al., 1989] Wiecha, Ch.: Bennett, W.; Boies, St.; Gould, J.: Generating Highly Interactive User Interfaces, in: Proceedings CHI'89, ACM, pp. 127–132, 1989.

[Williams, 1984] Williams, G.: The Apple Macintosh Computer, in: Byte, pp. 30-54, February 1984.

[Wilson et al., 1988] Wilson, J.; Rosenberg, D.: Rapid Prototyping for User Interface Design, in: [Helander, 1988], pp. 859–874, 1988.

[Wilson et al., 1992] Wilson, J.R.; Corlett, E.N. (eds): Evaluation of Human Work. A Practical Ergonomics Methodology, Taylor & Francis, London, 1992.

[Winograd et al., 1986] Winograd, T.; Flores, F.: Understanding Computers and Cognition: A New Foundation for Design, Ablex, Norwood, New Jersey, 1986.

[Winograd, 1987] Winograd, T.: A Language/Action Perspective on the Design of Cooperative Work, in: Human-Computer Interaction, Vol. 3, No. 1, pp. 3-30, 1987-1988.

[Woodson et al., 1992] Woodson, W.E.; Tillman, B.; Tillman, P.L.: Human Factors Design Handbook, McGraw Hill, New York, 2nd edition, 1992.

[Woolf et al., 1984] Woolf, B.; McDonald, D.D.: Building a Computer Tutor: Design Issues, in: Computer, IEEE, Vol. 17, No. 9, pp. 61-73, September 1984.

[Woolf et al., 1987] Woolf, B.; Murray, T.: A Framework for Representing Tutorial Discourse, in: Proceedings IJCAI'87, pp. 189-192, 1987.

[Woolf et al., 1988] Woolf, B.; Murray, T.; Suthers, D.; Schultz, K.: Knowledge Primitives for Tutoring Systems, in: Proceedings ITS'88, pp. 491-498, 1988.

[Woolf, 1990] Woolf, B.: 20 Years in the Trenches: What Have we Learned?, in: [Frasson et al., 1990], pp. 234–250, 1990.

[Woolf et al., 1991] Woolf, B.; Soloway, W.J.; Clancey, K.; Van Lehn, K.; Suthers, D.: Knowledge-Based Environments for Teaching and Learning, in: AI Magazine, Vol. 11, No. 5, pp. 74-77, 1991.

[Woolf et al., 1992] Woolf, G.G.: A Comparative Study of Gestural, Keyboard, and Mouse Interface, in: International Journal of Behaviour and Information Technology, Vol. 11, No. 1, pp. 12-23, 1992.

[Young et al., 1989] Young, R.M.; Green, T.R.G.; Simon, T.: Programmable User Models for Predictive Evaluation of Interface Design, in: Proceedings CHI'89, ACM, pp. 11, 1989.

[Zanden et al., 1990] Zanden, B.v.d.; Myers, B.A.: Automatic Look and Feel Independent Dialog Creation for User Interfaces, in: Proceedings CHI'90, ACM, pp. 27-34, 1990.

[Zemke et al., 1982] Zemke, R.; Kramlinger, T.: Figuring Things Out: A Trainer's Guide to Needs and Task Analysis, Addison Wesley, New York, 1982.

[Zölch et al., 1991] Zölch, M.; Dunckel, H.: Kontrastive Aufgabenanalyse – Ergebnisse des Verfahrenseinsatzes – Praxisrelevanz, in: Proceedings Software Ergonomie '91, ACM, pp. 363–372, Teubner, Stuttgart, 1991.

Abbildungsverzeichnis

Tabellenverzeichnis

Sachwortverzeichnis

Qualitätsoptimierung der Software-Entwicklung

von Georg Erwin Thaller

1993. VIII, 417 Seiten. (Zielorientiertes Software-Development; herausgegeben von Stephen Fedtke) Gebunden mit Schutzumschlag.
ISBN 3-528-05287-2

Aus dem Inhalt: Software in der modernen Industriegesellschaft – Software-Entwicklung und das Capability Maturity Model – Der Weg zum Erfolg: Projektmanagement, Configuration Management, Qualitätssicherung, Peer Reviews, Metriken, Optimizing

Dieses Buch ist das erste einer Reihe, die es sich zum Ziel gesetzt hat, die Effizienz und die Qualität der Software-Entwicklung zu optimieren. In Fragen der Qualitätsverbesserung, die für viele Unternehmen geradezu überlebensnotwendig wird, ist das Capability Maturity Model (CMM) von herausragender Bedeutung. Mit ihm kann dem Programm-Wildwuchs in Unternehmen effektiv und Schritt für Schritt begegnet werden: durch Verfolgung der Kosten und des Aufwandes, Qualitätskontrolle, Training, quantitative Messungen und, last not least, ständiges „Optimizing".

Über den Autor: Dipl.-Ing. Georg Erwin Thaller ist Projektbeauftragter im Bereich Qualitätssicherung und in der EDV-Beratung und -Schulung tätig. Im übrigen ist er als Buchautor bekannt als jemand, der nicht nur kompetent ist, sondern auch schreiben kann.

Verlag Vieweg · Postfach 58 29 · 65048 Wiesbaden

Management von Softwareprojekten

von Peter F. Elzer

1994. XII, 253 Seiten. Gebunden.
ISBN 3-528-05400-X

Aus dem Inhalt: Multidimensionale Aspekte der Managementaufgaben; Lebensdauerzyklus; Kostenschätzverfahren; Entwurfsverfahren; Programmhilfsmittel; Test und Verifikation; Dokumentation; Wartung; Mensch-Maschine-Schnittstelle; Einbettung der Software in ein Gesamtsystem.

Das Buch gibt Studenten und Praktikern eine Einführung mit weit gespanntem Horizont, wobei alle Aspekte des Projektmanagements von Softwareprojekten berücksichtigt werden. Dabei geht der Autor von dem Faktum aus, daß die Projektierung, Entwicklung und Änderung von Softwaresystemen sehr komplexe Prozesse darstellen. Kennzeichnend für das erfolgreiche Management dieser Prozesse ist es daher, daß eine große Anzahl multidimensionaler Aspekte integrativ zu berücksichtigen sind – Aspekte, die sich in der Art eines Netzwerkes gegenseitig beeinflussen. Das Buch vermittelt die Ergebnisse der integrierten multidimensionalen Betrachtungsweise des Projektmanagements, die für den nachhaltigen Erfolg eines Softwareprojektes entscheidend ist. Der Leser wird nach der Arbeit mit dem Buch auftretende Probleme des SW-Projektmanagements richtig einordnen und notwendige Abhilfemaßnahmen aus einem umfassenden Fundus der verschiedensten Lösungsansätze zweckgerecht auswählen können.

Über den Autor: Prof. Dr.-Ing. Fritz P. Elzer ist Leiter des Instituts für Prozeß- und Produktionsleittechnik der Technischen Universität Clausthal. Zu seinen Arbeitsgebieten gehören Softwaretechnik, Mensch-Maschine-Kommunikation und das Management von Softwareprojekten. Gerade im letzteren Bereich kann der Autor auf langjährige Erfahrungen in der Industrie zurückgreifen.

Verlag Vieweg · Postfach 58 29 · 65048 Wiesbaden

MIX
Papier aus verantwortungsvollen Quellen
Paper from responsible sources
FSC® C105338

If you have any concerns about our products,
you can contact us on
ProductSafety@springernature.com

In case Publisher is established outside the EU,
the EU authorized representative is:
Springer Nature Customer Service Center GmbH
Europaplatz 3, 69115 Heidelberg, Germany

Printed by Libri Plureos GmbH
in Hamburg, Germany